国家社会科学基金资助项目（11BJY047）

Zhongxiao Chengzhen Fazhan Yu Chengxiang Yitihua

中小城镇发展与城乡一体化

陈春生 著

中国社会科学出版社

图书在版编目（CIP）数据

中小城镇发展与城乡一体化／陈春生著 .—北京：中国社会科学出版社，2018.3
ISBN 978 - 7 - 5203 - 2176 - 1

Ⅰ.①中… Ⅱ.①陈… Ⅲ.①城乡一体化—发展—研究—中国 Ⅳ.①F299.21

中国版本图书馆 CIP 数据核字（2018）第 043108 号

出 版 人	赵剑英
责任编辑	周晓慧
责任校对	无 介
责任印制	戴 宽

出　　版	中国社会科学出版社
社　　址	北京鼓楼西大街甲 158 号
邮　　编	100720
网　　址	http://www.csspw.cn
发 行 部	010 - 84083685
门 市 部	010 - 84029450
经　　销	新华书店及其他书店

印　　刷	北京明恒达印务有限公司
装　　订	廊坊市广阳区广增装订厂
版　　次	2018 年 3 月第 1 版
印　　次	2018 年 3 月第 1 次印刷

开　　本	710×1000　1/16
印　　张	21.75
插　　页	2
字　　数	326 千字
定　　价	89.00 元

凡购买中国社会科学出版社图书，如有质量问题请与本社营销中心联系调换
电话：010 - 84083683
版权所有　侵权必究

目　录

绪论 ………………………………………………………………… (1)
 第一节　研究视角与特点 ……………………………………… (1)
 第二节　中小城镇的文献背景 ………………………………… (5)
  一　中小城镇与城镇化道路及城镇体系 …………………… (5)
  二　中小城镇发展的驱动模式 ……………………………… (9)
  三　中小城镇与大城市、农业农村的关系 ………………… (13)
  四　小城镇体系的层次结构 ………………………………… (16)
  五　文献述评 ………………………………………………… (17)
 第三节　理论基础与研究路径 ………………………………… (19)
 第四节　阅读指引 ……………………………………………… (24)
  一　主要内容 ………………………………………………… (25)
  二　关键观点 ………………………………………………… (29)

第一章　城乡一体化与发展阶段的划分 ……………………… (34)
 第一节　"城乡一体化"的科学解读 ………………………… (34)
  一　问题的提出 ……………………………………………… (34)
  二　从二元经济到城乡一体化 ……………………………… (35)
  三　人与自然环境的关系 …………………………………… (37)
  四　多学科的分析框架 ……………………………………… (38)
 第二节　二元经济理论的困境与城乡经济均衡 ……………… (39)
  一　二元经济理论的困境与问题 …………………………… (39)
  二　二元经济向一元经济的转型是一个区间 ……………… (41)
  三　一元经济与城乡一体化下的城乡经济均衡 ………… (50)

第三节　阶段划分的主要技术特征 …………………………(53)
  一　劳动份额与主要技术参数 ………………………………(53)
  二　实证分析 …………………………………………………(54)
  三　转型阶段的主要技术特征 ………………………………(58)
  四　一元经济发展是城乡一体化的主要技术特征 …………(60)
第四节　增长方式与发展中国家二元经济转型的特点 ……(60)
  一　增长方式的比较 …………………………………………(60)
  二　转型阶段增长特性的几点理论说明 ……………………(65)
  三　发展中国家二元经济转型的困难 ………………………(68)

第二章　城乡一体化的实现路径 ……………………………(71)
第一节　实现路径（一）：劳动生产率与劳动边际
    　　产品的均衡 …………………………………………(71)
  一　劳动力流动作用的局限性 ………………………………(72)
  二　农产品价格与名义工资上涨 ……………………………(75)
  三　引入农产品贸易的分析 …………………………………(78)
  四　提高农业劳动生产率是实现城乡收入
   　　均衡的基本路径 …………………………………………(79)
  五　服务业发展的均衡作用 …………………………………(80)
  六　城乡收入均衡的实现逻辑 ………………………………(86)
第二节　实现路径（二）：农业经济的全国一体化 …………(86)
  一　复式城乡关系与农业劳动的边际产品均衡 ……………(87)
  二　地区间均衡与农业产业的全国一体化 …………………(88)
  三　内部均衡与农业经济的地域一体化 ……………………(91)
  四　农业经营模式改革与均衡结构 …………………………(93)
第三节　实现路径之（三）：劳动与资本报酬均衡
    　　视角的分析 …………………………………………(94)
  一　农业劳动生产率的提高与产业结构转型 ………………(95)
  二　资本深化与创新因素 ……………………………………(98)
  三　集聚经济与城市化 ………………………………………(101)
  四　网络交易对集聚经济的影响 ……………………………(108)

第四节　基于效用均衡的分析 ·············· (111)
　　　一　问题的提出 ······················· (111)
　　　二　理论分析 ························· (112)
　　　三　效用均衡的条件 ··················· (113)

第三章　城乡一体化的技术路线图与中小城镇的
　　　　分析框架 ··························· (116)
　　第一节　城乡一体化的实现条件 ·············· (116)
　　　一　经济一元化的条件 ················· (116)
　　　二　城乡一体化的特有条件 ············· (121)
　　　三　十大条件的关系 ··················· (123)
　　第二节　城乡一体化的技术路线图 ············ (125)
　　　一　标志与指标 ······················· (125)
　　　二　主要技术路径 ····················· (130)
　　　三　转型陷阱 ························· (134)
　　　四　技术路线图总图 ··················· (137)
　　第三节　中小城镇作用与发展的研究框架与路径 ···· (138)
　　　一　基于工资上涨、集聚结构优化的分析路径 ···· (139)
　　　二　属地资源优化配置与污染治理视角的分析 ···· (140)
　　　三　基于地租理论的中小城镇空间结构优化作用 ···· (141)
　　　四　基于集聚经济与疏散状态优势的分析 ······· (141)
　　　五　中小城镇在农业、农村经济发展中的作用 ···· (142)

第四章　工资上涨、集聚结构与中小城镇的
　　　　就业承载作用 ······················· (145)
　　第一节　劳动力价格的空间分布 ·············· (145)
　　　一　分析路径 ························· (146)
　　　二　二元经济下的区位选择 ············· (147)
　　　三　假设条件：工资的空间分布特征 ····· (149)
　　第二节　工资上涨对城市体系产生的空间分异作用 ···· (151)
　　　一　工资上涨对要素配置结构的影响 ····· (152)

二　去工业化与服务业资本密度的差距……………………（153）
　　三　小城镇与大城市的经济特征……………………………（158）
第三节　大城市的就业趋势与特征………………………………（160）
　　一　"去工业化"造成低技能劳动力就业困境………………（160）
　　二　服务业的就业需求特点与劳动力供求质量缺口………（160）
　　三　生活成本上升与高房价的影响…………………………（162）
　　四　经济转型对就业的冲击…………………………………（163）
第四节　中小城镇的就业承载作用………………………………（164）
　　一　承载产业转移……………………………………………（165）
　　二　推动服务业规模的最大化………………………………（168）
　　三　支持小企业集群发展……………………………………（169）
　　四　延长农业产业链…………………………………………（170）

第五章　属地资源配置、污染治理与中小城镇的作用…………（172）
第一节　劳动生产率差距与二元资源配置体系…………………（172）
　　一　劳动生产率与资源的定价………………………………（172）
　　二　二元分割的资源定价体系………………………………（174）
　　三　资源价格的上涨与要素配置结构的调整………………（176）
　　四　转型时期的城市资源供求特性…………………………（178）
第二节　污染与集聚经济…………………………………………（184）
　　一　污染的制度基础与治污的外部性………………………（185）
　　二　污染排放能力的规模递增倾向…………………………（187）
　　三　将污染引入集聚模型的分析……………………………（192）
　　四　污染治理的基本点………………………………………（194）
第三节　基于属地资源配置、污染治理的
　　　　中小城镇作用……………………………………………（197）
　　一　中小城镇在资源空间配置上的作用……………………（197）
　　二　中小城镇在污染治理中的作用…………………………（203）
　　三　中小城镇作用在资源配置与污染治理中的
　　　　逻辑路径…………………………………………………（208）

第六章　地产租金与中小城镇的空间结构优化作用 (210)

第一节　研究背景与思路 (210)
第二节　城市租金定价与规模结构 (212)
 一　城市地租的划分与来源 (213)
 二　城市地租的定价基础 (217)
 三　住宅地租的定价与相对级差收益 (219)
 四　实证分析 (221)
 五　城市规模结构对地租的影响 (224)
第三节　租金与城市体系结构 (226)
 一　租金份额 (226)
 二　基本影响因素 (228)
 三　级差收益的空间均衡条件 (229)
 四　集聚的空间结构对租金份额的影响 (231)
 五　引入投机性因素的分析 (232)
第四节　基于地租理论的中小城镇空间结构优化作用 (235)
 一　构建空间一体化的租金分布体系，推动城乡经济协调发展 (236)
 二　提高整体的集聚水平和城市化水平 (237)
 三　修正迁移机制，优化人口空间分布 (239)
 四　优化城市体系结构 (241)

第七章　集聚不经济、结构优化与中小城镇的作用 (244)

第一节　集聚经济理论的局限性 (244)
 一　对消费效用分析的不完整性 (245)
 二　劳动力池的负效应 (246)
 三　动态分析的相对不足 (248)
第二节　引入地产因素的集聚经济收益与成本曲线 (249)
 一　引入地租的集聚经济分析框架 (250)
 二　租金的作用与准集聚经济区域 (251)
 三　引入地产价格升值因素 (252)
 四　地产价格泡沫的形成与负效应 (253)

第三节　集聚不经济的原因 …………………………………… (256)
　　一　地产升值因素引起的集聚不经济 …………………… (256)
　　二　人口集聚对消费的影响分析：一个外部性
　　　　分析框架 ……………………………………………… (259)
　　三　基于外部经济的异质性与城市化经济的分析……… (263)
第四节　基于空间结构优化的中小城镇作用 ………………… (266)
　　一　一个系统性的空间结构优化框架 …………………… (266)
　　二　克服集聚不经济,优化集聚结构 …………………… (268)
　　三　动态的结构优化 ……………………………………… (269)
　　四　优化要素的空间配置,构建新型的
　　　　城乡关系形态 ………………………………………… (269)

第八章　提高农业劳动生产率与中小城镇的作用 ……………… (272)
第一节　对农业作用的再认识 ………………………………… (272)
第二节　农业劳动生产率在提高劳动报酬和消费需求
　　　　　增长中的作用 ………………………………………… (275)
　　一　农业劳动生产率在劳动报酬上升中的作用………… (275)
　　二　农业劳动生产率对消费结构的影响 ………………… (279)
　　三　农业劳动生产率与农产品价格上涨的
　　　　原因及影响 …………………………………………… (283)
第三节　实证分析：农业在巴西经济增长中的作用……… (286)
　　一　基本情况 ……………………………………………… (286)
　　二　主要作用 ……………………………………………… (287)
　　三　作用机理分析 ………………………………………… (288)
　　四　启示与借鉴 …………………………………………… (290)
第四节　中小城镇在提高农业劳动生产率中的作用……… (293)
　　一　推动农业经济的全国一体化 ………………………… (294)
　　二　扭转弱势格局,提升农业劳动力的质量水平 ……… (298)
　　三　发挥人口分流作用 …………………………………… (300)
　　四　提高农业劳动生产率的城镇化条件：原理图……… (302)

第五节 农业与农业经济发展对中小城镇的推动作用……(304)
  一 基础作用……………………………………………(304)
  二 主要路径……………………………………………(306)

第九章 中小城镇发展的技术线路图……………………(315)
第一节 中小城镇作用形成的逻辑路径………………(315)
第二节 就业承载作用……………………………………(318)
  一 理论解读：中小城镇就业承载作用的形成………(318)
  二 主要内容和原理……………………………………(321)
  三 就业承载在城乡一体化中的作用…………………(322)
第三节 属地资源优化配置与污染治理作用……………(323)
  一 理论解读：属地资源优化配置与污染治理
     需求的形成…………………………………………(323)
  二 主要内容和依据……………………………………(324)
  三 在城乡一体化中的作用……………………………(326)
第四节 空间结构的优化作用……………………………(327)
  一 理论解读：结构优化需要的形成与主要路径………(327)
  二 主要内容和依据……………………………………(328)
  三 空间结构优化在城乡一体化中的作用……………(331)
第五节 推动农业劳动生产率提高与乡村旅游业
     发展的作用…………………………………………(331)
  一 理论解读：持续提高农业劳动生产率的
     城镇化条件…………………………………………(331)
  二 主要内容和依据……………………………………(332)
  三 在城乡一体化中的作用……………………………(333)

后记 ……………………………………………………(335)

绪 论

第一节 研究视角与特点

中小城镇与城乡一体化的关系可以从两个角度来解读。一是针对发达经济而言的静态角度,即假设城乡关系已经高度发展,具备了实现城乡一体化的条件,如何发挥中小城镇的作用以使城乡关系更加融合、城乡经济均衡趋于完善,并实现空间上的"城乡一体化"。这是发达国家研究中小城镇与城乡一体化之间关系的视角,它主要利用中小城镇"连接城乡"的特殊区位优势,通过空间的合理布局与结构优化以促使城乡经济与社会更加融合。二是针对发展中国家而言的动态角度,即在从二元经济到城乡一体化的发展过程中,中小城镇能够发挥何种作用以推进城乡一体化进程,并最终实现城乡一体化。这两种视角的结合可以形成一个完整的"基于城乡一体化研究中小城镇发展"的研究框架:前者可以为中小城镇的发展提供一系列目标要求,或目标模式;后者可以为分析中小城镇的作用提供一条动态路径,即在城乡一体化实现过程中中小城镇能够发挥的作用。

对于发展中国家来说,二元经济的存在一方面使城乡差距具有客观性;另一方面又使市场机制具有很强的城市偏向,即促使资源、要素与人口从农业、农村不断向城市尤其是大城市转移和集中。这种城市偏向在一定状态下能够推动经济的较快发展,但同时也会造成城乡差距的不断扩大,并产生一系列副作用。这不仅决定了在二元经济阶段要想消除城乡差距和直接实现城乡一体化是不现实的,否则就会适得其反,阻碍经济与社会的发展;而且意味着采取一些"城乡一体化"的政策与措施，诸如工业反哺农业、城市支持农村的新农村建设和大规模的扶贫行动等，是推动经济可持续发展所必需的。也就是说，在这二元经济阶段采取一些"城乡一体化"政策与措施，其实际作用主要是促进城乡经济与社会的协调发展，而不可能是消除城乡差距和直接实现城乡一体化。对于中国来说，还有一个制度上的二元结构问题，比如户籍制度、土地制度以及公共产品供给上的二元制度安排等。毫无疑问，逐步取消这些二元制度安排对城乡经济与社会的协调发展是有利的，也是必需的。但应当正确认识二元制度与二元经济之间的关系：并不是二元制度造成了二元经济，二元经济有其自身的成因，是社会生产力发展到一定阶段的必然产物。因此，不能认为消除了制度上的二元结构，二元经济和城乡差距也就消失了。英国没有二元制度，是一个典型的市场经济国家，但它仍然存在过二元经济。无产阶级的革命导师恩格斯在《英国工人阶级现状》一书中所描述的"工人现状"，就是英国在二元经济转型时期"农民工"的生存状况。这就说明，假设中国现在将所有的二元制度都取消了，二元经济也不会消失；不仅如此，由于经济发展具有路径依赖性，这可能还会造成混乱，使二元经济更加恶化。严格地说，二元经济是农业社会发展到高度工业化、城市化社会所必须经历的一种经济形态，尽管它有许多缺点和负面作用，但却可能是推动经济较快发展，并走向更高级形态的唯一形式。而中国的二元制度安排主要体现的是个性和特殊性，这就意味着，对于中国来说，"城乡一体化"不仅要面对二元经济可能产生的各种障碍和负作用，还要面对"二元制度结构"可能产生的各种问题。

因此，可以把"城乡一体化"界定为推动城乡经济协调发展以促使二元经济转化为一元经济，并进而使城乡关系发展到一体化状态的过程和这一过程所要达到的目标状态，即既把"城乡一体化"看成是一种高级的城乡关系形态，又把它看作实现这种城乡关系形态的过程。之所以把"实现过程"也界定为"城乡一体化"的内容，主要是因为在二元经济下的市场机制具有很强的城市偏向作用，会自发地造成农业与非农产业、城市与乡村、城市体系等经济结构的失衡，从而使二元经济有可陷入长期的自我抑制状态；在这一阶段采取一些"积极政策与措施"可以最大限度地阻止这种情况的发生，促使城乡经济的协调发展，推动城乡一体化进程。也就是说，从城乡关系自身演变的过程来看，市场经济不是万能的，一定的政策与措施的介入是这一过程能够顺利推进的必要条件，把"实现过程"也界定其中，可以更好地反映我国及其他二元经济国家的转型要求。这里的"积极政策与措施"除了指新农村建设和大规模的扶贫行动等一类政策与措施外，更重要的是积极推进农村城镇化，它不仅是最终解决"三农"问题的主要路径，在空间结构优化和推动城乡经济均衡发展方面也发挥着非常重要的作用。而农村城镇化实际上指的是中小城镇与村镇的建设与发展问题。也就是说，在这一过程中，中小城镇建设与发展可以看成是推进城乡一体化的一个重要方面。同时在研究中发现，对一些小城镇"率先"进行能够体现"城乡一体化"原理的"田园城市"建设，无论在理论还是实践上都是可行的。它在推进城乡一体化中也能够发挥十分重要的作用。

总之，本书是基于"城乡一体化"的实现过程和最终所要达到的状态这两个视角来研究中小城镇发展问题的。前者为分析中小城镇发展提供了一个大跨度的演进过程，即从二元经济转化为一元经济、再到城乡一体化这一过程；而后者则为中小城镇发展提出了一系列目标要求。从研究角度讲，要分析中小城镇发展问题，就需要一定的框架或结构，否则无从着手。简单的方法是采用一定的空间结构，比如中小城镇处于连接城乡的区位节点，是"农村之首、城市之尾"，可以利用这种结构来分析中小城镇的作用问题。不过，这只是一种静态分析。也可以借助一种或几种特定的关系构建框架，如一种称之为"反磁力"的分析结构，研究的问题主要是如何使大城市周边的中小城镇能够抵御大城市的"吸引力"，使人口和资源不会过度地流向大城市。当然，这只能是一种局部分析。霍华德著名的"田园城市"模式，可以说是一些理想化的抽象要素和祈求的堆积，是理想与梦想的一种综合，不足之处是没有解决实现路径问题。当然，我们也可以基于一些抽象的要求，如适居性、环保与生态要求、就业承载等来规划中小城镇发展，但它可行吗？本书采用的"基于城乡一体化"的分析结构可以很好地弥补上述缺陷，它具有以下特点：

第一，它是基于城乡一体化的实现过程来分析中小城镇发展问题的，具有时间跨度大、涉及面广的特点，是一种动态的分析结构。城乡一体化的实现过程既包括了二元经济转化为一元经济，再到城乡一体化的过程，又包括了城市化和逆城市化过程。这就使我们对中小城镇作用的分析，不仅能够着眼于经济体系的转型和大跨度的城市化演变等，而且需要对其中的一些重要方面和因素进行系统的分析，如产业与人口的空间结构演变、要素与资源的配置等。这样，中小城镇发展所面临的问题就是源于经济与社会的现实发展过程，因此其研究结论就具有较强的适应性。同时它也表明，中小城镇的作用具有明显的阶段性，客观上存在着一个演变过程。探讨其演变的逻辑路径也是认识的重要任务之一。

第二，城乡一体化作为高度发展的城乡关系，可以为中小城镇发展提供目标要求或目标模式。作为高度发展的城乡关系，城乡一体化的基本内涵不仅包括城乡居民收入与效用的均衡、人口双向流动等，而且包括污染得到全面治理和人与自然处于相对和谐状态这一内容。由此我们可以推导出一些重要的规定性。首先，要使城乡居民收入能够达到真正的均衡状态，劳动报酬在国民收入初次分配中的比重，即所谓的劳动份额就要能够上升到一个较高的水平，而劳动份额大幅度上升后最终稳定下来，又是以二元经济转化为一元经济为前提条件的。这样，我们就可以从劳动份额的上升和二元经济转型这两个方面分析中小城镇的作用与发展问题。比如，无论对于前者还是后者来说，农业劳动生产率的持续提高都是极为重要的，而农业的持续发展又必须借助于城镇化。这不是简单的中小城镇要服务于农业生产的问题，而是整个城市体系要在农业生产、农产品物流、贸易与消费等方面构建起系统的功能性服务体系。其次，要使城乡收入均衡实现实际均衡，而不是名义均衡，城乡间的效用均衡就是必要条件。而要实现效用均衡，公共产品供给的均等化和农村城镇化就是必需的。这就决定了中小城镇必须在提升农村公共产品供给水平和生活城镇化方面发挥重要作用。最后，城乡一体化在污染治理和修复人与自然关系方面的要求，也历史地落在了中小城镇肩上。这主要是由于工业化、城市化实际上走的是一条先污染、后治理的路径，一定的利益机制在其中发挥了重要作用，同时，当城市化进入逆城市化阶段后大城市病会成为亟须解决的问题。这样的发展逻辑使中小城镇在污染治理、生态修复和构建新型的人与自然关系方面,又是"责无旁贷"的。

第三,它强调一般的经济分析与空间分析相结合。城乡一体化的实现过程与其本身的内容可以借助于一般的经济学理论进行解读,主要包括基于二元经济理论、新古典经济学与发展经济学理论等进行的分析;但它也存在明显的不足,即把"对象"的空间属性舍掉了。对于中小城镇的发展问题来说,空间分析是极为重要的。回顾经济学发展史,尽管从杜能的农业区位论到韦伯的工业区位论和勒施的市场区位论,再到藤田昌久和保罗·克鲁格曼等人的所谓空间经济学,空间经济分析理论应该说取得了巨大进展,但是,我们也不得不承认,主流经济学与空间分析之间的鸿沟还远远未被填平。这样,在基于城乡一体化视角研究中小城镇发展问题时,我们要想走得更远,更多地引进空间分析方法就是必由之路,这样才能够在空间上更好地描述中小城镇的发展逻辑与路径。这是本书的一个特点。

第二节 中小城镇的文献背景

可以从城镇化道路及体系,驱动模式,与大城市、农业农村的关系和小城镇的层次结构四个方面对中小城镇的文献进行梳理。

一 中小城镇与城镇化道路及城镇体系

中小城镇与城镇化道路的关系问题,最初产生于城镇化应该以小城镇为主还是以大城市为主的争论,相应地形成了所谓的"小城镇论"和"大城市论"等。"小城镇论"在很大程度上是国家城镇政策催生的一种结果。20世纪80年代初,我国采取"限制大城市,适当发展中等城市和大力发展小城镇"的基本国策,1990年4月1日开始实施的《中华人民共和国城市规划法》又提出"严格控制大城市规模、合理发展中等城市和小城市"的城市发展方针。[①] 在这种大的

---

① 方创琳:《中国城市发展方针的演变调整与城市规模新格局》,《地理研究》2014年第4期,第674—686页。

背景下，有关小城镇的研究自然成了大热点，其作用和地位也被提到了前所未有的高度。最初对小城镇进行较系统研究的是费孝通先生，他的《小城镇、大问题》一文对小城镇研究产生了很大的影响。后来他将小城镇的作用主要归结为两点：一是通过促使农村非农产业与乡镇企业的发展推动农村城市化；二是小城镇可以发挥防止人口过度流向大城市的"蓄水池"作用。[①] 20世纪八九十年代小城镇获得了大发展，1985年全国建制镇为2851个，未设建制的县城有377个，二者合计为3228个；到1999年，建制镇达到19000多个，加上非建制镇，合计接近6万个。[②] 小城镇的大发展也带来许多问题，引发了一些批评，主要集中于小城镇规模小、分散，制约了城市功能的提升和缺乏规模经济，由此又形成了"大城市论"。"大城市论"的主要观点是强调大城市具有规模经济[③]。与此同时，也出现了"多元城市论"。周一星认为，"也许根本不存在统一的能被普遍承认的最佳城市规模"，城镇体系永远是由大、中、小各级城镇组成的，各级城镇都有发展的客观要求。[④] 在新旧世纪之交，关注小城镇的学者也有所反思，开始强调小城镇发展应适度集中，以克服小城镇"数量多，但规模太小"的毛病[⑤]。

但是，城市体系与经济发展有其自身的规律。1997年东南亚经济危机的爆发和1999年在"保八"战役中发现城市化应该是能够拉

[①] 费孝通：《论中国小城镇的发展》，《中国农村经济》1996年第3期，第3—5页。

[②] 严正：《小城镇还是大城市——论中国城市化战略的选择》，《东南学术》2004年第1期，第60—66页。

[③] 洪银兴、陈雯：《城市化模式的新发展——以江苏为例的分析》，《经济研究》2000年第12期，第66—71页。王春光：《大城市在我国社会经济发展中的地位和作用》，《经济参考》1996年第2期，第2—19页。王小鲁：《中国城市化路径与城市规模的经济学分析》，《经济研究》2010年第10期，第20—32页。樊纲：《城市化：下阶段经济增长的一大关键——中国经济发展战略问题思考之八》，《中国经济时报》2000年8月30日第5版。

[④] 周一星：《论中国城市发展的规模政策》，《管理世界》1992年第6期，第60—65页。

[⑤] 辜胜阻、李永周：《实施千座小城市工程、启动农村市场需求》，《中国农业银行武汉干部管理学院学报》2000年第1期，第2—9页。胡少维：《加快城镇化步伐、促进经济发展》，《当代经济研究》1999年第10期，第40—45页。

动内需的巨大动力,再加上对经济增长速度的刚性追求,几乎必然使中国城市政策的地位得到提升,城市化被列入国家"十五规划"。尽管当时的城市化方针在提法上仍然比较折中,即"走符合我国国情、大中小城市和小城镇协调发展的多样化城市化道路,逐步形成合理的城镇体系"①,但大城市快速发展的条件已经具备,1990年国务院颁布的《中华人民共和国城镇国有土地使用权出让和转让暂行条例》和1994年的分税制改革,可以说是为城市房地产业和城市建设的大发展构建了机制与动力。中国的城市化建设进入一个史无前例的"大跃进"阶段。② 在这种背景下,大城市具有"规模经济"在一定程度上成了舆论上的"装饰品",实质上是"土地城市化"取代了人的城市化。陆大道指出,"1991—2000年全国城市建设用地每年平均增加1000 km², 2001年上升到2000 km²以上, 2002年再上升到3334 km²左右";在耕地占用上,"1997—2000年间平均每年占用1800km², 而在2001—2005年上升到2187km²"。③ 由于城乡二元经济具有推动要素和资源优先向大城市集中的作用,在这种以房地产业和城市建设为主要支柱产业的城市化中,大城市尤其是特大城市优先发展就是自然的,结果又造成了城市体系结构的畸形。魏后凯指出,"中国城镇化进程中出现了大城市尤其是特大城市迅速膨胀、中小城市和小城镇相对萎缩的两极化倾向"。④ 如表0-1和0-2所示,50万人口以上的大城市数量和人口增加了,而中小城市则萎缩了,同时"镇"人口占城镇人口的比重也由2000年的36.2%上升到2010年的39.7%。也就是说,2010—2011年,城镇人口的分布大体上是0.4—0.2—0.4结构,是一种两头大的哑铃式结构。

---

① 刘勇:《中国城镇化战略研究》,经济科学出版社2004年版,第78—85页。
② 严正:《小城镇还是大城市——论中国城市化战略的选择》,《东南学术》2004年第1期,第60—66页。
③ 陆大道:《我国的城镇化进程与空间扩张》,《城市规划学刊》2007年第4期,第47—52页。
④ 魏后凯:《中国城镇化进程中两极化倾向与规模格局重构》,《中国工业经济》2014年第3期,第19—30页。

表0-1　　中国各等级规模城市数量与人口比重的变化

城市人口规模（人）	2000 城市数量（个）	2000 数量比重（%）	2000 人口比重（%）	2011 城市数量（个）	2011 数量比重（%）	2011 人口比重（%）
400万人以上	5	0.74	12.97	10	1.53	19.96
200万—400万	8	1.19	9.56	14	2.14	11.81
100万—200万	25	3.70	14.55	39	5.95	16.38
50万—100万	54	8.00	15.54	96	14.66	19.11
20万—50万	220	32.59	28.86	245	37.40	22.90
20万以下	363	53.78	18.52	251	38.32	9.84
合计	675	100.00	100.00	655	100.00	100.00

注：人口为非农人口。

资料来源：魏后凯《中国城镇化进程中两极化倾向与规模格局重构》，《中国工业经济》2014年第3期。

表0-2　　　　中国城市与镇人口数和结构的变化

	2000 人数，万人	2000 %	2010 人数，万人	2010 %
城市	29263.27	63.8	40376.00	60.3
镇	16613.83	36.2	26624.55	39.7
合计	45877.10	100	67000.55	100

资料来源：全国第五、六次人口普查资料。

由于城市化的快速发展所带来的诸多问题，如交通阻塞、环境污染、城市无序蔓延、土地及其他资源浪费、城市居民生活环境恶化、城乡差距进一步拉大等，这就使人们意识到，城市化的关键问题并不是"大城市"还是"小城镇"的问题，而是城市化的质量和如何能够更好地处理城市化中出现的各种矛盾与问题。这就促成了新型城市化道路，新型城市化包括了相当广泛的内容，如将以人为本、集约发展、城乡统筹、人口转移与结构转型相结合、城市现代化和生态化、大中小城市与镇协调发展等。① 尽管"新型城市化"这一概念还不完善，有点像万能的"百宝箱"，但它至少提供了两个最重要的基点：一是城镇体系是由大中小城市和镇组成的，它的各个组成部分，无论大城市还是小城镇，在这个体系中都担当着不同的职能，它们是相互联系的，缺一不可；二是城镇化要以人为本，无论就目标还是过程来说都是如此。这就为中小城镇研究开辟了一个新天地。

发达国家学者对中小城镇作用的认识是基于城市体系。彼得·施密特指出，欧洲城市体系最主要的构成不仅是少数有名的大城市，而且是围绕大城市密集分布的中小城镇网络。欧洲的中小城镇在很大程度上对欧洲经济、社会和文化的多样化做出了贡献。这些中小城镇通常是有竞争力的公司、大学的所在地或文化活动的聚集地。中小城镇在福利方面起到了极其重要的作用，不仅对自己的居民，还对周围的农村人口发挥了重要作用——避免农村人口减少。② Faludi 认为，主流空间政策应当以这些中小城镇为重点③，因为均衡的城市发展会刺激经济增长、支持国土融合政策，与环境的可持续发展政策也是一致的。

二 中小城镇发展的驱动模式

在驱动模式上，费孝通先生最初将其概括为苏南模式、温州模式和珠江三角洲模式，后来学界又总结出了胶东模式与福建模式④，中部地区自下而上的模式——发展中的模式⑤，西部地区的劳动密集型矿产开发模式、旅游生态开发模式和集群创导的开发模式等⑥，以及

---

① 李钒、侯远志：《我国新型城市化问题研究综述》，《理论导刊》2012 年第 11 期，第 90—92 页。

② 彼得·施密特：《欧盟的中小城镇发展策略》，许俊萍译，《国际城市规划》2013 年第 5 期，第 3—9 页。

③ A. Faludi *Cohesion, Coherence, Cooperation: European Spatial Planning Coming of Age?*. London and New York: Routledge, 2010.

④ 李华君、徐奎祥、逄春开：《胶东模式的特点》，《山东社会科学》1989 年第 2 期，第 93—94 页。

⑤ 赵之枫：《关于小城镇发展模式的思考》，《城市发展研究》2001 年第 2 期，第 37—40 页。

⑥ 赵西君、刘科伟、郭强：《东部与西部小城镇开发模式探讨》，《小城镇建设》2004 年第 6 期，第 78—79 页。

各地区都有出现的农业现代化、产业化推动模式。其中的农业推动模式、乡村旅游推动模式和小企业集群模式对推动城乡一体化具有较高的价值，需作专门介绍。

（一）农业推动模式

曹文明等人通过对山东寿光的调查提出了以农业产业化、现代化推动中小城镇发展的路径，认为"农业产业化需要城镇化，农业产业化是区域城镇化的重要产业基础"[1]。沈山等人将农业产业化推动的城镇化分为三种模式：第一，龙头企业模式，主要指农产品加工企业带动城镇化；第二，市场网络模式，强调"专业市场—市场群落—专业城镇"的发展路径；第三，专业区域模式，是指在农产品的生产与加工上城乡一体、城镇间进行专业化分工、形成各具特色的主体产业群——以邳州银杏产业为例。[2] 李静研究了黑龙江三江平原农垦区的城镇化问题，由于农垦区农业现代化程度高、规模经济突出，现代农业生产和农产品加工是垦区城镇化的主要动力，但也存在着城镇化动力单一的问题，制约了农垦城镇的发展。[3] 这一案例实际上提出了农业发展作用于城镇化的路径与形式问题，即对当地城镇化的推动作用和通过提高农业劳动生产率对全国城镇化水平的推动作用之间的关系问题。黄祖辉等人指出，我国存在着农业现代化滞后于工业化和城镇化的结构性问题，制约了城镇化的健康发展。[4]

（二）旅游城镇化模式

澳大利亚学者帕特里克·马林斯最先提出了旅游城镇化的概念，他认为，旅游城镇化是20世纪后期出现的一种由单一的旅游消费功

---

[1] 曹文明、吕颖慧、焦方增：《城镇化的另一个路径：以寿光农业产业化为例》，《中国社会科学院研究生院学报》2004年第3期，第20—26页。

[2] 沈山、郭黎霞、林炳耀：《农村城镇化与农业产业化的协同发展模式及区域发展策略》，《徐州师范大学学报》（哲学社会科学版）2004年第5期，第132—136页。

[3] 李静：《三江平原垦区城镇化过程与空间组织研究》，博士学位论文，中国科学院研究生院，2012年。

[4] 黄祖辉、邵峰、朋文欢：《推进工业化、城镇化和农业现代化协调发展》，《中国农村经济》2013年第1期，第8—14页。

能而形成的、独特的城市化形式。① 一般认为，城市化进入中期阶段以后，其驱动力将会出现多元化，旅游业将会成为重要的驱动力之一。文献一般将旅游业的动力作用描述为既可以作为城市的原动力，又可以实现城市经济转型或城市功能多元化。② 国内学者对乡村旅游业的关注度较高，认为与工业化推动相比，乡村旅游推动的城镇化具有显著的新型城镇化特点。周霄等将乡村旅游业推动的城镇化概括为三个特征：一是"空间特征，表现为就地城镇化"；二是"产业特征，表现为以旅游产业为主导，融农业、商业、加工业、房地产业等多业态为一体的产业格局"；三是"生态特征"，即低能耗、低污染的资源节约型和环境友好型特征。③ 范弢等人以昆明市周边彝族与白族为主的团结镇为案例，分析证明了乡村旅游业的发展在具有旅游资源禀赋的西部欠发达民族地区是推动城镇化的重要动力。④ 此类案例分析型、描述型的文献较多，这也使业界得出了"应用性重复研究较多、理论新创新探索较少"的结论，但把这些研究综合起来，它们至少能非常有力地证明旅游城镇化，尤其是乡村旅游推动的城镇化具有很高的边际城镇化收益。黄震方认为，在相关研究方面"科学问题的凝练和深度探究、研究方法集成和创新应用、学科间的交叉和系统融合仍需加强"⑤。

（三）产业集群与中小城镇耦合发展模式

无论是在美国还是在欧洲，许多中小城镇群的形成实际上源于产业集群的形成与发展，这些中小城镇间存在着复杂的网络状的产业关联关系，并且与本土文化联系密切，因此，相关研究实际上分析了中

---

① P. Mullins, "Tourism Urbanization," *International Journal of Urban and Regional Research*, 1991, 15 (3): 326 – 342.

② 彭慧、杨为民、毕宇珠：《乡村地区旅游城镇化作用机理及演进规律探析》，《江苏农业科学》2015年第4期，第429—432页。

③ 周霄、单初：《乡村地区旅游城镇化发展模式研究——以湖北省为例》，《武汉轻工大学学报》2014年第12期，第98—101页。

④ 范弢、杨世瑜：《昆明市团结镇旅游业推进城镇化发展研究》，《昆明理工大学学报》（社会科学版）2007年第4期，第23—27页。

⑤ 黄震方、陆林、苏勤等：《新型城镇化背景下的乡村旅游发展——理论反思与困境突破》，《地理研究》2015年第8期，第1409—1421页。

小城镇发展的一种模式。这一方面能够较好地解释中小城镇发展的研究主要是弹性专业化理论、新的产业空间理论和第二级城市理论。① 美国社会学家 Piore 与 Sable 1984 年基于意大利以及西德等区域出现的产业集群与中小城镇耦合发展的经验材料，提出了资本主义由福特主义的大规模生产体制向后福特主义的弹性专业化生产体制转型的观点。② 他们认为，作为弹性生产综合体的新产业区具有两个最根本的特征，即弹性专业化的本地网络及其对本地社会制度、文化的根植性。这实际上是说小企业集群根植于小城镇特有的熟人社会形成了特定的信任、惯例和文化。新的产业空间理论在探讨产业集聚效应的形成源于本土网络方面更进了一步，它提出了非贸易相互依存的概念，认为地域空间中企业及组织之间各种关系的协调并非单纯基于理性和市场，本土特有的信任关系、制度、文化作为地域特定的关系资产在决定经济主体的"行动"方面发挥着关键作用。③ 所谓"第二级城市"是指在传统的大都市区之外，凭借着特定的贸易导向型产业的发展使一系列中小城镇在就业、经济和人口上得到较快增长，从而以中小城镇群的形式表现出来的快速发展区域。④ "第二级城市"可以分为四种类型：马歇尔产业区——以小企业集群为特点；轮轴型产业区——以一个或几个垂直一体化的大企业为中心、周边围绕着许多小企业并形成集群；卫星平台式产业区；国家力量依赖型产业区。⑤

20 世纪之初，国内相关研究也开始起步。仇保兴基于企业集群结构与系统自组织原理的分析，认为企业集群化模式是中小城市、小城镇发展动力再造的基本模式；立足于培育企业集群才能有重点地发

---

① 苗长虹：《"产业区"研究的主要学派与整合框架：学习型产业区的理论建构》，《人文地理》2006 年第 6 期，第 97—103 页。

② M. Piore, C. Sable, *The Second Industrial Divide*, New York: Basic Brooks, 1984, pp. 1 – 30.

③ M. Storper, *The Regional World: Territorial Development in a Global Economy*, New York: Guilford Press, 1997, pp. 1 – 27.

④ A. Markusen, Y-S Lee, and S. Digiovanna (eds.), *Second Tier Cities*, University of Minnesota Press, 1999, pp. 1 – 27.

⑤ 王缉慈等：《创新的空间——企业集群与区域发展》，北京大学出版社 2001 年版，第 71—88 页。

展小城镇和增强中小城市的竞争力。① 徐维祥等人将"产业集群与城镇化互动发展模式"分为三种：以专业市场为对接平台的互动模式；基于外商直接投资的互动模式；基于开发区建设的互动模式。② 这方面的研究可以引出这样的议题："虽然不能简单地说大城市对小企业具有排斥倾向，但小城镇更有利于小企业集群的发展应当是显而易见的。"比如，依托于小城镇的产业集群就具有地租与生活成本低、熟人社会、产业与社区融合等优势。

三 中小城镇与大城市、农业农村的关系

小城镇具有连接城乡的区位特性，既接受大城市的辐射与扩散，又对农村腹地承担着集聚经济的职能，而大城市周边的小城镇又将这种特性表现得最为充分，所以大城市周边的中小城镇成了文献关注的一个重点。江曼琦从大城市发展的"集中化阶段、郊区化阶段、逆城市化阶段"演进视角分析了大城市周边小城镇的发展动力，并据此将城郊小城镇分为自主型、引发型和综合型三类。③ 李莹分析了呼和浩特市周边小城镇协调发展的问题，指出一方面小城镇受辐射影响显著，如为城市提供原材料、市内大企业搬迁、在城郊建设物流中心等；另一方面又存在着小城镇的产业没有形成集聚效应、产业关联度差、农产品加工业发展缓慢、人为造市、盲目铺摊子等问题。④ 王战和等人基于"都市区一体化"发展模式分析了大城市周边小城镇发展的作用：（1）有利于强化中心城市的服务功能，促进大城市产业结构的转型升级；（2）满足调整中心城市结构的需要；（3）促进大城市综合实力的迅速提高；（4）强化中心城市文化特色。同时他们也指出，大城市周边小城镇发展存在着大城市的"扩散效应"和

---

① 仇保兴：《集群结构与我国城镇化的协调发展》，《城市规划》2003年第6期，第5—10页。
② 徐维祥、唐根年、陈秀君：《产业集群与工业化、城镇化互动发展模式研究》，《经济地理》2005年第6期，第868—872页。
③ 江曼琦：《大城市郊区小城镇发展动力初探》，《城市》1992年第1期，第43—47页。
④ 李莹：《内蒙古小城镇与产业协调发展研究》，《小城镇建设》2011年第10期，第81—84页。

"极化效应"对周边地区的副作用、城乡分割与居民两种身份、企业布局分散等问题。① 中国建筑设计研究院小城镇发展研究中心,基于城市与区域一体化发展背景下有选择地发展区域重点中心镇的思路,强调在大城市——周边地区小城镇——农村腹地区域中的重点中心镇已成为都市圈城乡空间网络中的重要节点,是"都市区"的组成部分。② 这实际上是基于都市区框架分析小城镇发展问题。

小城镇发展与农业、农村的关系是互动的。王勋铭等人在甘肃省小城镇发展调研报告中指出,发展小城镇是农业、农村经济发展的客观要求,主要表现在:①先富裕起来的农民"需要进入城镇转变务农身份;②农业、农村经济发展需要通过小城镇得到资金、技术、信息等方面的支持";③乡镇企业进一步发展的需要;④农村经济的全面发展迫切要求市场体系建设;⑤扩大农民的经营领域、培育新的收入增长点;⑥改善农村的消费环境、提高农民的消费水平等。③ 肖旦飞等人强调了农业专业化小城镇对农业发展的带动作用,分析了农业专业化小城镇的形成机理,将其归结为资源禀赋、市场需求、制度供给和科技创新四个方面的因素。④ 罗淳等人以推进新农村建设为导向,基于小城镇"城尾乡首"的区位特点,从"发展生产""生活宽裕""乡风文明""村容整洁""管理民主"五个方面论述了小城镇的作用。⑤ 陆学艺从消除城乡二元分割的高度来认识小城镇建设,指出"必须开展以小城镇建设为中心的社会主义新农村运动,实行公民在城乡之间的自由迁徙和流动"⑥。岑迪等基于新型城镇化的理念,提

---

① 王战和、许玲:《大城市周边地区小城镇发展研究》,《西北大学学报》(自然科学版)2005年第2期,第227—230页。
② 中国建筑设计研究院小城镇发展研究中心:《大城市周边地区重点小城镇发展研究》,《小城镇建设》2006年第8期,第19—19页。
③ 小城镇建设课题组:《关于发展小城镇的若干问题——甘肃省小城镇发展调研报告》,《兰州商学院学报》2001年第3期,第61—65页。
④ 肖旦飞、肖岳峰:《专业化农业小城镇形成机理研究——以中国蔬菜之乡山东寿光为例》,《安徽农业科学》2010年第3期,第1475—1477页。
⑤ 罗淳、罗玲:《以小城镇发展深化新农村建设之思考》,《云南民族大学学报》(哲学社会科学版)2011年第3期,第92—96页。
⑥ 陆学艺:《农村发展新阶段的新问题和新任务》,《宏观经济研究》2000年第6期,第7—11页。

出了中小城镇如何在中心城市"核心"以外的"边缘"地带实现自主发展的思考。①总之,从20世纪80年代兴起的农村城镇化开始到2006年新农村建设,再到今天的新型城镇化建设,中小城镇发展一直被看成是解决"三农"问题的重要路径和主要抓手,成绩是巨大的,但问题仍然很多,这也是业界的共识。

总之,国内基于区位特性对中小城镇作用的研究具有显著的阶段性,在一定程度上制约了分析的视野。与此不同,西方学者的相关研究大多基于发达的城乡关系状态。克劳斯·昆兹曼和尼尔斯·莱伯在介绍德国城镇体系的历史演变时,分析了多中心城市区域和大都市区中小城镇的职能与作用,他们指出,中小城镇(人口在10万人以下)的空间发展功能作用主要是:①供给及稳固,即维持区域的经济、社会、文化中心,包括为居民与企业提供产品和服务。②促进发展,指人口在2万—10万人的中型城镇作为区域经济发展的"发动机"功能。在全球化经济的时代,中小城镇是区域经济发展的引擎,也是区域或次区域潜在的增长极。③疏导作用,是指区域内诸如住房、工业、物流、知识产业综合体等多种职能,由核心城市疏导至周边地区。④边界、门户及交流功能,指在国际与地区交往与交流中的作用。他们还特别指出,德国的许多小城镇是大公司的住地。他们同时也指出,大都市圈外围的中小城镇会面临区位劣势的挑战,投资匮乏、劳动力市场缺乏引力、人口老龄化、税收流失,边缘化不断加深等②。

英国卡迪夫大学教授于立强调,英国小城镇是连接城市与乡村的纽带,这些小城镇都是能够体现霍华德式田园城市的小城镇——既接近乡村自然景观、又具有城市基础设施与服务水平的小城镇,它们通过经济与社会网络、流动和相互作用连接着广大的农村和城市地区。

---

① 岑迪、周剑云:《新型城镇化导向下中小城镇规划探析》,《小城镇建设》2012年第4期,第34—39页。
② 克劳斯·昆兹曼、尼尔斯·莱伯:《德国中小城镇在国土开发中扮演的重要角色》,刘源译,《国际城市规划》2013年第5期,第29—35页。K. Kunzmann, N. Leber "Entwicklungsperspektiven Ländlicher Räume in Zeiten des Metropolenfiebers. DisP," *The Planning Review*, 2006, 42 (166): 58–70.

这些小城镇的基本功能是服务的中心枢纽，并在此基础上得以多样化的发展。他分析了各种小城镇的特点。临近大城市的小城镇，由于依附于大城市，其自身的服务功能相对较弱。但一些相对偏远地区的小城镇，是为腹地乡村提供服务的中心，也是人们的主要居住地。在苏格兰，大约40%的人口居住在规模在2万人以下的小城镇。旅游景区附近的小城镇是为游客服务的中心，制造业和开发区附近的小城镇主要是为附近的就业人员提供服务。英国小城镇的特色保护和规划强调对自然环境、本地特色文化和历史以及具有休憩价值地区的保护。[①]

很显然，中小城镇的服务中心功能是国内研究文献的一个薄弱环节。同时，在文献中也鲜有见到大城市周边小城镇服务于城市农产品供给、推动农业与城市产业协调发展一类的研究。

四　小城镇体系的层次结构

克里斯塔勒的中心地理论可说为研究中小城镇体系的层次结构提供了很好的理论基础。具有实践意义的是，德国的中小城镇布局就是严格按照中心地理论规划的；欧盟的区域空间均衡及多中心发展战略，也是以中心地理论和多中心的城市框架为解读基础的。

国内在小城镇体系结构的研究方面，费孝通先生在著名的《小城镇、大问题》一文中可以说做了经典分析。他以吴江为案例，依据动态的经济关系将小城镇分为五类：震泽镇，是以农副产品和工业品集散为主的农村经济中心；盛泽镇，早先是以手工业产品集散为主的经济中心；松陵镇，是地域的政治中心；同里镇，是消费、享乐型的小城镇；平望镇，是吴江的水路交通枢纽。[②] 这一分析描述了小城镇在最初阶段是如何通过分类集聚得以发展的。包永江则从集聚程度差异分析了小城镇的结构，认为城镇体系由工业村及集镇、乡所在地行政中心、集镇（乡范围内经济中心）、中心集镇（几个乡的经济中心）、工商业城镇（区域性经济中心）、卫星城镇各个层次组成，层次间具

[①] 于立：《英国城乡发展政策对中国小城镇发展的一些启示与思考》，《城市发展研究》2013年第11期，第27—31页。

[②] 费孝通：《费孝通自选集》，首都师范大学出版社2008年版，第126—168页。

备叠加的功能。① 江曼琦把大城市郊区小城镇的布局模式分为四种主要类型：圆环式布局，即以城区为中心的圈层分布；单向带形模式，主要是沿交通干线分布；多向城市带，是由一系列核心小城镇和发展轴共同构成的城镇集群，主要有指状分布、丁字状分布；星座组群式，属于复式的中心地系统。② 韩非等人实证分析了北京郊区小城镇的空间分布，结论证明其分布呈现按产业类型分类的圈层结构，以市区为中心依次是服务业主导型、制造业主导型、均衡发展型和都市农业驱动型，新城对这种分布有干扰。③ 曾菊新等人分析了中国村镇空间结构变化的动力机制，将其主要归结为市场机制和政府调控。④

也有文献基于反磁力吸引体系理论认为，应把小城镇这一农村经济的中心建成反磁力中心，使它们能够将中心城市的扩散效应传输到周围的腹地，让广大乡村地区受益。⑤ 反磁力吸引体系理论的要点是如何构建一个能够抵消大城市磁力吸引作用的城镇体系。该理论是对霍华德田园城市理论和卫星城镇理论的发展。

五　文献述评

从上述文献梳理中可以看出，对城镇发展的研究已经取得了巨大进展，但不足也是十分明显的。如果说有关"小城镇论"与"大城市论"的争论实际上只是认识上的一种启蒙，那么，认识到应该在大中小城镇协调发展的框架下研究问题，并且这个框架的核心是"以人为本"的理念已成为共识，这种启蒙就跨进到一个新的阶段。一些研究相当有潜力，比如有关产业集聚与小城镇集群耦合发展的研究，可

---

① 包永江：《中国乡村城市化模式刍议》，《天津社会科学》1988年第2期，第17—19页。

② 江曼琦：《大城市郊区小城镇布局初论》，《地域研究与开发》1990年第2期，第17—20页。

③ 韩非、蔡建明、刘军萍：《大都市郊区小城镇的经济地域类型及其空间分异探析——以北京市为例》，《城市发展研究》2010年第4期，第123—128页。

④ 曾菊新、蒋子龙、唐丽平：《中国村镇空间结构变化的动力机制研究》，《学习与实践》2009年第12期，第49—54页。

⑤ 刘军：《新型城镇化背景下西北小城镇发展的政策反思——以甘肃省为例》，《甘肃社会科学》2015年第3期，第197—201页。

以说从一个较深的层面上分析了中小城镇相关发展机制的形成。当然，不足也相当明显，主要有以下几个方面：

第一，研究的系统性不强，大体上是各自为政。有关追踪研究的文献不多，除了费孝通、江曼琦、包永江等人发表了系列文献外，此类研究较为少见。在这种状态下，虽然研究成果的数量不少，但应用价值总体上较差，远远不能满足中小城镇发展实践的需要。

第二，对中小城镇在城乡系统中的作用机理认识不到位。比如，对城市辐射功能认识不到位就是最重要的表现之一。在中小城镇的职能与作用上，国内文献一般强调的是集聚职能，在涉及辐射职能时往往一笔带过，而国外文献强调的是服务中心职能。所谓集聚职能主要是指中小城镇为劳动力转移、提升农民生活、非农产业与乡镇企业发展、市场建设等提供支持，实际上指的主要是农村城市化职能。而服务中心职能则主要是指为广大的农村地区提供高品质的服务，它的形成并非仅源于中小城镇自身，大城市功能的辐射是其重要的来源，或者说它源于城镇体系。因此，在研究中小城镇的职能作用时应该基于城镇体系，而不是仅仅基于中小城镇本身。如果"镇"与城市之间存在着二元分割，那么中小城镇的辐射功能就会受到压制，这也正是我国城镇体系存在的问题之一。再者，关于中小城镇服务于农业发展或农业现代化的功能方面的研究相当薄弱，而它应当是中小城镇甚至是城镇体系最重要的功能之一。

第三，对集聚经济的认识存在着误区，从而制约了对中小城镇作用的认识。这首先表现在对集聚不经济的认识严重不足上。集聚不经济并不是简单地表现为集聚成本过高，还有拥挤效应、污染、资源浪费严重等问题。在忽视集聚不经济问题的条件下讨论最优集聚结构的选择问题，必然会得出相当有害的结论。其次，在最优集聚结构的评价上过度强调效率，忽略了发展的可持续性、宜居性、环保等也是问题的一个方面。正是这两方面的认识缺陷最终造成了把经济增长的增长极与大城市绑在一起的片面结论。实际上，中小城镇群也能形成非常好的集聚经济效应，并且又具有集聚成本低的优势，从而可发展成国家或地区的增长极。20世纪70年代出现在意大利东北部和中部地区以Emilia-Romagna区为代表的产业区和美国的硅谷，就是中小城镇群与小企业集群耦合发展形成增长极的典型案例。中国也有这样的例证，珠江三角洲和长江三角洲近年来之所以仍然能够保持很好的发展势头，是与这两个地区中小城镇群发挥了巨大作用分不开的。因此，在研究空间结构优化时就需要一个多维的视角。

第四，现有的分析框架基本上是静态的。大多数文献采用的是中小城镇是城乡的结合部、"城尾乡首"一类的分析框架。这种框架对于分析中小城镇在当前的城乡关系中的地位与作用是有益的，但无法应对因城乡关系变化而产生的问题，一旦将时间周期拉长，其结论就会显示出较大的局限性。而且，静态框架常常会约束分析思路的拓展。尤其当要研究的问题是在二元经济转变为一元经济和城乡一体化中，中小城镇将发挥何种作用时，一个动态的分析框架就是必需的。

从上文论述可以看出，就现阶段而言，在中小城镇发展的研究上，西方发达国家的研究视角与我国是不同的。他们是在经济的一元化已经实现，城乡经济处于大体均衡的条件下，研究如何通过合理发展中小城镇来促使"城乡经济更加融合与均衡"以及实现可持续发展问题，同时将宜居性和环境保护的内容也包括其中。而我们首先必须面对的问题是经济的一元化，主要是劳动力、土地、资金等要素市场和产品与服务市场的一元化，然后才是在这个基础上如何实现城乡一体化的问题。因此，对于二元经济体来说，正确划分发展阶段是探索科学的"城乡一体化"的必要前提。

由此可见，本书的主要任务首先是尽可能深入地研究二元经济向一元经济和城乡一体化的演化过程，然后再以此为基础研究中小城镇的作用与发展问题。中小城镇在不同发展阶段的作用是不同的，分析这些作用演变的逻辑路径便可以构建起"中小城镇发展的技术线路图"。

第三节　理论基础与研究路径

基于城乡一体化研究中小城镇发展问题的第一步，是弄清楚城乡一体化的演化过程。仅仅认识到城乡一体化是工业化、城市化达到高级阶段的产物是不够的，重要的是能进行阶段划分。因为只有在划分演进阶段的大框架下，才能按城乡一体化的演进阶段区分中小城镇的哪些作用是需要现阶段实现的，哪些又是在将来才需要的，并以此为依据推演出中小城镇的发展路径。在演进阶段的划分上，刘易斯等经典作家有关二元经济最终要转化为一元经济的论述为此提供了指引。他们的研究成果至少能够说明，二元经济必须首先转化为一元经济，然后才有可能实现城乡一体化。因为一个简单的事实是，在二元经济条件下市场机制具有很强的推动要素与资源配置向城市倾斜的作用，能够不断再生产出城乡差距。如果无视这一点，所谓的"城乡一体化"就只能陷入空谈。但问题是，"二元经济向一元经济的转型"仅仅是发展中国家的特殊形态，还是一种普遍规律？回答这个问题是重要的，因为它可以告诉我们自工业革命以来，发达资本主义国家的转型经验在多大程度上能够为发展中国家提供借鉴。

这就需要研究英、美等发达国家的历史资料与数据。在这一过程中库兹涅茨的产业结构理论和相关数据给我们提供了很大帮助。英国的二元经济转型进行得并不顺利，是分两次完成的。造成第一次转型中断的原因主要是忽视了农业发展。一般人的印象可能是英国农业的资本主义化进行得最早，也是最彻底的，其实不然。研究二元经济转型时所定义的农业是生产工资品的农业，那种为工业提供原材料，而且产品用于出口的农业只能算作"非农产业"。由于食品过度依赖进口，反而压制了英国农业的发展。英国只是在第二次世界大战后补上了"农业发展"这一课，才最终完成了二元经济向一元经济的转型。美国农业与工业的协调发展一直是很好的，最初的印象是它应该很早就完成了二元经济向一元经济的转型，但美国的数据不支持这种结论，直到20世纪50年代，其城乡差距仍然是较大的。这就说明，以马歇尔和瓦尔拉斯为代表的新古典经济学早在19世纪末就提出了"一元经济"的假设，当时它只是一种"假想"，直到20世纪中期以后才有真正的一元经济体出现。这就提出了这样的问题：为什么二元经济不可避免？刘易斯将二元经济定义为传统农业与现代工业在生产与组织上的不对称性。传统农业在组织上的特点是非商品生产性。而农业商品化的发展程度在不考虑外贸的条件下，非农就业比重是一个先决性的决定因素。这就意味着只有当非农就业达到很高比重时，农业实现完全商品化的条件才具备；否则，比如说非农就业仍在85%

以下，就必然会有一部分农产品需要农民自用，这就会影响农业劳动效率的提高。在假设可以发展出口农业的条件下，由于农业贸易也会挤压为本国生产食品的农业，答案同样如此。

明白了二元经济向一元经济转型的完成是以产业结构转型的基本完成为条件的，那么，二元经济对于任何一个完整的经济体来说都是不可逾越的，仅劳动力从农业向非农产业的转移就需要一个较长的过程。接下来的问题是如何研究这一转型过程。新古典经济学的边际均衡理论和一些经典作家有关劳动份额变动情况的实证分析为此提供了研究基础。即在二元经济下劳动报酬在国民收入初次分配中所占份额较低，在转型过程中劳动份额将出现一个上升过程，最终会在较高的水平上稳定下来。这样工资和劳动份额的上升就成为分析转型进程的重要线索，而能够推动工资上升的源泉主要有四个：农业与非农工资品部门劳动生产率的提高、产业结构转型、资本深化和城市化过程中形成的集聚经济。当然，就业状况也是影响工资与劳动份额上升的重要因素。于是，只要分析什么因素会阻碍工资的增长，并对上述"源泉"产生抑制作用，就能够找到转型的困难之处，并分析中小城镇发展是否能够在克服这些困难中发挥作用。

首先是就业问题。一般来说，转型遇阻通常是与就业状况恶化联系在一起的。可以假设工资是增长的，观察工资增长对大城市与小城镇的影响有什么不同。在这一分析中，马歇尔有关工资定价与效率工资的论述和新古典经济学有关要素配置的理论为此提供了基础。其结论是：工资的上升将促使大城市的资本密度和土地租金不断提高，进而引发服务价格的上涨和生活成本的提高，最终会引发"去工业化"、产业结构调整与升级等，从而使大城市的就业吸纳力大幅度下降，产生就业难题；而小城镇并没有发生这样的过程，其较低的地租、劳动力成本和生活成本反而使其能够在承载就业方面发挥重要作用。或者说在城市化到了一定阶段后，中小城镇的就业承载作用是非常重要的。最初得出这个结论时我们心里也不踏实，于是查阅了大量资料以验证其可靠性。结论证实这是完全可能的。比如，保罗·诺克斯和琳达·迈克卡西在《城市化》一书中指出，美国在1973年后的10年中大城市的产业出现了向小城镇迁移的趋势，"使小镇和乡村的环境对企业老板和职员都更具有吸引力"的原因主要是"非大都市化地区可以提供改善了的基础设施和便利性，便宜的土地和廉价且非工会的劳动力等条件"[①]。中国农村许多地方今天也具备这些条件，因此可以预见在今后的 20 年里，中小城镇将成为一个重要的就业增长点。

其次分析了属地资源价格上涨、污染治理和地租上涨对大城市与小城镇作用的差异。这三个因素都能够从劳动创造的增加值中拿走一部分，并给工资的上涨造成压力，如果表现得异常突出，必然会对转型产生抑制作用。在分析资源问题时，最初使用的是自然资源的概念，后来发现一些资源的价格与单个城市规模没有严格的相关性，就把它限制在属地资源的范围内，并根据其产品可移动性的好坏和短期增加供给的能力对其进行划分。比如煤炭、姜与蒜等农产品只能算是具有半属地资源属性。当然，这是就单个城市而言的；否则，如果就世界城市体系而言，20 世纪 70 年代发生的石油危机毫无疑问是典型的属地资源危机。在地租问题分析中，我们对地租理论进行了整理，包括马歇尔的基础地租理论、杜能的农业地租理论、克拉克关于地租的边际分析、马克思的级差地租理论和阿隆索的竞租理论，并构建了新的地租均衡分析框架。结论是，无论是属地资源价格的过度上涨，还是地租过高，都源于城市体系的结构失衡，而在优化城市体系结构中，中小城镇将发挥重要作用。在污染问题上，直觉告诉我们城市规模过大是制造污染的主要"罪魁"之一，于是构建了"污染排放能力的规模递增倾向"模型，并进行了验证。同时对污染的成因和治理方法，基于空间视角进行了较系统的分析，答案是，构建以中小城镇为人口承载主体的城镇体系是最终使污染得到根本治理的不二路径。

然后又分析了集聚不经济和农业劳动生产率对转型的影响。在城市化过程中的集聚经济是工资能够较大幅度上升的重要价值来源之一，如果出现了严重的集聚不经济，这种作用就会大打折扣。但国内文献在集聚不经济的研究上是一个短板，我们只能在对现有集聚经济

[①] 保罗·诺克斯、琳达·迈克卡西：《城市化》，顾朝林、汤培源、杨兴柱等译，科学出版社 2009 年版，第 92—124 页。

理论整理的基础上进行试验性分析。涉及的理论主要是马歇尔关于外部性的理论、克鲁格曼等人的新地理经济学和亨德森等人的城市经济学，以及一些学者有关劳动力池效应、动态集聚经济模型等专题的研究。其分析结论指出，摊大饼式的城市化模式会造成严重的集聚不经济，而网格状的城市结构能够在集聚不经济最小化的条件下实现集聚经济的最大化。它可以解释为什么发达国家所谓的大城市实际上是以中心城市周围的小城市群为主要组成部分的。我们还将地租和地产价格升值收入引入分析模型，揭示了房地产价格泡沫是造成大城市集聚不经济的原因之一。所有这些分析都指向，中小城镇在城市体系结构优化中发挥着举足轻重的作用。接着是农业劳动生产率提高对转型做出的贡献。转型要顺利推进，工资必须能够大幅度地持续上升，农业劳动生产率持续提高是最主要的推动力，其作用是不可替代的。而城镇化供给与服务又是推动农业劳动生产率持续提高的重要条件之一，这种作用主要通过中小城镇来体现。

在从二元经济向一元经济转型角度分析了中小城镇的作用之后，接下来便从一元经济向城乡一体化转型视角分析中小城镇的作用。在这一分析中，诸如农业劳动者与城市职业者的收入与消费效用的双均衡、居民能够获得高品质的生活环境、人与自然的和谐相处等，既是分析这一转型进程的标尺，又是分析中小城镇作用的基点。对于中小城镇来说，如何把集聚经济与多维价值取向的资源配置优势结合起来是其发挥作用的关键。毫无疑问，在这一阶段中小城镇将发挥更大的作用。一些发达国家已经进入这一阶段，其学者在谈论区域均衡发展时，其主要内容常常是指如何规划中小城镇发展，以便使农村能够与城市更加融合。

将上述内容归纳起来便形成了图 0-1 的分析框架。该框架强调的是，对于二元经济体来说，城乡一体化的实现需要分为两个阶段。第一阶段是经济的一元化，第二阶段才是城乡一体化。这两个阶段的划分是研究方法的一个要点。因为在二元经济向一元经济转型阶段，农业与城市产业间仍然存在着较大的效率差距，市场机制作用具有很强的城市偏向。在这种条件下推行"城乡一体化"就需要找准着力点，如果把收入相同、地位平等、资金与要素自由流动等一类好听的

"空谈"直接作为"一体化"的目标,则会弄巧成拙,甚至造成城乡经济关系的恶化。应当明确的是,这一阶段"城乡一体化"总的要点是工业反哺农业、城市支持农村、在国家层面上采取大规模的扶贫行动,以促进城乡经济的协调发展,推动二元经济较快地向一元经济转型。只有到了一元经济向城乡一体化转型的阶段,城乡劳动者收入与消费效用的均衡和"一体化"才是发展的直接目标。图0-1显示的就是以两个阶段划分为基础的中小城镇作用的分析框架。

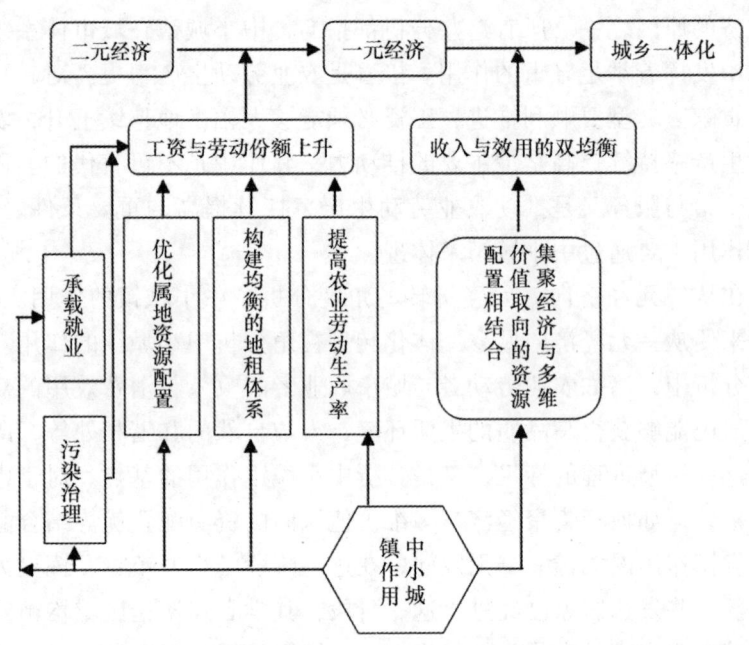

图0-1 中小城镇发展与城乡一体化关系的分析框架

第四节 阅读指引

人们读书并不总是由头读到尾,常常是看重点、读自己关心的问题。为此,下面将以介绍主要内容和关键观点的方式提供一个阅读指引,以便能够快速找到想要看的内容。

一 主要内容

绪论部分介绍了研究视角、中小城镇的文献综述、理论基础与研究框架，并给出了阅读指引。

第一章分析了城乡一体化的演化过程和阶段划分。第一，科学解读"城乡一体"的关键是发展阶段的划分，即从二元经济到一元经济，再到城乡一体化需要经历两个转型过程。第二，二元经济理论的困境主要是把二元经济向一元经济的转型看成一个拐点，而实际上它是一个区间或过程。这一过程需要解决劳动份额的上升、农业经营模式与制度改革和劳动力市场的一元化等问题；并界定了转型区间，指出一元经济下的城乡经济均衡是一种不完全的均衡。第三，讨论了劳动份额的运行轨迹和两个转型的主要技术特征。最后，对二元经济的增长、转型增长和均衡增长三种增长方式进行了比较分析，并讨论了发展中国家二元经济转型的特点。

主要知识点：二元经济的必要条件；一元经济下城乡经济均衡的特点；剩余劳动力与失业人员；二元经济增长向库兹涅茨增长的转型。

第二章基于城乡收入均衡和资本与劳动在报酬分配上的均衡两条线路，分析了城乡一体化的实现路径。首先通过分析劳动力流动作用的局限性，论证了费—拉拐点到来后城乡收入不会在短期内自发实现均衡，指出不断提高农业劳动生产率、保持农业与非农产业尤其是与服务业的协调发展，是实现城乡收入均衡的基本路径。其次讨论了农业内部收入均衡的问题，论证了农业经济的全国一体化也是实现城乡收入均衡的重要路径之一。再次基于资本与劳动的均衡分析，指出农业劳动生产率的提高与产业结构转型相结合、资本深化与创新因素、集聚经济与城市化是推动转型顺利进行的三个主要动力来源。最后分析了城乡效用均衡的条件。

主要知识点：服务业发展在城乡经济协调发展中的作用；城乡收入均衡的实现逻辑；农业制度与经营模式改革的重要性；劳动力的再生产成本与工资品的综合劳动生产率；城乡效用均衡。

第三章推导了城乡一体化的技术路线图，并以此为基础提出了中小城镇作用的分析框架。首先讨论了城乡一体化分阶段的实现条件、标志与评价指标；接着分析了技术路径与转型陷阱，并给出了技术线路图，然后讨论了中小城镇作用的分析框架与路径。

　　主要知识点：二元经济转化为一元经济的七大标志性条件；四种转型陷阱；城市与农村间的辐射与支撑关系。

　　第四章到第八章分别从不同角度讨论了中小城镇在转型中的作用。

　　第四章先阐述了二元经济条件下中国产业区位选择的一般规则和工资的空间分布特征，然后通过分析工资上涨对要素配置结构、集聚结构和城市产业结构调整的影响，讨论了中小城镇的就业承载作用。工资的持续上涨会使大城市与小城镇在要素配置结构、产业结构调整趋势和房地产市场等方面形成"空间分异"。不仅会使大城市的地产租金、服务品价格、生活成本和劳动力价格不断攀升，还会因此产生"去工业化"趋势和提高劳动力素质的诉求，进而形成就业难题。而在这一过程中，小城镇在地产租金、劳动力价格、生活成本和产业发展条件等方面会形成相对优势，有利于增强其就业承载力。在此基础上，详细讨论了中小城镇的就业承载作用，主要包括：第一，承载产业转移，包括去工业化、城市功能的有机疏散和城市体系重构等原因所引起的产业转移；第二，通过发展中小城镇优化服务业的空间结构，推动全国服务业规模的最大化；第三，支持小企业集群与小城镇群的耦合发展；第四，推动农业产业链的延伸。经济的一元化和逆城市化为这些作用的发挥提供了历史机遇。

　　主要知识点：工资上涨对要素配置结构的影响；去工业化与服务业资本密度的分布；大城市的就业趋势；服务业规模的最大化。

　　第五章分别讨论了中小城镇在属地资源配置和污染治理中的作用两个问题。在资源配置方面，首先分析了二元的资源定价体系的形成基础和副作用，并指出在转型阶段二元的资源定价体系是资源价格过度上涨，甚至是资源价格泡沫的根源。资源价格上涨是通过资源配置结构发挥作用的，并论证了优化集聚结构是均衡资源供求的重要方法之一。接着分析了转型时期城市的资源供求特性，包括大城市的资源瓶颈效应、资源价格泡沫和破解之路。在污染治理方面，首先分析了污染的制度基础、治污的外部性和污染排放能力的规模递增倾向，然后将污染引入集聚模型进行分析，指出"先污染、后治理"使集聚过程形成了"先虚假集聚经济、后集聚不经济调整"的演化路径。进而分析了治污的基本点，包括采用循环、多期的分析框架，把农业、农村污染治理放在优先地位，建立治污利益机制等。在上述基础上分析了中小城镇在资源配置和污染治理中的作用问题。前者重点分析了中小城镇的资源空间优化作用，包括提高总的资源利用率和多样化资源利用水平，尤其是开拓与发展生态化的资源利用方式。后者重点讨论了治污压力下城市结构调整和小城镇在治污中的优势，并分析了中小城镇在农业农村污染治理中的作用。总之，该章研究中小城镇作用是基于这样的逻辑路径：无论是在资源价格泡沫治理还是污染治理上，空间结构优化都是最重要的路径之一，同时农业劳动生产率低下和由此产生的产业间劳动效率差距过大，是这二者形成的基础；这就决定了中小城镇发展在这两个方面都能发挥极为重要的作用。

主要知识点：二元资源定价体系的矛盾与冲突；污染排放能力的规模递增倾向；空间结构优化在推动资源供求平衡中的作用；资源价格泡沫的形成机理与破解路径；污染的临界点治理。

第六章借助于租金定价和结构分析，来解析城镇体系的结构优化和中小城镇作用。首先把古典、新古典的地租理论与现代集聚经济理论等结合起来，重构了租金分析框架。城市用地的级差地租是以农业地租为定价基础的，同时其级差收益又主要来源于集聚经济，包括产业、人口和交易的集聚。这就决定了提高农业劳动生产率就可以降低城市用地的地租水平。又通过分析住宅地租定价，揭示了城乡住宅级差收益过大与人口迁移之间的相互作用，它既是"空巢村"的成因，也是少数特大城市地租高企的原因之一。在租金分析框架中，来源于集聚经济的级差收益又是在劳动、资本和土地等要素间分配的，地租仅是其中的一部分。并以此为基础推导了住宅级差收益的空间均衡条件，即 $e^A - e^B < \dfrac{C}{N}$（式7-5），其含义是在不同地域间的住宅净级差收益小于年平均迁移成本时，迁移就进入均衡状态。论证了大城市因规模过大而造成城市体系的规模结构失衡，使租金占级差收益的份额

过大，会形成一种有利于地产而不利于劳动和资本的分配结构；同时在引入投机性因素的条件下，租金份额与房地产价格间会形成恶性的相互推动关系。并指出"房价—租金比"不能单独用来判断房地产泡沫，应与租金份额一并使用。基于上述分析可以得出如下结论：发展中小城镇不仅可以服务于构建空间一体化的租金分布体系，推动城乡经济协调发展，也可以最大限度地提高全国整体的集聚水平和城市化水平，修正迁移机制以优化人口分布和优化城镇体系结构。

主要知识点：城乡住宅用地的租金定价；人口迁移模型与均衡条件；租金份额与城市体系结构；修正人口迁移机制的主要途径。

第七章在重构空间模型的基础上分析了中小城镇的空间结构优化作用。首先分析了集聚经济理论的局限性，包括消费效用分析的不完整性、劳动力池的负效用和动态分析的相对不足。同时分析了地产价格泡沫的成因与负效用，并界定了准聚集经济区域与集聚不经济区域。接着分析了造成集聚不经济的原因：一是实证分析了地产价格升值所引起的价值虚估；二是基于一个分区域的外部性框架分析了人口集聚对消费的负外部性；三是基于外部经济异质性对城市化经济进行分析。中小城镇在空间结构优化中的作用，主要包括克服集聚不经济基础上的结构优化、时间维度上的结构优化和优化要素的空间配置、构建新型城乡关系形态。

主要知识点：集聚不经济的主要表现与成因；地产价格泡沫的形成与负效应；就业—人口比对城市规模质量的影响；田园城市模式的新型城乡关系。

第八章沿着"中小城镇—农业发展—经济转型"的逻辑路径讨论中小城镇作用问题。首先是"对农业作用的再认识"：传统上是用产品、市场和要素的三功能框架来评价农业的作用的，重要的是农业促进消费需求增长的作用。提高农业劳动生产率，一是可以推动工资品综合劳动生产率的提高，为工资的上升提供效率基础；二是可以推动消费结构的升级，尤其是可以提高消费品的供给效率和水平。并讨论了农业与非农产业效率失调所引起的农产品价格上涨，它不仅会抑制消费需求的增长，也会强化劳动力成本上涨压力，甚至引起相当程度的经济结构失衡。接着以巴西为例，对农业在经济增长中的作用进行了实证分析。在此基础上，分析了中小城镇在推动农业劳动生产率提高中的作用：一是推动农业经济的全国一体化；二是提升农业劳动力的质量水平；三是发挥人口分流作用。然后又讨论了农业发展推动的城镇化主要有农民消费的商品化、农业产业集聚和乡村旅游业发展三条路径。

主要知识点：提高农业劳动生产率对消费需求增长的促进作用；转型阶段工资大幅度上升的实质；转型中农产品价格持续上涨的负作用；服务业就业比重对劳动份额的影响；农业现代化的城镇化条件。

第九章推导了中小城镇发展的技术线路图。首先分析了中小城镇作用形成的逻辑路径，它是源于解决二元经济向城乡一体化转型过程中所出现的难题而形成的功能性作用的演化路径。并把城乡收入、劳动与资本报酬这两个均衡和收入增长、协调发展、资本循环与增长和效用均衡这四条技术路径，作为确认其逻辑支撑点的标尺，强调必须同时满足这两方面的要求与条件。由此推导出中小城镇的四维作用：就业承载作用、属地资源优化配置与污染治理作用、空间结构优化作用和为农业现代化提供城镇化条件。然后详细分析了这四个维度的作用：对每一种作用都从理论解读、主要内容与原理（依据）和在城乡一体化中的作用三个方面进行了分析。该技术路线图可以为中小城镇发展规划提供基础性逻辑框架。

主要知识点：两个均衡与四条技术路径的关系；中小城镇作用的四维模型；中小城镇为农业经济的全国一体化提供了城镇化条件。

二 关键观点

在阅读本书之前，先将下面的关键观点浏览一下，可以帮助你更好地理解本书的主要内容。

1. 剩余劳动力和劳动力的无限供给并不是二元经济的必要条件，只是它的充分条件。刘易斯也认为，这两个假设条件对于英国和一些缺乏男性劳动力的非洲和拉美国家是不适应的。（第一章第一节）

2. 从二元经济到一元经济需要经历一个转型阶段，它需要完成：（1）增加值的大幅度增长与再配置，直到劳动份额在较高的水平上稳定下来；（2）农业制度与经营方式的改革与转型，以消除产业间

的二元结构；（3）劳动力的再配置、产业结构的转型和劳动力市场的一元化。（第一章第二节）

3. 在二元经济阶段，产能过剩一般表现为供给与需求在时间上的错配；但进入转型阶段以后还会出现另一种形式的产能过剩，即由于效率低下、产品定价过高造成的需求萎缩而形成的产能过剩。产品定价过高既源于效率低下，又与劳动成本、地产租金和资源价格过度上涨等因素推动的成本上升有关。当后者的影响过大时，空间结构优化就成为推动供给侧改革取得突破性进展的主要路径。（第一章第四节）

4. 农业劳动生产率提高与产业结构转型的结合是推动二元经济向一元经济转型的重要动力之一。否则，无论是农业劳动生产率提高滞后，还是产业结构转型滞后，都会阻止转型的进程。同时源于这种结合的增长动力又是特殊的，是不可替代的。（第二章第三节）

5. 资本深化推动的劳动生产率提高不仅是转型阶段工资能够出现大幅度上升的重要价值来源之一，而且是劳动份额能够在资本报酬率维持稳定条件下出现较大幅度上升的重要原因之一。同时，农业与工业资本深化程度的趋同是城乡收入均衡的一个重要条件。（第二章第三节）

6. 网络交易的发展对集聚经济的形成条件产生了很大影响，不仅使集聚的地理集中在合同缔结时失去了效率提升的作用，在商品交割与运输环节上也不再以人口的简单集聚为效率的形成条件。同时网络交易的发展与交通运输条件改善的结合还会使人类集聚结构有更多的选择。（第二章第三节）

7. 在采用平均值评价城乡收入差距时，应补充使用最大城乡收入差距的指标。最大城乡收入差距是指一座城市与周边收入最低的农业区之间的收入差距。采用该指标的好处主要有三个：第一，收入最低的农业区是农业劳动生产率的边际区域，提高该类农业区的劳动生产率可以促使农业收入朝着积极均衡的方向发展。第二，城市农民工的工资定价是以来源地的农业收入为基础的，提高该类农业区的农业收入水平可以提高城市农民工的最低工资水平，可以起到倒逼城市提高劳动效率的作用——主要是最低用工效率。第三，提高收入最低的农业区的收入可以缩小城乡收入差距的最大值，削弱最大差距值偏离

过度对社会、经济发展所产生的负面影响。(第三章第二节)

8. 工资上涨通过作用于土地的资本密度会使大城市的地租水平不断提高,土地租金的不断提高又会使大城市产生"去工业化"和服务业资本密度提高这两种调整趋势。而在小城镇,工资上涨与地租之间不会形成明显的"推进"关系,因此,在产业发展趋势上也是不同的。大城市与小城镇在服务业上的资本密度差距是明显的,而工业则不存在这种差距。(第四章第二节)

9. 工资上涨促成的大城市与小城镇的"空间分异"与大城市就业吸纳力的转型,客观上为中小城镇增强就业承载力提供了可能。而它自身所具有的劳动力价格、地产租金与生活成本低等优势,再加上它所特有的趋势性优势和空间优势等,不仅使它能够把这种可能变为现实,而且也使其在就业结构优化方面有着巨大的作用空间。增强中小城镇的就业承载作用,是进入转型阶段后经济结构演化所促成的一种必然结果。(第四章第四节)

10. 属地资源价格的成本约束效应与治理。在二元资源定价体系下,无论是资源价格的低估还是高估,都会对集聚过程产生成本约束效应。前者是指如果资源租金被低估,集聚经济收益就会被夸大,而在资源价格开始上涨以后又会使城市陷入巨大的成本上升压力。后者则是指一旦出现资源价格泡沫,也就意味着资源价格的上涨是以推高集聚成本和侵蚀集聚经济收益为代价的。

合理布局人类的空间集聚结构是解决属地资源供求缺口,有效实现资源供求平衡的主要路径。同时,努力消除二元的资源定价体系,建立完善的资源市场调节功能又是最重要的基础性环节。(第五章第一节)

11. "先污染、后治理"的路径,很容易使城市走上一条先膨胀、后调整的曲折发展路径。污染的"被忽视",致使对经济活动评价的严重失真,不仅使 GDP 被扭曲,也会使集聚经济收益含有越来越大的虚假性,从而诱导城市规模过大、陷入集聚不经济状态。而一旦大规模的治理拉开序幕,污染损失就会全面显性化,治污费用的快速上升不仅会使企业成本大幅度上升,而且居民承担的治理成本也会大幅度上升,最后发展到为了治理污染就必须调整城市结构的地步。(第

五章第二节）

12. 在二元经济条件下，工资差距是引导劳动力流动的主要因素，而进入转型阶段后，居住条件与环境及相关效用也开始发挥越来越重要的作用。确切地说，此后住宅的净级差收益将成为引导劳动力流动的主要因素。这里所谓级差收益是不同区位的一种比较收益，它已经将就业便利、更高的工资、上学、就医、休闲等方面的利益包括其中了。（第六章第二节）

13. 从表面上看，投机性因素是造成特大城市房地产价格过度上涨的重要因素，但实际上它只是一种外生的因素。城市体系结构的失衡才是少数特大城市房地产价格过度上涨的内生原因。因为公共资源配置的不平衡造成了人口一面倒地流向少数几个特大城市，进而又形成了一种畸形的城市体系结构，这才是房价过度上涨的原因。在这种结构下，用所谓的刚需和土地供给不足来解释房价过度上涨的原因，都是伪命题。只有优化城市体系结构才是解决房价过度上涨问题的主要路径。（第六章第三节）

14. 城市用地的级差地租来源于城市用地相对于农业用地的级差收益，根据这一命题可以推导出一个极有价值的结论，即提高农业劳动生产率可以降低城市的级差地租，也就是可以提高城市产业和居民的福利水平。级差地租的相对性也能够揭示城乡产业均衡的重要性：如果城市产业与农业的效率是均衡的，城市经济就能够获得较低的租金成本；反之，如果城市产业与农业的劳动生产率差距较大，城市就会有较高的租金成本，差距越大，租金成本也越高。（第六章第四节）

15. 基于分区域的外部性分析证明，当一座城市的规模扩大时，会对这座城市原有居民的消费效用产生持续的负面作用，它既可以解释为什么"摊大饼"的模式会造成集聚不经济，又说明了"分区集聚"的结构是一种实现"不拥挤的集聚"的理想结构。（第七章第三节）

16. 所谓空间结构优化是指，一方面最大限度地在集聚不经济最小化基础上实现集聚经济的最大化，另一方面又尽可能地充分发挥疏散状态的资源利用优势，把这二者结合起来以便使生产更有效率，发展具有可持续性，生活质量更高。（第七章第四节）

17. 服务业就业占总就业的比重是能够影响劳动份额上升的重要

因素之一。原因是工资的上升主要源于工资品的社会综合劳动生产率的提高，而服务业部门自身的劳动生产率一般变化不大，这样，在工资上涨的过程中，服务业就业占比越大，新增价值转化为工资的相对份额就越大，对劳动份额上升的贡献也就越大。此外，农业工资上涨所形成的工资推动机制、制度性因素和人力资本因素也是推动劳动份额上升的三个因素。（第八章第二节）

第一章 城乡一体化与发展阶段的划分

基于城乡一体化视角研究中小城镇发展问题，就要求能够对城乡一体化的演化过程与相关规律有一个较深刻的分析与认识。只有对"城乡一体化"的认识是科学的，对中小城镇发展规律的认识才有可能达到一定深度，也才能为长远规划提供支撑。

第一节 "城乡一体化"的科学解读

一 问题的提出

"城乡一体化"是改革开放之初针对中国计划经济时期城与乡在制度与体制层面上的二元分割现象所形成的一个相对概念。近40年来，相关研究已经形成了大量的文献，并取得了较大的进展，尽管各种"城乡一体化"观点的内容存在差异，但都在不同程度上反映了人们希望消除城乡二元结构的美好祈求。[①] 其主要缺陷是对二元经济转化为一元经济，再到城乡一体化的客观演化过程的研究不到位，从而形成了认识上的短板。对于二元经济国家来说，在认识上明确从二元经济到城乡一体化之间存在一个"二元经济向一元经济的转型阶段"是非常重要的。因为在这一转型阶段，产业间的效率差距和城乡差距的存在具有客观性，是不可避免的。如果忽视了这一基本事实，简单地推行所谓城乡平等的"一体化"，只能适得其反，不是抑制了

---

① 陈春生：《城乡一体化与农村金融发展模式、路径的探讨》，《西安财经学院学报》2006年第5期，第55—60页。

经济发展，就是反而加剧了城乡差距。同时大量的实践也证明，即使在二元经济条件下，城乡差距过大也不利于经济的可持续增长。综合这两方面的原因，在转型时期采取一定的城乡一体化政策与措施是非常必要的，但其直接的目标并不是"一体化"，而是尽可能地采取一些工业反哺农业、城市支持农村的措施，以推动城乡经济的协调发展，尽快地实现二元经济向一元经济的转型。完成了经济的一元化后，直接的目标才是"一体化"。

像"城乡一体化"这样的有关未来社会城乡关系形态的大问题，深刻的而不是表面化的认识，只能来源于对从二元经济到"城乡一体化"的社会经济演化过程的系统分析。

二 从二元经济到城乡一体化

尽管国内提出的"城乡一体化"概念具有本土化的特点，但它所反映的客观对象与其他经济体间存在着共性是毫无疑问的。即中国的二元经济、从二元经济向一元经济的转型、再到城乡一体化，与世界上大多数经济体间存在着共性。强调共性并不是否认个性或特殊性，而是为了更好地认识个性和特殊性。中国的二元经济当然具有特殊性，比如户籍制度、特殊的二元土地制度、人多地少，而且人口规模世界第一，这些都会给中国的二元经济转型带来极大的困难。从某种意义上甚至可以说，中国的二元经济转型实际上是在挑战人类社会转型的极限。但社会科学或经济学的重要任务之一就是借助于抽象力，从差异性的对象中抽象出一般性、共性的东西，然后借此构建一定的逻辑结构，再用于分析特殊性和个性。比如二元经济就是一个合理的抽象，刘易斯将其界定为组织与生产的不对称性是十分恰当的。工业部门先天就是一个商品化的部门，而农业最初总是自给自足的，或者说其商品性是后天的，是外生的规定性。商品化的工业部门与资本相结合，其劳动生产率高于不使用资本的农业部门是一种必然的结果。直观地看，农业不使用资本的假设不完全符合实际，但正是这一假设深刻地反映了现代工业与传统农业在增长方式上的差别。这样，一个使用资本，另一个不使用资本；一个是服从边际利润相等、工资决定于边际产品的完全商业化部门，另一个是用某种传统方式组织的部门，这就是二元经济。而剩余劳动力和劳动力的无限供给并不是二元经济的必要构成要件，只是一个外生规定性，它通常表现为传统社会生产要素间的矛盾被积累的一种结果。一个二元经济体也可以不具有这一特征。例如，由于圈地运动在工业革命之前和之中将大量农民赶出农业，或者迫使其移民，这一规定对英国来说就是不适合的；同样，对一些缺乏男性劳动力的非洲和拉丁美洲国家也是不适合的。刘易斯依托剩余劳动力和劳动力无限供给的假设，认为存在着一个工资稳定的二元经济阶段，这一观点具有相当广泛的适用性。不过，不依赖剩余劳动力，仅仅依据资本积累是工业化的前提条件，资本积累也要求抑制工资的增长来假设存在着一个工资稳定的二元经济阶段，也是能够成立的。实际上，刘易斯本人也强调他的劳动力无限供给的假设不适用于英国，同时又认为英国存在过一个工资稳定的阶段。[1]

　　二元经济作为一种抽象形态，实际上反映的是一个经济体由农业社会转变为工业化和城市化社会所必须经历的发展阶段，没有经济体能逾越这一发展阶段。比如，尽管英国农业中的资本主义是发展最早的，也是发展程度最高的[2]，然而，它不但存在着一个工资稳定的二元经济阶段，而且其二元经济的转型也是相当残酷的，恩格斯在1842—1945年所著的《英国工人阶级现状》一书中描述的就是转型时期的英国农民工现状。[3] 也可以这样来思考：为什么二元经济不可避免？简单地说，其原因是一个农业社会要发展为高度的工业化、城市化的社会，期间必然要经历农业劳动力向非农产业的转移、农村居民向城镇居民转移的过程，而这个过程的持续又是以城乡间存在收入差距为条件的。这就意味着只要劳动力与农村居民的转移任务尚未完成，二元经济就是必要的，即以劳动生产率差距为基础的农业与城市

---

[1] 威廉·阿瑟、刘易斯：《二元经济论》，施炜等译，北京经济学院出版社1989年版，第116—117页。

[2] 按照费景汉和拉尼斯的界定，所谓的二元经济是针对"为本国生产食品的农业部门"而言的。像英国19世纪前为工业提供原料，且最终产品主要是用于出口的农业，在产业结构中实际发挥的是"非农产业"的作用，它的高度资本主义化并不能说明生产食品的农业的状态。

[3] 恩格斯：《英国工人阶级现状》，《马克思恩格斯全集》第2卷，人民出版社1956年版。

现代产业部门的收入差距，是转型能够持续进行的关键性条件。这一关键性的条件，无论是刘易斯、费景汉与拉尼斯，还是乔根森等都把它作为其模型的先决条件。对此可以提供的解释是：这一关键性条件是以农业的不完全商品性和资本使用的低水平为基础的，而要消除这一基础，只有在产业结构转型基本完成后才是可能的。从分配角度也能得出相同的结论。在二元经济之初或工业化的初期，劳动与资本在报酬分配上会形成一种以超额利润为特征的均衡关系，随着工资和劳动份额的上升，这种均衡关系被打破了，此后会经历一个较长的过渡阶段，劳动份额最终又会在一个较高的水平上重新稳定下来。此时，农业劳动者与城市职业者的收入趋于均衡的条件才大体具备。而根据我们的研究，劳动份额最终稳定下来的条件是产业结构转型的基本完成。在这里，劳动份额最终稳定下来所反映的是，结构性增长已经让位于均衡增长。上述逻辑关系的推演只不过表明，农业劳动者与城市职业者的收入趋于均衡至少是以二元经济转化为一元经济为条件的。

一元经济并不等于城乡一体化，后者是在一元经济基础上发展起来的一种更高级的城乡关系形态。其基本含义是指农业居民与城市居民在收入、生活水平和社会地位上是等同的、没有差别的，是以人为本的城乡关系的一元化、一体化。在城乡一体化下由于人口已经实现了双向自由流动并形成了均衡，一部分居民的城乡身份是不确定的：他们或者工作在城市、居住在农村，或者工作在农村、居住在城市，也可能是一段时间生活与工作在农村，另一段时间又生活与工作在城市。即城乡身份已不再具有原来的特定含义，一元经济尚达不到这种水平。不仅如此，推动一元经济得以形成的工业化和城市化所带来的问题在这一阶段也表现得异常突出，不仅污染严重、生态环境恶化，对城市居民生活环境的侵害越演越烈，还有诸如贫困人口、社会收入差距、公共安全与秩序、社会公平等问题，因此，从一元经济到城乡一体化也需要经历一个发展阶段。

三 人与自然环境的关系

城乡一体化作为一种新型的城乡关系形态，包含了污染治理、生态修复、人与自然环境的关系达到了相对和谐状态的规定性。这首先是因为在社会生产力达到较高水平、人类所能生产的财富也相当丰富的条件下，人们的消费需求发生了巨大的结构性变化，大自然赐予人类的生活环境，如新鲜的空气，充足的阳光，宽广的室外活动空间，婀娜多姿的山川、河流等美丽景色，具有了不断增长的使用价值和效用值，从而使治理、修复环境具有了生产性。也就是说，治理一条河流同生产美酒、粮食一样，也是为人们提供具有使用价值和效用值产品的生产性活动。治理与修复环境的生产性，还可以从生产能力与效率的维护和资源财富持有量的维持的角度来理解。最典型的例子是土地被污染会降低食品的生产能力，而水资源被污染不仅会大大提高"水"的生产成本，而且有可能引发水资源危机。但人与自然环境的和谐相处成了城乡一体化的一个规定性，主要源于前一种"生产性"。这是因为到了城乡一体化阶段，社会生产力的高度发展使人们基本需求的满足有了保障，较高层次的需求，如优美自然环境的获得、高品位的文化生活等上升为主要需求，如何更好地满足这些需求成了推动社会进一步发展的重要力量源泉之一。

四 多学科的分析框架

从以上分析可以看出，从二元经济到城乡一体化需要经历两个转型阶段，即从二元经济转变为一元经济，再从一元经济发展为城乡一体化。尤其是前一个转型，不仅在整个过程中占据着十分关键的地位，而且对于中国所处的发展阶段来说，又具有十分重要的现实意义。这就需要首先借助于经济学的成果——主要是二元经济理论、新古典经济学和发展经济学等的成果，对二元经济向一元经济的转型过程做出系统的分析，借以抽象出一些具有规律性的东西，然后通过实证分析进行验证。这是完全可能的，因为一些发达国家至少已经进入一元经济向城乡一体化转型的阶段。其次，从二元经济到城乡一体化的发展过程又是与城市化结伴而行的，在这一过程中，产业与人口的空间分布发生了天翻地覆的变化，甚至可以说，城乡一体化的实现过程也就是空间结构的优化过程。因此，注重运用空间经济学、区域经济学和城市学的方法去分析城乡一体化的实现过程就是不可或缺的方面。

站在二元经济这块贫瘠的土地上展望富有而又充满现代化色彩的

城乡一体化王国是极其困难的，科学方法的运用可以帮助我们尽量减少偏见和少走弯路。

第二节　二元经济理论的困境与城乡经济均衡

二元经济理论由于能够较好地解释发展中国家在工业化阶段出现的高速增长现象而"走红"一时，并形成了较有影响的结构增长理论，但在二元经济向一元经济转型的问题上却存在着诸多的遗憾，以致用"陷入困境"来描述也不为过。这不只是由于在转折点的识别与判断上存在着歧义以及由此带来的混乱，更重要的是在二元经济如何转化为一元经济问题上仍然存在着知识的空档和盲区，从而大大削弱了二元经济理论的应用价值。下面，我们将试图解决这些难题，以便能够为以后的城乡一体化研究提供一个良好的理论基础。

一　二元经济理论的困境与问题

刘易斯拐点的判断是二元经济理论应用中一个十分关键而重要的问题。但几乎从刘易斯提出二元结构理论以来，它就一直是困扰学者们的一个难题，常常会使人们在"刘易斯拐点何时到来"的问题上陷入"论争纷纷"的困境。如果撇开造成这种状况的主要原因之一，即定义本身太抽象，那么，最重要的一个原因就是刘易斯与费景汉、拉尼斯在转折点的界定上实际是存在歧义的。刘易斯将转折点（第二个拐点）定义为"资本主义与非资本主义部门的边际产品相等之时"，并且工资在经历了大幅度上升后"产品工资率 WL/PQ 是稳定的"[①]，即劳动报酬占国民收入的份额是稳定的。其中的两个部门也可以理解为农业与非农现代部门。很明显，刘易斯定义的拐点标志着二元经济已转变为新古典经济学的一元经济，而费景汉和拉尼斯定义的商业化拐点（第二个拐点）则得不出这一结论。费景汉和拉尼斯认为，当农业劳动的边际生产率提高到生存工资水平时，并且农业生

---

① 威廉·阿瑟、刘易斯：《二元经济论》，施炜等译，北京经济学院出版社1989年版，第112、116页。

产的食物足以供养本国的全部人口,转折点就到来了。[①] 与刘易斯不同,费景汉和拉尼斯在定义转折点时强调了"农产品供求均衡"这一条件。在图1-1中,$M^1 M^2 M$ 是三条不断向右移动的农业劳动边际产品曲线;平均农业剩余 AAS^1、AAS^2、AAS 代表了三条随劳动生产率提高而不断向左移动的短缺曲线,短缺曲线与生存工资 IRW 间的距离反映的是食物性农产品短缺的程度。随着农业劳动生产率的不断提高,农业劳动的边际产品曲线不断向右移,由 M^1 到 M^2,再到 M;而短缺点不断向左移,由 L^1 到 L^2,再到 L^*。在 L^* 点,M 与 AAS 的交点达到生存工资的水平,此时商业化拐点与短缺点重合,费景汉和拉尼斯拐点就到来了(以后简称之为费—拉拐点)。也就是说,按照费景汉和拉尼斯的定义,转折拐点的到来必须是提高农业劳动生产率和转移劳动力共同作用的结果。如果一个国家的农业劳动生产率仍处于 M^2-AAS^2 的位置,仅通过转移劳动力使农业的边际产品达到生存工资的水平,那么,不仅真正的转折点没有到来,而且还有可能陷入转型困境——主要是需求约束和就业问题中。

在这里有两个问题:第一,费景汉和拉尼斯定义的第二个拐点与刘易斯定义的第二个拐点不可能同时出现,两个拐点之间相隔了一个转型区间;第二,按照刘易斯对第二个拐点的两种定义,即边际产品相等与劳动份额重新稳定下来所确定的两个拐点也不可能同时出现,它们之间也相隔了一个区间。接下来的两节将分别讨论这两个问题。

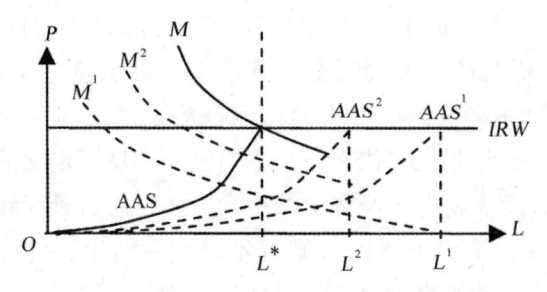

图 1-1 短缺拐点与商业化拐点重合的过程

[①] 费景汉、古斯塔夫·拉尼斯:《增长和发展:演进观点》,洪银兴、郑江淮译,商务印书馆 2004 年版,第 137—140 页。

二　二元经济向一元经济的转型是一个区间

刘易斯的定义是清楚的，它表示二元经济已经转化为一元经济。但费—拉拐点到来后，并不能表示二元经济已经转化为一元经济。也就是说，当农业劳动的边际产品达到生存工资水平后，不可能在一个较短的时间内农业与工业劳动的边际产品与收入就相等了，二元经济就转化为一元经济了。费景汉和拉尼斯根据在拐点上总劳动力中工业所占的份额等于农业竞争性租金份额的原理，测算出"一旦劳动力再配置比例达到46%"[①]，费—拉拐点就到来了。而中国的实践可以提供证明，在这个时候无论是劳动力转移、非农产业发展，还是城市化都远远没有完成，城乡收入差距甚至仍有扩大的趋势，二元经济不仅没有消失，反而更加复杂化了。与费景汉和拉尼斯的观点不同，托达罗（M. Todaro）旨在分析城乡劳动力转移的模型是以假设农业中不存在剩余劳动力为前提的[②]，主要是为了分析在20世纪八七十年代发展中国家的大城市普遍存在严重失业问题的条件下，为什么农村劳动力还会向城市转移？这一事实本身也可以证明，费—拉拐点到来或剩余劳动力消失后，二元经济不仅没有结束，反而进入了一个更加艰难的转型阶段。

因此，在两个拐点之间实际上存在着一个转型过程或阶段。这一转型阶段需要完成：（1）增加值的大幅度增长与再配置，直到劳动份额在较高的水平上稳定下来；（2）农业制度与经营方式的转型，以消除产业间的二元结构；（3）劳动力的再配置、产业结构的转型和劳动力市场的一元化。

（一）增加值大幅度增长与再配置

费—拉拐点到来后，农业工资开始由市场的力量决定，其边际产品和工资产生了与城市产业趋于均衡的趋势，但这并不是说农业与城镇产业的工资差距会立即消失。均衡的实现需要一个过程，而这一过程往往又是非常曲折和漫长的。这主要是因为工资的上涨意味着以生

[①] 费景汉、古斯塔夫·拉尼斯：《增长和发展：演进观点》，洪银兴、郑江淮译，商务印书馆2004年版，第161—162页。

[②] 郭熙保、周军：《发展经济学》，中国金融出版社2007年版，第177—181页。

存工资为基础的资本能够获得超额利润,这种增加值配置格局被打破,开始寻求一种新的均衡格局。在这一过程中农业工资的上涨必须以农业劳动生产率的提高为基础,而农业劳动生产率的不断提高又在很大程度上依赖于持续的劳动力转移,进而又依赖于非农产业的发展;同时农业工资的上涨也会推动非农工资的上涨,这又会给非农发展带来成本上升的压力。直到农业劳动力占总劳动力的比重下降到很低的水平,比如说10%以下,劳动份额在较高的水平上才有可能真正稳定下来,农业与非农产业的劳动边际产品的均衡条件才会初步形成。由此可见,这一过程是十分艰难的,必然需要较长的时间。转型涉及劳动份额上升的问题,刘易斯在定义拐点时考虑到了这一点。他选用了一些国家1961—1963年制造业的数据,通过比较高工业化国家与低工业化国家工资与薪金在增加值中的比重,来证明这一均衡过程所要达到的程度。从表1-1中可以看出,制造业工资与薪金在增加值中的比重,低工业化国家一般只有20%多,而高工业化国家大多在50%以上,由前者上升到后者所需要的时间很长,这应该是毫无疑问的。而且需要的时间长短还与国家大小、需要转移的劳动力规模、外部环境等因素有关。一个较小的经济体需要的时间会短一些,如韩国、中国台湾和新加坡;而对于像中国这样的人口大国来说,需要的时间就会很长。

表1-1　一些国家制造业工资与薪金占增加值的比重(1961—1963)

国家	比重(%)	国家	比重(%)
丹麦	59	哥伦比亚	32
瑞典	57	秘鲁	29
英国	53	加纳	26
挪威	51	巴西	26
美国	49	尼日利亚	25
爱尔兰	46	菲律宾	24
委内瑞拉	38	象牙海岸	24
日本	37	伊朗	22
牙买加	33		

资料来源:威廉·阿瑟、刘易斯:《二元经济论》,施炜等译,北京经济学院出版社1989年版,第119—121页。

（二）农业制度与经营方式的转型

在经典的二元经济模型中，所谓的二元经济主要是指生产和组织上的两个不对称性。生产上的不对称性指在生产要素的使用上，传统农业只使用土地和劳动，不使用资本；而现代部门只使用资本和劳动，不使用土地。组织上的不对称性则是指商业化的现代部门与传统的农业部门相对应，在组织原则上，现代部门服从市场化规律，工资等于劳动的边际产品，生产的目的是利润的最大化；而传统农业则是服从"传统成规"，在收入分配上因遵守某种"分享"习俗和"补充性分配"[1]的成规而吸收了过多的劳动力。因此，二元经济要转化为一元经济，农业部门的转型与改革是一个不可或缺的环节。首先是农业要完全实现商品化，因为传统农业的最大特点是商品化程度太低。但农业商品化的难点是农民的农产品需求的商品化，不仅需要等到非农就业比重上升到一个足够高的水平，而且农业内部的专业化分工也要达到很高的程度。其次，不仅生产要素要资本化，工资由市场决定，生产的目的也要转变为收入或利润的最大化。很显然，这一转型过程是相当艰难的。它不仅涉及土地制度改革和农业资源的再配置，需要建立能够保证规模经济的资本供给和农村金融体系，而且农业生产者要转化为能够独立发展而又完全的商品生产者与经营者也需要一个过程。考虑到农业转型的复杂性，费—拉拐点不能代表二元经济转型已经完成便是显而易见的。[2] 同时应该认识到，这一转型过程是不可能自发完成的，政策的介入是转型能够顺利完成的一个重要条件，尤其是及时推动土地改革甚至是一个必要条件。世界范围内的转型实践可以为此提供充分的证据。比如，日本、韩国和中国台湾的转型成功都是以土地改革为前提的。再如，俄罗斯在1993—2002年进行了土地改革，使其农业得到了较快发展，此后转型也得到顺利推进。2000年俄罗斯农业就业占比是14.2%，人均国民收入仅有1710美

---

[1] 如在地租过高的条件下，佃农须向地主履行其他义务以获得维持生存的补贴。
[2] 曹斌：《二元经济、剩余劳动力和刘易斯转折点》，《云南财经大学学报》2010年第5期，第40—46页。

元；2010年农业就业占比下降到7.8%，人均国民收入是9980美元。2014年其人均国民收入上升到13210美元，首次进入高收入国家的行列（标准是12616美元以上）。相反的案例也不少，如曾经被称为亚洲"四小虎"的菲律宾、泰国和印度尼西亚，农业发展滞后拖了转型的后腿，是公认的陷入"中等收入陷阱"的国家。尤其是泰国，农业发展缓慢甚至是国家陷入长期政治动荡的主要原因之一。巴西也很具有代表性，少数大地主占有了过多的土地，使土地改革进程缓慢，整个国家饱受了转型的磨难，而在1995年后土地改革的明显推进，又使转型进入了一个较好的时期。

一个有意思的案例是：费景汉和拉尼斯将日本的商业化拐点定为1917年[1]，因为此后日本工资出现了快速上升；而刘易斯将其定为1970年左右，依据是此后日本的劳动份额或利润份额才趋于稳定。[2]这一事实除了说明他们对拐点的理解其实是不同的以外，还佐证了在这两个拐点之间存在一个转型阶段。实际上，日本的转型在这一时期出现了中断，其主要原因是农村广泛存在的寄生地主制度压制了农业的发展。直到第二次世界大战日本战败后，在美国驻军的督促下，日本才于1946—1949年进行了以"消灭寄生地主、培育自耕农"为主的土地改革，从而为转型的顺利推进奠定了基础。

考察世界各国二元经济转型的实践可以得出这样的结论：在工业能够较快发展的前提下，对传统农业只要采取一些改革或刺激措施，一般都能够使农业发展到费—拉拐点的水平；而要完成二元经济的转型，不进行彻底的农业改革，可以说是没有可能性的。在以后有关章节里，我们将进一步分析农业发展在转型中的作用，以期证明这一论点。

（三）劳动力的再配置、产业结构的转型和劳动力市场的一元化

费—拉拐点到来后，劳动力转移的任务并没有完成，所谓的剩余劳动力已经消失只是表示一种界限。它是指在农业劳动力配置进入

---

[1] 费景汉、古斯塔夫·拉尼斯：《增长和发展：演进观点》，洪银兴、郑江淮译，商务印书馆2004年版，第121页。

[2] 威廉·阿瑟·刘易斯：《二元经济论》，施炜等译，北京经济学院出版社1989年版，第72页。

L^*（如图 1-1 所示）点时，农业劳动的边际产品达到了生存工资的水平，边际产品低于生存工资的劳动力消失了。这样一来，此后再进行的劳动力转移就不再是"剩余劳动力"的转移，而是"有效劳动力"或失业人员在产业间的再配置。这一拐点的含义是农业工资开始由市场的力量来决定，劳动力转移将遵循新的规则，增长方式也开始转变了。由于在之前的"剩余劳动力"转移过程中，工资长期被压制在生存工资的水平，而以廉价工资为基础的超额利润使资本权益收入获得了快速增长，从而使劳动与资本在报酬分配上形成了一种扭曲状态。一般来说，这通常会促使工资在拐点到来后出现一个补偿性的上升过程。先是农业工资的上升，农业工资的上升又会推动工业工资的上升，或迟或早，劳动报酬在国民收入初次分配中的份额也开始上升。其实，如果从劳动与资本的配置关系上看，费—拉拐点的到来标志着资本相对于劳动的短缺状态消失了，均衡关系的这种逆转必然会使劳动份额进入一个上升阶段。因此，劳动份额开始上升是具有标志性意义的。

既然费—拉拐点的到来只是标志着劳动力转移开始进入一个新阶段，那么，劳动力转移何时会完成？由于此后的劳动力转移必须服从产业结构转型的要求，我们可以从产业结构转型的角度分析这一问题。一般来说，一个经济体要基本上完成产业结构的转型，非农就业比重至少要达到 90% 以上，也就是农业的就业比重要降到 10% 以下，此后劳动份额才能最终稳定下来。表 1-2 和图 1-2 是同样的数据、不同的表述形式，它们可以为这一论点提供证据。从图 1-2 可以看出，产业结构转型程度与劳动份额具有较强的相关性，尤其是当农业就业比重下降到 10% 以下时，大多数国家的劳动份额收敛于 50% 左右；而在此之前，劳动份额会有一个较快的上升期，如波兰和墨西哥。郝枫借助荷兰、瑞典和美国的数据分析了劳动份额与产业结构的关系，得出了相同的结论：当非农就业比重达 90% 后，或产值达 95% 以后，劳动份额达到长期均衡水平。[①]

[①] 郝枫：《中国要素价格决定机制研究——国际经验与历史证据》，博士学位论文，天津财经大学，2008 年。

表1-2　　主要国家的农业就业比重与劳动份额（2010）　　　　（%）

国家	农业就业	劳动份额	国家	农业就业	劳动份额
日本	3.7	50.5	俄罗斯	9.7	49.7
韩国	6.6	42.3	西班牙	4.3	50.1
南非	5.1	45.4	法国	2.9	52.1
加拿大	2.4	50.5	德国	1.6	49.8
墨西哥	13.1	27.6	意大利	3.8	40.0
美国	1.6	53.3	英国	1.2	52.4
荷兰	2.8	49.2	澳大利亚	3.3	47.4
波兰	12.8	37.6	以色列	1.7	46.1

资料来源：《国际统计年鉴》（2011）。

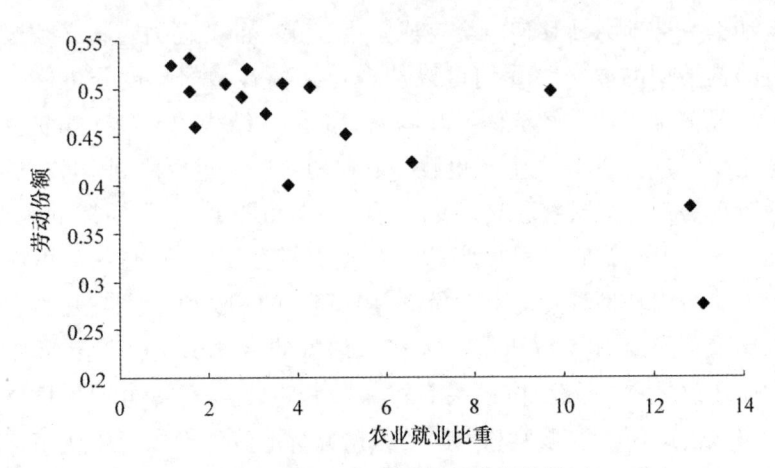

图1-2　农业就业比与劳动份额的相关性（2010）

资料来源：《国际统计年鉴》（2011）。

费—拉拐点到来后，劳动力转移不再是在稳定的工资下进行的，而是在工资不断上升的条件下进行的，劳动力转移也就自然比以前困难多了。一方面，农业需要不断提高劳动生产率，必然会遇到诸多的问题；另一方面，为了能够及时地吸纳从农业中释放出的劳动力，非农产业又需要保持持续发展，而这又是在工资不断上涨的条件下必须完成的。因此，在这一阶段，"提高农业劳动生产率——非农产业吸收从农业中释放出的劳动力"的持续进行和由此推动的产业结构转型的不断深化，是推动转型能够顺利进行的十分关键的条件。如果这一过程在某个环节上出了问题，如农业发展滞后，或者非农产业的就业吸纳能力过低，甚至是劳动力供求存在着结构性矛盾，都会使转型过程陷于困境。

最后，费—拉拐点的到来又标志着劳动力市场一元化进程开始起航，它至少要实现社会保障基本一致、劳动者的身份差异完全消失，劳动力能够自由流动和转移、工资趋同等。这一过程也是需要时间的。仅户籍制度对中国劳动力市场分割所造成的影响和解决这一问题的难度，就足以说明费—拉拐点到来后，劳动力市场的一元化不可能在较短的时间内完成。

（四）转型区间的界定

由此可见，二元经济转型为一元经济是一个区间，而不可能仅仅是一个拐点，并且这一转型过程是十分复杂的，需要一个较长的时间才能完成。费—拉拐点是这一转型期的起点。之所以把费—拉拐点界定为转型的起点，不仅仅是因为它标志着剩余劳动力的消失，还因为在劳动力转移这一关节点上，农业部门的经济租金份额[①]等于工业、服务业劳动力占总劳动力的份额。它意味着农业的劳动生产率和商品化水平已达到这样的程度，农产品的一半左右是用于交换工业与服务产品的，源于农业的消费需求增长已成为资本实现利润的重要条件之一；在这种条件下，如果继续以税收、地租或者价格差的形式去压制农业工资以增加资本积累，与通过交换获得相应数量的农产品相比，越来越得不偿失了，除非农产品是为了出口而生产的（对于以农产品出口为主的国家来说，拐点通常会被推迟，农民问题也有可能表现得

---

① "农业部门的经济租金份额"是费景汉、拉尼斯用语，指农业增加值减农业工资后的部分所占比重。

异常突出)。这样一来,不仅压制农业工资的原因和动机同时消失了,而且无论是对于调节、引导农业生产来说,还是就更好地满足非农部门的农产品需求而言,采取商品交换的形式都是更有效的。这通常也是农业政策由获取农业剩余转向支持农业发展的转折点。[①] 因此,这一转折点到来后,无论是从剩余劳动力消失、劳动与资本关系逆转的角度看,还是从农业与非农产业的关系看,工资都应上涨。与费—拉拐点不同,刘易斯的定义表明二元经济的转型已经完成,尤其是他的"劳动份额已经趋于稳定"这一标志,实际上是"劳动与资本在报酬分配上进入新的均衡状态"的同一表述。于是,如果不把这一转型看成一个区间,而是看成一个拐点,并把剩余劳动力消失或转型已经完成与两个拐点中的任何一个相联系,就很容易造成认识上的混乱。例如,按照费—拉拐点的定义,如果认为这时二元经济的转型已经完成,就与实际相差太远了;同样,如果把剩余劳动力的消失与刘易斯界定的拐点联系在一起,说剩余劳动力消失后刘易斯拐点就到来了,就漏掉了转型阶段。

此外,在"拐点"上容易使人们受到困扰的还有"虚假拐点"问题。例如,一个国家忽略了农业发展,在农业生产率和短缺点处 $M^2—AAS^2$(如图 1-1)的位置,仅通过劳动力转移或外流使农业劳动的边际生产率达到了制度工资的水平,这时的拐点就是"虚假拐点"。这种"虚假拐点"的形成有两条路径:一是一国为了大力发展出口导向型的非农产业,从农业中转移了大量劳动力而形成的;另一是由于在农业中简单地推行资本主义化或者长期忽视农业发展而使农业衰败,造成大量农民流离失所、被迫流入城市而形成的。这两种类型都是在为本国提供食物的农业劳动生产率变化不大的条件下,由于过度地从农业中抽走劳动力而使农业劳动的边际产品达到制度工资的水平,它们均会使转型陷入某种困境。一种是农村剩余劳动力及人口转移到城市,形成城市贫困人口;另一种则是

---

① 李明、邵挺、刘守英:《城乡一体化的国际经验及其对中国的启示》,《中国农村经济》2014 年第 6 期,第 83—96 页。

从表面上看剩余劳动力已经被吸纳干净，但农业劳动生产率的低水平和需求增长不足会使转型受阻，如"荷兰病"型的经济停滞或衰退就是由于这一原因引起的。以"虚假拐点"的形式进入转型这种形态是值得关注的，因为在大多数转型受挫的案例中都可以看到它的踪影。

由二元经济向一元经济的转型是一个区间，而不可能仅仅是一个"点"，这在学术界已有共识。但在区间的划分上，有一种观点建议将费景汉和拉尼斯界定的短缺点和商业化拐点分别看成是它的起点和终点①，这是不科学的。因为短缺点到来后农业中仍然存在着隐性剩余劳动力，虽然农产品的短缺会造成农产品价格上涨和农业工资的暂时上涨，但剩余劳动力压制农业工资的基本面并没有发生改变，二元经济的运行逻辑也没有发生变化。再说，短缺点和商业化拐点是动态的，都会随着农业劳动生产率的变动而移动，农业劳动生产率越低，短缺点到来的就越早。例如，费景汉和拉尼斯认为，中国在1959—1962年就触及短缺点，从而造成了食物危机。② 比如说，一个国家由于农业劳动生产率低下，在农业劳动力仍占70%水平时短缺点就到来了，但后来农业劳动生产率提高了，使短缺点又推后到农业劳动力占50%的水平，那么，在总劳动力中就有20%原来的隐性剩余劳动力，现在成了显性剩余劳动力，拐点又没有到来。因此，将短缺点定义为二元经济向一元经济转型的起点是不合适的，它只是二元经济运行中的一个点位，尽管这一点位有其重要含义，却不能起到标识转型已经开始的作用。实际上，费景汉和拉尼斯提出短缺点，主要是为了强调此拐点到来后农业技术变迁已成为二元经济能够进一步发展的必要条件，否则就会陷入农产品短缺陷阱。

我们建议把二元经济向一元经济的转型作为一个区间，是因为它

---

① 卿涛、杨仕元、岳龙华：《"Minami 准则"下的刘易斯转折点研究》，《中国人口科学》2011年第2期，第47—56页。Ryoshin Minami (1968), "The Turning Point in the Japanese Economy," *Quarterly Journal of Economics*, 82 (3): 380–402.

② 费景汉、古斯塔夫·拉尼斯：《增长和发展：演进观点》，洪银兴、郑江淮译，商务印书馆2004年版，第137页。

太重要了。一个国家进入转型阶段后,在许多方面都很容易出现问题,从而使转型过程陷入困境。所谓的"中等收入陷阱"实际上只不过是对这一阶段可能出现的各种困境的一种概括性的表述。而这正好是二元经济理论的一个知识空档,它没有告诉人们二元经济是如何转化为一元经济的,其中又存在着哪些困难和障碍。更重要的是,中国已经进入转型阶段,要想对中国当前出现的一些问题和可能出现的问题进行更深入的分析,这是一种难得的分析结构。

三 一元经济与城乡一体化下的城乡经济均衡

在上文我们已经指出,刘易斯有关第二个拐点的两种定义所确定的拐点不会同时出现,即边际产品相等与劳动份额最终稳定下来所确定的两个拐点之间也相隔了一个区间。值得注意的是,刘易斯所指的新古典体系的一元化经济下的农业与非农产业间劳动的边际产品均衡是一种不完全的均衡,或者是具有局限性的均衡,其边际产品只是相接近,城乡收入仍然存在差距。这一特点可以通过考察老牌资本主义国家的历史得到验证。比如,美国是在1954—1960年完成一元经济转型的,但在20世纪50年代,非农居民的可支配收入是农业居民的2倍,直到70年代其城乡收入才趋于大体均衡。[1] 在新古典体系的一元化经济下,农业与非农劳动的边际产品仍然存在差距,城市工资明显高于农业工资主要源于以下两个因素。

一是地区间劳动效率差异的影响。早期的经济学在谈到边际产品均衡时,使用的是边际劳动的时间产品,即周、月或年产品。[2] 而马歇尔在分析工资边际均衡时引入了竞争因素,认为竞争有使时间工资与工人效率呈正比的趋势,于是,"在平均效率不等的两个地区,竞争使周工资不是趋于相等,而是趋于不等"。[3] 根据这一原理,我们

---

[1] 谷军、康琳:《缩小中国城乡收入差距的可行性措施研究——以美国、日本、韩国经验为借鉴》,《发展研究》2011年第2期,第82—86页。
[2] 克拉克:《财富的分配》,陈福生、陈振骅译,商务印书馆1983年版,第102页。
[3] 马歇尔:《经济学原理》(下),陈良璧译,商务印书馆2010年版,第217—219页。

可以得出如下推论：如果大城市与小城市、城市与乡村之间的集聚经济水平差异使它们形成明显的劳动效率差异，那么，竞争就会使它们的边际产品和工资趋于不等，其差额趋于反映平均效率的差异。也就是说，如果农业与城市产业因集聚水平的差异而使其劳动效率存在着明显的差距，那么，两个地区间劳动的边际产品就会趋于保持一个差额，所谓的边际均衡就是不完全的。

二是城乡间的公共产品和生活条件差距通过作用于劳动力流动和配置所产生的影响。在经济学分析中，边际产品的均衡是以完全自由的劳动力流动为假设前提的。但在大多数经济学文献中，通常仅把工资差距看成是引导劳动力流动的因素。也就是劳动者不断从低工资的行业、地区流向高工资的行业和地区促成了边际产品的均衡。而实际上，地区间的公共产品和服务供给的差距也会对劳动力流动产生影响，尤其是当收入达到一定水平以后。原因主要是较好的公共产品和服务供给意味着同等收入能够转化为更大的消费效用。因此，即使假设农业工资与城市工资相等，如果城乡在公共产品和服务的供给上仍然存在着较大的差距，劳动力也会普遍倾向于流向城市；与此同时，如果城市吸纳劳动力的能力又是有限的，只能吸纳总劳动力中的一部分，就必然会在劳动力流动上形成"供需"矛盾。这种"供需"矛盾一方面会使城市在劳动力的吸纳上形成一种择优选择模式，从而使劳动力在城乡间的配置上产生系统性的差距。另一方面，这种"供需"矛盾又会使城乡之间在经济和制度上形成或强化一些隔离城乡的因素，从而使城乡间的劳动力差距得到固化。如城市住房租金和房价会上涨，或者是某种制度租金等。这会使城市居民获得一定的租金收入，扩大城乡居民的实际收入差距。在二元经济时期，由于不断的劳动力转移，城乡劳动力在质量上存在较大的差异是显而易见的。而这里要指出的是，即使在新古典体系的一元经济下，只要在公共产品供给和生活条件方面仍然存在显著的差距，城乡劳动力的质量差异就是不可避免的，所谓的边际产品均衡也必然包含一个相应的差额。

因此，二元经济被新古典体系的一元经济取代以后，农业与城市产业劳动的边际产品并不能达到真正的均衡，只能是近似均衡或有局限性的均衡，从而使城乡收入仍然存在着差距。在新古典的一元经济下仍然存在着城乡收入差距，可以说是经济学界的一个共识。英国学者 Timothy J. Hatton 对 1982—2000 年英国的城乡收入差距给出了三点解释：（1）城乡失业率性质的不同会导致城乡工资差距，主要指农业失业是季节性的，而城市失业会受贸易的影响；（2）家庭成员在城市就业可能性的大小是潜在的影响因素；（3）空间职位在地区间的流动（指边远地区的农民移向城市周边、城市周边的农民又移向城市）会扩散劳动力市场的效应，对工资差距产生影响。他认为，工资差距会趋于稳定，原因是迁移会阻止工资差距急剧扩大或趋同。[1] 美国学者 Hunt（2005）对美国在 20 世纪前半期所存在的城乡收入差距给出的解释是，迁移对工资差距的侵蚀作用会被一种强大的劳动力供求控制力量所抵消，但对于这种控制力量是如何产生的，他没有做出解释，只是把它看成是劳动力市场的一种"惯性"。[2]

由此可见，要实现城乡经济的真正均衡，在一元经济条件下仍然需要进一步解决城乡集聚经济收益差距过大和公共产品供给不均等方面的问题，均衡的实现是一个过程，也就是城乡一体化推进的过程。这就决定了从一元经济到城乡一体化仍然需要经历一个发展阶段。这一阶段的主要任务之一就是努力优化产业集聚结构、使农业与城市产业的集聚经济收益大体趋于均衡，并通过公共产品与服务的城乡均等化、空间结构优化使城乡消费效用也能达到均衡状态，城乡间形成了双向人口自由流动，这样真正的边际产品均衡才能实现，也才能实现真正的城乡经济均衡，为城乡经济一体化的实现奠定基础。

---

[1] George R. Boyer and Timothy J. Hatton, "Migration and Labor Market Integration in Late Nineteenth Century England and Wales," *Economic History Review*, 1997, (4): 697 – 734. Timothy J. Hatton and Massimiliano Tani, "Immigration and Inter-regional Mobility in the UK: 1982—2000," *The Economic Journal*, 2005, (11): 342 – 358.

[2] 甘春华：《城乡劳动力市场一体化模式的国际比较与启示》，《改革与战略》2010 年第 3 期，第 159—163 页。

第三节　阶段划分的主要技术特征

由二元经济转型为一元经济，再由一元经济发展为城乡一体化，会出现一些显著的技术特征，尤其是前者。这些技术特征能够为区分发展阶段提供重要的参考。

一　劳动份额与主要技术参数

在二元经济向一元经济转型阶段，可以把劳动份额的运行状态和产业结构转型程度以及城乡收入差距值作为区分转型阶段和转型程度的经济技术参数，主要是劳动份额的运行轨迹。

劳动份额的运行轨迹是一个深受理论界关注的问题，许多经济学家都把它作为判断工业化以来经济发展阶段的重要标志。刘易斯主张的是 U 形路径，他认为，发展初期，劳动报酬在国民收入中的份额会呈现出较快下降，原因主要是边际利润与资本主义部门的增长速度都很高；第一个拐点到来后劳动份额又转而上升，当最终在某一水平上稳定下来时，第二个拐点就到来了。Harrison 在分析了许多国家 1960—1997 年的数据后发现，劳动份额在穷国下降而在富国上升，倾向于 U 形轨迹。[①] 李稻葵等利用联合国的数据分析了 122 国家或地区 1960—2005 年的数据，也证明了国民收入初次分配中的劳动份额随人均 GDP 的上升呈现出显著的 U 形轨迹，并分析了中国 2006 年前的省际数据，认为中国的劳动份额正处于 U 形轨迹的下降阶段，预言很快会进入上升通道。[②] 郝枫"通过考察英国、荷兰、瑞典、美国、加拿大和日本工业革命以来的历史数据，认为劳动份额随经济发展阶段变化的'$\sqrt{\ }$ 形'规律更具有一般性，同时认为稳定的'水平型'和先降后升的'U 形'也是要素份额在特定发展阶段的具体表现"；

[①] A. E. Harrison, "Has Globalization Eroded Labours Share? Some Cross-Country Evidence," UC Berkeley, 2002, Mimeo：46.

[②] 李稻葵、刘霖林、王红领：《GDP 中劳动份额演变的 U 形规律》，《经济研究》2009 年第 1 期，第 70—82 页。

并指出"工业革命向成熟工业化阶段的过渡期内,劳动份额存在一个持续上升期,并最终收敛于较高的均衡值"①。

其实,在二元经济向一元经济的转型过程中劳动份额的运行轨迹有多种类型。这主要是由于这一转型实际上反映的是农业社会向工业化社会转型在经济方面的质变过程,由于是质变,对诸如农业状况、工业及服务业发展条件等因素都很敏感,从而这些因素的不同会使转型路径产生差异。

二 实证分析

下面,我们先根据库兹涅茨等经典作家收集整理的数据,来分析几个老牌工业化国家劳动份额的变化情况。

费景汉和拉尼斯认为,在1780—1820年的40年间英国的工资是稳定的②;刘易斯也认为在1849年之前的70年间,英国实际工资只有很小幅度的上升。③ 这一时期,劳动份额的一个低点是32%,到了1860年上升到47%,然后一直稳定到1914年。也就是说,在1780—1860年这80年里英国的劳动份额完成了一个U形运行,然后第一次稳定下来。在稳定了50多年后,1920—1929年英国的劳动份额再次出现了快速上升,达到59%。这是应该的,因为1921年英国农业就业占比下降到9.1%,标志着其产业结构的转型已基本完成。但在1954—1960年,劳动份额为什么又再次出现了快速上升,达到70%呢?这是因为第二次世界大战前英国农业产业结构单一,农产品高度依赖进口,其产业结构转型存在虚假成分,第二次世界大战后英国对农业进行了补课。1961年英国第一产业就业占比下降到3.7%,说明其一元经济的转型在1954—1960年已全面完成。因此,英国劳动份额的运行路径是在U形之上又加了个"∫"形(1929—1933年世界

---

① 郝枫:《劳动份额"∫形"演进规律》,《统计研究》2012年第6期,第33—40页。

② 费景汉、古斯塔夫·拉尼斯:《增长和发展:演进观点》,洪银兴、郑江淮译,商务印书馆2004年版,第121页。

③ 威廉·阿瑟、刘易斯:《二元经济论》,施炜等译,北京经济学院出版社1989年版,第116—117页。

经济大危机和第二次世界大战及战后重建这一时期应删除）。

表1-3　　　　发达国家国民收入中劳动份额长期变化趋势　　　　（%）

英国			美国		
年份	工资	自雇收入	年份	工资	自雇收入
1860—1869	47	17	1899—1908	54	24
1905—1914	47	16	1919—1928	58	18
1920—1929	59	15	1929	58	17
1954—1960	70	9	1954—1960	69	12
德国			法国		
年份	工资	自雇收入	年份	工资	自雇收入
1895	39	15	1911	43	31
1913	47	35	1913	45	33
1925—1929	64	26	1920—1929	50	29
1954—1960*	60	22	1954—1960	59	29

* 为西德数据。
资料来源：库兹涅茨：《现代经济增长》，北京经济学院出版社1989年版，第147—149页。

美国的转型路径与英国有所不同。至少从1870年开始美国劳动份额就稳定下来，直到1954—1960年才出现了快速上升，达到69%。1869—1879年美国的农业就业比是50%，此后工资应当开始上升。1929年农业就业比下降到19.9%，1965年是5.7%。因此，1954—1960年美国也完成了经济的一元化转型。由于缺乏可靠的数据，我们无法知道美国在1870年之前其劳动份额是否也出现过一个U形区间。但需要思考的是，由于美国实际上是一个移民国家，再加上土地供给的丰富，它是否存在一个农业中充满剩余劳动力的阶段是值得怀疑的。但无论如何，这并不排斥它仍然是一个二元经济体。乔瓦尼·费德里科提供的数据表明，1910年，美国上市交易的农产品数量占农业总产出的80%，只是到了20世纪50年代后期这一比值才上升到

95%。① 由此可以推断,19 世纪中期美国农业是相当"传统"的。

表 1-4　　　　　主要发达国家各时期的农业就业比重　　　　　（%）

英国		美国	
1801—1811	34.4	1840	63.4
1851—1861	20.2	1869—1879	50.0
1921	9.1	1929	19.9
1961	3.7	1965	5.7
德国		法国	
1852—1858	54.1	1865	51.7
1907	37.1	1962	20.0
1925	30.7*		
1939	26.0*		

注：* 为两次世界大战期间的国土范围。

资料来源：库兹涅茨：《各国经济增长》，北京经济学院出版社 1989 年版，第 310—316 页。

这里需要说明的是，劳动份额的稳定并不表示工资处于停止状态；如果经济在增长，它只表示劳动报酬与资本收益是按同样的速度增长着。库兹涅茨提供的数据可以证明在英、美劳动份额稳定期间，工资是以较快的速度增长的。英国在 1855—1864 年至 1920—1924 年，总产值每 10 年增长 23%，人均增长 11.1%，持续了 62.5 年。美国在 1880—1889 年至 1910—1914 年，总产值每 10 年增长 40.1%，人均增长 15.6%，持续 27.5 年；在 1910—1914 年至 1963—1967 年，总产值每 10 年增长 35.1%，人均增长 18.4%，持续 53 年。② 工资上涨能够与劳动份额稳定长期并存，美国与英国的原因是不同的。美国主要源于农业与工业的高度协调发展。而对于英国来说，作为一个

---

① 乔瓦尼·费德里科：《养活世界——农业经济史 1800—2000》，何秀荣译，中国农业大学出版社 2011 年版，第 162—164 页。
② 库兹涅茨：《各国的经济增长》，常勋译，商务印书馆 2005 年版，第 13—17 页。

"日不落"国家,它几乎可以不依赖工农业的协调发展:不仅工业品的需求市场具有很大的伸缩性,而且用工业品换农产品,工业效率的提高也就意味着农产品成本的下降。由此可见,费—拉拐点到来后,工资上涨与劳动份额稳定并存,实际上反映的是一种转型中的增长方式。

表1-5　日本劳动份额与农业就业比的变化情况　　　　(%)

年份	1900	1910	1920	1930	1950	1955	1960
劳动份额	68.2	67.3	55	57.6	58	67.1	65
农业就业比	71.1		54.6	49.7	48.3	41.1	32.7
年份	1980	1990	1991	1992	1993	1994	1995
劳动份额	66.8	68.5	69.2	70.5	71.7	73.2	73.9
农业就业比	10.9	7.2	6.7	6.4	5.9	5.8	5.7

资料来源:日本经济企划厅综合计划局编《日本经济结构》,东洋经济出版社1997年版,第37页。

日本在费—拉拐点到来的1917年之前,劳动份额有一个明显的下降过程,但拐点到来后劳动份额只出现了一个短暂的快速上升,便于1920年后稳定了近30年。与英、美不同,日本劳动份额稳定是日本经济陷入困境的结果。农业部门的实际工资与劳动份额的变动基本是一致的,除了在1917—1919年出现了短暂的明显上升外,1920年后便踏步不前,且1927年后又出现了下降趋势。与此不同,非农部门的实际工资在快速上升阶段,不仅上升的幅度较大且维持到1921年,之后转入微弱上升,直到1929年才呈现下降趋势。[①] 这一分异走势使两部门的收入差距被拉大了,非农与农业家庭收入比由1920年的2.63倍上升到1930年的3.13倍。其主要作用机制是农业劳动生产率的相对下降所引起的农产品价格上升。1920—1935年,农业对

[①] 费景汉、古斯塔夫·拉尼斯:《增长和发展:演进观点》,洪银兴、郑江淮译,商务印书馆2004年版,第178页。

工业的相对生产率由50%下降到24%；农产品相对于工业品的价格指数上升了37.4%。①关于日本1920年后爆发大萧条的原因，评论界主要有三方面的解释：一是日本的劳动生产率水平低，欧美国家在第一次世界大战后恢复了生产，使日本出口迅速回落，国内农产品市场也受到挤压。二是1920年美国恢复了金本位，由此导致的通货紧缩对日本造成了巨大冲击。三是日本采取的用投资刺激需求的政策只起到短期作用，长期反而造成了严重的产能过剩和大量的僵尸企业，从而又引发了1927年的金融危机。这作为一般经济学分析应该说没有什么不妥，但从转型的角度看，更深层的原因应当是日本经济陷入了转型陷阱。在关键时期，农业劳动生产率提高的滞后不仅造成了持续的劳动力成本上升，而且制约了内生性内需的增长。因此，日本只是在1946—1949年进行了土地改革后，于20世纪50年代劳动份额才又上了一个台阶。但是，为什么日本的劳动份额在1990年之后又出现了一个阶段的上升，在1995年达到73.9%的高水平？日本的就业结构回答了这一问题。1990年其名义的农业就业占比是7.2%，但由于日本农产品是净进口，按其农业劳动生产率计算的实际农业就业占比是9.7%。这再一次证明农业就业10%是一个神奇的临界点，可以称之为经济结构转型之谜。也就是说，即使假设农业与非农产业发展处于协调状态，在产业结构转型达到农业就业比重占10%之前，劳动份额仍然会受到习惯势力和惯性的压制，临界点到来后压制的力量就"顷刻瓦解"了，分配很快趋于新的均衡。

三　转型阶段的主要技术特征

根据上述三国劳动份额的运行轨迹，可以将转型过程中劳动份额的一般运行轨迹概括为一个"U"形、在右上侧再加上一个"∫"形，或者在此上再加上一个或数个"⌐"形（如图1-3所示）。英国是加了一个"∫"形，日本则是加了"∫+⌐"形（包括图1-3中的虚线）。

---

① 库兹涅茨：《各国的经济增长》，常勋译，商务印书馆2005年版，第13—17页。

图 1-3 劳动份额的一般运行轨迹

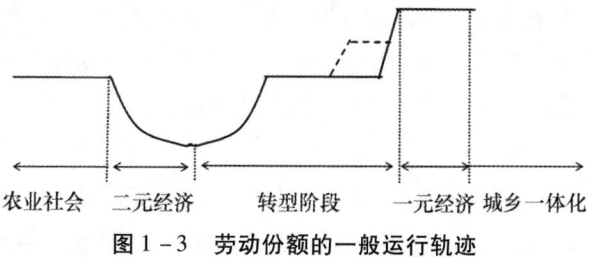

在转型阶段，为什么"U"形之后会出现一个或数个"－"水平运行阶段？其原因主要是，把非农就业比重由46%左右提升到90%以上是十分困难的事情，它要求农业与非农产业必须协调同步发展，任何一个方面发展滞后都会使转型中断。这对于人口大国来说难度就更大了。而费—拉拐点后，当工资和劳动份额出现一个恢复性上升之后，一方面，传统农业所能容纳的劳动生产率上升空间基本上释放完毕，要进一步提高农业劳动生产率就必须进行彻底的农业改革。另一方面，非农产业尤其是工业部门在经历了二元经济阶段长期的粗放式发展后，转变发展方式已经到了临界点，粗放式的发展方式与新形成的机制体系之间的冲突越演越烈：要么彻底转变增长方式，要么不断地制造产能过剩和大量僵尸企业，直到大危机的到来。日本劳动份额在"U"形之后之所以出现了第一个"－"水平形，这两方面的原因都有。对于发展中国家来说，无论是农业的彻底改革，还是非农产业的持续发展和增长方式转型都是很难在短期内做到的，因此，"U"形＋"⌐"形更具有一般性。图1-3中的虚线"⌐"字形描述的是，对于发展中国家来说劳动份额的运行轨迹更可能是由"U"形＋数个台阶组成的图形。

由二元经济向一元经济转型的技术特征可以概括为：（1）费—拉拐点的到来是转型的起点，工资开始上升，此时劳动份额在大多数国家会上升，也有可能不上升而呈现出水平轨迹。（2）劳动份额的稳定也有可能反映的是一种转型增长状态，因此，只有在产业结构转型基本完成的基础上，劳动份额稳定下来才是二元经济完成一元化转型的标志。（3）在产业结构转型完成前，尤其是农业就业比重仍在15%以上出现的劳动份额稳定，大多数都是转型处于调整或整理阶级的表现；只有在农业与非农产业协调发展且经济增长明显的条件下，它才表示转型仍然处于平稳运行中。（4）进入一元经济后，农业与城市劳动者的收入差距已经较小且稳定下来。

四 一元经济发展是城乡一体化的主要技术特征

上文已经指出，即使在一元经济条件下，由于城乡间仍然存在着集聚经济差距和公共产品的供给差距，城乡不仅在消费效用上存在着差距，城乡收入也仍然存在着一定的差距，而且，这些差距又会使劳动力和人口流动仍然偏向于城市。这就决定了一元经济发展为城乡一体化的主要任务之一就是要逐步消除这些差距，以实现城乡收入和效用的双均衡。只有在这种条件下，城乡劳动力和人口流动才会出现双向自由流动，并达到稳定状态。因此，农业与城镇体系的劳动收入和消费效用的双均衡是实现城乡一体化的基本技术特征。

第四节 增长方式与发展中国家二元经济转型的特点

二元经济向一元经济的转型也是增长方式的转型，而且这一过程又形成了一种特殊的增长方式。另外，从世界体系的角度看，专业化分工发展的不平衡又演化出发达国家与发展中国家间的二元结构。这种世界视角的二元结构会使发展中国家的二元经济转型变得更加困难。

一 增长方式的比较

（一）一种独特的增长方式

上文之所以把二元经济向一元经济的转型作为一个独立的发展阶段，除了它太重要之外，主要原因是它有着相对独立的增长方式。既不同于二元经济的增长方式，又有别于一元经济的增长方式；同时，它又兼备了这两种增长方式的一些特征。一方面，它与二元经济的增长都以产业结构转型为载体，但又存在质的差异，体现了由量变到质变的过程。另一方面，它形成了一些均衡增长的要求，在很大程度上表现为一元经济增长方式的萌芽。这就使它既连接着两种截然不同的增长方式，又具有自身的独立性。这种增长方式由生成到消失所发生的两次转型，每一次都是惊心动魄的，都很容易陷入大萧条或危机中。"中等收入或高收入陷阱"严格地说，就是这种转型中"魔洞"的表现之一，它主要源于这种增长方式的特殊性。

（二）转型阶段增长与二元经济增长的区别

刘易斯最初提出二元经济的增长理论是为了解释泰国、印尼、马来西亚等发展中国家出现高速增长现象的原因。他基于这些国家普遍存在着大量剩余劳动力这一事实，提出了劳动力无限供给和工资不变这一关键假设，由此又推导出稳定的超额利润的形成。这样，廉价劳动力与资本的结合才能够产生超额利润，超额利润再投资又形成新一轮劳动与资本的结合，由此便形成了刘易斯增长模型的基本框架。在以刘易斯模型为基础发展起来的二元经济增长模型中，剩余劳动力、不变工资和超额利润是三个关键条件。与此完全不同，转型阶段的增长是以剩余劳动力已经消失、工资上涨和资本只能够取得均衡利润为前提条件的。从表面上看，这两种增长都表现为劳动力不断由农业部门转移到非农部门和由此引起的产业结构转型似乎是相同的。但其增长性质是不同的。转型阶段增长的动力来源是结构转型内生效率的提高，而二元经济的增长则主要是由投资驱动的。再加上所转移的劳动力是剩余劳动力，后者属于典型的外延式增长。即使放宽条件，假设转移的劳动力是隐性剩余劳动力，基于农产品供求均衡也要求农业劳动生产率有一定的提高，因而增长也带有一定的效率性；但从主体上看，这时的增长仍然主要源于由投资驱动的剩余劳动力被完全挤出，以增加社会总劳动中的有效劳动，因而增长仍然具有外延性。

两种增长模式的需求来源形成也不相同。在二元经济增长阶段，投资几乎可以说是需求创造的主要来源。因为剩余劳动力反映的是资本相对于劳动处于短缺状态，也就意味着商品处于短缺状态。在这种状态下，只要结构合理，投资一般都能够形成有效供给，并且同时拉动就业、推动消费需求的增长。由于这一阶段工资是不变的，这就使得消费需求增长主要依赖于就业规模的扩大，从而使"投资—就业扩大—消费需求增长"的作用机制成为消费需求形成的主要机制。而费—拉拐点到来后，情况就不同了。由于此后资本不再短缺，投资增长在很大程度上受制于消费需求的增长。如果投资过度增长，虽然在短期内也能增加需求，但长期会形成无效供给和产能过剩。在消费需求的形成上，二元经济增长与转型阶段增长的一个最大区别是：前者假定工资不变，消费需求增长主要来源于就业规模的扩大；后者则假定工资是上升的，消费需求增长主要来源于工资增长而不是就业的扩大，即主要依赖于劳动生产率的提高。在转型阶段能够推动劳动生产率大幅度提高的最重要路径是以农业劳动生产率提高为基础的产业结构转型。由此形成的消费需求增长主要取决于农业与非农产业的效率协调和劳动与资本在报酬分配上的公平。它们是这一阶段消费需求形成的主要条件。

其实，就投资创造需求而言，在二元经济增长阶段就包含了一种矛盾性，即投资形成的供给与需求有可能脱节。这一时期如果出现了产能过剩，主要是产业与经济结构失调的结果。经过一段时间的发展再回头看，就会发现原来过剩的产能反而不过剩了。也就是说，二元经济下的产能过剩通常是供给与需求在时间上错配的结果。尽管这一时期的产能过剩也会引起经济危机，但危机的爆发主要是为了消化过剩产能提供时间。在进入转型阶段后，这一矛盾发生了质变，产能过剩不再仅仅表现为供给与需求在时间上的错配，更主要的是效率不匹配的结果。或者说，这时的产能过剩总是与产出效率低下相联系的。2015年，中国出现的钢铁等行业的产能过剩就属于这种产能过剩。这主要是因为在转型阶段，只有劳动生产率提高促成的消费需求增长才能满足经济可持续增长的要求，如果投资只是在原有的资本技术条件下简单地扩大规模，它所拉动的消费需求增长就是外延性的，不能满足这一要求。投资形成的消费需求一般有两种类型：一种是投资的支付或花费通过一系列交易所形成的消费需求，即凯恩斯基于收入的消费函数提出的乘数效应所形成的需求；另一种是投资项目建成后通过吸纳就业所产生的消费需求。前者是一次性的，不具有可持续性。关键是后者，在费—拉拐点到来后其性质发生了变化。由于劳动力供给曲线已经变成向上倾斜的曲线，投资拉动的就业增长会使劳动力价格上升，如果这时的投资不能促成劳动生产率的提高，就意味着工资的上涨是源于价值的再分配，从而挤压了资本的盈利空间；如果这个过程持续下去，就必然会使企业普遍陷入越来越困难的境地。要知道，投资拉动的就业边际增长所引起的工资增长涉及整个经济领域，由此形成的成本上升压力是很大的。而从供给上看，拐点出现后资本已经摆脱了短缺状态，也就意味着商品或供给不再短缺，此后的投资方向若选择不当就会形成产能过剩。而且，工资的上涨又必然会引起消费的升级，使需求结构发生变化，投资是否能够适应这种趋势的转变也成了产能过剩的重要形成路径之一。但问题不仅仅是投资方向的选择问题，在劳动力成本不断上升的条件下，即使是投入新行业的资本，如果不能提高产出效率也会面临经营困境，结果通常是由于产品定价过高而使需求增长受到抑制，造成另一种形式的产能过剩——由于效率低、产品定价过高而相对于萎缩的需求来说的过剩。比如，中国今天城市的商品性住房供给就包含了这种过剩。相对于需要城市化、市民化的农村人口而言，现有的住房供应规模并不算过大，但在现有的高价格下，相对于农村人口的支付能力而言它确实是过多了；如果再考虑到住房消费需求的形成有一个过程，而供给又过度集中，住房供给与产能过剩就是明明白白的。也就是说，中国今天城市住房供给过剩至少包括源于效率与价格原因和供给的时间分布原因这两种类型。而产能过剩从来就不是个别行业的产能过剩，而是整个产业链与相关产业链的产能过剩。

因此，在转型阶段，如果仍然试图通过投资拉动经济增长，在投资不能推动劳动生产率提高的假设条件下，不仅投资于传统行业会形成产能过剩，即使投资于新兴行业，也会因定价过高而形成产能过剩。问题的关键在于：在转型阶段，只有劳动生产率的提高才能创造顺利推进转型的消费需求，而一般投资不能满足这一要求。或者说，这样的投资增长所形成的供给与转型中的需求在效率上是不匹配的。实际上，这样的投资使供给与需求形成了一种内在的矛盾性：一方面，投资引起的消费需求增长从表面上看是源于工资的上升，而实际上源于价值的再分配；另一方面，由于产出效率并没有相应地提高，劳动力价格上升对供给侧所造成的压力越来越大，使无效供给面不断扩大了。如图1-4所示，劳动力价格由 P 上升到 P^1，使产品供给曲

线由 S 上移至 S^1，从而使 Q 到 Q^1 间的供给量转化为过剩供给。很显然，这样的产能过剩就不仅仅表现为供给与需求在时间上的错配，更重要的是效率上的不匹配，它除了被淘汰或重组外，是没有出路的。

但是，这里所指的劳动生产率并不是个别部门的劳动生产率，也不是泛指一般意义上的劳动生产率，而是指工资品部门的社会综合劳动生产率。尽管前两种劳动生产率的提高对推动转型也能够发挥作用，但如果后者处于停滞状态，转型仍然难以顺利推进。比如，世界性的制造业供给链在中国的形成和互联网技术与电商在经济领域的广泛运用，都对提高劳动生产率起到了明显的作用，但它所能发挥的作用主要是增强了相关行业抵抗劳动力成本和地租上涨等原因所引起的成本上升的能力，而不是化解了这一矛盾。

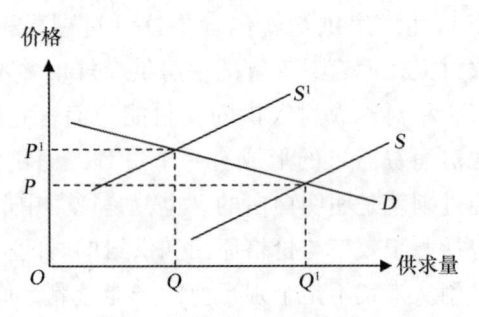

图 1-4 劳动力价格上升引起的供给过剩

（三）转型阶段增长与一元经济增长的区别

与转型阶段工资的大幅度上升、剧烈的产业结构转型和劳动份额的上升不同，一元经济的增长是在产业结构转型已经基本完成、劳动与资本在报酬分配上已进入新的均衡状态下的增长。其增长的动力不再主要来源于结构转型，而是由于技术进步和知识资本的积累所产生的全要素生产率的提高。一般将其称为均衡增长。

其实，一元经济并不像新古典经济学所描述的那样完美。比如，如果农业与非农劳动生产率的差距过大，同样也能产生"高收入陷阱"。同时，仍然存在着城乡差距、贫困人口和工业化、城市化所带来的严重污染等问题。因此，一元经济转型的主要任务是要逐步地解决这些问题，最终实现向城乡一体化的转型。

表1-6 三种增长方式的比较

	二元经济增长	转型时期的增长	一元经济增长
基本特征	剩余劳动力、工资稳定、超额利润	资本不再短缺、工资上升、劳动份额处于上升趋势	劳动与资本处于均衡状态，劳动或利润份额稳定
增长动力与性质	劳动与资本数量的增长	结构转型产生的效率的提高，一种特殊的内涵式增长	全要素生产率的提高，一般意义上的内涵式增长
需求来源	投资创造需求	农业与非农的效率协调、劳动与资本在报酬分配上相对合理	经济的协调发展与增长成果的相对公平分配

二 转型阶段增长特性的几点理论说明

（一）关于转型增长的观点

首先，费景汉和拉尼斯在其所著的《增长和发展：演进的观点》一书中，将二元经济的增长称为转型增长，即农业社会向现代社会转型中的增长。[1] 正如上文已经指出的，二元经济的增长本质上是一种外延式增长，它是劳动力转移在不变工资条件下与资本长期结合所形成的增长。但问题是既然二元经济增长是劳动力不断从农业转移到非农部门过程中所形成的增长，它是否包含结构性因素所形成的增长？在二元经济中的劳动力转移可以分为两部分，即剩余劳动力转移与隐性剩余劳动力转移。对于前者来说，它实际上处于生产体系之外，仅仅通过依附于农业而获得生活来源，把这样的劳动力转移到非农部门形成的增长属于外延性增长，界限应当是清楚的。对于隐性剩余劳动力来说，由于他是未被充分利用的劳动力，将其转移到非农部门可以增加劳动供给的总量，从这种意义上来说它也是外延性的。但是，如果这种劳动力的转移是以农业劳动生产率的相应提高为前提的，那

---

[1] 费景汉、古斯塔夫·拉尼斯：《增长和发展：演进观点》，洪银兴、郑江淮译，商务印书馆2004年版，第4—5页。

么，即使删除隐性剩余劳动力边际产品与生存工资的差额部分，劳动力由劳动生产率较低的农业部门转移到劳动生产率较高的工业部门，也会引起综合劳动生产率的提高。因此，当短缺点到来后，二元经济增长的源泉中所含有的结构性因素，已开始转化为混合性的增长因素。

短缺点到来后，进一步的劳动力转移会引起农产品供给短缺，因此费景汉和拉尼斯强调此后农业技术变迁是增长能够持续的重要条件。他们是从农产品供求均衡的角度来分析提高农业劳动生产率的重要性的。需要强调的是，效率协调也是深入认识提高农业劳动生产率作用的一个重要视角。比如，短缺点到来后如果工、农业劳动生产率差距拉得过大，这种效率差距不仅会为工业化、城市化过度侵占农业资源提供价值优势，而且会使污染农业资源因赔偿太低而变得无所谓了。

总之，从农业社会向现代社会转型的角度看，可以把二元经济的增长和转型阶段的增长看成是转型增长的两个阶段，尽管前者在短缺点到来前，其增长动力中并不包含结构转型的因素。其目的是强调自工业化以来的增长实质是推动社会的转型。但是，转型阶段的增长所反映的是增长方式的转型，其自身又有独立的增长方式，将其作为独立的增长方式的重要性是不能低估的。最主要的是这种转型反映的是增长由主要依靠资本积累和廉价劳动力，转为主要依靠人力资本和技术进步这样一种质变，反映的是一个国家由低收入转变为高收入这样的社会巨变。而且，这一转型又是十分复杂和艰难的，世界上许多发展中国家都不同程度地陷入转型陷阱就是证明。

（二）两种类型增长间的转型

日本学者速水佑次郎将二元经济与其后的增长分为马克思和库兹涅茨两种类型。[①] 他认为，二元经济的增长与马克思所描述的资本家借助于资本集中实现的高储蓄、高投资为特征的增长是相似的。马克思模型的前提条件也是由制度决定的不变的生存工资和工业部门劳动

---

① 速水佑次郎：《发展经济学——从贫困到富裕》，蔡昉、张车伟译，社会科学文献出版社2003年版，第120—126页。

力供给具有无限弹性，并用"产业后备军"来解释。马克思认为，资本主义的生产方式能够不断地再生产出"产业后备军"，从而造成劳动力供给曲线具有长期水平趋势。而刘易斯则认为，资本的增长迟早会赶上劳动力的增长，工资终将上升。但他们的共同点是把资本的积累看成是增长的源泉。与此不同，库兹涅茨通过对 1875 年后发达国家积累的历史数据的核算与分析指出，在工业化的早期阶段，要素的投入在增长中发挥着重要作用；而在工业化趋于成熟后，全要素生产率的提高发挥着更重要的作用，并将其原因主要归结为技术进步。后者就是所谓的库兹涅茨增长类型，一般将能够促使全要素生产率提高的因素主要概括为教育、资源配置的改进、规模经济和知识进步等。就我们的研究主题而言，需要提出的问题是：一个以资本与劳动的投入为主要增长动力的经济体，是如何转变为以全要素生产率的提高为主要动力来源的。速水佑次郎给出的答案是，技术体制从常规向微观的转移和产品需求结构从标准型到差异型的转移，这二者的结合能够对这一转型做出一致性的解释。[①]

毫无疑问，把两种增长方式的转型看成是二元经济向一元经济转型的重要特征是具有重要意义的，并且，在两种增长方式的转型中教育、技术进步等发挥着极其重要的作用也是不容置疑的。但问题是，教育与技术进步要转化为增长的主要源泉需要一个较长的过程，是否有一些重要的因素在一个不太长的时间内就能够使全要素生产率出现较大幅度的上升，从而为教育和技术进步的发展创造了良好条件呢？即这些因素既能推动转型的顺利进行，又能促成新增长源泉的形成。答案是肯定的，农业劳动生产率的持续提高与产业结构转型相结合就能够发挥这种作用，我们将在下一章和第八章里讨论这一问题。

（三）剩余劳动力与失业

费—拉拐点到来后剩余劳动力消失了，并不是说经济过程中的失业现象也消失了。恰巧相反，无论是转型阶段还是一元经济阶段，失业都是最重要的经济现象，是市场经济的一种纠错机制。剩余劳动力

[①] 速水佑次郎：《发展经济学——从贫困到富裕》，蔡昉、张车伟译，社会科学文献出版社 2003 年版，第 162—164 页。

与失业是两个完全不同的概念。前者是资本相对于劳动在总量上处于短缺状态而使劳动力表现为相对过剩的经济现象;而后者是在劳动与资本已达到相对均衡的条件下,由于需求不足而使一些劳动力失去就业岗位的现象。失业就意味着有一部分资本处于闲置状态,二者总是形影相伴的。著名的托达罗(Michael P. Todaro)模型就是以农村已没有剩余劳动力,而城市却存在大量失业人口为前提条件的。[1] 这并不是对剩余劳动力模型的否定,它只不过说明剩余劳动力消失后还存在一个二元经济转型阶段,这一阶段失业问题成了突出的问题。实践证明,该问题已成为发展中国家在转型中所面临的主要难题之一。

根据马克思的"产业后备军"理论,压制工资上涨的力量就不仅仅是剩余劳动力,失业也会对工资产生压制。费—拉拐点到来后剩余劳动力虽然消失了,但这时如果农业劳动生产率提高较快,相对地快于农产品需求增长,就会从农业中释放出劳动力,而同时这些劳动力又未能被非农产业所吸纳,他们就会转化成相对富余人员或失业人员———一种特定的失业形式。这必然会对农业工资产生压制作用。因此,在剩余劳动力消失到劳动力转移任务完成之前,农业与城市非农产业之间仍然有可能存在着较大的工资差距。

三 发展中国家二元经济转型的困难

二元经济的形成、发展与转型在世界范围内呈现出很强的时序性差异,当发达国家已完成转型后,发展中国家普遍还处于较低的阶段,这几乎自然而然地又在发达国家与发展中国家之间形成了一种二元结构。这种二元结构或者仅表现为一种较初级的形式,如发展中国家用低附加值的农副产品交换发达国家高附加值的工业品,或者表现为一种较高级的形式,如发展中国家的工业化在很大程度上是发达国家因产业结构调整而发生的产业转移的结果。无论哪种情况,其实质都是发达国家借助于产业的国际分工和国际贸易最大限度地获取产业收益。Jeffrey Schs, Xiao-kai Yang, Ding-Sheng Zhan 借助于超边际框

---

[1] J. R. Harrist & M. P. Todaro, "Migration, Unemployment and Development: A Two Sector Analysis," *American Economic Review*.

架分析了二元结构的成因，提出了专业化分工的演进内生了二元结构的假说，并认为国家间的专业化分工演化程度的差距又促生了国际上的二元结构，其具体表现是国际贸易收益在发达国家与发展中国家间分配的差距。① 这种国际层面的二元结构不断发挥作用，使发展中国家的二元结构不同程度地被扭曲，形成了一种畸形的二元结构。一方面，其新兴产业实际上是以发达国家为中心的世界分工体系链条上的一环，在大多数情况下处于链条末端，不同程度地受到发达国家的剥削和压制；另一方面，其农业及其他传统产业不仅不断地受到发达国家相关产业的冲击，而且与本国新兴部门的脱节也越来越严重了，从而使二元经济被强化为一种相互脱节、对立的二元结构。在这种条件下，发展中国家的二元经济转型变得更加艰难、曲折了。② 其不利影响主要表现在以下几个方面：

第一，导致农业的衰败。农业衰败不仅降低了本国农产品的供应能力和农业吸收工业品及服务产品的能力以及农业剩余的提供能力，而且大大削弱了农业劳动生产率提高在消费需求增长中的推动作用，破坏了农业与非农产业的协调发展，使劳动力转移陷入无序状态。可以说，农业的衰败就足以使一个经济体陷入转型陷阱。

第二，工业的低收益、低层次发展。由于发展中国家工业发展处于世界产业链的末端，大多是劳动密集型产业，这种发展模式虽然也能促进经济发展并解决就业问题，但产业上的低收益和低层次是其显著的特点。产业上的低收益是发达国家通过对核心技术、品牌、设计能力等的垄断而占有了绝大部分产业收益所造成的结果，它不仅降低了发展中国家资本的积累速度，而且对工资与劳动份额的上升也形成了巨大压制，阻碍了转型的进程。产业上的低层次不仅指在低层次上使用劳动力和消耗了过多的自然资源，也包括污染严重。严重的污染会给以后的经济与社会发展造成困难。

第三，产业发展的不稳定性与就业困扰。通常发展中国家的新兴

---

① J. Sahs, X. Yang & D. S. Zhang, "Globalization, Dual Economy, and Economic Development," *China Economic Review*, 2000.

② 周冰、刘娜：《世界体系与二元经济结构成因的考察》，《天津社会科学》2011年第5期，第83—90页。

工业化及服务业发展是利用自身的廉价劳动力、资源与较大的市场空间等优势发展起来的，在很大程度上是发达国家产业链延伸的结果。这就使发展中国家的产业发展很容易处于不稳定状态。一方面，本国的劳动力、地租等成本迟早会上升，再加上国内市场竞争激烈，很容易引起产业的再转移；另一方面，产业的低层次状态又会迫使发展中国家引进一些先进技术与设备，但通常引进的只是产品的生产能力而不是设计和创新能力。这种所谓的先进产业不仅具有很高的不稳定性，而且其就业吸纳能力很低。这样，一旦这两种因素同时发挥作用，再加上世界性经济不景气的到来，发展中国家很难不陷入就业危机。

第四，国际贸易与金融上的压制与掠夺。发达国家与发展中国家的经济发展水平存在着巨大差距，这种差距使发达国家在国际贸易管理和金融调控上占有绝对优势。发达国家常常利用这种优势以这样或那样的方式发动旨在获取利益最大化的调查，对发展中国家经济造成很大的伤害。

上述影响是客观存在的，但结果并不是必然的。只要发展中国家能够及时地制定对策，把由此造成的负面影响降到最低限度，道路虽然曲折，但转型成功也只是时间问题。

此外，费景汉和拉尼斯在描述二元经济时曾指出，对于发展中国家来说，在二元经济形成之初，殖民主义的作用还使其多了一种二元结构，即在空间上被分割成两个部分：一部分交通方便的沿海地带的生产加工区，是宗主国经济的延伸；另一部分传统的农业区，与内陆市场相联系。① 比如，中国东、西部的差距在很大程度上就是这种空间上的二元结构在路径依赖作用下所形成的结果。并且，这种空间上的二元结构与国际上的二元结构的双重叠加，造成了农民工远距离流动、家庭分居与留守儿童等问题，可以说是发展中国家在推动二元经济转型中所面临困难的又一典型例证。

---

① 恩格斯：《英国工人阶级现状》，《马克思恩格斯全集》第2卷，人民出版社1956年版，第14—15页。

第二章 城乡一体化的实现路径

城乡一体化的实现需要经过两个转型过程。在转型中，会遇到什么困难与障碍？其影响因素有哪些？哪些因素又能够对转型产生促进作用？按照城乡收入均衡和资本与劳动在报酬分配上的均衡两条线路对这些问题进行分析、整理，便能形成城乡一体化的实现路径。研究"实现路径"的目的是希望借助于素描的方法大体上刻画出城乡一体化实现的基本蓝图，以便借此来分析中小城镇的作用与发展。

第一节 实现路径（一）：劳动生产率与劳动边际产品的均衡

城乡劳动收入的均衡是分析城乡一体化实现的一个起点。有一种观点认为，费—拉拐点到来后城乡劳动收入，即农业与城市现代部门的劳动收入就会形成均衡。但这是不现实的。到目前为止，世界范围内的经验数据均不支持这一结论。农业劳动收入要达到与城市现代部门相均衡的水平，是以农业劳动生产率达到一个很高的水平为前提的，至少在这个水平上农业劳动生产率提高所支撑的产业结构转型已经基本完成。这是因为产业结构的转型既可以为农业劳动生产率的提高提供资源和要素条件，又可以为其提供需求来源；产业结构转型尚未完成本身就意味着农业劳动生产率可提升的空间仍然受劳动力配置结构的压制，城乡收入差距的存在仍然具有必要性。上一章已经指出，即使在一元经济阶段，由于城乡集聚经济水平和公共产品供给的差异，城乡收入仍然会存在一定的差距；下面将着重讨论在二元经济向一元经济转型的过程中，收入均衡的实现过程会遇到哪些困难和障碍？这些困难和障碍如何才能克服？

一 劳动力流动作用的局限性

如果农业与城市现代部门的劳动生产率存在较大差距，费—拉拐点到来后，两个部门的劳动边际产品均衡是否能够实现？传统的分析对此作了肯定的回答，原因是劳动力流动的均衡作用被夸大了。一般的均衡分析认为，费—拉拐点到来后，农业工资将上涨，并使农业与工业劳动的边际产品形成均衡，其原因是此后压制农业工资上涨的剩余劳动力已不复存在，如果农业工资低于工业工资，劳动者就会由农业部门转移到工业部门，从而使农业的边际产品不断上升，而工业的边际产品不断下降，使二者形成均衡。这种分析无疑过于理性化了。实际上在二元经济进入转型阶段时，农业与工业、与现代服务业的劳动生产率差距通常会达到最大化，会对劳动边际产品的均衡产生很强的阻碍作用。在经济学早期的边际分析中，不同产业的劳动生产率差异是不会影响劳动边际产品均衡的，其假设条件是完全的劳动力自由流动，同时忽略了产品供求的影响。[1] 即假设有 A、B 两个产业，A 产业的劳动生产率高于 B 产业，B 产业的工人就会流向边际产品和工资较高的 A 产业，从而使 B 产业的边际产品不断上升而 A 产业的边际产品下降，直到两个产业的边际产品和工资相等为止。这种过于理想化的分析范式过度夸张了劳动力流动的作用，与现实存在较大差距。首先，如果两个产业的产品具有不可替代性，就会阻止这种倾向。由于农产品与城市部门的产品具有完全的不可替代性，农业劳动力流出会造成农产品供给的短缺、引起价格上涨而使农业收入增加，从而对劳动力流出产生阻碍作用。这也可以解释在高度工业化、社会化的条件下一些手工产品仍然会被保留下来这一现象。其原因主要是"现代化"的产品与手工产品间具有局部的不可替代性，手工产品需求的刚性使均衡只能以货币性均衡的形式出现。

其次，还有两个因素会限制劳动力转移的边际均衡作用。一是城市现代产业雇佣劳动力是有效率边界的，这决定了它吸纳劳动力的能

---

[1] 克拉克：《财富的分配》，陈福生、陈振骅译，商务印书馆1983年版，第103页。

力是有数量限制的；二是城市劳动力市场仍然存在着二元结构，在现代部门之外还存在着传统的、非正规的就业部门。正是由于这两方面的原因，农业与城市现代部门间劳动边际产品的均衡不仅会受到阻碍，有时甚至会使差距拉大。

城市现代部门雇佣劳动力存在效率边界，其原因主要是现代部门具有较高的竞争性，且市场份额是有限的，企业一般不会在竞争性劳动生产率以下雇用劳动力，同时也由于费—拉拐点到来后劳动力供给曲线变成了向上倾斜的曲线，其效率边界的数值是由向上倾斜的劳动力供给曲线与现代部门的边际生产率曲线的交点决定的。图2-1中的N、N^1、N^2、N^3是现代部门不同劳动生产率下的边际产品曲线，L、L^1、L^2、L^3代表各时期从农业流出的劳动力，$W-W^1$和$S-S^1$分别是现代部门的初始工资和农业的生存工资，而W^1-W^2和S^1-S^2分别是费—拉拐点到来后现代部门的劳动力供给曲线和农业的工资曲线。L、L^1分别是短缺点和商业化拐点。L点到来后农业劳动的边际生产率不再为零，但仍然低于制度工资水平，此时农业工资不会上涨，因为农业中仍然存在着隐性剩余劳动力。同时，由于在这一阶段农业劳动力的进一步流出有可能造成农产品供给短缺，农产品价格也有可能上涨，但一般是短期性的。只有到了L^1点农业劳动的边际生产率才达到制度工资的水平，农业工资开始上涨。从图2-1中可以看出，由于农业工资的逐步提高，现代部门的边际产品曲线与向上倾斜的劳动力供给曲线的交点也是逐步提高的。有学者在研究转型时期台湾城乡收入差距扩大现象时，认为这是由于劳动力供给曲线具有工资弹性后，城市部门要吸纳更多的劳动力就必须支付更高工资的缘故。[1] 但实际上这只是部分原因，劳动生产率的提高也是重要原因之一，因为工资应当与边际生产率相等。考虑到这一双重因素，所谓雇佣劳动力的效率边界的含义是，如果条件不变，流向现代部门的劳动力转移会在某一数量上停止。这也就意味着通过简单的劳动力转移不能压低现代部门劳动的边际产品水平。

---

[1] 严小燕、韦素琼、陈嘉、高月华：《"刘易斯第一拐点"后闽台农业生产效率对比》，《台湾研究集》2015年第2期，第76—85页。

图 2-1 刘—费—拉模型

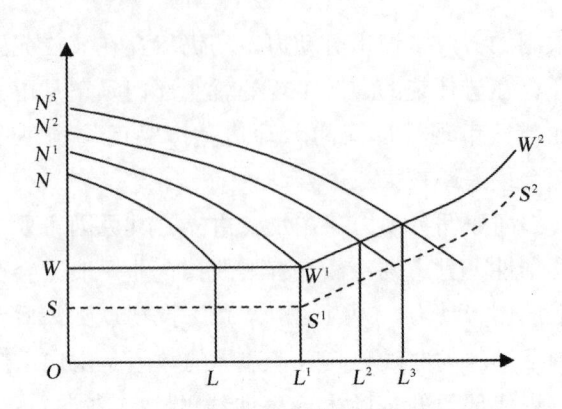

在转型阶段，城市之所以仍然会存在相当规模的传统与非正规就业，其原因主要是此时流向城市的劳动力一般会大大超过现代部门的就业吸纳能力。这应当是包括预期收入在内的城乡收入差距过大、农业就业又缺乏弹性等原因造成的一种结果。而城市产业中存在传统与非正规部门，一方面会使农业与现代部门的收入差距得以维持，甚至会趋于扩大；另一方面，它又与农业收入间存在着某种均衡关系。一般而言，城市传统与非正规部门的收入会高于农业收入，其差额主要包括劳动力从农村转移到城市而形成的转移成本、生活费用差额、风险收入和一定的转移溢价，否则，农业劳动力就不会流入城市。当然，如果城市传统与非正规部门的就业压力过大，也会导致收入下降；在这种条件下，这个部门的劳动力如果能够重新流回农村，就是均衡能够得到维持的重要条件。否则，就会演变成城市中的贫民窟。

由此可见，正是由于现代部门雇佣劳动力是有效率边界的，而城市又存在一个传统、非正规的就业部门，仅凭劳动力转移是不可能促成农业与现代部门边际产品均衡的，二者之间存在差距是必然的。但农业与现代部门的工资曲线也不一定像图2-1那样保持平行关系。其差距也有可能扩大，如遇到经济萧条会加大传统、非正规部门和农业的就业压力，并使收入水平下降，或者是工业竞争与创新造成了劳动效率的提高，使工业工资增长较快。其差距也有可能缩小，最主要的表现形式是城市传统与非正规部门的规模逐步缩小，城市劳动力市场逐步趋于一元化。城市劳动力市场的二元结构是人口大国二元经济转型的一个难点，它通常会大大拉长转型期。

二 农产品价格与名义工资上涨

在转型阶段，一方面，如果农业与城市现代产业的劳动生产率差距过大，即使有大量劳动力流向城市，由于城市传统和非正规部门的劳动力蓄水池作用，对现代产业劳动的边际产品也不会产生压低作用。另一方面，农业劳动力的流出虽然也会使农业劳动的边际产品有所提高，但它又可能引起农产品供给短缺与价格上涨，因此推高农业工资。农产品价格上涨推动的农业工资上涨如果能够与城市传统和非正规产业的收入达到均衡水平，那么就会使农业劳动力向城市流动进入稳定状态。另外，这一阶段的农产品价格上涨还会源于一种特殊的工资上涨机制。费—拉拐点到来后，农业工资开始由市场的力量来决定，这在城乡收入差距较大的条件下，会使农业劳动者产生强烈的提高收入的祈求，他们会利用生产与经营上的一些环节来实现这一目的，而价格无疑是最重要的手段之一。值得注意的是，这一阶段的农产品价格上涨具有很强的趋势性，不仅持续的时间长，上涨的幅度也很大，会形成工、农产品价格的"反剪刀差"走势。原因主要是这一阶段的农产品价格上涨是成本推动性的。上述农民增加工资的祈求转化为用工成本重估就是最重要的成本推动因素之一。图2-2表明城镇居民的新鲜蔬菜价格从2005年开始，肉类及制品价格从2007年开始形成持续的价格上涨趋势。其中，鲜菜价格最具有代表性。原因主要是城镇居民对鲜菜的需求有较强的刚性，而投入鲜菜生产的劳动量又富有可选择性。如果农民的鲜菜售价包不住包括劳动力成本在内的生产成本，他们很快就会缩小生产规模，从而引起鲜菜价格的上涨。劳动力价格、生产成本和鲜菜价格之间会形成一种互动关系，而居民对鲜菜需求的刚性只不过为这一机制顺畅运行提供了条件而已。由此可见，进入转型阶段以后，如果农业与城市产业的劳动生产率差距过大，并不会引导劳动的边际生产率和边际产品趋于均衡，而是会促成农产品价格上涨、形成一种货币性工资的均衡趋势，这就会造成农业劳动的边际产品与工资的分离。也就是说，是借助于农品价格上涨所形成的货币性收入而非实际产出效率来维持城乡间均衡关系的。

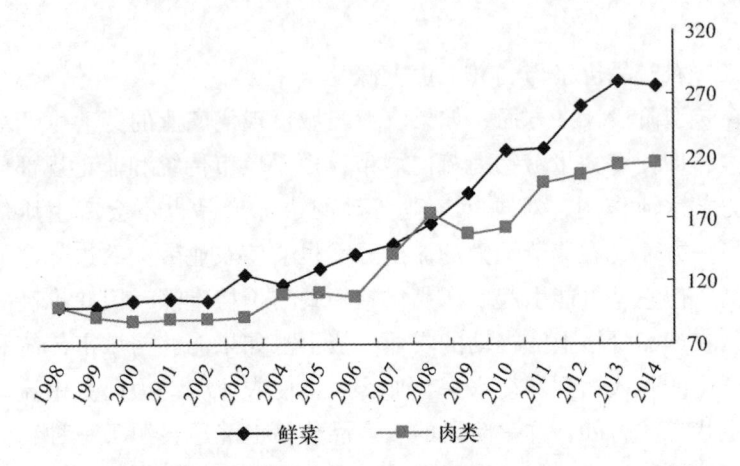

图 2-2 城镇居民分类消费价格指数（1998=100）

资料来源：国家统计局数据库。

因此，在转型阶段，"农产品短缺与成本上升—农产品价格上涨—工资上涨"这一作用机制就有了特别重要的意义。其中的农产品价格上涨对城市经济发展会产生双重的副作用：不仅会提高城市居民的生活成本和劳动力成本，而且还会通过农业工资的上涨直接推动非农工资上涨。在转型时期，一般来说，工资上涨一方面会给企业造成普遍的成本上升压力，另一方面又能够为经济增长提供需求来源，其作用具有双重性。但这种由农产品价格推动的工资上涨主要是副作用，对城市经济增长具有很强的抑制作用。因为这种工资上涨是没有价值基础的，仅是一种再分配，或者通过改变劳动与资本在收入分配上的比率以相对增加劳动收入，从而对资本的扩张或增长产生抑制作用；或者演化为一场通胀，劳动、资本和土地等自然要素都通过涨价维持了收入的均衡。对前一种情况，即工资上涨造成利润收缩，刘易斯把它看成是造成二元经济增长戛然而止的原因之一。[1] 需要进一步关注

---

[1] 威廉·阿瑟·刘易斯：《二元经济论》，施炜等译，北京经济学院出版社 1989 年版，第 29—30 页。

的是第二种情况：当经济进入转型阶段，自然资源和资产价格的膨胀式上涨可以说是最令人瞩目的经济现象。劳动力价格的上涨首先会影响资源的价格，接着二者又会交替影响服务价格和其他商品价格。于是，便会形成这样的作用机理：农产品价格上涨推动的劳动力价格虚涨与由此推动的资源和服务业价格的上涨，严重削弱了城市实体产业的盈利空间，迫使资本流出实体经济去寻找投机机会，结果自然资源价格、资产价格和房地产价格的暴涨便成了资本维持收入平衡的途径，最终使国民经济陷入严重的泡沫经济状态。农业劳动生产率提高滞后所引起的劳动力价格虚涨可以说是"中等收入陷阱"中最重要的作用机制之一，资产价格泡沫是其最重要的衍生品。在这个机制过程中，资源富集行业的大发展或房地产等行业的过热，都会过度地从农业中吸收劳动力，大大提高劳动力价格的估值，对其他行业的发展造成巨大的伤害。也许有人会说，这个过程的价格上涨是通货膨胀，但其作用机制是相反的：价格上涨在先，从而改变了货币需求，然后才是货币供给的增加，本质上是一种结构失衡现象。

  日本的实践为我们分析上述现象提供了典型案例。20世纪50年代中期日本的农业相对劳动生产率达到了历史最好水平，从而为转型的顺利推进提供了条件。但在1955—1980年这25年中，其农业发展相对落后了，农业与制造业劳动生产率的比值由1955年的占55%下降到1980年的17%，从而使农产品相对工业品的价格上升了112.9%（参见表2-1）。80年代日本经济便进入了全面资产泡沫化阶段，而后在整个90年代又陷入了"失去的10年"中。其泡沫经济形成与崩溃的机理是十分清楚的：先是农产品价格和工资的不断上涨逐步地侵蚀了城市产业的盈利空间，而后才是资本被迫大量进入投机市场、进行资产价格的神话创造运动，当泡沫膨胀到一定程度，甚至最后一个泡沫创造的虚拟盈利已被吸收干净以后，整个经济的崩溃就是不可避免的了。日本政府当时也意识到农产品价格上涨会对城市经济造成伤害，从60年代初开始采取了高价收购、低价卖出的农产品价格政策。[①] 这显然是一种调和矛盾而不是解决问题的做法，从表面

[①] 史美兰：《农业现代化：发展的国际比较》，民族出版社2006年版，第102页。

上看，它似乎削弱了农产品价格上涨的冲击作用，但实际上是任由劳动生产率差距过大而造成的负面能量被积累起来。

表2-1　日本相对劳动生产率、贸易条件和城乡收入比的变化

年份	农业与工业实际劳动生产率比率（%）	农业与工业品的相对比价（1955=100）	农业与非农家庭相对收入（%）
1955	55	100	77
1960	39	103.7	68
1970	25	186.5	91
1980	17	212.9	115
1990	14	219.0	115

资料来源：速水佑次郎《发展经济学——从贫困到富裕》，社会科学文献出版社2003年版，第202页。

日本案例的提示是：这种因劳动生产率差距过大而促成的农产品和劳动力价格上涨作用机制即使在转型已经进入一元经济阶段也仍然会顽强地表现出来，它会迫使资本去寻求新的收入补偿形式，两种力量相互作用的结果总是以通胀、资产泡沫的形式使各自的份额得到维持，与此同时，投资拉动经济增长的效应也会一步步地被消耗干净。

三　引入农产品贸易的分析

在上述问题的分析中，如果引入农产品贸易，那么，农业劳动生产率提高滞后所引起的农产品价格上涨就会引起外国农产品的进口。只要外国农产品具有明显的比价优势，大量的农产品进口就只是时间问题，无论这个过程最初看来有多么大的障碍。而当农产品进口达到一定的规模时，就会对本国农产品的价格上涨产生抑制作用。从表面上看，农产品进口抑制了农产品价格上涨，这似乎有利于稳定城市的生活成本，但其副作用是会对本国农业发展造成巨大冲击。农产品进口对国内价格的抑制作用是一种短期现象，一旦外国农产品控制了本国市场，农产品价格仍然会重拾升势，因为本国农产品生产能力与需求间的缺口为此提供了基础。此时的农产品价格上涨已经没有正面作

用，连本国农业和农民也很难从中受益，而且对本国经济的负面作用是长期性的。一旦结构转型到了这种地步，农业发展将会受到巨大的压制，农业劳动者与城市职业者的收入差距将会长期存在，甚至有可能恶化。巴西之所以会经历经济学史上"失去的20年"，使转型陷入"中等收入陷阱"，就是因为忽视了农业发展和食品过度地依靠进口。

也许有人认为，采取进口来替代农业的政策可以加快人口城市化或非农化进程。但这种策略的后遗症是非常大的。首先，农业的低收入状态会趋于固化。其次，由于本国农业劳动生产率得不到提高，城市劳动力市场的二元结构将会继续维持下去。在转型时期，农业劳动生产率的一个十分重要的作用是为城市产业，主要是传统和非正规部门提供最低效率标准。如果能够不断提高农业劳动生产率，就会不断迫使城市传统与非正规部门提高效率，以致最终实现城市劳动力市场的一元化。再次，会使就业难题不断扩大。直观地看，发展农业现代化，可以拉长农业产业链、增加更多的就业机会，尤其是源于农业的就业机会对劳动力具有较大的包容性。从发展的角度看，如果一国农业劳动生产率能够上升到较高的水平，就意味着该国能够提供较低的劳动力再生产成本，这会促使服务业的大发展与转型升级，创造出更多的就业岗位。反之，如果放弃了农业发展，不仅农业产业链的生成会受到抑制，而且外国力量主导的农产品价格上涨会使许多服务业面临生存压力，就不要说服务业的大发展了。最后，放弃农业发展会切断消费需求增长的技术路径，使经济增长面临着越来越严重的需求不足问题。这是因为在转型阶段，农业劳动生产率的提高在推动工资品社会综合劳动生产率的持续上升中扮演着重要角色。总之，采取进口替代政策或迟或早都会产生上述问题，并最终成为制约经济可持续发展的隐患，英国和日本的经验都为此提供了例证。

四 提高农业劳动生产率是实现城乡收入均衡的基本路径

从以上分析可以看出，不断提高农业劳动生产率是实现城乡劳动边际产品均衡的基本路径。因为实现农业与城市产业劳动边际产品均衡的途径不可能是压低城市产业的边际产品，只能是提高农业的边际产品；而提高农业劳动的边际产品又只能依靠提高农业劳动生产率，而不是依靠劳动力外流。也就是说，它是一种积极的均衡。这就决定了农业劳动生产率的提高在转型过程中发挥着极其重要的作用，主要表现在四方面。第一，不断提高农业劳动生产率可以最大限度地抑制农产品价格上涨所推动的名义工资上涨，以尽可能地减少劳动力成本上升给转型带来的压力。费—拉拐点到来后，由于农产品供求和城乡收入差距的作用，农产品价格会产生很强的上涨趋势，此时如果不能相应地提高农业劳动生产率，就会促成农产品价格上涨并推动工资上涨，由此产生"农产品价格上涨—劳动力价格上涨—企业利润下降"的作用机制。这个时候，如果试图采用进口替代的方法来弥补农产品供给的不足，不仅无助于问题的解决，反而会使这一机制表现得更强烈。可以说，不断提高农业劳动生产率也是克服"劳动力成本陷阱"的最重要途径之一。第二，提高农业劳动生产率可以提高城市产业最低的劳动效率标准，这意味着提高农业劳动生产率的过程也就是倒逼城市不断提高劳动效率的过程，它可以为最终消除城市劳动力市场的二元结构提供条件。城市劳动力市场的一元化，也是实现城乡收入均衡的重要条件之一。第三，在转型时期，持续的农业劳动生产率提高可以扩大非农产业的就业吸纳能力。这不只是因为提高农业劳动生产率可以推动农业前后项产业的发展，如食品工业、农产品物流与商贸业等，更重要的是它可以大幅度地降低劳动力再生产成本，为服务业的大发展创造条件。第四，持续地提高农业劳动生产率可以为消费需求的可持续增长提供基础。总之，不断提高农业劳动生产率可以在四个方面促进二元经济向一元经济的转型，以实现农业与城市产业劳动边际产品的基本均衡，其作用是不可替代的，也是绕不过去的。

五 服务业发展的均衡作用

在农业与城市产业劳动产品的边际均衡中，服务业的发展能够发挥十分独特的作用。在我们的二元经济转型模型中，假设城市还存在着一个传统与非正规就业部门，这与一般的二元经济模型假设只有农业和工业（或现代产业）两个部门是不同的。这主要是为了使分析更加接近实际。对于人口大国来说，即使工业发展得很好，从农村转移出去的劳动力也不可能全部被工业所吸纳，其中的大部分会转移到服务业。而在转型的这一阶段，城市服务业发展的层次是比较低的，其中仍然包括一个规模庞大的传统与非正规就业部门。最为典型的是家佣、街头的小商小贩、拾荒者等，还有很多是在传统的商业和服务业部门就业，如复印打字、干货炒制、糕点制作、理发修脚、茶叶经销等。正是城市服务业中的这个传统与非正规就业部门，与农业在劳动力流动上存在某种均衡关系，从而阻碍了农业与现代部门间劳动边际产品的均衡。这实际上说明非农劳动力市场的一元化是城乡经济一元化均衡的重要前提条件。一般而言，发展中国家的大城市有一个突出的特点，就是它有着庞大的传统与非正规就业部门。原因主要是城市劳动力市场的二元化只不过是城乡二元结构的转化形态，而城市劳动力市场的二元化又反过来对城乡二元结构起着维持与调节作用。因此，如何对城市服务业进行规范、改造、提升、逐步推进其现代化转型，是推进城乡经济实现一元化均衡的十分重要的一环。也就是说，要从推动城乡经济均衡的角度去认识城市服务业改造，提升其品质的重要性。

当然，城市传统与非正规就业部门中也有一部分是属于工业性质的，为什么单单强调对服务业的改造？这是因为工业具有较强的竞争性，创新的传递性也较好——如新技术和新工具的使用，一般通过市场的力量可以使其传统成分自发消亡，对非正规成分的改造也比较容易。而服务业的改造则不同了。尤其是生活性服务业，其中一大部分是组织技术、营销网络、融资体系和服务品质等软件方面的改造内容，需要下大力气才能做好。

还可以从非农产业与农业协调发展的角度分析发展服务业的重要作用。这两大产业的协调发展主要表现在两个方面。一方面是非农产业担负着为劳动力转移提供就业岗位的任务。如果农业发展较快，而非农产业发展滞后，那么从农业中释放出的劳动力就会流落到城市，形成城市人口贫困化问题。从提供就业岗位的角度看，服务业不仅对劳动力差异具有较大的包容性，而且就业吸纳的弹性也较大，更重要的是它在就业增长时序上的特性。一个基本的规律是：在一个国家经济发展的初级阶段，工业部门的就业增长会较快，服务业就业也会相应增长；但当达到一定阶段，大致是人们的基本生活需求能够较好地得到满足后，工业部门的就业会趋于基本饱和，就业增长就会转向服务业。2015年，中国人均GDP是49351元，按年均汇率1美元折合6.2272元计算，是7925.1美元；而同期第三产业就业占比仅是42.4%。比对其他金砖国家，如巴西和南非第三产业的就业占比在2011年都是62.7%，俄罗斯在2000年已达57.1%，发达国家的该项指标一般在70%以上，毫无疑问，中国服务业就业增长空间应该是巨大的。表2-2的数据表明，农民工第三产业就业占比2015年比2014年增加了1.6个百分点，这应该只是增长的开始。因此，对于当前的中国经济来讲，密切关注房价、农产品价格、劳动力成本等因素对服务业发展的影响是十分重要的。

表2-2　　　　　　　中国农民工就业行业分布　　　　　　　（%）

	2014年	2015年
第一产业	0.5	0.5
第二产业	56.6	55.1
其中：制造业	31.3	31.1
建筑业	22.3	21.1
第三产业	42.9	44.5
其中：批发和零售业	11.4	11.9
交通运输、仓储和邮政业	6.5	6.4
住宿和餐饮业	6.0	5.8
居民服务、修理和其他服务业	10.2	10.6

资料来源：国家统计局2015年农民工监测调查报告。

非农产业与农业协调发展的另一方面是非农产业发展为农业发展提供了需求市场。农业要发展，农产品需求的不断增加是重要的前提条件，而它又主要源于非农产业的不断发展。非农产业发展能够拉动农产品需求，并不是仅仅由于非农就业人口的增加扩大了农产品需求，它还存在着结构效应。如图2-3所示，2004年以后，全国城镇居民的人均食品消费支出呈现出较快的增长，其原因就是这一时期无论是二次产业就业占比，还是三次产业就业占比都出现了明显的增长。所谓结构效应，就整个非农产业而言，费—拉拐点到来后工资开始上涨，非农产业发展代表着人均收入水平的不断提高和由此产生的收入效应；就服务业而言，就业比重的上升对农产品的需求结构和质量都会产生影响。

在农产品需求形成方面，工业发展和服务业发展所发挥的作用是不同的。工业发展所带动的农产品需求主要是基于非农人口对农产品的基本需求，其需求增长是数量型的。而服务业发展不仅能够扩大农产品的需求量，而且能够形成农产品的多样化需求，提高对农产品的质量要求。费—拉拐点到来后，服务业发展能够促使农产品需求上层次的作用会明显显示出来。中国人基本上属于素食民族，一般来说禽类、奶制品的消费量能够大体反映农产品的需求结构与水平。从图2－4中可以看出，1995年以来，随着三次产业就业比重的逐步上升，全国人均禽类消费量呈现出震荡上行趋势，尤其是2009年以后，禽类消费量是稳步上升的。

服务业发展能够推动农产品需求上层次、扩规模的一个直接的原因是服务业越发展，人们食品消费的种类和模式也就越丰富，这自然会刺激农产品需求；而另一个更重要的原因是在农业劳动生产率不断提高的条件下，服务业大发展所推动的产业结构转型能够大幅度地提高劳动生产率和人均收入水平。在第二章第三节，将对这一问题进行较详细的分析。

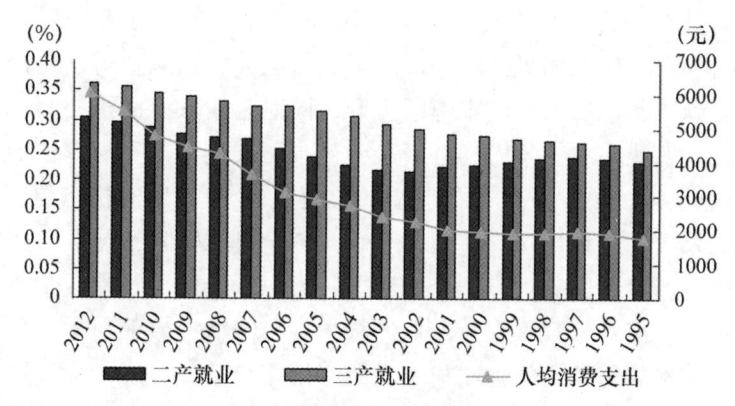

图2－3　第二、三产业就业比重与城镇居民人均食品消费支出的关系

资料来源：国家统计局数据库。

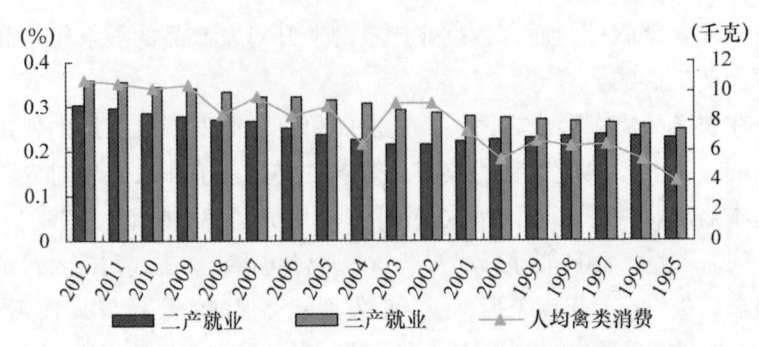

图 2-4 第二、三产业就业比重与城镇居民禽类消费量的关系

资料来源：国家统计局数据库。

在本节里，我们之所以反复强调服务发展在二元经济转型中的重要性，主要是因为农业与服务业的协调发展是克服"中等收入陷阱"的重要路径之一。这首先源于农业与非农产业的关系。这两大产业间形成互动关系是二元经济能够顺利转型的重要条件，这是较容易理解的；但它的逆命题却常常被忽视：二者关系的失调是"中等收入陷阱"的重要形成路径之一。这是因为，如果农业与非农产业的关系失调，二者就会陷入一种自我抑制的自锁关系中。

先假设农业发展顺利，非农就业发展滞后。这样，从农业释放出的劳动力就不能被非农产业所吸收，不仅有可能形成城市贫民窟问题，而且农产品需求增长也会受到阻碍，这又会反过来压制农业发展。这种需求压制如果持续一段时间，就会使本国农业劳动生产率的提高受到压制，农产品成本不断上升，同时也使农产品价格与国际市场倒挂、农业失去竞争力，进而又会使本国农业陷入受外国农业冲击的困境里。这是一种特别的、能够使本国农业陷于倒退状态的压制力量。如果出现这种情况，一国农业发展就会陷入非常艰难的选择状态。历史上一些国家也曾选择了以国际市场为导向的策略，似乎是另一种选择，但却导致了农业产业结构单一，降低了农业对本国的供应能力，使本国劳动力的食物成本受制于国际市场。

然后再假设农业发展滞后，而工业发展看起来较为顺利，情况又会怎样？一个国家片面强调工业化策略通常就会出现这种情况。费一拉拐点到来后，由于农业发展滞后会引起劳动力成本的过快上升，而它又会成为阻碍经济发展的重要难题。这可以基于国际比较来理解，试想一下，一个国家劳动力的农业成本——按劳动时间计算——占全部劳动力的30%以上，而发达国家仅占5%以下，那么，无论你如何提高非农产业的劳动生产率，其综合劳动生产率的差距也是无法消除的；再说发达国家在非农产业上一般都具有效率优势。这样，由于综合劳动生产率的差距较大，其工业和服务业发展也必然十分脆弱，很容易受到国际市场需求变化的冲击。总之，农业与非农产业协调发展之所以重要，就是因为到了中等收入阶段，二者发展的失调很容易形成一种相互制约的自锁关系，最终使任何试图从单一方面突破这种制约的努力都难以成功。

而在特定阶段里，服务业的顺利发展又会成为左右农业与非农产业协调状态的关键。这又源于就业结构的转型：服务业的就业增长将会成为就业增长的主体。以中国为例，工业和建筑业发展在规模上是十分出色的，尽管出现了严重的产能过剩，第二产业就业占比的峰值也仅是2012年的30.3%。而服务业的就业可增长空间是十分巨大的，比如，如果把中国的服务业就业比重提高20%，就可增加就业人数1.5亿左右，而且服务业的就业占比也只是回到基本合理的水平。因此，在特定的历史阶段，服务业在农业与非农产业的协调发展中实际上处于"控制器"的地位，如果服务业与农业能够协调发展，就可以打破二者间的"自锁关系"。甚至可以说，农业与服务业的协调发展是突破"中等收入陷阱"的一条捷径。

2015年，中国农业可以说陷入一种非常艰难的选择里。一方面粮食库存在经历了产量"十二连增"的背景下达到了历史峰值，玉米过剩尤甚。另一方面粮食进口在近年来连续上升的基础上也破了纪录，2015年进口粮食11439万吨，占当年粮食产量的18.4%。造成这种"两难"困境的直接原因是国内农业劳动生产率相对较低，农产品成本又太高，与国外农产品相比存在着价格劣势。[①] 因为在这种情况下，一方面国家为了保护农民的利益，需要用较高的价格收购农

[①] 杜鹰：《农业改革遇"两难"，玉米储备也面临去库存》，《每日经济新闻》2016年3月7日第2版。

民的产品；而另一方面，加工企业又更愿意用价格较低的进口农产品，结果造成了农产品生产与市场需求的不断脱节。从更深的层次上看，服务业就业占比长期过低和农业改革滞后应该是更重要的原因。可以说，正确认识农业与服务业发展的互动关系已经具有十分重要的现实意义了。

六 城乡收入均衡的实现逻辑

从以上分析可以看出，在二元经济向一元经济转型的过程中，农业与城市产业的劳动收入均衡的基本实现路径是不断提高农业劳动生产率，但会遇到三个难题。第一是农产品需求的约束问题。这里的农产品需求的约束不仅指农产品需求的增长是农业劳动生产率提高的约束条件，而且指这时的农产品需求是刚性的，农业发展滞后和农产品供给短缺会造成农产品价格上涨，进而又会引起劳动力成本上升，国外农产品的大量进口，以至于本国农业衰退等问题。这就说明，农业与非农部门的协调是推动均衡实现的基本条件之一，尤其是效率协调。另外两个难题分别是城市劳动力市场的二元结构与城市现代产业的就业吸纳力问题。这两个问题的解决都有赖于现代部门的发展。在城市化初期，现代部门的就业增长主要来源于工业化，但当费—拉拐点到来后就业的增长点就会向服务业转移。服务业的大发展又依赖于农业和其他工资品部门能够为其提供低成本的发展条件，在这其中，农业又发挥着基础性的作用。这决定了农业与服务业的协调发展是解决这两个难题的关键。

第二节 实现路径（二）：农业经济的全国一体化

长期以来，人们在讨论城乡收入均衡时几乎很少见到同时讨论农业和城市体系内部劳动收入均衡问题，但它们的均衡与城乡收入均衡是同步的，尤其是农业本身的劳动收入均衡在整个均衡过程中发挥着某种基础性的作用。这其实只是源于很简单的原理：同等劳动要求获得同等的劳动报酬,这个过程如果发生在城乡之间,一定也会同时发生在农业和城市体系内部。同时城市化又是农业劳动力不断向城市转移的过程,这就使得农业劳动力的定价在整个劳动力定价上处于某种基础性的地位。

一 复式城乡关系与农业劳动的边际产品均衡

通常人们所说的城乡收入差距只是一个平均数概念,而实际的城乡收入比值是一个数列。每一个村庄或农村区域对应的是一系列规模不同的城市,同样,每一个大城市对应的又是一系列收入不同的农村区域,因此,每一个城市或农村都有一系列城乡收入的比值。如果忽略了这种多重的差距值分布,仅采用平均数来度量城乡收入状态,就无法保证评价的质量——因为相同的平均值可以有不同的离散状态。考虑到城乡收入关系是多维的、复式的,相应地,引入最大城乡收入差距可以在一定程度上弥补平均值的缺陷。在城乡收入均衡的理解上,如果将其简单地理解为城市与农村的平均收入相等,在城市一方也是有问题的。一个简单的证据是,城市由于规模的不同必然会引起集聚经济和劳动效率的差异,这就决定了城市体系的劳动收入均衡是建立在不同级别的城市存在差异而不是完全相等的基础之上的。于是,农业与城市产业的劳动收入均衡也只能采取结构性均衡的形式,而不可能完全相等。这说明城乡收入均衡有着特定的均衡形式与结构,其中尤为重要的是,它是以农业内部尤其是不同地区农业的劳动收入均衡为前提条件的。

为什么城乡收入均衡是以农业收入均衡为前提条件的?这主要是由于如果不同地区的农业存在收入差距,就会产生很强的收入趋同现象,使劳动力市场处于不稳定状态。这种不稳定主要表现在两个方面:一方面,农业低收入地区的劳动力会不断流向收入较高地区的城市和农村,使整个劳动力市场处于动荡状态;另一方面,在城市劳动力定价上,会因劳动力来源地农业收入的不同而存在收入差距,即会影响城市劳动力市场的一元化进程。由此可以反推出这样的结论:只有在不同地区的农业劳动收入达到均衡状态时,各地区的劳动力市场才会处于稳定状态，城市劳动力的定价也才有可能趋于一致。也就是说，不同地区农业劳动边际产品的均衡是城乡收入均衡的前提条件之一，如果这个条件没有达到，就谈不上城乡收入均衡。地域分割和收入差距是传统农业的重要特征。到了二元经济阶段，由于劳动力流动，地区间农业劳动收入均衡的过程已经开始，但只是开始，还达不到收入相等的程度。只有在转型完成后，这一均衡才能基本实现，但仍然会留下某种差异的痕迹。这一过程只不过表明：二元经济转化为一元经济的过程，也就是把相对分割的、仍然残留自给自足成分的传统农业整合为现代农业的过程，并最终能够与现代工业、服务业融合为一个一元化的经济体。

二　地区间均衡与农业产业的全国一体化

为了便于分析不同地区间农业劳动收入的均衡过程，假设有一个一线城市面对着 A、B 两类农业劳动生产率有较大差距的农业地区，A 类地区的费—拉拐点已经到来，B 类地区仍然存在剩余劳动力，该城市与 A 类地区属同一区域。在该模型下，B 类地区的剩余劳动力就会大量流向该城市，也会有一部分流向 A 类地区的农业。这种劳动力流动会使 B 类地区农业边际劳动生产率得到较快提升，但却不会使两个地区的农业收入差距缩小，而是使其有所扩大。这是因为，一方面 B 类地区的费—拉拐点尚未到来，边际劳动生产率的上升不会明显影响农业工资；而另一方面，A 类地区的农业劳动力供给曲线已经成了一条向上倾斜的曲线，外来劳动力的流入只会改变曲线的斜率而不会使工资下降，再加上 A 类地区受城市辐射功能的影响较大，要素投入增长较快，其农业劳动生产率增长也较快。只有当 B 类地区的费—拉拐点也到来后，这种跨地区的劳动力流动才有可能使两个地区的农业收入差距趋于缩小。但这种跨地区的劳动力流动也存在着后遗症。主要是它会产生农民工的二次转移问题。B 类地区的农业劳动力比 A 类地区具有更强的、流向大城市的倾向，其原因主要是它的城乡收入差距更大，但也正是由于城乡收入差距过大而使其劳动力更难在大城市实现市民化。如果此类劳动力流动的规模十分庞大，它必将影响中国未来的城市化进程和格局。

表2-3是利用全国第五、六次人口普查数据描述的城市化过程中人口跨地区流动的情况，主要有以下三个特点。第一，广东、浙江、北京等地城市人口的增量远远大于乡村人口的减少，跨省区劳动力流动推动其城市化进程的特点十分明显。第二，河北、河南、湖南等地镇人口增长规模较大，其主要的人口来源基本上可以用乡村人口减少来解释。镇人口增长在这些省份的城镇化中发挥了重要作用。第三，湖北、重庆、四川、贵州等地农村减少的人口大于城市和镇人口增加之和，说明这些省份有净人口流出。

图2-5描述的是从2000年到2010年中国城市化的动态趋势及分布，主要有两个显著的特点：一是大多数省份镇人口的增长在城镇化中发挥了主力军作用；二是非户籍的常住人口在城市人口增加中占有很大比重，城市人口市民化的任务有不断加重的趋势。例如，广东、浙江、山东、四川等省的城市新增人口中，非户籍的常住人口远远超过户籍人口的增长。

尽管B类地区的费—拉拐点到来后，跨地区的劳动力流动有可能使两个地区的农业收入差距趋于缩小，但若要完全靠劳动力流动来实现两个地区的农业收入均衡是不现实的。这一方面是由于不同农业区间的劳动力流动不可能达到无阻碍流动的程度，不合适的土地制度、资金与财富条件的约束、农村原有社会圈层的影响等因素都会产生阻力作用。另一方面，落后地区完全靠减少劳动力以提高农业边际生产率的方法也是消极的，这种放任自流的现象是不可持续的。因此，要实现地区间的农业收入均衡，重要的是实现农业产业的全国一体化。农业产业的全国一体化至少包括两个方面的内容：一是农业专业化，主要指农业地域专业化在全国尺度上的充分发展；二是农业要素市场和农产品市场的全国一体化。也就是说要实现地区间的农业收入均衡，除了构建完善的劳动力与其他要素流动机制外，也要构建能够使价格与市场机制充分发挥调节作用的机制体系，以便使农业资源与要素能够在全国范围内得到优化配置。这样，就能够使均衡的实现建立在农业劳动生产率不断提高的基础之上，或者说，前者直接表现为后者的结果。

表2-3　各省市2000—2010年城市、镇、乡村人口增量变化　　（万人）

省市	镇	城市	乡村	省市	镇	城市	乡村
全国	10010.7	11112.7	-12103.6	河南	1030.7	452.7	-1204.1
北京	27.0	606.7	-29.3	湖北	301.5	134.1	-662.7
天津	-35.6	354.4	-9.8	湖南	881.3	224.2	-862.9
河北	1112.5	289.0	-884.5	广东	-52.7	2212.5	-250.2
山西	351.7	221.1	-248.8	广西	391.1	215.7	-389.8
内蒙古	142.2	233.9	-237.8	海南	59.3	64.1	-12.1
辽宁	65.4	356.8	-230.0	重庆	311.7	208.3	-686.7
吉林	39.4	94.4	-68.7	四川	632.9	370.5	-1196.5
黑龙江	125.9	139.2	-57.5	贵州	212.1	117.1	-379.1
上海	114.5	492.0	54.6	云南	438.4	167.2	-245.0
江苏	528.4	1122.5	-1089.2	西藏	11.8	5.5	21.4
浙江	391.0	728.3	-269.7	陕西	375.8	193.3	-372.9
安徽	606.3	374.8	-931.0	甘肃	185.1	132.2	-272.2
福建	203.2	472.4	-395.9	青海	58.6	37.1	-15.3
江西	632.8	198.7	-414.5	宁夏	38.3	85.9	-42.7
山东	701.4	628.1	-747.4	新疆	128.9	179.9	26.8

资料来源：全国第五、六次人口普查数据。

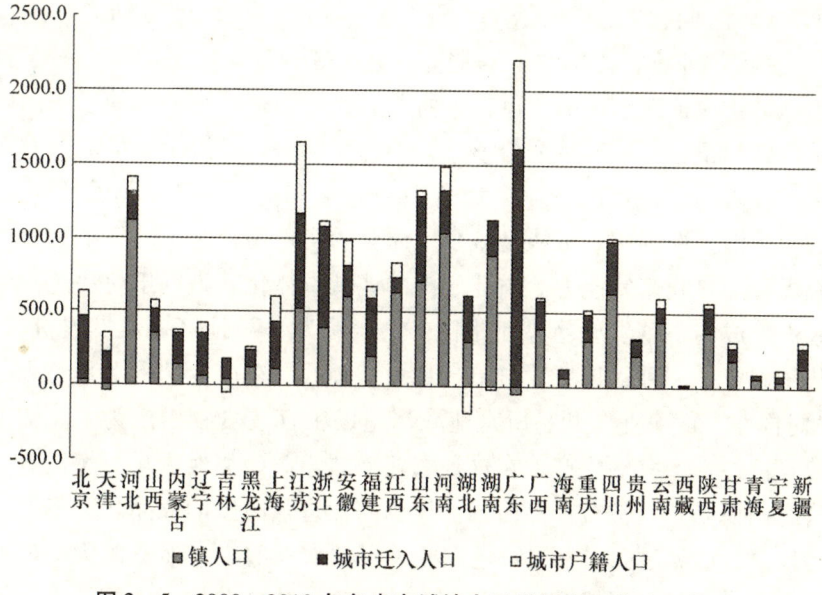

图 2-5　2000—2010 年各省市城镇人口增量的组成（万人）

资料来源：全国第 5、6 次人口普查数据

三　内部均衡与农业经济的地域一体化

城乡关系不仅能够影响不同地区间的农业收入均衡，也能够影响一个地区内部农业收入的均衡过程。为了便于分析这种影响，假设有一座城市周边的农业由于自然条件差异，其劳动生产率可以分为高、中、低三类地区，分别称为 A、B、C 区，A 区的农业劳动生产率最高，B 区次之，C 区再次之。这样，在城市化过程中，C 类地区劳动力流出的程度最高，B 类地区居中。C 类和 B 类地区流出的劳动力大部分流入城市，也有一部分流入 A 区，以弥补 A 区劳动力流入城市后留下的空缺。B 类地区一般是通过粗放经营的方法来提高边际产出的，以与 A 类地区达到边际均衡。而 C 类地区由于自然条件太差，采用粗放经营的方法也很难使边际产出达到 A 类地区的水平，劳动力倾向于全部流出，从而形成原有村落的收缩现象。据官方公布的统计数据，从 2002 年到 2014 年，中国的自然村由 363 万个减少到 252 万

个，12年间自然村减少了111万个①，就是 C 类地区劳动力和人口"倾巢式"外流特点的真实写照。"空巢村"现象已引起了古村落及传统文化保护人士的高度重视，而我们要问的是，它反映的经济问题是什么？很显然，这种完全依靠劳动力自发地大量流出所形成的农业劳动收入均衡，是以农业区域范围的萎缩和局部的粗放经营为代价的，是消极性的，不可能是城乡一体化的实现路径之一。经济过程具有极强的自我修复能力。农业经济的地域一体化就是基于解决这一问题而形成的一种发展趋势和路径，它能够为 C 类地区提供发展机遇。传统农业是一种以地域性自给自足为基础的、在产业结构上具有很强"同构性"的农业，几乎所有地域都是以粮食或食物生产为主、辅助以经济性农产品的生产。在这种农业模式下，C 类地区几乎无优势可言，因而必然是贫穷和落后的。但当农业进入高度的商品化和专业化阶段时，C 类地区在发展特色农业、资源农业和以自然资源为基础的服务业方面又会形成独特优势，在构建现代化农业体系中能够发挥不可替代的作用。正是农业发展的商品化和专业化趋势促成了农业经济的地域一体化。

农业经济的地域一体化，除了一个地区积极参加全国和世界口径的专业化分工外，一个主要内容是农业地域专业化在一个地区内的多层次发展。它是在对每一种农产品进行"是由本地生产，还是'进口'"的效率选择基础上的专业化。约翰·冯·杜能的农业圈层理论是以农业向城市提供农产品这种供求关系为基础的。而在农业地域专业化中，农业居民的农产品供给也专业化和商品化了；在空间上，供给的对象不只是城市，也包括村落和小镇。这就决定了农业地域专业化是一种复式结构：对于那些鲜活的，特别难以运输的农产品在一个较小的地域范围内实行专业化；对于那些仍然难以运输和保鲜但难度有所降低的农产品，可在较大的范围内实行专业化，如此等等。总之，农业地域专业化不是一般的专业化，而是使包括农业人口在内的多样化农产品需求能够得到最好满足与农业产出效率达到最优相结合

---

① 李治国：《中国自然村十几年减少110万个 古村落主体流失严重》，中国经济网（www.ce.cn），2015年4月21日。

的多层次的专业化系统。它必须同时满足三个条件：能够提高产出效率；满足人们多样化、高品质的需求；有利于生态环境保护。① 它是一种可持续的农业专业化。

农业经济地域一体化的另一个主要内容是农产品生产、加工与贸易的一体化，并且包括农业金融与其他农业服务业的一体化，或者说是以农业为核心的第一、二、三产业的融合发展。农产品生产、加工与贸易的一体化可以大大提升农产品的增值空间，而农业金融的发展可以为农业现代化提供资金、风险管理、定价及其他金融服务方面的支撑。农业经济的地域一体化强调的是经济活动的区域性，是以一定区域内农业劳动边际产品的均衡为基础，试图通过与农业有关的第一、二、三产业的融合发展，提高农业的产出水平和收入。它是农业现代化的主要实现形式之一。这样，通过农业经济的地域一体化，就能够使一个地区的 A、B、C 三类农业区的劳动收入达到积极的均衡，即在农业资源得到充分开发、农业劳动效率不断提高基础上实现的均衡。

总之，农业经济的地域一体化有两个鲜明特征：一是农业专业化与多样化农产品需求满足相结合的多层次的专业化；二是以农产品生产、加工和贸易一体化为基础的农业金融与农业经济的融合生长。

四 农业经营模式改革与均衡结构

从以上分析可以看出，农业收入的均衡是城乡劳动收入均衡的实现条件，而要实现农业收入均衡，仅依靠劳动力大量流出是不行的，农业产业的全国一体化和农业经济的地域一体化是实现这一目标的两个重要进程，它们能够充分挖掘农业的潜力，大幅度地提高农业劳动生产率。但是，无论是在农业产业的全国一体化，还是在农业经济的地域一体化中，包括土地改革在内的农业经营模式的改革都是至关重要的。比如，如果土地制度限制了劳动力在农业内部尤其是在不同地

---

① 传统的农业专业化是指在一个尽可能大的地域内种植同一种农产品。但由于这种专业化所带来的农业污染问题和人们对生态、绿色产品需求的不断增长，使农业专业化如何与生态恢复和环境保护相兼容成了重要的发展方向。

区之间的自由流动，那么，不仅均衡的过程会受到阻碍，农业资源的最优配置也难以实现。再如，农业规模经济的问题、与农业配套的金融体系的问题等得不到解决都会影响均衡的实现。可以说，农业产业的全国一体化、农业经济的地域一体化和农业经营模式的改革这三者相结合，是推动农业生产率不断提高的重要动力来源。

农业经营模式改革的目标是要建立以农业专业大户为基础的包括生产、供销和金融在内的合作性经营主体。对世界范围内经营模式的比较研究可以证明，只有这种农业经营模式才能撑得起城乡一体化，而其他经营模式，如资本主义的、集体农庄和股份制，至少在种植业上都很难胜任，因为这些模式都很难解决农业劳动的积极性问题。[①]而以农业专业户为主体的合作制既能维护农业劳动者的积极性，又解决了农业规模经营的问题。资本主义的农业企业和股份制还有一个致命的缺陷，它只是片面地追求专业化和规模经济，而不能适应农业经济地域一体化中的多样化农产品需求。这就决定这两种农业经营模式在一国农业中只能处于辅助地位。

总之，如果上述三个目标都能够达成的话，也就意味着不同地区之间和一个地区内部的农业收入能够达到均衡状态，从而为城乡收入的均衡奠定基础。如果假设城乡收入均衡已经实现，那么就会形成这样一种均衡结构：全国不同地区农业的劳动收入趋于一致，同时中小城镇非农产业的劳动收入也会与农业完全趋于一致，大中城市会因集聚经济水平和效率的差异与农业收入保持一个合理的差额，其结构就好像是平原上分布的一些高低不等的山丘，形成阶梯状结构。

第三节　实现路径（三）：劳动与资本报酬均衡视角的分析

在二元经济下，劳动与资本在报酬分配上处于一种特别偏向资本的均衡形态，主要是由于劳动力的无限供给和相应的工资相对固定不

[①] 陈春生：《城乡经济一体化与农村金融发展》，中国社会科学出版社2010年版，第113—124页。

变，资本能够随着经济增长获得一个不断扩大的利润份额。费—拉拐点到来后，工资开始上涨，这种均衡状态就被打破了。此后，劳动报酬会经历一个较长的上升过程，在国民收入初次分配中所占份额也会不断提高，最终会在一个较高的水平上稳定下来，从而使劳动与资本在报酬分配上进入一种新的均衡状态。只有在这种条件下，城乡劳动收入才能达到新古典经济学意义上的一元经济均衡状态，或者说，城乡劳动收入的一元经济均衡是以劳动与资本在报酬分配上进入新的均衡状态为条件的。这一过程的突出特点是工资或劳动报酬要经历一个较大幅度的上升过程，并最终会在一个较高的相对份额上稳定下来。那么，在这一阶段工资为什么会出现大幅度的上升？分析其原因就成为探讨城乡收入均衡实现条件的一条重要路径。

这一阶段工资的上升并不是来源于简单的已有价值的再分配。只有一小部分来源于新增价值分配上劳动份额的提高，大部分则来源于劳动与资本相对份额维持不变下的增加值增长。

一 农业劳动生产率的提高与产业结构转型

劳动生产率的提高是工资上升的主要价值来源，这是经济学的一个基本原理。但这里的"劳动生产率"是指工资品部门的综合劳动生产率，而不是指一般的劳动生产率。马歇尔认为："实际工资的平均水平，直接决定于并正比例地随着生产'工资品'的那些行业的平均效率而变化。"[①] 换个角度说，工资的上升不能以非工资品部门劳动生产率的提高作为依据，在这个问题上中国是有经验教训的。中国"一五"时期工资采取计划体制，城市工资的上调幅度是以工业劳动生产率为依据的，忽视了农业劳动生产率的作用，结果使"一五"期间工资的上升幅度超过了农业劳动生产率提高的幅度，造成了物资供应紧张和严重的通胀。[②]

根据工资的水平直接决定于工资品部门的劳动生产率这一原理，

[①] 马歇尔：《经济学原理》（下），陈良璧译，商务印书馆2010年版，第211、204—205页。

[②] 林斌：《工资与全社会劳动生产率》，《劳动》1958年第2期，第13—14页。

可以得出这样的推论：在转型时期工资水平首先取决于农业劳动生产率水平和产业结构转型的程度。这主要是因为这一时期农业劳动生产率和产业结构转型程度都是对工资品部门的综合劳动生产率产生巨大影响的因素，而且是在不太长的时期内就能够使其形成较大幅度增长的因素。工资品类生产可以分成两个部门：一是农业，即生产食材的产业，其劳动生产率水平直接决定着劳动力再生产的食物成本；二是其他工资品产业，包括衣、住、行、文体等行业。这两个部门劳动生产率的提高，在产业结构转型中发挥的作用是不同的。一般来说，由于人们以热量度量的食物需求较为稳定，提高农业劳动生产率可以从农业中释放出劳动力，如果同时存在着非农产业的发展条件，就能够推动产业结构的转型。而其他工资品产业的这种作用是较弱的，主要是由于其劳动生产率的提高通常会引起相关消费水平的提高，如衣、住、行等方面的消费，最终表现为行业产值的不断扩大。为了便于分析，我们假设农业劳动生产率提高所释放出的劳动力全部转移到非农工资品部门，包括新产生的部门，而其他工资品部门劳动生产率的提高只是引起了产出规模的扩大，不具有引起劳动力转移的作用。再设农业劳动生产率和劳动力人数分别为 V_1 和 L_1，其他工资品部门的劳动生产率和劳动力人数分别为 V_2 和 L_2，$L_1 + L_2 = L$；工资品部门的社会综合劳动生产率 V 为：

$$V = \frac{V_1 L_1 + V_2 L_2}{L} = \frac{L_1}{L} V_1 + \frac{L_2}{L} V_2 = \frac{L_1}{L} V_1 + \left(1 + \frac{L_1}{L}\right) V_2 \qquad (2-1)$$

从式（2-1）可以看出，农业劳动生产率 V_1 能够发挥双重作用，除了能够直接影响工资品部门的社会综合劳动生产率外，还可以通过影响非农工资品部门的系数 $\left(1 - \frac{L_1}{L}\right)$ 来产生影响。因为农业劳动生产率越高，$\frac{L_1}{L}$ 就越小，而 $\left(1 + \frac{L_1}{L}\right)$ 的值就越大。$\left(1 - \frac{L_1}{L}\right)$ 是产业结构系数，该值越大，表示非农产业所占的比重越大。当然，产业结构的非农化是农业劳动生产率提高与非农产业发展共同作用的结果。但需要强调的是，一个国家由农业社会发展到工业化社会，并转变为一元经济，$\left(1 - \frac{L_1}{L}\right)$ 的值会从 0.15 左右上升到 0.9 以上，它能够使 V_2

对工资品部门综合劳动生产率的贡献扩大 6 倍以上。这就是在转型时期工资能够出现大幅度增长的重要原因之一。

$(1-\frac{L_1}{L})$ 值不断变大所形成的经济增长与单个部门劳动生产率提高所形成的经济增长在性质上是不同的，最主要的区别是其增长还源于劳动力再生产成本的不断下降。或者说，从劳动投入与产出比较的角度看，增长不仅来源于产出的增加，还源于劳动投入的相对节约。其结果是劳动者创造的价值在扣除了食物成本后的劳动者剩余增加了。

因此，农业劳动生产率的提高和产业结构转型都是能够推动工资品部门综合劳动生产率大幅度提高的因素，自然也是转型时期能够推动工资和消费需求大幅度上升的因素。但这种作用的发挥是以农业劳动生产率提高与非农工资品部门发展的互动为条件的。正如上一章所指出的那样，在很大程度上是以农业劳动生产率提高与服务业发展的互动为条件的。因为在经济的这一发展阶段，只有服务业大发展才能较快地推动产业结构转型。当然，如果一个国家只是片面地强调发展非农产业，放弃农业发展，采用进口替代的方法，尽管其非农就业比重看起来很高，也不能很好地发挥结构转型效应。原因有两个：一是这时的非农产业比重看起来很高，但其中仍有一部分是为本国生产食材的产业，只不过采取了"换取外汇—购买农产品"的迂回方法，在性质上属于农业；二是这种非农产业发展并不是农业劳动生产率提高的结果，也不存在因劳动力的食物再生产成本下降所产生的效应。所以，农业劳动生产率的提高和产业结构转型任何一个受到阻碍，工资与消费需求的增长都会受到约束，这就是"中等收入陷阱"收入约束机制的成因。

农业劳动生产率的提高与产业结构转型的结合是能够在不太长的时间比如说十年里，大幅度提高劳动报酬和劳动份额的因素，因此也是能够为经济一元化做出巨大贡献的因素组合。发达国家的历史数据也能证明这一点。而凡是陷入"中等收入陷阱"的国家，都具有农业或服务业发展滞后，城乡二元经济特征显著的特点。

二 资本深化与创新因素

式（2-1）还包含了这样的含义：在产业结构不变的条件下，V_1 和 V_2 的提高是工资品部门的综合劳动生产率不断增长的来源。依据经典的增长模型，资本深化和创新因素的不断强化都是推动劳动生产率不断提高的重要因素。尤其是资本深化，是推动劳动生产率不断提高的基础性因素。资本深化的这种作用不仅明显地表现在工业部门，在农业部门也是如此。以美国为例，1940 年平均每个农场的生产性资产只有 6200 美元，到 1976 年增加到 189000 美元，增长了 29.5 倍。1976 年美国农业的人均资本已超过制造业。[1] 由此可见，农业与工业的资本深化程度的趋同是城乡收入均衡的一个重要条件。根据罗浩轩的计算，中国农业自 21 世纪初以来也出现了明显的资本深化，2000 年是人均 670 元，2010 年是 1670 元。[2] 李谷成提供的数据稍微高一些，2011 年中国农业劳均资本是 2896.3 元；但地区差距较大，最高的天津 2011 年是 23296.6 元，安徽较低，2011 年仅为 1589.8 元。[3] 但农业与城市产业资本深化程度存在着巨大差距是明显的。毛丰付和潘加顺计算了全国城市的劳均资本，2010 年是 27.2 万元。[4] 因此，毫无疑问，城乡资本深化程度差距过大是造成城乡收入差距过大的重要原因之一。

资本深化推动的劳动生产率提高不仅是转型阶段工资能够出现大幅度上升的重要原因之一，而且是劳动份额能够在资本报酬率维持稳定条件下出现较大幅度上升的重要原因之一。也就是说，在转型阶段出现的劳动份额上升并不一定是对既定增加值进行"你增我减"式的再分配的结果，更可能的情况是对产出效率提高所产生的新的增加

---

[1] 褚葆一：《当代美国经济》，中国财政经济出版社 1981 年版，第 98 页。
[2] 罗浩轩：《中国农业资本深化对农业经济影响的实证研究》，《农业经济问题》2013 年第 9 期，第 4—14 页。
[3] 李谷成：《资本深化、人地比例与中国农业生产率增长——一个生产函数分析框架》，《中国农村经济》2015 年第 1 期，第 14—30 页。
[4] 毛丰付、潘加顺：《资本深化、产业结构与中国城市劳动生产率》，《中国工业经济》2012 年第 10 期，第 32—44 页。

值进行偏向于劳动一方分配的结果，而资本深化正是推动产出效率提高的重要动力之一。我们假设，人均资本因规模经济和创新因素而存在着边际产出率以不连续的方式逐次提高的情况，即以梯度的方式逐次提高。如图 2-6 所示，随着人均资本由 Q_1 分别增加到 Q_2、Q_3 和 Q_4，资本的边际产出曲线也依次由 N_1 提高到 N_2、N_3 和 N_4。推动资本的边际产出曲线不断提高的原因，一是资本的规模经济——因为人均资本的增加意味着资本总规模是以乘数的速度增长的；二是按照内生增长理论，知识和创新因素的不断引入提高了资本效率。

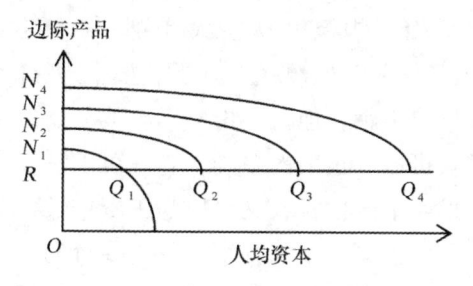

图 2-6　资本深化的产出效率

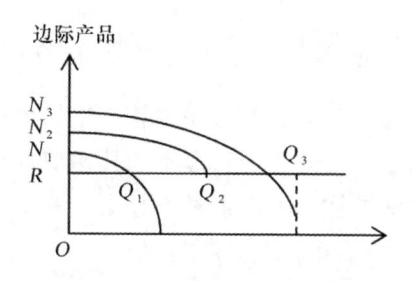

图 2-7　资本深化失败的情况

在图 2-6 中，R 代表资本的均衡收益率。R 直线与各条资本边际产出曲线所围成的面积是劳动报酬，它清楚地表明资本深化能够为工资上升提供价值来源。但资本深化也会失败，当资本的边际收益低于资本的均衡收益率时就会出现这种情况，如图 2-7 中的 N_3 边际产出曲线。抽象地按照市场经济原则看，是不会出现资本的边际收益低于均衡收益率这种现象的，否则资本的所有者就不会投资。但在现实的经济过程中存在大量过剩资本时，这种现象的发生就是不可避免的，尤其是在大萧条时期，大面积的资本过剩会使人均资本的边际产出率下降到很低的水平。

并不是只要资本深化就能够为劳动份额的上升做出贡献，它是有条件的。设 L、W 分别代表劳动者人数和工资，Q、R 分别代表资本的数量和均衡收益率，再假设劳动力人数 L 不变，均衡收益率 R 稳定，那么，劳动份额上升也就是 LW/QR 能够不断变大；由于 L/R 是一个不变的系数，劳动份额上升又可以简化为 W/Q 的不断变大。其含义是平均的"资本—工资"比能够不断增大，劳动份额才会上升。如图 2-6，当人均资本规模由 Q_1 扩大到 Q_4 时，单位资本的工资比，即 W/Q 明显变大了，劳动份额就上升了。如果 W/Q 不变，资本深化也会为工资增加做出贡献，但劳动份额不会改变。以上分析说明，投资推动的经济增长可以有很大的差别，它既可以是工资的增长与劳动份额的上升同时发生下的增长，又可以是工资增长但劳动份额不变下的增长，还可以是以损失资本的均衡收益为代价的增长。

需要说明的是，劳动份额在经济学中有两个不同的含义：一个是分配概念，指劳动报酬在初次分配中所占的份额；另一个是产出概念，指劳动贡献的价值部分占总产出的份额，其表达式为 $\dfrac{MP_N \times N}{Y}$，即劳动的边际产品与劳动数量的乘积占总产出的比值。早期的增长模型将增长因素分为三个，即劳动、资本和技术变动，技术或创新因素引起的增长部分通常被称为索洛余量，是全要素生产率的依据。即使撇开索洛余量不谈，这两个"劳动份额"也是不同的，更不能认为后者决定前者。国民收入的初次分配有着自身的规律。刘易斯的重要贡献之一就是指出了在劳动力无限供给的条件下工资被压制在生存工资上，从而使资本能够将各个要素所创造的增加值转化为超额利润，并形成增长的源泉。在费—拉拐点到来后，因资本短缺而形成的压制在工资上的压力消失了，工资开始上升，意味着劳动者从此将逐步从物质资本的枷锁下解放出来，趋于获得足以维持劳动效率的公平劳动报酬。此后由于供求关系的作用，资本没有理由再获得超额利润，只能按均衡收益率获得报酬。也就是说，在费—拉拐点到来后，分配的天平在劳动与物质资本之间开始向劳动倾斜。

从另一个角度看，要完全地把增长精确地分配给各种要素也是困难的，这对我们的研究是不必要的。在图 2-6 所示的劳动份额模型中，人均资本的增长既不要求区分是实物资本还是人力资本，也不要求区分是哪一种创新因素作用的增加，只要资本的增加引起了产出效率的提高，并且新产生的增加值在扣除资本收益后的剩余部分能够以更快的速度增长，资本深化就能够为劳动份额的上升提供价值基础。实际上，资本深化不可能是人均资本在同质上的增加，技术条件的不断改进、知识资本和各种创新因素的逐次引入是与这一过程融为一体的。这就决定了人均资本的边际产出曲线是以梯度的方式上升的。在这里我们强调了资本深化是可能推动劳动份额上升的因素之一，并且其作用并不是简单地取决于人均资本量的增加，资本质量的提高和创新因素的引入能够发挥更大的作用。其原因就在于，一个国家要提高劳动份额并不是简单地提高工资就能够做到的，它实际上是产业结构转型、资本深化与创新因素、集聚程度提高和价值重估等多种因素共同作用形成的发展过程所结出的硕果。

总之，资本深化在二元经济转化为一元经济的过程中不仅是能够推动工资形成较大幅度上升的重要因素之一，也是能够推动劳动份额上升的因素之一；同时，根据式 (2-1)，农业资本的深化又是产业结构能够顺利转型成功的重要条件之一。根据这些作用，说资本深化是劳动与资本在报酬分配上能够达到新的均衡状态的重要条件之一，应该是恰当的。

三 集聚经济与城市化

城乡一体化的实现过程也就是城市化的深化过程。它意味着城市化也是能够推动劳动效率不断提高的重要来源之一，或者说，集聚经济是能够影响劳动报酬的一个重要因素。一个带有普遍性的事实依据是，发达国家之所以具有较高的工资水平，其重要原因之一就是它们具有较高的城市化水平。但传统的增长理论在分析产出效率提高的原因时通常忽视了空间因素，如新古典的增长模型和内生增长模型均未涉及空间因素。又如美国以增长的实证研究为专长的经济学家丹尼森把经济增长因素分为要素投入量和要素生产率两类，后一类因素有知识、资源配置和规模经济，但没有提到集聚经济。[①] 自20世纪90年代以来，随着空间经济学知识的广为传播，产业、人口和交易的集聚能够提高效率已成为一个共识，因此它也能够为工资的增长提供价值基础。当然，这是基于这样一种逻辑结构的：集聚经济能够提高产出效率，由此形成的价值增值能够在工资、资本报酬和地租间均衡分配。另外，集聚经济不仅能够通过影响劳动生产率而对工资产生影响，还能够通过形成消费经济或提升消费效用来影响人们的实际收入水平。一种重要的形态是，人口集聚所引起的需求和市场的集中不仅能够给消费者带来购物经济，还可以使其获得一定的规模经济和范围经济收益；如果把城市与乡村相比，同样数量的货币，城市就比农村有更大的效用。这说明集聚对城乡经济均衡的影响是多路径的。

集聚经济有三种形态，即产业集聚、交易集聚和人口集聚，下面先分别分析它们对劳动报酬增长的影响。

首先是产业集聚。最初对产业集聚效应进行较详细描述的要属马歇尔的外部经济，即产业集聚可以使企业获得中间投入品的共享、劳动力池效应和知识溢出效应。但马歇尔的外部经济是以小企业的集聚为假设前提的，同时他又将大企业的规模经济归为内部经济，包括技术的经济、机械的经济、原料上的经济以及购销的经济和企业管理上的经济。[②] 后来奥林（Ohlin）和胡佛（Hoover）又将集聚经济分为内部规模经济、地方化经济和城市化经济三类。地方化经济是指同一类产业在同一地方的集聚所产生的效应，除了马歇尔的三个外部性外，还包括产业关联效应。尤其是如果集聚的规模足够大，就会引起相关产品贸易行业的高度集聚与发展，形成某一种商品的世界商贸中心。城市化经济是指多种产业的集聚和由此引起的服务业的集聚所产生的效应，尤其是指产业的综合集聚使集聚地成为地区贸易性产品的交易中心和消费品市场的供给中心所带来的效应。基础设施的共享、工商

---

① Edward Denison, *Trends in American Economic Growth*, *1929 – 1982*, Washington, D. C. The Brookings Institution, table 8 – 1.

② 马歇尔：《经济学原理》（下），陈良璧译，商务印书馆2010年版，第280—290页。

业与公共服务业间的相互溢出和知识、技术与人力的集中所产生的创新力,是城市化经济把外部性经济推向更高层次的三大主要表现。不过,综合的产业集聚并不是产业的种类越多越好,也不是总规模越大越好。亨德森的研究证明了把不存在相互溢出的产业放在一起是没有意义的,不仅不会增加集聚收益,反而会造成拥堵、提高地租等;同样,把外部经济差异很大的产业集聚在一起也是无益处的,如纺织业与金融业。[1] 由于城市存在着规模不经济的可能,如果集聚的规模过大造成集聚成本大于收益,也会使城市陷入集聚不经济的状态。

因此,产业集聚所形成的产出效率的提高,无论是外部经济还是城市化经济或地方化经济,都可以为劳动报酬的上升提供价值基础。但由于产业集聚的效率形成不仅受产业关联效应的影响,还受城市规模不经济的约束,要使产业集聚对劳动报酬提高的贡献达到最大化,既要合理安排产业的集聚结构,又要使产业集聚规模与城市规模相匹配。

其次是交易集聚。交易集聚是集聚经济的第一形态。因为从人类演化进程看,如果是以人口的分散分布为前提,最先出现的集聚形态便是交易集聚——集市,然后才是产业和人口的集聚。因此,交易的集聚效应表现在贸易或商业中心功能上,同时,它也是城市化经济的一根"大梁"。一座城市是一个较大区域的贸易性产品的交易中心和消费品的供给中心就是这种作用的一种具体表现。它之所以会成为所覆盖地区的贸易性产品——销往外地的和从外地进口的产品——的交易中心,是因为只有这样才是最经济的;同样,它之所以会成为该地区消费品——本地生产的和外地生产的——市场的供给中心,也是因为只有这样才是最经济的。这主要是因为交易的集聚能够形成交易路程的节约、交易的范围经济和产品运输的规模经济。如果再结合克里斯塔勒的中心地理论,那么该城市也一定是该地区较高层次的贸易与服务产品的交易中心。产业集聚是从生产的角度来考察集聚经济,而交易集聚则是从交易与流通环节来考察集聚经济,二者是可以互补

---

[1] J. V. Henderson, "The Sizes and Types of Cities," *American Economic Review* 1974, 64, 640–656.

的。因此，交易的集聚效率不仅表现在交易的空间结构上——如一个地区必须有一个贸易性产品的交易中心和消费品市场的供给中心，而且表现在产业与人口的集聚度上，因为这两种集聚都能够使相关的交易成本下降。

需要指出的是，无论是产业集聚还是交易集聚都不只是使城市受益，同时它会使农业和农村受益。如交易的集聚不仅可以降低农产品的交易成本，也可以为农村居民提供更加便宜、丰富的消费品和成本更低、功能更好的资本品。因此，一个经济体集聚水平的提高也必然会使农业受益，为农业产出效率的提高和工资的上升提供基础。当然，如果城乡的集聚程度差别过大，也会加剧收入差距。

最后是人口集聚。因人口集聚而形成的集聚经济是有条件的，并不是只要人口集聚就能产生效率。人口集聚要形成集聚经济，通常须依托于产业集聚，也许正是由于这一原因，很容易使人们将人口集聚与产业集聚的作用混为一谈，在认识上产生一些偏差。这主要源于二者的直观联系：产业集聚能够在一定程度上引起人口集聚，尤其是产业与职业的多样化有利于家庭提高劳动力资源的配置效率，从而促进人口集聚；而人口集聚又能反过来促进或吸引产业集聚。但二者在集聚经济与不经济形成中的作用是不同的。产业集聚是集聚经济的主要来源，其负作用主要表现在污染排放方面，如果集聚程度过高，就会产生拥挤效应；而人口集聚虽然也能对集聚经济的形成做出贡献，但它却是集聚成本甚至是集聚不经济的主要来源。这就是人口集聚程度超过产业承载力就会造成过度城市化的原因。

人口集聚在集聚效应形成中的作用主要表现在两个方面：一是它能够对产业集聚产生引致作用，主要是能够直接引起商业与服务业的集聚，进而通过这种产业集聚做出贡献，但其作用是间接的。二是它能够促成消费经济。人口集聚能够引起需求的空间集中，并进而引起供给集中，它能够使消费者在消费的过程中获得额外的好处，如购物经济、多样性需求的满足等。零售市场的消费经济是一个深受理论界关注的问题，相关研究主要有三类。第一类是基于消费"偏好外部性"的观点。瓦尔德福格尔（Waldfogel）认为，人口的集聚增加了人与人之间直接交流的机会，使彼此的偏好和习惯能够相互渗透、趋于一致，而且彼此之间在消费商品的数量和种类上也互相攀比；这样，一个人的消费福利就取决于其他消费者是否也偏好于他所购买的商品。① 消费偏好的"外部性"实际上是因人口集聚而产生的消费规模效益。第二类是通过节约搜寻成本而形成的消费经济。该种理论的假设前提是消费者在购买过程中存在着不完全信息，为此，要购买到合意的商品、服务就必须支付搜寻成本；而商业和服务业的集聚能够使消费者大大降低购买过程中的搜寻成本。② 第三类是基于消费多样化偏好而产生的消费经济，即消费者多样化偏好的满足能够提高消费效用。人口集聚一方面扩大了对差异产品的需求，另一方面又引致商业和服务供给的集聚，满足了人们的消费多样性偏好需求。③ 当然，在假设商业和服务业的集聚是人口集聚的结果的条件下，后两种消费经济的形成也可以看成是人口集聚的结果。

但人口集聚的作用是双重的，它还会产生负效应，尤其是当人口集聚程度过高时，其负效应尤为严重。第一，人口集聚会提高通勤费用和地产租金，并进而提高农产品价格和服务品价格，推高生活成本或劳动力成本。第二，人口过度集聚还会产生拥挤效应，形成堵塞现象，甚至会使人们失去基本的室外活动空间，难以获得新鲜的空气和充足的阳光等，大大降低人们的生活质量。第三，人口集聚会增大废气、污水和固态废弃物的排放，集聚规模过大还会加大这些污染物的处理成本和难度。文献中有一种观点认为，人口集聚能够在污水、垃圾处理上形成规模经济，是大城市集聚经济的一种体现。④ 这种观点忽视了自然界本身具有处理人类废弃物的能力，并且具有承受极限，只有将废气、污水和固态废弃物的排放规模控制在自然条件能够承受的范围内，并尽可能地利用自然的力量进行净化才是最经济和可持续

---

① J. Waldfogel, "Preference Externalities: An Empirical Study of Who in Differentiated Product Markets," *RAND Journal of Economics*, 2003.

② Ma. Fujita, and J. F. Thisse, 2002, *Economics of Agglomeration: Cities, Industrial Location, and Regional Growth*, Cambridge: Cambridge University Press, p. 220.

③ P. Krugman, "Increasing Returns and Economic Geography," *Journal of Political Economy*, 1991, Vol. 99, pp. 483–499.

④ 王小鲁：《中国城市化路径与城市规模的经济学分析》，《经济研究》2010 年第 10 期，第 20—32 页。

的。同时，经处理的污水和固态废弃物还有一个运送和放置问题，如果城市规模过大就会给运送和放置带来困难。第四，人口集聚还会加大能源的消耗水平，恶化温室效应。人类的能源消耗水平可以用总消耗量和绝对消耗量这两个指标来度量，后者是指总消耗量扣除生态能源或可再生能源后的部分。就生活性能源消耗而言，人口集聚的程度过高，不仅使多种生态能源的利用难以实施，而且人口密度的提高实际上是以能源消耗水平的提高为代价的。第五，人口过度集聚还会造成水资源危机。这主要是因为人口集聚的程度越高，人口分布与水源的错配就越严重，会严重损害水资源的再生能力。

从以上分析可以看出，交易集聚和产业集聚是产生集聚经济并能够贡献于要素报酬的主要方面，而人口的集聚具有二重性，它虽然也能够引致产业集聚和形成消费经济，但另一方面它有可能对人们的消费和生活产生严重的负效应。因此，理性地看，集聚经济的最大化实际上存在着一个集聚结构的选择问题：如何将交易与产业集聚经济的最大化与合理的人口集聚结构相组合，前者侧重于效益的最大化，而后者侧重于消费效用和生活质量的提高。但在现实的城市化发展中，理性的集聚结构选择通常被忽视了。这主要是由于人口、产业、交易三大集聚间存在着互为因果的互动、连带关系（参见图2－8），这样，在社会的经济人追求集聚经济收益最大化的过程中会有意识或无意识地迫使人口集聚规模越来越大，从而使集聚的负效应也越来越大，甚至达到足以破坏人类生存环境的程度。结果，就社会而言，一方面追求着收益最大化，另一方面却以利益损失越来越大为代价。这种空间布局的结构性矛盾在中国的大城市里可以说被演绎得淋漓尽致。一方面，城市规模越大，产业和交易集聚创造的集聚经济收益似乎也越大，其最直接的表现是房地产租金不断攀升；而另一方面，不仅钢筋水泥建筑堆积如山、交通阻塞严重，高楼和车辆几乎完全挤掉了人的正常活动区域，而且空气污染、温室效应、水资源污染与短缺和不断快速增长的城市废弃物也以不断强化的态势威胁着人的可持续生存条件。到头来，人们被迫使不得不重新进行集聚结构的选择。

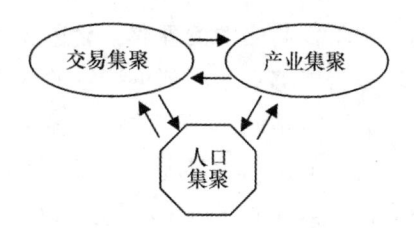

图 2-8　三大集聚因果关系示意图

由此可见，在追求集聚经济最大限度地贡献于报酬增长的过程中，重要的是处理好三大集聚的关系，合理安排人口的集聚规模与结构，以便使集聚经济收益最大化与最优、可持续的生活、生存环境形成组合。上文已经指出，集聚对经济的影响是多路径的，不仅能够通过劳动生产率和收入影响经济的状态，还能够通过非收入路径影响人们的利益，如集聚产生的拥挤效应和污染等，这种收入以外的影响实际上是集聚的外部性。因此，集聚经济和外部经济之和的最大化应该成为重要的目标，不能只讲集聚经济，而忽视了外部不经济。这应该是空间结构选择的一项重要原则。

从发达国家大城市发展的经验来看，就个别城市而言，像空气污染、污水横流、城市周边垃圾堆积如山等城市病是可以得到治理的，但必须为此付出高昂的治理成本，同时城市的最优规模也会受到约束。传统空间经济学在评价集聚经济时，对集聚成本项目做了简化处理，所谓的集聚成本仅指运费、地租等内容，实际上不仅因集聚而引起的拥挤效应会引起集聚成本，因污染等城市病治理而形成的费用也应计入集聚成本。这就意味着当城市化进入需要进行污染治理的阶段后，高昂的治理成本和因城市规模过大而造成的集聚不经济就会侵蚀劳动报酬的上升，或者说劳动报酬的上升会进入一个受压制的阶段。中国已面临着巨大的治理任务，不仅雾霾、水污染、土壤污染和温室效应等需要治理，被破坏的生态系统需要修复，不合理的集聚结构也需要调整，但由此产生的费用由谁承担呢？根据价值理论，它只能来源于增加值，其最终的来源只能是工资、利润和地租；因此，污染与其他城市病的治理必然会压制工资的上升，这是毫无疑问的。由此我们可以提出这样的问题，像中国这样的人口大国，如果人口集聚采取以大城市为主的模式，不仅高昂的治理成本会造成严重的集聚不经济问题，而且生态环境是否能够重新回到可持续的水平呢？还有，社会生产的根本目的是最大限度地满足人们的消费需求，那么，人们对原生态生活环境的追求又如何加以满足呢？这就为我们研究"中国应该采取以中小城镇为人口承载主体的结构，还是以大城市为主的结构"这一问题提供了一条思路。

四 网络交易对集聚经济的影响

上文在分析集聚经济的形成时是以传统的交易模式，即面对面的交易为假设前提条件的，而网络交易在经济领域的渗透使这一条件发生了变化，因此对集聚经济的形成产生了巨大的影响，使原有的一些集聚经济形态不再是必要的了，对集聚经济的形成也产生了一些新的要求与条件。网络交易对集聚经济形成的影响主要表现在对交易集聚作用的影响上，其中，对因人口与商业的集聚而形成的商业集聚经济和相应的消费经济的影响表现得尤为突出。传统上，人口集聚能够引起商业的集聚，商业集聚又能反过来吸引人口集聚，二者的相互作用最终能够促成城市的繁荣；而网络交易的深入发展能够改变这种状态，甚至使居住的集聚结构发生变化。

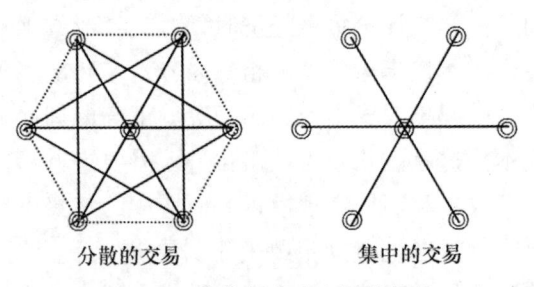

图 2-9 分散与集中交易的比较

交易的地理集中能够形成集聚经济主要有三个方面的原因，即路径的节约、交易的范围经济和商品运输的规模经济，它们均能降低交易成本。图 2-9 是一个典型的分散交易与集中交易的比较模型。假设有 7 个交易者，他们都需要出售自己的产品，并购进其他人的产品，其中6个人分别位于一个六角形的顶点区位，另一个位于中心。在分散交易下，每两个交易者都在他们之间的中点进行交易；集中交易使7个交易者都到六角形的中心进行交易。杨小凯在《经济学——新兴古典与新古典框架》一书中计算了两种交易的旅行费用，分散交易的旅行成本是集中交易的3.73倍。① 交易集聚的范围经济是指每一个交易者在中心点就可以同时与其他6个人进行交易。交易集聚所形成的运输规模经济则是指每一个交易者都可以把自己的全部产品运送到中心点，然后从中心点运回自己所购的全部产品，这必然会使单位产品的运费下降。需要指出的是，在一些经济学文献中通常假设单位产品的"运费/公里"是不变的，但实际上，运输的规模经济是能够使单位产品的"运费/公里"下降的。这一点无论是在宏观还是微观分析中都是十分重要的。在宏观方面，比如，如果运输规模足够大就可以采用更好的运输方式或工具，从而使单位产品的"运费/公里"下降；在微观方面，比如，消费市场上的购物经济就包括使消费者能够将多种商品同时拿回家所引起的节约。

　　网络交易对交易集聚的影响可以从交易的两个主要环节——合约缔结和商品交割——上进行分析。交易的地理集中能够使交易在合约订立环节上大幅度地提高效率，既可以降低信息收集和商品选择的成本，又可以在多种交易同时进行时形成范围经济，是交易的集聚能够形成集聚经济的重要原因之一。而网络交易能够克服空间距离给交易者在合约缔结环节上所造成的不便，即使交易者分散分布在一个较大的区域范围内，也能够使交易者用很低的成本完成合约的订立。因此，在假设采用网络交易的条件下，交易的地理集中在合约缔结环节上所形成的集聚经济会失去意义。也就是说，在合约缔结环节上网络交易对交易的地理集中具有较强的替代作用，会使后者因失去意义而趋于衰落。不过，从交割与运输环节上看，网络交易对集聚经济所形成的影响则主要表现在集聚结构上，对最优的集聚结构提出了不同的要求。如果仍然像图2-9那样假设所有的交易者既是商品出售者，

---

　　① 杨小凯：《经济学——新兴古典与新古典框架》，社会科学文献出版社2003年版，第290—294页。

又是购买者，那么，将交割集中于中心地无疑仍是最优的选择；但是，如果从"厂商—消费者"的路径观察交割环节，情况就不同了。图 2-10 将网上交易与传统交易中的商品交割和运输进行了比较。在传统商业模式下，商品由产地运往消费者所在地，再由商业部门销售给消费者，由于商业部门要求规模经济，需求量过小甚至会使商业设点十分困难，所以人口集聚的规模越大，商业部门的经营就越好；交割与运输环节集聚经济的形成也是以人口集聚为条件的，人口集聚的程度越高，交割与运输的效率也就越高。这也是人口与商业集聚二者之间能够形成相互推动关系的重要原因之一，而正是这种推动关系使人口在同一地理位置的持续集聚具有了特定的经济意义。而在网络交易模式下，商品由产地运往消费者所在地的物流仓库，再由快递或零担运输企业送货上门，它并不要求某一居住地的人口越多越好，只要居住地的人口能够满足零担运输的最低规模要求，业务就可以开展。这就意味着从交割与物流角度上看，在网络交易条件下，人口在某一地点无限集聚的节约效应将大幅度下降，只要采取居住点能够满足最低规模要求的网络式集聚结构，同时一个物流中心所覆盖区域的总人口足够大，同样能够满足运输规模经济的要求。如果再考虑到交通运输条件的改善能够降低运输费用，那么能够得出的推论是：网络交易的发展与交通运输条件不断改善相结合，会使人类的集聚结构有更多的选择。

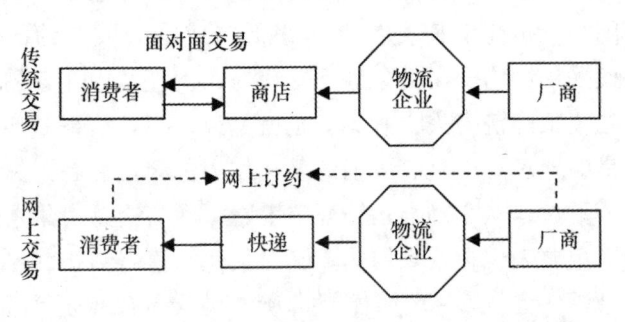

图 2-10 网络交易与传统交易的交割与物流的比较

总之，网络交易的发展不仅使交易的地理集聚在合约缔结环节上失去了提升效率的作用，在商品交割与运输环节上也不再以人口在某一地点的持续集聚为效率的形成条件。这样，在网络交易条件下，人口集聚与商业集聚间的相互推动机制就被严重削弱了，它们之间的相互作用所形成的集聚经济将不再具有重要意义，因此也不再是推动人口集聚的原因之一。这也就意味着，在网络交易充分发展的条件下，如果采取以小城镇为基本居住点的网络式人口集聚结构，同大城市的摊大饼式的人口集聚模式相比，至少从商品交易（不包括服务产品交易）的角度看，其集聚效率损失是很小的。如果再考虑到 VR（虚拟现实）和 AR（增强现实）技术的应用与推广，原来只有人口集聚才能产生的许多消费效用也不再以人口集聚为条件——如亲戚朋友间的交流、课堂学习等，人口集聚的必要性也降低了。这些应当是中小城镇群将成为人类居住集聚结构主要形式的重要论据之一。

第四节 基于效用均衡的分析

在分析城乡收入均衡时，最初我们只是借助于劳动的边际产品均衡，但由于劳动边际产品均衡是在劳动报酬实现了大幅度上升后，劳动与资本在报酬分配上达到新的均衡状态时才有可能实现的，于是又分析了能够推动劳动生产率和工资上升的因素，其中包括集聚因素。当引入集聚因素后，由于不同区位会有不同的消费效用，便又引入了外部性概念，强调在城乡之间即使假设收入相同，也会因人口集聚程度的差异而使实际收益存在差距。这样一来，实际上又引入了空间维度，这就需要寻找一个能够更好描述空间均衡的概念。基于人们从事经济活动的目的并不只是追求更高的收入，效用最大化可以说是终极性的目标，尤其是当收入水平不断提高后，效用最大化会占有更重要的地位。所以，在城乡经济均衡分析中就需要引入效用均衡的概念。

一 问题的提出

如果说收入均衡反映的是城乡经济均衡的一种初级均衡，那么，效用的均衡反映的就是一种更重要的均衡。因为效用值比收入能够更全面地评价劳动者对劳动报酬的最终祈求。经济学中所谓的劳动产品的边际均衡，实际上是以等量劳动获得等量报酬为假设前提的。假设有两个劳动生产率不同的企业，它们的产品是同质的或具有可替代性，那么劳动力在这两个企业间的流动将使它们的边际产品趋同。但是，如果这两个企业处于不同的区位，且其效用值是不同的，那么所谓的产品边际均衡就会受到干扰，因为劳动者还需要考虑实际效用值的大小。这里的效用主要有两种含义：其一是指一定收入的消费效用，其二是指"劳动力资本"的效用值。后一种含义也许更重要，大城市之所以对劳动力具有更大的吸引力，不仅仅是因为"同样的劳动"在大城市可以获得更高的工资，也是因为"同一劳动力"在大城市有更高的效用值。托达罗提出的预期收入理论，为在城市失业水平很高的条件下为什么农村中的年轻人仍然会向城市转移提供了一种解释。[①] 从效用值方面即城市能够提供多种的就业选择和较好的发展条件，使他们能够追求梦想，应该具有更强的解释力。但在本节里我们仅着重分析"消费效用"的均衡作用。由于人们取得收入的目的是消费，如果在不同的区位相同收入的消费效用是不同的，那么人们必然会把更高的效用作为追求的目标。于是，城乡间的公共产品供给和集聚程度若存在较大差距，就会使城乡居民的消费效用相应地存在较大的差距，这样，即使假设城乡的劳动报酬相同，人们为了追求更高的效用仍然会倾向于城市，使城乡间的人口流动维持在一边倒的态势下，城乡经济的真正均衡就难以实现。因此，要真正地实现城乡经济均衡，能够促成效用均衡的一些条件就是不可或缺的。这也是许多国家把均衡城乡公共产品供给等作为推动城乡经济均衡发展的重要措施的原因。

二 理论分析

在经济学分析中，一般把工资差距作为引导劳动力流动的主要原因，并且这种逻辑结构在一定历史阶段是相当有效的。比如，刘易斯的二元经济模型就是把引导劳动力流动的原因简单地归结为工资差距。但是工资差距对劳动力流动的引导作用是受人均收入水平约束

[①] 谭崇台：《发展经济学》，上海人民出版社1989年版，第314—342页。

的。在收入水平较低，尤其是收入低于温饱线的条件下，工资差距对劳动力流动的引导作用十分有效；但随着收入水平的不断提高，这种作用会逐步递减，取而代之的是能够影响消费效用的生活环境和条件对人口流动的吸引作用开始逐步被强化。这主要是因为随着收入水平的提高、人们的需求开始向高层次扩展，能够影响迁移动机的因素不再局限于工资收入，公共产品供给、集聚经济的外部溢出等因素的作用会逐步被提升。因此，在城市化过程中如果出现了人口过度流向城市、农村严重凋敝的现象，原因就很可能不仅仅是城乡工资差距太大，农村公共产品供给贫乏、集聚效应溢出的稀缺等也是重要原因了。值得注意的是：当一个经济体已进入迈向高收入的阶段，如果农村公共产品供给和集聚效应提升问题得不到及时解决，农村就会进入一个快速衰败期。

在城市化进入一定阶段，在大城市与小城市、大城市的公共产品富集区与城市周边之间，人口流动趋于前者就是自然的。这只是因为在城市化这一阶段工资较高的地区一般也是公共产品供给和集聚经济较好的地区。这种趋势一直会延续到大城市因过度集聚而产生严重的集聚不经济，尤其是污染、拥挤效应严重损害了生活环境，就会产生人口的逆向流动。最初，人口的逆向流动只是表现为城市高收入阶层开始向城市周边生态环境较好的地域迁移，后来随着人均收入水平的不断提高，会有越来越多的人把原生态的生活环境作为选择居住地的内容之一。这就意味着在城市化达到一定程度后，人口在空间的布局上将会进入一个重构阶段。

三 效用均衡的条件

基于城乡效用均衡的要求，城乡之间公共产品供给的均等化和集聚效益与外部经济溢出差距的最小化也是实现城乡一体化的重要条件。同时也表明，只有收入和效用能够同时在城乡间达到均衡状态，人口的双向自由流动才会在城乡间出现，城乡经济也才能真正进入均衡状态。人口的双向流动是衡量城乡一体化是否已经实现的重要标志。

为了能够促成城乡消费效用的大体均衡，重要的首先是能够均衡城乡公共产品供给。一般而言，农村由于具有较好的外部环境，在消费效用的形成上是具有优势的，但如果交通不便、上学与就医困难、服务供给短缺，农村的这种优势就发挥不出来。因此，要使农村能够成为理想的居住地，就需要在公共产品的供给上向农村倾斜，其最低要求是能够满足基本生活城镇化的要求。而在农村公共产品的供给上，教育供给要先行，要保质保量。从根本上说，人口素质差距过大是造成城乡差距过大的最主要原因，如果这个问题不解决，城乡一体化的实现就具有很大的局限性。尤其是由于中国劳动力流动存在着与人口迁移相分离的特殊性，许多农民工虽然在大城市务工，但其本人及家属的市民化取向则是小城镇，这就要求把教育产品的供给与留守儿童、农民工的二次转移等问题结合起来，使教育产品供给的城乡均衡能够落到实处。其次是社会保障、医疗与卫生这些事关农村居民基本生活的公共产品供给也要先行。此外，在垃圾与污水处理、生态能源利用和水土涵养等方面，农村在公共产品的供给上也应占有优先地位，因为城乡居民毕竟拥有一个共同的生存环境。总之，在均衡城乡公共产品供给方面，至少有以下六个方面需要向农村倾斜。

第一，教育、社保与公共文化。

第二，医疗与卫生。

第三，交通与运输产品供给。

第四，生活方面的基础设施。

第五，污水与垃圾处理。

第六，生态涵养与保护。

能够促成城乡消费效用趋于均衡的另一类措施是集聚效益和外部经济溢出差距的最小化。在同一座城市里，不同区位溢出值的差异是通过地租来调节的，这就意味着溢出值较高的区位虽然能够获得较高的消费效用，但必须为此支付较高的租金成本；而溢出值较低的区位虽然消费效用较低，租金成本也较低。整个城市各区位的"效用/成本"值是均衡的。但是由于城乡二元结构的原因，集聚在城乡间的分布通常存在断裂带或断崖式下降的情况，农村地区往往会因集聚程度太低而在效用上蒙受较大损失，从而使效用在城乡的分布上也存在明显的二元结构。与此相对应，城市化也会因片面追求集聚经济和地产增值而产生严重的集聚不经济问题,如空气污染、交通阻塞、活动空间缺失等,使城市居民遭受严重的外部不经济损失。所谓城乡集聚经济和外部经济溢出差距的最小化就主要是针对这些情况而言的,一方面是指通过尽可能地提高农村地区的集聚程度以便使城乡在集聚分布上能够融合为一个完整系统,使城乡居民能够实现资源共享;另一方面是指对城市和城市体系也需要进行以人为本的空间结构优化,使城市居民能够获得绿色、健康和宜居的生活环境,不断促进社会公平、和谐发展。

提高农村地区集聚水平的方法除了尽可能地提高农业和农村非农产业的集聚水平外,还包括提高最低人口集聚度、建设良好的通信和交通运输条件,合理安排人口的集聚结构等。总之,提高农村的集聚收益水平不能简单地依靠提高人口的集聚度,而是要从多种要素、多方面出发。比如,收入水平是能够影响集聚效益的重要因素,在贫困或低收入地区有意地开发一些服务于高收入阶层的项目以吸引他们来定居,或者是辐射力强的项目,以免某一农村区域成为大面积的集聚效益的"洼地",就可以改善这个地区集聚经济的分布状态。又如,交通运输与通信条件也是能够影响集聚经济形成的重要因素,对于有些地区,如山区,提高人口集聚度会遇到困难,就可以通过改善交通运输与通信条件的方法来提高集聚效益的溢出水平。

第三章 城乡一体化的技术路线图与中小城镇的分析框架

城乡一体化是一个跨越两个发展阶段、非常庞大的系统工程，涉及方方面面，如果仅从少数几个方面去认识、理解和把握，很容易产生似是而非甚至南辕北辙的结果。这就决定了系统地认识和展示城乡一体化原理与概貌的重要性。城乡一体化的技术路线图就是实现这一目标的一种方式，它以强调具有可操作性为特点，力图从全方位、系统性的视角为实现城乡一体化提供一张基本的逻辑路线图，讲求路径清晰、重点突出、简明扼要。在此基础上，本章将进一步讨论中小城镇发展的分析路径与框架问题。

第一节 城乡一体化的实现条件

根据上一章的分析，"城乡一体化"作为一个静态概念，是指二元经济转化为一元经济后，一元经济进入高级阶段时城乡经济关系的一种状态，即城乡一体化描述的是城乡经济的一种高级均衡形态。这就意味着对于一个二元经济体来说，城乡一体化要经历两个发展阶段，相应地，其条件可以分为两个层次：第一个层次是二元经济转化为一元经济所必须达到的条件；第二个层次是最终实现城乡一体化所必须具备的条件。

一 经济一元化的条件

条件之一：农业经营模式的现代化与农业经济的全国一体化。

农业与非农产业，主要是与工业劳动报酬的均衡是二元经济转化为一元经济的基本内容。但这里的劳动报酬均衡并不是指劳动报酬在任何水平上的简单相等，而是指一个经济体的人均收入由低收入上升到高收入后二者实现动态的大体相等。劳动收入的大幅度增长又是以工资品的劳动生产率相应地大幅度上升为基础的，这其中，农业劳动生产率的不断提高又扮演着十分重要的角色。或者说，没有农业劳动生产率的大幅度增长，工资品的劳动生产率和工资提升到高水平几乎是不可能的。上一章的分析已经指出，从农业要素的优化配置看，在转型阶段能够推动农业劳动生产率大幅度提高的动力来源主要有三个：农业经营模式的现代化、农业产业的全国一体化和农业经济的地域一体化，后二者又可统称为农业经济的全国一体化。因此，这三者的结合就是二元经济转化为一元经济的必要条件之一。它也说明，单个城市是无法单独实现城乡一体化的，因为农业产业的全国一体化是单个城市无法左右的。

条件之二：以农业劳动生产率提高为基础的产业结构转型已经完成。

产业结构转型已经完成是指非农产业的就业比重达到90%以上。这是指按本国农业劳动生产率水平计算的、假设农产品全部由本国供给时的非农就业比重。它意味着如果一个国家有农产品净出口，就应该把这部分净出口农业所占用的劳动力划作非农产业；而如果农产品是净进口，就应该按本国农业劳动生产率水平计算出生产这些农产品所需要的劳动力，然后将其从非农产业中扣除。这一条件的实现能够大幅度地提高工资品的社会综合劳动生产率，因此也有可能大幅度地提高工资和消费需求——如果不存在制度约束的话，为二元经济转型提供动力来源。陷入转型陷阱的国家主要有两种类型：一种是农业发展滞后，城乡收入差距仍然很大，最为典型的是亚洲"四小虎"；另一种是农业发展虽然较好，但工业或服务业发展相对滞后，从而使从农业中释放出的劳动力不能被非农产业所吸纳，形成较大比重的失业人口，如南非和一些拉美国家。这也佐证了这一条件的重要性。

如果一个国家的产业结构已经完成转型，那么它的需求结构也会相应地完成转型。而要完成需求结构的转型，首先是恩格尔系数必须降下来，非农需求才有可能获得较大的增长；其次是在物质性消费需求得到满足后，服务性消费需求必须有一个较大的增长，如上学、就医、旅游、休闲、文体等，这样需求结构才会转移到由消费需求占绝对主导地位的结构上。因此，依据产业结构与需求结构的相互关系和服务业在结构转型中的重要作用，也可以把需求结构和服务业的就业比重作为评价这一条件实现程度的补充指标。

条件之三：农业资本深化达到与工业资本深化趋同的程度。

一般而言，在市场力量的作用下，无论是工业还是服务业的资本深化都会表现为一种自发的经济过程。但农业资本深化存在着先天性的障碍，这主要是由于二元经济所造成的城乡收入差距和劳动生产率差距会借助农业的一些特性，诸如投资期限长、风险大、规模经济存在缺陷等[1]，在农业资本供给上形成金融抑制，阻碍资金流向农业。而且这种作用又具有顽疾性，即使在费—拉拐点到来后的一段时间内仍然会发挥作用。因此，要推进农业的资本深化，除了同步推进农地改革外，还要建立专门的农业金融服务体系。美国、日本等国都是把新型农业金融体系的建立作为推动农业资本深化的前提，并取得了成功。[2]

由于农业资本深化是提高农业劳动生产率的最重要路径之一，在农业与非农产业的一元化中扮演着重要角色，因此，可以把农业与工业资本深化的比值作为城乡经济一元化的重要评价指标。

条件之四：农业与中小城镇非农现代产业的集聚经济水平基本均衡。

农业与城市现代产业的集聚收益差距大是二元经济的重要特征之一。在许多发展中国家，这种集聚收益差距常常被拉得很大，以致使农业与城市现代部门的劳动收入呈现出一种悬崖式分布形式。因此，不断提高农业的集聚经济水平，使其能够与中小城镇的非农现代产业的集聚经济水平实现基本均衡，也是二元经济顺利转化为一元经济的重要条件。但是，农业集聚有着特殊的方式。农业产业集聚是指种植、养殖上

---

[1] 如种植业，要扩大经营规模会受制于土地规模的扩大，这与工业、商业可以在较短的时间内扩大规模相比显然是一种缺陷。再如，农业规模经营还会受制于土地制度等因素，往往使农业规模经营的形成需要很长时间。

[2] 陈春生：《城乡经济一体化与农村金融发展》，中国社会科学出版社2010年版，第75—86页。

的地域专业化和前后项产业的地理集中，还包括农产品贸易与物流最大限度地融入全国乃至世界体系。与工业集聚主要强调的是产业的地理集中不同，农业由于产品的运费价格比贸易成本高，运输和仓储的难度大，形成规模经济所需的空间范围也较大，良好的贸易与物流条件也是集聚经济形成的必要条件。在上一章的集聚经济形成分析中，已经指出产业集聚和交易集聚是集聚经济的主要来源，而后者作用的发挥对农业尤为重要。就是说，城镇化为农业要素市场、农产品市场和农业物流的发展所提供的城镇化供给是提升农业集聚经济的一个重要方面。

此外，农业产业集聚是以专门服务于农业的前后项产业集聚于中小城镇为依托的，由此形成的中小城镇是农业专业化城镇。这种形式的城镇建设能够直接影响农业产业的集聚水平。所以，可以把城镇化服务于农业现代化功能的完善程度和农业专业化城镇建设水平作为评价农业集聚经济水平的两个重要指标。

条件之五：城市化基本完成。

由于城市化不仅承载着发展非农产业、吸纳转移人口的重任，而且能够通过形成集聚经济推动劳动生产率的提高，因此，城市化达到一定水平也是二元经济实现向一元经济转型的重要条件之一。

表3-1　部分国家2012年的城市化水平和人均国民收入

国家	城市化（%）	非农就业（%）	人均收入（美元）	国家	城市化（%）	非农就业（%）	人均收入（美元）
中国	54.4	66.3	7380	巴西	85.4	84.7*	11760
日本	93.0	96.3**	42000	泰国	49.2	60.4	5410
韩国	82.4	93.4**	27090	南非	64.3	95.4*	6800
印尼	53.0	64.9	3650	美国	81.4	98.4**	55200
马来西亚	74.0	87.4	10660	法国	79.3	97.1	43080
菲律宾	44.5	67.8**	3440	德国	75.1	98.5	47640
墨西哥	79.0	86.6*	9980	意大利	68.8	96.3	34280
阿根廷	91.6	99.4	14560	荷兰	89.9	97.5*	51210
委内瑞拉	88.9	92.3	12820	英国	82.3	98.8	42690

注：*为2011年的数据，**为2010年的数据，没有标号的为2012年的数据。
资料来源：国家统计局编《国际统计年鉴2015》。

在转型过程中存在着一种具有规律性的现象,如果一个国家城市化推进得较慢,水平较低,它的非农就业水平也会相对较低,其人均收入的增长会受到制约。表3-1中的印尼、菲律宾和泰国的数据都能说明这一点。而中国2012年的人口城镇化水平是54.4%,其中又包括了户籍不在城镇的常住人口和镇人口,中国的非农就业,尤其是服务业增长偏慢部分地可以由此得到解释。这也可以从某个侧面说明,以投资拉动为主的增长模式对产业结构优化所起的作用是很小的。不过,城市化也不是越高越好,人口城市化如果超过产业承受力,还会产生过度城市化问题。因此,如果从城市化最终要达到城乡一体化来看,75%—85%的城市化水平是比较合适的。因为到了那个时候,随着农村消费与生活环境的根本改善,城乡间的双向人口自由流动将会达到一种新的均衡状态;在农村居住的只有小部分是农民,大部分是城市职业者。表3-1也显示出老牌高收入国家的城市化率并不是很高。考虑到在二元经济转型中城市化有可能出现偏高的现象,而到了城乡一体化阶段这种偏高现象又会得到纠正,城市化水平不宜定得过高。

条件之六:户户通现代交通工具,城乡交通运输融合为一个系统。

把户户通现代交通工具单独作为实现经济一元化的一个必要条件,是因为它在农业经济的地域均衡和优化城乡关系方面发挥着极其重要的作用。在农业劳动边际产品的地域均衡中,完善的交通运输系统是一个基础条件。"户户通"不仅指每个农户可以通过现代交通工具——如汽车、机动船、直升机等,连通中心地或城市,也要求农户住地与田间的运输是便利的;而且农村交通运输与物流系统已经完善、与城市融合为一个体系。这样,无论是向城市的运输还是向农村的运输,在各个运输节点上都能够顺利地进行运输规模和工具的转换。只有在这种条件下,各区位的农业资源才有可能最大限度地实现优化配置,充分发挥它们的优势。而在优化城乡关系方面,城市功能向农村的辐射是以便利的交通运输为条件的,运输越便利,成本越低,辐射作用发挥得就越好。反过来,随着越来越多的农民把城市当作他们的城市,在越来越高的程度上分享其集聚经济收益,城市的功能也会不断"成长壮大"起来。这是现代城市区别于传统城市的重要特征之一。再者，城乡间交通运输的便利也可以为农业、农村资源的深度开发提供条件，如乡村旅游、生态与环境方面的科研等。

条件之七：社会保障的城乡一体化与农业居民基本生活方式的城镇化。

劳动力市场的一元化是二元经济转化为一元经济最核心的内容要求。而劳动力市场要转化为一元市场，城乡社会保障制度的公平与一体化是首要的前提条件。如果社会保障存在着差异和分割，不仅会影响劳动力的自由流动，而且会造成长期劳动报酬差距和身份差异。而这又是劳动力市场一元化必须解决的问题。对于中国来说，与此相关的问题还有户籍制度问题，需要完全消除户籍上的一切差异，不仅是城乡之间，也包括城市与城市之间。应当看到，户籍制度造成了劳动力的非均衡流动，正在把少数特大城市变成国民经济中的"堰塞湖"。

为什么把农业居民基本生活方式的城镇化作为向一元经济转型的条件之一？原因是经济的一元化在逻辑上隐含了这一要求。首先，一元经济下城乡收入差距已经较小，并且稳定下来，这意味着农民的收入已经上升到较高的水平，有较强的消费能力。其次，此时的农业已经接近完全商品化，其直接的结果是农民的消费几乎也完全商品化了，与城市居民的消费已经趋同了，融合为同一个消费市场。最后，一元经济的形成又意味着产业结构与需求结构的转型已经完成，消费需求已经成为国民经济的主要需求来源，而农村居民的消费是不可缺少的组成部分。这就说明，无论是在消费水平上，还是在消费方式和需求结构上，农村居民都达到了与城市居民趋同的水平。只有农业居民基本生活方式城镇化了，才能同时满足上述三个推论。

二 城乡一体化的特有条件

第二层次的条件是指由一元经济发展到城乡一体化的条件，可以称为城乡一体化的特有条件。城乡一体化区别于一元经济的一个重要特征是城乡实现了收入与效用的双均衡，城乡间形成了双向人口自由流动，并达到稳定的均衡状态。

条件之八：公共产品与服务供给的城乡均等化。

这里的"均等化"是指一个家庭无论是生活在城市还是农村，能够享受到的基本公共产品与服务供给是无差别的。公共产品与服务供给的城乡均等化是能够促成效用均衡的重要条件之一。在公共产品与服务的城乡均等供给上，不同的公共产品与服务所发挥的作用和拥有的地位是不同的。社会保障、教育、医疗与卫生的城乡一体化是均等化的核心；农村交通运输系统的高水平建设，做到出行便利、物流通畅是基础；网络与现代通信技术的全覆盖是新时代改善农村生产、生活状态的最有效手段。

当然，城市中的公共产品与服务供给并不是仅服务于城市居民的，也服务于农村居民。问题是如果城市体系是单中心的塔式结构，最高端的公共产品与服务供给集中于一两个一线城市，城乡公共产品与服务供给的均等化就存在着困难。为了使城市的公共产品与服务能够均匀地辐射到农村地区，就需要一种扁平化的城市结构。一线城市的主要功能是高级城市功能的开发与发挥，而不是承载人口；中小城镇才是承载人口的主体。在这种扁平化的城市结构中，县城和地级市担负着民生方面的高级、较高级公共产品与服务供给中心的功能，农村地区网络状的小城镇群是直接面向广大农村居民的服务中心，"均等化"就能实现。

条件之九：以人为本的空间结构重构与优化。

欧美发达国家在进入一元化经济初期，城市普遍出现了贫民区、污染严重、交通拥挤、犯罪率上升与水资源危机等问题。例如，20世纪七八十年代由于石油危机、经济陷入滞胀等原因，美国大城市的贫困化问题不断加剧，结果是穷人与社会、与经济主流的分离被强化了。[①] 早在第二次世界大战后一些欧洲国家便注意到城市化可能带来的城市病，开始采用以遏制城市蔓延、缓解交通阻塞、反贫困等为主要内容的新城市规划理念，以英国的大伦敦规划最具有代表性。但这只能说是试图通过空间结构的选择来抑制城市病的初级尝试。到了20世纪末期，强调规划健康、宜居城市，提倡城市的可持续发展和绿色城市的理念才开始成为城乡协调发展的主流。上述城市化存在的问题和发展趋势充分说明，以效益和经济增长为核心的城市化是片面

---

① L. Paul, Knox, Linda Mc Carthy, *Urbanization: An Introduction to Urban Geography*, Pearson Education, Inc., London 2005, pp. 489–491.

的，而以人为本的空间结构重构与优化，具体地说，以生活条件与物质环境的改善、反贫困、倡导社会和谐与人文关怀这三大主线为核心的空间重构与优化是一种必然趋势，因为它实际上是对以往城市化偏离了人类与自然可持续发展轨道的一种修正。

因此，以人为本的空间结构重构与优化也是城乡一体化的实现条件之一。这里的空间结构是指人的空间聚落结构、居住与活动的空间结构、职住结构、公共服务传递中的效率与空间均衡的结构等。它包括两条主线：一条是如何不断提高农村地区的集聚经济水平；另一条是要不断地消除城市区域的集聚与外部不经济。其目标是促成城乡的效用均衡，使人们的生活条件和物质环境更好，能够体现健康、宜居和城乡可持续发展的要求。

条件之十：污染得到全面的治理、人与自然处于相对和谐的状态。

使城市化、工业化、农业现代化造成的污染和生态环境破坏得到根本治理，以使人们能够生活在安全、健康、舒心、对环境有亲和感的条件下，毫无疑问是城乡一体化的必要条件和主要内容之一。因为高品质、更美好的生活是人类社会追求的根本目标。

为什么只有到了这一阶段，污染的全面治理和生态环境的修复才会成为社会发展的主要任务之一？因为到了这一阶段，收入水平的大幅度提高使人们的消费需求不断得到提升，生活水平上升到一个较高的层次，新鲜、清洁的空气，安全、高质量的食品，优美的环境，宽广而又适度的活动空间，已成为满足人们生活需要的基本条件。尤其是人们对原生态生活环境的追求会成为提高生活质量的重要标准之一。而要使社会成员能够普遍实现这一愿望，全面修复已经被破坏的生态环境，使人与自然处于相对和谐的状态，就是社会发展必须达到的目标。

由此可见，城乡一体化并不仅仅是城乡收入相等和效用均衡，实质上它是要把城市与乡村、人与自然环境引入一条可持续发展的轨道，使人们普遍能够享受到更好而且能够一代又一代传下去的生活。

三 十大条件的关系

上述两个层次的十个条件之间存在着密切的逻辑关系。首先，之所以把城乡一体化的实现条件分为两个层次,是因为就中国目前的情况而言,实现二元经济向一元经济的转型是必须要面对的。如果撇开这一不可逾越的发展阶段,直接讨论城乡一体化不仅容易造成混乱,而且不利于城乡经济发展。

表 3-2　城乡一体化的实现条件(城乡一体化的技术路线图 I)

	项目	要求
一元化的条件	1. 农业发展	农业经营模式的现代化与农业经济的全国一体化
	2. 产业结构转型	以农业劳动生产率提高为基础的产业结构转型已经完成
	3. 资本深化	农业资本深化达到与工业相当的程度
	4. 农业集聚	农业产业集聚与中小城镇非农现代产业的集聚水平基本均衡
	5. 城市化	有产业承载力的城市化达到 75%—85% 的水平
	6. 农村交通运输	户户通现代交通工具,城乡交通运输融合为一个系统
	7. 社会保障与生活方式	户籍制度上的一切差异已经消除,社会保障的城乡一体化,农业居民基本生活方式的城市化
一体化的条件	8. 公共产品的均等化	公共产品与服务供给的城乡均等化,指一个家庭无论是生活在城市还是农村,能够享受到的基本公共产品与服务供给是无差别的
	9. 空间结构重构与优化	以人为核心的空间结构重构与优化,即以生活条件与物质环境的改善、反贫困、倡导社会和谐与人文关怀这三大主线为核心的空间重构与优化
	10. 污染治理与环境修复	污染得到全面的治理,人们能够生活在安全、健康、舒心、对环境有亲和感的环境下,人与自然的关系进入相对和谐的状态

其次,第一个层次七个条件中的每一个条件都是由二元经济转化为一元经济的必要条件,这七个条件的集合形成经济一元化的充分必要条件。这七个条件之间存在相互渗透、相互依存的关系是显而易见的。比如,农业经济的全国一体化和农业资本深化都是能够直接影响农业劳动生产率的重要因素,因此与产业结构转型之间就存在着相互依存的关系。我们之所以把农业劳动生产率的提高与产业结构的转型放在一个条件里,是想强调产业结构的转型如果不以农业劳动生产率的提高为基础,就是虚假的转型;而且这种虚假转型不仅很可能是以

损害本国农业发展为代价的，还会压制本国农业的发展。再如，农村交通运输发展到"户户通"的水平看起来是个不起眼的条件，但是，无论是农业经济的全国一体化或全球化，还是城乡经济的融合和资源共享都需要以它为条件。实际上，城乡经济一元化和一体化的过程，也就是人类根据不断增长的需求在城乡间、从空间上合理配置、再配置资源的过程，以达到资源的最优配置。如果从这个角度看，农村交通运输发展到"户户通"就是一个不可或缺的条件。从空间经济学上看，农业、农村落后的最主要原因是空间上的隔离与阻力，它造成了很高的交易成本。因此，如何克服空间上的隔离与阻力就成为发展农业和农村的第一要务。这也是"户户通"成为经济一元化必要条件的理论依据。在这七个条件中，只有农业居民生活的城镇化看起来似乎只是其他条件的结果，而不是原因。其实不是这样的。如果农业居民的生活没有城镇化，与城市居民存在较大差距，那么城乡间的劳动力与人口流动就不可能进入均衡状态，城乡经济的一元化就难以实现。另外，它还可以解释农业会发展到如此高程度——占人口极少比重的劳动力能够养活全部人口——的动力来源，因为在这种条件下农民会骄傲地说："城里人能够得到的，我们也得到了；而我们能够享有的，城里人却没有。"

最后，城乡一体化的三个条件更是以前七个条件为前提的，否则，不仅公共产品的均等化和空间结构重构与优化无从谈起，就是污染治理与环境修复也很难做到实处。这两类条件反映的是经济与社会发展继往开来的关系。

第二节 城乡一体化的技术路线图

城乡一体化的技术路线图包括城乡一体化的实现条件、标志与指标、主要技术路径、转型陷阱和视图等部分。

一 标志与指标

（一）两个标志与一元化的评价指标

扼要地说，城乡一体化的实现标志是农业与城市劳动者收入与消费效用的双均衡，人口在城乡之间形成了双向自由流动，并进入稳定状态。所谓"标志"者，充分条件也。这就决定了二元经济的"一元化"也有自己的标志，它同时又是城乡一体化的必要条件之一。因此，两个标志间不仅有时间上的先后顺序，逻辑关系也不同，如果不加以区分，就很容易造成混乱。比如，有一种观点认为，可以把农业与城市职业者的劳动报酬相等看成是衡量城乡一体化是否实现的标志，这虽然具有简单明了的优点，却也有些含混不清。首先，如果在二元经济阶段就把它作为可实现的目标，不仅没有现实意义，而且当人们看到"城乡一体化搞了多年，城乡收入差距仍然很大"时，就会失去信心。其次，城乡一体化标志中的收入均衡并不是简单的数量相等，而是劳动与资本在报酬分配上进入新的均衡状态后城乡收入所形成的一种均衡，也就是说，它反映的是两个部门之间和劳动与资本在报酬上的双重均衡。再说，收入相等即使能够成立，它也只是城乡一体化的必要条件，而不是充分必要条件。比如，在一元化经济下，农业与城市职业者的收入已经较为接近，如果这个时期政府采取一些向农民倾斜的政策，农民的收入在有些年份里还会高于城市职业者，如20世纪八九十年代的日本。

需要指出的是，在这里我们使用的是"收入均衡"概念，而不是"收入相等"。原因有两个：一是考虑到城乡货币购买力的差异。从经济学原理上说，二者应该是趋于实际工资相等，而不是名义工资相等。比如杰克·舒尔茨在研究美国小城镇发展问题时就指出，在纽约挣10万美元所能维持的生活水平，在小城镇只要挣较低的工资就能达到。阿肯色州的Paragould镇是31846美元，佐治亚州的Brunswick镇是30312美元，田纳西州的Greenevills镇是31923美元。[①] 二是考虑到周期性波动的可能。还有城乡一体化是指城乡经济达到了完全的均衡状态，包括了效用均衡。所谓的效用均衡是指城乡公共产品供给和消费环境大体相当，从而使同等货币额所能获得的消费效用在城乡间大体一致。实际上，如果城乡效用值存在较大差距，货币收入也就

[①] 杰克·舒尔茨：《美国的兴旺之城——小城镇成功的8个秘诀》，谢永琴译，中国建筑工业出版社2008年版，第108—109页。

具有了不可比性。在这种条件下即使实现了收入相等，劳动力与人口流动仍然会出现一边倒的现象，劳动力与人口的双向自由流动成为常态这一标志就不会形成。因此，就需要先讨论二元经济转化为一元经济的标志与指标。

刘易斯认为，二元经济完全转化为一元经济的转折点（第二个转折点），是在工资经历了一个上升过程后"在这一点上，产品工资率WL/PQ（W 工资、L 劳动力数量、P 价格、Q 产量）是稳定的"[①]。也就是说，剩余劳动力和资本短缺都已经消失，劳动、资本和土地在报酬分配上进入了新的均衡形态，其中，劳动报酬在初次分配中的比重在较高的水平上稳定下来。但在第二章里我们有关劳动份额运行轨迹的分析表明，劳动份额也有可能在转型中出现"稳定"状态，为了将这种情况删除，就需要加上"产业结构转型已基本完成"这一条件。所以，在产业结构转型已基本完成的条件下，劳动报酬占国民收入的比重在经历了大幅度上升之后稳定下来，是二元经济转化为一元经济的主要标志之一。在这种状态下，农业与城市劳动者的收入差距已经很小，并且稳定下来。

根据这一标志的实现条件和要求，又可以把它细分为一些具体的评价指标，主要包括：

第一，农业劳动生产率经过大幅度的提升后，与工业劳动生产率的差距已经缩小，前者占后者的比值在35%以上。

第二，产业结构的转型已经基本完成，非农劳动力占比达90%以上，服务业就业占比达65%以上；相应地，需求结构的转型也已完成，消费需求占总需求的80%以上。

第三，农业资本深化已经达到与工业基本相当的水平。

第四，城镇化服务于农业现代化的程度较高和承载农业集聚的专业城镇建设已经基本完成。

第五，按人口和就业加权计算的城镇化率达到75%—85%的水平。

第六，农村"户户通"覆盖面达98%以上，且城乡交通运输已经

[①] 威廉·阿瑟·刘易斯：《二元经济论》，施炜等译，北京经济学院出版社1989年版，第115—116页。

实现了一体化。该指标主要用来反映农业和农村居民的集聚经济水平。

第七，农村居民基本生活的城镇化水平与城市居民趋同。这可以用消费水平和结构来度量。

（二）最大城乡收入差距指标的评价含义

由于二元经济向一元经济的转型需要较长的时间，如何评价转型程度就具有了较大的实用意义。通常是用平均城乡收入的比值来评价城乡收入差距，但该指标存在一定的缺陷，应该辅之以最大城乡收入差距这一指标。

在经济的一元化实现之前，实际的城乡收入差距表现为一个复杂的结构，如何度量收入差距的大小与评价其状态是一个需要讨论的问题。如果采用平均数法，其缺点是不能反映差距值分布的离散状态。例如，如果按上一章假设的A、B、C三类农业区分类，分别计算出各自的平均收入及城乡收入差距值，应该说这样的分类是有意义的，但如将三类地区混在一起计算平均收入与城乡收入差距值，那么这样的平均值就"混淆"了一些差异。从理论上看，按C类农业区的农业收入计算的最大城乡收入差距，是城乡关系评价和治理中的一个十分关键的指标。依据主要有三个。

第一，C类农业区是农业劳动生产率的边际区域，提高C类农业区的劳动生产率可以促使农业收入朝着积极均衡的方向发展，即可以使均衡建立在倒逼B类和A类农业区也同步提高劳动生产率之上。

第二，城市农民工的工资定价是以来源地的农业收入为基础的，提高C区的农业收入水平可以提高城市农民工的最低工资水平。同时它还可以起到倒逼城市提高劳动效率的作用——主要是最低用工效率。对于一座城市来说，努力提高最低收入区域的农业收入水平，是提高城市最低工资的最有效方法。

第三，提高C区的收入可以缩小城乡收入差距的最大值，削弱最大差距值偏离过大对社会、经济发展所产生的负面影响。这是因为当城市面对着一系列收入呈阶梯式分布的农业地区时，农业收入最低地区的劳动力倾向于接受最低的工资和生活条件；而如果最低收入区的城乡收入差距又过度偏离平均值，那么，该地区的劳动力愿意接受的最低工资、劳动条件和生活条件就会远远地偏离一般的水平，产生

"血汗工资"现象。正是源于这一原因,城市中的低效与落后企业、非正规行业及地下产业中的"血汗劳动力"大多来源于贫困地区。诸如儿童工问题,城市弱势群体中的"拾荒村团""乞丐村团""行骗村团"等现象,都是由于局部城乡收入过大而产生的社会问题,其危害不仅在于当代,更在于未来。因此,对于城市体系中的任何一级城市来说,都应该把控制和缩小最大城乡收入差距作为治理城乡关系的重要对策,以推动城乡社会的协调发展。国家"十三五"规划提出,到2020年"现行标准下的农村贫困人口实现脱贫,贫困县全部摘帽,解决区域性整体贫困"① 问题。该目标的实现对城乡社会协调发展所做出的贡献,可以说,无论怎样高估都不过分。

对于全国来说,最大城乡收入差距可选用首位城市与农业收入最低省份或最低县的城乡收入差距值。

(三)城乡一体化的评价指标

基于城乡一体化的实现标志是农业与城市劳动者收入与效用的双均衡,实际上,刘易斯关于第二个转折点的另一种表述,即农业与非农产业的"边际产品相等",或"劳动的边际生产率相同"② 也可以作为一个标志,因为"边际均衡"隐含了"人口的双向自由流动"这一要件。因此,可以把农业与非农职业者的劳动报酬处于均衡状态作为评价指标之一。这里"均衡"的含义是指实际工资从长期来看趋于相等。在效用均衡方面,一是公共产品的均等化问题。在现有文献中,关于城乡公共产品供给的均等化有多种表述③,但这里的均等化是指城乡一体化下的均等化,其要求是:一个家庭无论是生活在城市还是农村,能够享受到的基本公共产品与服务供给是无差别的。因此,城乡的社会保障、医疗与卫生、教育与公共文化这些有关人民生活最基本方面的公共产品供给,城乡应当是完全等同的,可用人均享用量来评价;而在基础设施、娱乐、体育等方面,可用满意度来评

---

① 李克强:《2016年政府工作报告》[EB/OL],中国政府网,http://www.edu.cn/2016-3-7。

② 同上。

③ 王福波、夏进文:《公共财政支出视角下城乡公共产品》,《中国行政管理》2014年第12期,第110—112页。

价。二是通过空间结构的重组与优化来实现集聚经济与外部经济溢出值的城乡差距最小化。评价指标主要有两类：一是生活的物质环境，二是社会分配的公平程度。污染治理和人与自然关系方面的评价指标，主要是强调可持续性。具体有以下四个指标：

第一，农业与非农职业者的劳动报酬处于均衡状态。即在删除了劳动性质与环境等差异后，同一劳动者在农业与城市的实际工资从长期看应当是趋于相等的。

第二，基本的公共产品供给，如社会保障、医疗与卫生、教育与公共文化等，城乡应当是完全相同的，用人均享用量来评价；而其他公共产品供给可用农村居民的满意度来评价。

第三，城乡大多数居民能够获得原生态或绿色、健康、宜居的生活环境；基尼系数在 0.24 和 0.36 之间。

第四，大气环境、水环境和土壤环境的治理已达到国际上公认的水平和要求，生态环境的修复已全面启动，已建立完善的固态废弃物处理系统。

二 主要技术路径

在上一章我们先是以城乡收入均衡为标杆，分析了能够推动劳动生产率和工资上升的因素，包括农业劳动生产率的提高与产业结构的转型，资本的深化与创新因素的引入，集聚经济与城市化，网络交易深化的影响；然后又讨论了能够影响效用均衡的因素。这些因素之间存在着极其密切而又复杂的关系，其作用的发挥也往往是相互交叉的。比如，如果农业资本深化滞后，就会影响农业劳动生产率的提高和产业结构转型，或者是创新因素被引入服务业，尤其是生产性服务业发展缓慢，也会影响产业结构的转型；再如，集聚结构不合理也可能使城乡的资本深化差距扩大，甚至使少数大城市陷于较严重的集聚不经济状态。为了能够对这些因素与作用有一个系统的更深入的分析，为以后各章的分析提供一个平台，需要将其概括为主要技术路径。所谓技术路径是指基于经济学的原理和经济发展规律，实现城乡一体化所必须经历的逻辑路径。主要的技术路径有四条：收入增长路径；协调发展路径；资本增长与循环路径；效用均衡路径。

表3-3　　城乡一体化的评价指标（城乡一体化的技术路线图Ⅱ）

	指标	内容与要求
一元化的指标	总体指标	在产业结构转型已基本完成的条件下，劳动份额已经稳定下来，农业劳动者与城镇劳动者的收入比值在80%以上
	1. 农业劳动生产率	农业与工业劳动生产率的比值在35%以上
	2. 产业结构转型	非农就业占比达90%以上，服务业达65%以上
	3. 资本深化	农业人均资本达到与工业相当的程度
	4. 农业集聚经济	城镇化服务于农业现代化的功能已基本完善和农业专业城镇建设已经完成
	5. 城市化	按人口和就业加全计算的城市化水平达到75%—85%
	6. 农村交通运输	"户户通"覆盖面达98%以上，城乡主要交通节点相互连通
	7. 生活方式	农业居民与城市居民的消费水平和结构已趋同
一体化的指标	总体指标	城乡劳动者收入与效用的双均衡、人口双向自由流动
	8. 收入差距	农业与城镇职业者的劳动报酬处于均衡状态
	9. 公共产品均等化	基本的公共产品供给城乡完全相同，用人均享用量来评价；其他公共产品供给，用农村居民的满意度来评价
	10. 生活环境与社会公平	大多数居民能够获得原生态的或绿色、健康、宜居的生活环境；基尼系数在0.24和0.36之间
	11. 环境保护	大气、水、土壤环境的治理达到国际水平，生态环境的修复已全面启动，已建立完善的固态废物处理系统

（一）收入增长路径

由于劳动收入的大幅度增长是二元经济转化为一元经济和城乡一体化的最重要动力来源之一，与此相伴随的是产业结构和需求结构的转型，因此，首要的技术路径是收入增长路径。要提高收入就必须提高工资品的社会综合劳动生产率，其路径可细分为四条。一是提高农业劳动生产率。不仅是因为农业劳动生产率是工资品的社会综合劳动生产率的主要组成部分，而且是因为它能够大幅度地降低劳动力的再生产成本。二是产业结构的转型，其重要的作用之一是开发人口质量红利。即在劳动力规模一定的条件下，如果能够降低劳动力再生产成本，同时又能够保持就业规模不变，人均的和总量的劳动者剩余就会大幅度增加，人均的净产出（扣除劳动力成本后的产出）也会不断增加。比如，2010年中国的人口是日本的10倍还强，而GDP总值只是略高于日本，原因就是日本具有很高的人口质量红利。三是资本深化与创新因素的引入。四是集聚经济与城市化。

（二）协调发展路径

所谓协调发展路径是指农业与非农产业及其他产业的关系、大中小城市、要素配置、收入分配格局等，保持基本协调是转型能够顺利推进的基本条件。比如，假设收入在总量上能够持续增长，但收入分配差距过大，以致形成富人太富、穷人太穷的局面，那么消费需求就难以保持相应的增长，转型也必然会受到阻碍。对于现代化的市场经济来说，少数人占有过多的消费资源是与经济的再增长相矛盾的。在协调发展的各条路径中，农业与城市非农产业的关系是最基本的协调关系。它不仅指产品供求上的协调，还有效率协调和劳动力转移上的协调等。其中，效率协调是核心。其含义是农业劳动生产率要能够不断地提高，以便与城市非农产业劳动生产率的差距保持在一个合理的范围内。这是转型能够顺利进行的关键性条件，否则，就会产生城市化中劳动力成本上升压力过大、城市地产租金过高、资源价格泡沫等问题，因而陷入转型陷阱中。因此，如果说效率协调是核心，那么农业劳动生产率的提高又是"效率协调"的关键。提高农业劳动生产率的路径又可细分为四条，即农业经营模式的改革、农业经济的全国一体化、农业资本深化和农业科技与新要素的投入。

在农业与非农产业的协调发展中，服务业的发展也发挥着十分重要的作用。这是因为在转型过程中二次产业的就业占比是沿着倒U形的路径变化的，到了转型后期二次产业的就业占比是不断下降的。这就需要大力发展服务业来增强非农产业的就业承载力，否则就会产生失业问题。

（三）资本增长与循环路径

由于所谓的转型也可以抽象地描述成劳动、资本和土地在报酬分配上由一种均衡转为另一种更高级均衡形态的过程，再加上在拉动经济增长的三大需求要素中，投资即资本的增长具有最强的可选择性，因此，资本的合理和有效增长也是推动转型能够顺利进行的重要技术路径。其实，资本广化与深化是资本增长的两种形式，它们也能说明这条技术路径的重要性。但这两个概念并没有显示出资本有效增长的条件，即资本只有不断地周转、循环，并带来合理的利润，资本增长才是有效的。这就要求必须从供给与需求两个方面来界定资本增长的有效性，并要求资本与劳动、资本内部结构配置合理。否则，如果资本增长过度，受报酬递减规律的制约，就会形成过剩资本，反过来也会压制收入的增长。实际上资本过剩总是表现为结构失衡的结果。而泡沫经济的最大危害是它可以借助于虚假收益的引导，使资本过剩达到极其严重的程度。从图 3-1 可以看出，当过剩资本和财富损耗的规模足够大时，投资的动能也就被消耗尽了，而货币仍然在流通中，滞胀就不可避免。这也就是说，资本能够不断地循环是资本可持续增长的条件，这是一个最基本而又最重要的规律。

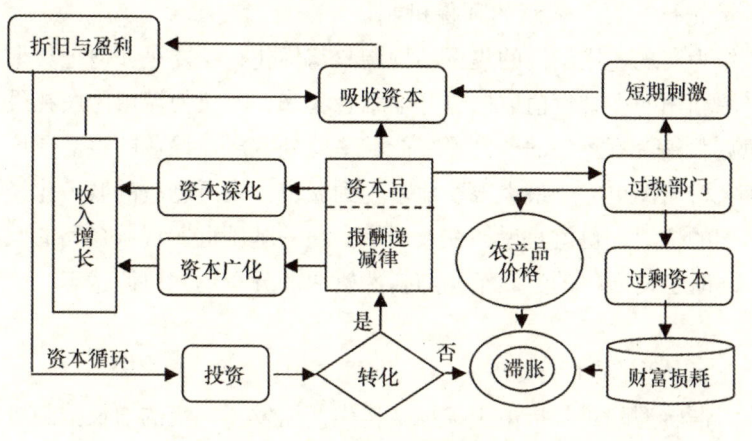

图 3-1 资本增长与循环

在转型阶段，资本增长往往是与城市化联系在一起的，常常以资本集聚与集中的形式表现出来，这就需要从空间角度对此进行分析。资本的集聚能够提高收益、促进资本增长，但如果集聚程度过高也会提高集聚成本，使地产租金在收益中所占的份额不断上升，挤压资本收益，甚至会引起资产泡沫。因此，资本与产业空间集聚结构的选择问题是需要进一步关注的问题，我们将在以后几章里从不同的角度对此进行讨论。

（四）效用均衡路径

如果说收入与效用的双均衡是城乡一体化的实现标志，那么效用均衡在城乡一体化的实现上应该占有更重要的地位，它是一种条件均衡，即同样数量的货币额，其消费效用是一致的。在假设收入均衡的条件下，能够促使效用均衡的因素主要有两个：一是公共产品供给的均等化；二是集聚结构的调整与优化。公共产品供给的均等化贯穿于二元经济向一元经济转型以及再向城乡一体化转型两个阶段，焦点是要兼顾效率与公平，因此，重要的是合理安排好顺序。首先是教育、医疗、卫生和交通运输要先行。前三项涉及劳动力素质的提高，而后者能够降低农村地区的交易成本。其次是社会保障的一体化要在经济的一元化转型完成之前基本实现，否则就会影响转型的进程。最后，农村污水与固态废弃物处理设施建设和生态修复在财力许可的条件下要尽量先行，要引入新的环保机制。

作为实现效用均衡的集聚结构调整与优化，主要是如何把集聚经济与资源利用的多维价值取向更好地结合起来，不仅使城市居民在最大限度地克服集聚不经济的条件下，能够享受到宜居、绿色的生活环境，而且使农村居民也能够最大限度地享受到城市体系所创造的城市化经济和城镇化的生活，也就是说，在效用最大化的基础上实现城乡间的效用均衡，同时也使人口的集聚结构与自然资源的分布达到协调状态。

三 转型陷阱

所谓转型陷阱是指由于某种结构失衡引发了一定的增长抑制机制而使转型过程在较长的时间内处于停滞或中断状态。转型陷阱如果出现在二元经济转型阶段，就是所谓的"中等收入陷阱"；如果出现在一元经济形成以后，就是"高收入陷阱"。转型陷阱主要有以下四种类型，但在现实中它们常常是交织在一起的，分类只是为了便于分析问题。

（一）劳动力成本上升陷阱

费一拉拐点到来后农业工资开始由市场定价，此后如果农业劳动生产率提高滞后就会引起农产品价格上涨和劳动力成本上升，这种农产品价格上涨所推动的劳动力成本上升如果持续足够长的时间，就会使实体产业受到持续的挤压，使一部分资本流出实体产业，进入投机领域，由此又引起资源与资产价格泡沫。资源与资产价格泡沫通常是与一些行业的过热联系在一起的，这些行业的过热又会从农业和其他实体产业中吸收大量的要素，对其发展造成压制。在这种条件下，农业劳动生产率的低下又很容易引起农产品的大规模进口，封杀本国农业的发展空间。而当一国对农产品进口的依赖达到一定程度后，就非常容易发生以食品价格上涨为主导的恶性通货膨胀。这样，一个经济体就会陷入长期停滞不前的状态。

但是，上述分析假设了"存在着发生资源与资产价格泡沫"这一条件。如果不存在这一条件，农产品价格推动劳动力成本上升就只是使实体产业陷入普遍的不景气，它反过来又会削弱对农产品的需求。最终也只不过使经济陷入一种整体上的低迷状态。不过，这在很大程度上只是一种推论。因为转型时期也是快速城市化的时期，属地资源的价格、土地租金、房地产价格都存在着快速上涨的条件。而这两个方面的作用一旦结合在一起，资本"脱实向虚"的过程就一定会发生。但需要强调的是，这种陷阱的形成是以农业与非农产业发展的效率失调为基础的。

（二）资源、资产价格泡沫陷阱

在转型时期，属地资源价格存在着快速、过度上涨的条件。一般地具有属地性质的资源，如煤炭、金属矿产、一些农产品等，对于大国来说，其价格过度上涨虽然也会对经济发展造成冲击，但通常很难使转型中断。其影响主要是区域性的，会使一些资源富集区产生资源诅咒效应。[①] 主要是土地租金与房地产价格的持续、过度上涨会形成资源与资产价格泡沫陷阱。造成房地产租金与价格过度上涨的原因主要是：农业与城市产业的效率差距过大，城市体系结构失衡，过度偏向大城市的人口迁移机制和收入差距过大等。房地产泡沫一旦形成，就不会仅局限于房地产领域，必然会扩展到金融市场和投资品市场，从而形成泡沫经济。这会对实体产业造成破坏性的冲击。严格地说，美国在1929—1933年爆发的经济危机就是房地产泡沫引发的经济泡

---

① 鲁金萍、董德坤、谷树忠等：《基于"荷兰病"效应的欠发达资源富集区"资源诅咒"现象识别——以贵州省毕节地区为例》，《资源科学》2009年第2期，第271—277页。

沫被挤破后造成的大危机。治理这种危机是十分困难的，不仅要修复农业，还要修复城市体系结构，这就需要很长的时间。

（三）消费需求增长约束陷阱

在转型过程中，如果消费需求占总需求的比重能够出现较快的上升，就能够为转型的顺利进行提供有力的动力源泉；否则，如果消费率提升缓慢或长期徘徊不前，就会陷入消费需求增长约束陷阱。一般来说，能够使消费率在一个不太长的时期内出现较快上升的因素，主要是以农业劳动生产率不断提高为基础的产业结构转型，包括服务业能够出现较快发展。农业劳动生产率的提高和产业结构的转型，这两个因素无论哪一个受到阻碍，都会使消费率的上升处于不利地位，陷入消费需求增长约束陷阱。当然，其他因素也有可能阻碍消费需求的增长，如分配不公。图3-2表明，中国的最终消费率在2000年达到峰值63.7%后一直处于下降趋势，2007年以来又在低位徘徊。

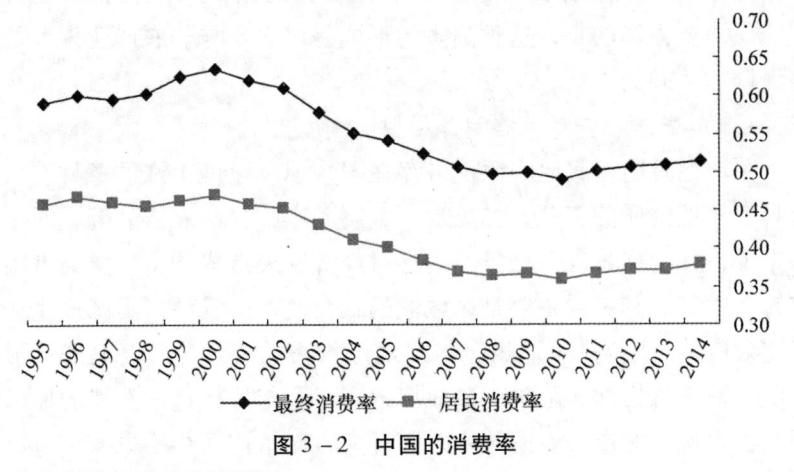

图3-2 中国的消费率

资料来源：国家统计局数据库。

（四）失业陷阱

失业陷阱是指如果失业现象过于严重，也会使转型陷入停滞不前的状态。在进入转型阶段后，工资开始上涨，这会促使城市产业不断提高资本密度，即进行资本深化，从而降低产业的就业吸纳力。马克思认为，资本的持续积累会造成资本的有机构成不断提高的后果，即不变资本所占的份额越来越高，从而会产生相对过剩人口的问题，并形成由失业人口组成的产业后备军。① 刘易斯不同意这一意见，认为资本增长能够超过人口增长，并最终把剩余劳动力吸收完毕。② 我们假设刘易斯的观点在二元经济条件下是正确的，但是费—拉拐点到来后，资本不再短缺，资本增长开始受到需求的约束，至少资本增长，即投资的就业吸纳力是呈边际递减的；而这个时候城市化并没有完成，仍有大量劳动力需要转移，这就很容易产生失业问题。也就是说，在进入转型阶段后马克思的观点仍然是适用的，而且有可能形成这样一种状态：不仅资本的有机构成不断提高，而且资本有机构成提高所减少的就业量已经大于资本增长所形成的新的就业量，就业规模绝对地下降了。不仅如此，如果出现了大规模的资本过剩问题，就业状态还会急剧恶化。在1929—1933 年的大危机中，美国在很短的时间内就形成了庞大的失业人口，原因就是过剩资本在泡沫被挤破后暴发式地显露出来。

失业陷阱具有很强的综合性，无论是劳动力成本上升陷阱还是资源、资产价格泡沫陷阱，或者是需求增长约束陷阱，最终都有可能引发失业陷阱。

四　技术路线图总图

图 3-3 城乡一体化的技术线路图，把从二元经济发展到城乡一体化分为三个阶段，即二元经济向一元经济的转型、一元经济和城乡一体化三个阶段。二元经济向一元经济的转型，也就是二元经济的特征逐步消失、经济一元化的过程，对于人口大国来说，这一转型过程需要较长的时间。因为它涉及劳动力转移、产业结构转型和制度改革等问题。图 3-3 中的转型程度评价指标是指农业劳动者与城市职业者的收入差距。不能用农民的非农收入去代替农业收入，因为城乡一体化研究关注的是农业与非农产业间的均衡状态。如果农民通过兼业使收入增加了，这并不能代表农业效率提高了，农业的弱势状态仍旧

---

① 卡尔·马克思：《资本论》，《马克思恩格斯全集》第 23 卷，人民出版社 1972 年版，第 692—693 页。

② 李克强：《政府工作报告》(2016)，中国政府网，http://www.edu.cn/2016-3-7。

会对转型产生一系列副作用。

刘易斯所指的二元经济的增长模式主要是以资本广化为特征的增长，基本上属于粗放型的增长。与此不同，转型阶段的增长是以劳动生产率的不断提高为特征的，图3-3将增长来源概括为"推动转型的三大内生动力"，即农业劳动生产率的提高与产业结构转型、资本深化与创新因素的引入和集聚经济与城市化。对于二元经济向一元经济的转型来说，增长方式的转型是非常重要的。尽管在转型阶段增长仍然有资本广化的成分，如新增人口，或者由于农业的人均资本水平很低，也可以把农业劳动力转移到非农产业看成是资本广化的过程，但是，对于转型阶段来说，最关键的是能够不断提高劳动生产率，因此资本深化是主体。唯有此，才能在资本获得均衡收益的条件下使劳动收入不断上升，为产业结构和需求结构的转型提供条件和动力，使一个二元经济发展成为高收入的一元经济。

按照费景汉与拉尼斯的意见，短缺点到来后农业与非农产业的协调发展就非常重要了，是二元经济可持续发展的必要条件[1]，图3-3将其标识在转型阶段，只是想强调农业与非农产业的协调发展在这一阶段更为重要了。因为在这一阶段，工资已经开始上涨，农业发展的滞后很可能会使经济陷入转型陷阱。

图3-3中的三个标志分别是二元经济开始转型的标志、经济一元化的标志和城乡一体化的标志；七大标志性条件和三大标志性条件，分别是指二元经济转化为一元经济的七个必要条件和一元经济过渡到城乡一体化的三个必要条件。

第三节 中小城镇作用与发展的研究框架与路径

本书的特点是把中小城镇发展放在城乡一体化这一经济演化过程中来考察，揭示其在这一过程中所发挥的作用。由于从二元经济向城乡一体化的演化过程可以被抽象地描述成两个均衡的实现过程，即农业劳动

---

[1] 费景汉、古斯塔夫·拉尼斯：《增长和发展：演进观点》，洪银兴、郑江淮译，商务印书馆2004年版，第137—143页。

者与城市职业者的收入均衡和劳动与资本在报酬分配上达到新的均衡形态，并且在这一过程中，收入增长、协调发展、资本增长与循环和效用均衡是推动转型顺利进行的四条技术路径，这就构成了中小城镇作用与发展的基本研究框架，简称为"两个均衡"与"四条技术路径"框架。下面将根据这一框架推导出中小城镇作用与发展的主要研究路径。

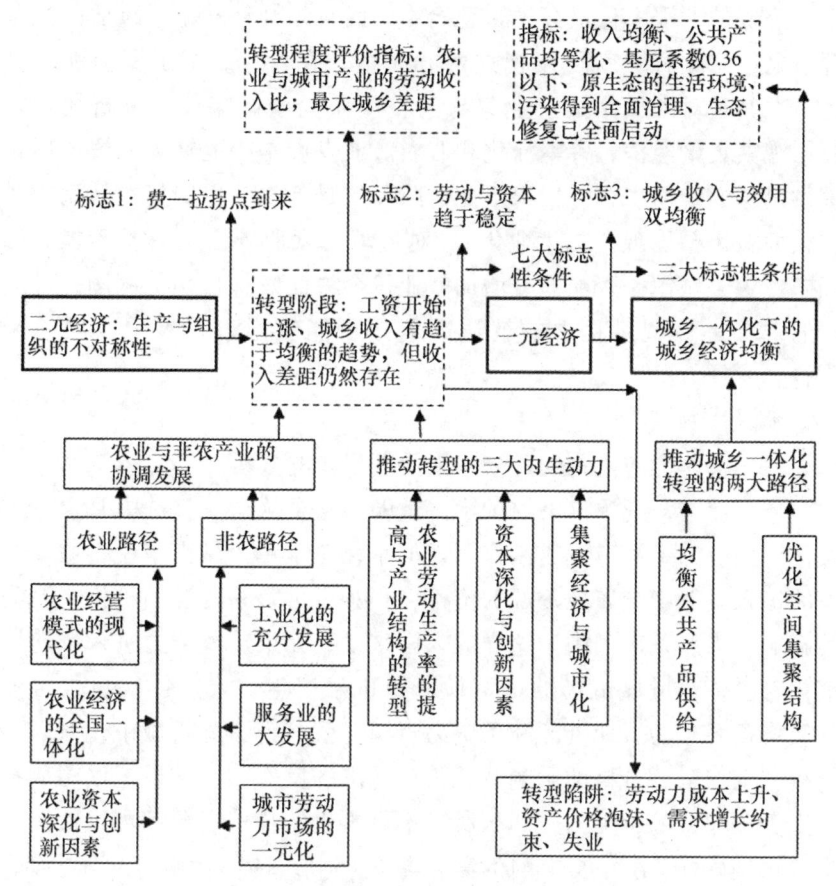

图3-3 城乡一体化的技术路线图（总图）

一 基于工资上涨、集聚结构优化的分析路径

一方面，产业结构的转型、资本的深化和集聚经济都是能够推动

劳动生产率和收入不断提高的重要因素,而且在转型阶段,它们又都是与城市化联系在一起的,或者说表现为城市化的内容之一。比如,非农产业发展既是产业结构转型的主要内容之一,又是城市化的主要路径。再如,城市化的过程也是资本集聚的过程,而且在进入转型阶段以后,资本集聚往往又是与资本深化联系在一起的。这就造成了这样一种结果:工业与服务部门的资本深化要远远优先于农业。另一方面,工资的上涨不仅贯穿于转型始终,而且是推动转型最重要的力量源泉之一。这样,就可以把这两方面结合在一起,把工资上涨对城市,尤其是对大城市的产业集聚与空间布局的影响作为分析线索之一,观察集聚经济、资本深化和非农产业发展是否能够为工资的增长提供足够的价值来源。如果不能,障碍又是什么?以回答在转型中为什么大城市会出现"去工业化",对劳动力素质要求具有不断提高的倾向,中小城镇是否能够在增加就业机会方面发挥作用等问题,即分析的重点是转型过程中的就业难题是否能够通过发展中小城镇来化解。

二 属地资源优化配置与污染治理视角的分析

毫无疑问,资源价格的过快、过度上涨会从产业收益中拿走一大块,对工资的上涨造成压制作用。但是,对于单个城市来说,城市规模的扩张只能影响属地资源的价格,很难说可贸易资源的价格也会受其影响。当然,对于中国这样的大国来说,如果从整体上进入快速城市化阶段,对世界市场的可贸易资源价格产生一定的影响也是可能的。将资源分为属地资源和可贸易资源,就是为了分析城市化对那些供给一定的资源价格的影响及其价格上涨的反作用;如果把中国放在世界资源配置的范围内,那么所有不可再生的自然资源都可以被看成是"属地资源",只要中国的需求量足够大,能够影响其供求状况,其价格自然会上涨。但是,对于单个城市来说,属地资源的供给是一定的。土地、水资源和一些农业资源等都是典型的属地资源;煤炭虽然是可以移动的,但由于其运费相对较高,可以被看成是具有局部属地资源属性的资源。这样,如果一座城市规模过大,属地资源的价格就会上涨,其规模越大,价格上涨的程度也就越高,必然会对产业发展造成越来越大的压力。而化解的方法主要是运用中小城镇结构优化属地资源配置。

污染损失与治理费用也会对产业收益和人员收入上升造成很大的压力。如果撇开农业污染不谈，仅把大城市与小城镇做比较，那么大城市是造成污染严重的主因就是一个一般性的结论；而中小城镇在污染治理上也是有优势的。因此，中小城镇在属地资源的优化配置和污染治理方面的作用就是一条重要路径。如果中小城镇在这两个方面的作用发挥得好，就能够大大降低城市产业的属地资源成本和污染治理成本，提高产出效率，推动转型进程。

三 基于地租理论的中小城镇空间结构优化作用

无论是城市化还是城乡一体化，都表现为人类活动在空间上重新组合和达到新的均衡的过程，都有一个空间结构优化的问题。但是，人类活动的空间均衡是由什么决定的？是如何进行的？比如说，产业与人口在空间上的分布是如何达到均衡状态的？借助于地租理论可以构建起一个空间均衡框架，对此进行描述，以分析中小城镇在人口与产业的空间结构和城市体系结构优化中的作用。它实际上讨论的是城市与乡村、大中小城市如何实现协调发展的问题。如果城市经济发展很快，而农业停滞不前，或者是大城市房地产价格暴涨，而中小城镇则存在库存积压严重的现象，这都是空间结构失调的表现，会对转型产生巨大的阻碍作用。实际上，中小城镇的一些问题借助于地租框架可以得到很好的解释。城市用地的地租主要是相对于农业用地的级差地租，它来源于级差收益。中小城镇之所以对人口和产业缺乏吸引力，主要是因为其级差收益太低。这样，问题就转化为如何提高中小城镇级差收益的问题。基于这一路径的分析，既可以揭示中小城镇空间结构优化的作用，又可以阐述修正人口迁移机制的重要性。

四 基于集聚经济与疏散状态优势的分析

集聚经济是推动转型的重要收入增长来源之一，但如果形成了严重的集聚不经济，不仅会侵蚀掉集聚经济对收入增长的贡献，而且会损害人们的消费效用。如果发生了伦敦烟雾、洛杉矶光化学烟雾一类的污染事件，使人的生命受到威胁，相信大城市集聚经济的光环也会暗淡下来。同时，城乡一体化是以收入与效用的双均衡为实现目标的，这就意味着如何使农村居民过上与城市人一样的城市化生活和使更多的城市人能够享受到绿色、生态的生活环境，都是城乡一体化的重要内容。因此，如何使集聚经济与尽可能低的集聚不经济损失相结合，并进而使集聚经济与疏散状态的资源利用优势组成最优组合，就是空间结构优化的重要内容之一。在这一过程中，中小城镇能够发挥何种作用？这也是一条重要的分析路径。

五 中小城镇在农业、农村经济发展中的作用

中小城镇在农业、农村经济发展中的作用主要表现在农业现代化和农村居民生活城镇化两个方面。首先，对于在农业现代化中的作用，如果直接选用"农业"这一概念进行分析，不仅会使头绪过于纷乱，而且有选题过大之嫌，因为我们关注的是中小城镇是如何通过作用于农业而推进城乡一体化的。可以用中小城镇在提高农业劳动生产率方面的作用来替代，并假设农业劳动生产率必须提高到实现城乡一体化所需要的水平上。实际上，农业劳动生产率的提高是农业现代化的结果，或者说，农业劳动生产率要达到较高的水平，是以实现农业现代化为条件的，这二者具有高度的一致性。这样，既不影响分析的结果，又可以简化分析。比如，要实现农业现代化，就必须实现农业产业的全国一体化和农业经济的地域一体化，而这二者又是推动农业劳动生产率提高的两个方面，它们所需要的城镇化条件就是主要分析内容。再如，要使农业劳动生产率有一个大幅度的提高，解决农业人才回流和提升农业劳动力队伍质量的问题就十分关键，它同时也是实现农业现代化的重要内容之一，而中小城镇建设又毫无疑问是解决这一问题的重要路径之一。

其次是农村居民生活城镇化问题。农村居民生活的基本城镇化是经济一元化的必要条件之一。否则，如果城市像欧洲，农村像非洲，城乡经济的一元化是不可能的。在农村居民生活城镇化方面，一定的基础设施、公共产品供给和商业与服务网点的合理布局是必要的。如中国的新农村建设在许多地方都对农村居民生活的改善起到了很大的

作用。但是，更重要的是使城市的功能能够辐射到农村地区，使城市也成为农村人的城市。

在如何更好地使城市服务于农业现代化和农村居民生活城镇化这一问题上，正确认识城市与周围腹地之间的辐射与支撑关系是十分重要的。所谓辐射与支撑的关系，即城市能够通过商品与服务供给、公共产品供给、技术与知识传播等对农村产生辐射作用，而农村又能反过来成为推动城市这些功能发展的动力。这二者是相互依存、相互支持的，支撑是辐射的反作用。如果农村人口能够直接享受到城市某种较高级别的供给功能，那么，农村人口参与这一行为本身就会使城市的该种功能得到发展和强化。一个简单的例子是，城市中有许多面对农村需求的批发市场，如果农村需求增长很快，城市的这个市场也就繁荣了。也就是说，城市的集聚经济不仅是城市人口和产业自身的集聚经济，也是全区域的集聚经济。如果这种辐射与支撑的关系被阻隔，无论是制度的原因还是由于交通不便所造成的空间阻隔，城市的集聚经济和功能就会被大大压缩。如图3-4中的半圆锥体所示，虚线构划的圆锥体的高度是城市仅依靠自身力量所形成的集聚经济，而实线构划的圆锥体是依靠全区域力量所形成的集聚经济。这就是世界级的一线城市具有很高的集聚收益的原因。

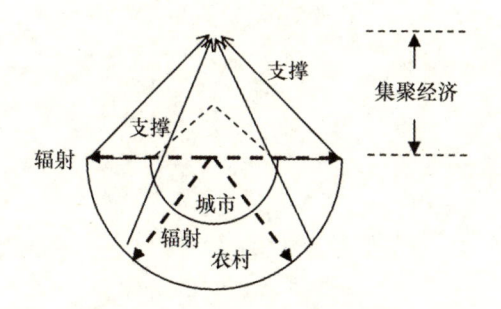

图 3-4　辐射与支撑的关系

以上分析说明，城市功能向农村的辐射，不能简单地理解为城市对农村的单向反哺，更是城市发展的需要，是城市提升功能必须经历的过程。中国服务业落后于相应的经济水平，重要原因之一就是城乡二元结构把广大农村人口排斥在城市现代服务业发展之外，而农民工虽然身在城市也很难融入这一进程。因此，如何修复城市与农村间的辐射与支撑机制，不仅是推动农村居民生活城镇化和城市更好地服务于农业现代化所必需的，也是使城乡经济形成互动的协调发展关系所必需的。而要修复城乡间的辐射与支撑机制，首要前提是要拆除城乡间的一切藩篱，如户籍制度，二元且相互分割的医疗与教育体系等。然后是建设性的，即如何构建能够使城乡间的辐射与支撑机制有效运行的中小城镇体系，包括农村交通运输系统、通信系统和有关公共产品的合理布局等。因此，如何构建能够有效运行的城乡辐射与支撑机制系统是研究农村中小城镇作用与发展的一条重要路径，而农村居民生活的城镇化和城市如何更好地服务于农业现代化是两个重要的导向。

第四章 工资上涨、集聚结构与中小城镇的就业承载作用

进入转型阶段以后,投资对就业的拉动作用出现较快的递减是突出的特点之一,它是由这一阶段的增长方式转型决定的。中国近年来的实践也证明了这一逻辑关系。[①] 图4－1的数据大体上描述了就业递减的过程:1996年,中国城镇固定资产投资增加19.2亿元就可以拉动1万人的就业,这种较好的就业带动状态大体上延续到2004年;2007年和2010年出现了两个转折点,递减的速度加快了;到了2013年,新增1万人的就业所需要的投资额上升到333.2亿元,2015年为416.5亿元。投资拉动就业的增长模式基本上失效了,如何增加就业成了一个十分重要的问题。从另一个角度看,由于二元经济向一元经济的转型过程恰巧又是快速城市化的过程,是产业与人口的集聚结构以较快的速度发生巨大变化的时期,从集聚结构的空间演变的视角分析中小城镇的就业承载作用问题,就不失为一条理想的路径选择。

第一节 劳动力价格的空间分布

经济发展具有很强的连续性或者说是路径依赖。如果说在转型时期工资的持续上升是推动空间结构演化的最重要因素,那么在此之前的二元经济阶段,工资空间分布的基本形成则为此提供了基础。

---

① 吴敬琏、厉以宁、林毅夫等:《读懂新常态2:大变局与新动力》,中信出版社2016年版,第3—12页。

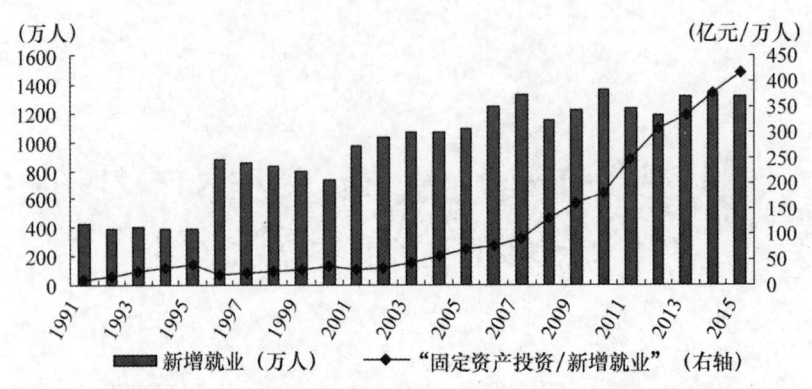

图 4-1　中国城镇边际固定资产投资—就业比的变动情况

资料来源：国家统计局数据库。

一　分析路径

劳动力转移一般是指劳动力从农业向城市的转移，这一过程也是产业与人口集聚和城市化的过程。二元经济和转型阶段的增长方式客观上都是以这一过程为基础的，或者说是发生于这一过程之中的。因此，在分析转型阶段的增长方式时，引入能够反映城市化进程的空间维度是非常必要的。工资的上升是转型阶段增长的特点之一，如果抽掉了空间维度，就较难解释其增长的原因，只能笼统地求助于"全要素生产率"，反而使问题神秘化了。从城市化角度分析，就能够为此提供更多的解释，如集聚经济、资源的区位优化配置，这二者都可以为工资上升提供效率来源。更为重要的是，在转型时期工资这种最重要的要素价格的持续上升会对大城市与小城镇等不同区位的要素配置结构——工资、地租、资本密度等的结构——产生巨大影响，进而又会改变不同区位的就业需求倾向和就业吸纳条件，最终影响其就业吸纳能力。比如，中国的一、二线大城市近年来已经出现了明显的去工业化倾向，再加上资源价格上涨、房地产泡沫、污染治理等，就业难题会不断增大；同时，人们又普遍感到中小城镇有较好的人口吸纳前景，但又存在着不利因素。这就需要从空间角度进行研究。毕竟成功的城市化不仅仅指如何把农村人口变为城市人口，更重要的是能够不断增加非农就业,否则,如果人口城市化不能够以产业发展为基础,就会造成过度城市化。①发展中国家大城市的贫民窟问题实际上是劳动力资源在空间上错配的一种结果。

下面将引入空间维度:首先是在分析条件上引入空间差异——如工资、地租等差异,观察工资上涨对不同区位的要素配置结构的作用差异和这种差异对产业及经济结构的影响,其次是对就业所造成的影响等,然后从中寻找到增强就业承载力的路径。由此得出的结论应该具有较好的前瞻性。

二 二元经济下的区位选择

根据二元经济模型,如果假设只是农业与城市工业工资间存在差距,城乡间的其他因素是相同的,那么,劳动力就会向城市转移。如果不是这样,城乡在其他因素上存在差异,比如农村有更廉价的土地和宽松的污染约束条件,产业也有可能在农村选址。因为一般来说农村非农就业的工资会低于城市,再加上廉价的土地及其他自然资源和宽松的污染约束条件,这就会使资本获得更高的超额利润。剩余劳动力、廉价的资源与资本的结合能够获得更高的超额利润,这就是农村工业化的主要原因之一,它反映了工业分布在二元经济阶段存在着分散化的倾向。当然,对于中国来说,城市用地制度改革的滞后也是原因之一。②但这并不能改变二元经济下工业发展的区位选择服从于超额利润最大化的倾向,无论是农村,还是沿海地区的"不毛之地",只要能实现超额利润的最大化,产业就会在那里发展起来。中国在20世纪80年代中期以后东部地区随着乡镇企业的兴起而出现的所谓"农村工业化""乡村城市化",就属于这样一种类型的产业空间演化格局。由于这种"乡村工业"具有生产规模小、分散程度高、专业化程度和管理水平低等缺点,一旦遇上经济萧条或城市规模经济的兴起等情况,走向衰落就是必然的。但在这一过程中,也有一些已经形

---

① 丁守海:《中国城镇发展中的就业问题》,《中国社会科学》2014年第1期,第30—47页。

② 李建建、戴双兴:《中国城市土地使用制度改革60年回顾与展望》,《经济研究参考》2009年第63期,第2—10页。

成一定集聚程度的区位发展成了中小城镇，为以后的城市化发展奠定了基础。

如果廉价劳动力与资本的结合发生在城市，资本也能够获得来源于廉价劳动力和集聚经济两个方面的超额利润。但城市一般对资本的技术条件要求较高，同时由于增长方式是外延型的，资本规模的扩大也意味着占地面积的扩大。为了协调既要最大限度地获得集聚经济的好处，又要尽可能地降低土地成本这两方面的矛盾，工业企业通常会选择在城市边缘或外围地带设址。这样，既能够获得集聚经济的一些溢出，如市场、合作、技术、信息、高等级的技术人员等，又降低了土地成本。同时，城市周边也会刺激一些技术层次较低的产业的发展，或者说是它们的避难所。因此，在二元经济条件下，城市存在着低层次、粗放型扩张的特点，城市占地面积会以摊大饼的模式较快地向外围扩张。加拿大学者麦基（Mc Gee）1972年考察东南亚时所定义的Desakota区，即"农业与工业""城镇与农村"杂混布局的混合区[①]，就是二元经济下城市低层次向外围扩展的典型形式。需要指出两点：第一，发展中国家出现的这种城市向周边盲目扩张的现象，与发达国家曾经出现的"郊区化"是不同的。后者是由于汽车的广泛使用而出现的富人、市场潜力和产业相继向郊区转移，是在城市化较高阶段出现的一种现象，前者则是由于资本对超额利润的追求而在城市化较低阶段出现的现象。第二，进入转型阶段后，如果采用凯恩斯主义投资拉动的增长模式，也会导致城市以摊大饼式的模式向外扩张，因为这种增长方式是以资本与土地的无限供给为条件的。

在二元经济下，中国的城市化大体上是沿着上述两条路径演化的，并初步形成了中国城镇体系的基本格局。这一历史阶段最重要的作用之一是使工资的空间价格体系初步形成，即大、中、小城市和城镇的工资空间分布初步形成了。

---

① 袁政：《中国城乡一体化评析及公共政策探讨》，《经济地理》2004年第5期，第355—360页。

三 假设条件：工资的空间分布特征

为了分析工资上涨对产业和就业空间分布的影响，就需要确定工资的空间分布状态及特征。刘易斯在提出二元经济模型时只是笼统地说"资本主义工资与维持生存的收入之间的差额通常是30%左右"，并简单地将其原因概括为生活成本差距、接受严格管理的心理费用、劳动熟练程度、资本主义部门工人的消费偏好等。[①] 如果这个"资本主义部门"是在农村，或者被抽掉了空间维度，那么这种分析应该说是可以的。但如果分析的是城乡收入差距，引入空间因素就是必要的，它可以使分析更加接近实际情况。比如，刘易斯在同一篇文章中曾断言，如果工资开始上涨，增长就会停止。[②] 这个结论由于忽视了空间因素，是有局限性的。如果假设资源价格在城乡间存在较大的差距，由于将土地以及其他自然资源由农村转入城市就可以获得巨大的价格升值收入，那么，即使工资已经上涨，甚至上涨到足以使正常的利润消失的程度，增长的过程仍然会持续下去。当然，这是一种特殊的增长模式。从空间上看，有两个因素对城乡收入差距的影响十分重要，即产业与人口的集聚经济差距和劳动力质量的系统性差距。它们是造成农业劳动者与城市职业者劳动效率和收入差距的两个重要原因。

在城市体系中，不同级别城市间的工资差距主要取决于效率差距，是经济学的一个重要结论。马歇尔认为，"在平均效率不等的两个地区，竞争使平均周工资不是趋于相等，而是趋于不等""周工资的地区差异和效率的地区差异大体一致"[③]，也就是说工资的地区差异决定于效率的地区差异。不少学者用实证方法验证了城市人口密度或经济密度与工资存在着较强的相关性[④]，即城市的集聚经济水平与

[①] 威廉·阿瑟·刘易斯：《二元经济论》，施炜等译，北京经济学院出版社1989年版，第10—11页。

[②] 同上书，第29—30页。

[③] 马歇尔：《经济学原理》，陈良璧译，商务印书馆2010年版，第218、287—289页。

[④] S. D. Addario, and E. Patacdhini, 2008, "Wages and the City: Evidence from Italy," *Labour Economics*, Vol. 15, pp. 1040–1061. J. J. Yankow, 2006, "Why Do Cities Pay More? An Empirical Examination of Some Competing Theories of the Urban Wage Premium," *Journal of Urban Economics*, Vol. 60, pp. 139–161.

工资存在着较强的相关性，也在一定程度上佐证了工资差距与效率差距之间的关系。据此，可以得出这样的推论：由于城市的效率变化较慢，且城市间的效率变化又存在关联性，在工资上涨的过程中，大城市与小城镇的绝对工资差距虽然会逐步扩大，但平均工资的相对比率会趋于稳定，它反映的是城市间效率差距相对稳定的事实。这一推论也包括这样的含义：如果一座城市的平均效率在城市体系中的相对地位发生了变化，其相对工资水平也会得到调整。这一结论可得到统计数据的验证。

表4-1的数据反映的是各层次城镇的单位从业人员的平均工资与全国城镇平均工资水平的比值。从2003年到2011年，中国城镇单位从业人员的平均工资水平上升了197%。在如此大的涨幅下，大城市与小城镇间的劳动力价格空间分布的"塔形"结构，到2011年基本上得以维持。表4-1的数据可以从三个方面为上述推论提供证据。第一，北京首都功能区和上海市的单位平均工资与全国平均工资的比值，分别稳定在2.32—2.50倍和1.81—1.95倍之间。潘辉分析了长三角地区25座城市2000—2010年的工资上涨情况，也发现工资绝对数额的差距虽然在拉大、但平均工资的"最高值与最低值之间的比值相对比较稳定"[1]。第二，表4-1中广州市的工资相对水平下降了，反映出它在全国城市体系中相对地位的下降。2003年以后，有关珠江三角洲的"用工荒"、农民工向长江三角洲转移或"北上"的报道与讨论不绝于耳，它至少说明，工资上涨压力与产业结构调整、增长方式转型之间的冲突在那里表现得异常剧烈。[2] 第三，县域城镇的工资上升稍微快一些，反映的是其"因城市化而形成的效率提高"倾向有与中小城市趋同的趋势。因此，"大城市与小城镇的相对工资水平较为稳定"这一命题，不仅包含了它们的效率差距决定工资差距，也包含了"其工资上涨是按大致相同的速度进行"的含义。下文分析，我们将以此为假设前提。

---

[1] 潘辉：《城市集聚、外部性与地区工资差距》，博士学位论文，复旦大学，2012年。
[2] 梁育民：《新常态下珠三角企业"用工荒"的原因与对策》，《广东经济》2015年第7期，第76—79页。

表4-1　　　　各层次城镇与全国城镇平均工资差距分析

地区	2003	2007	2011
首都功能核心区	2.23	2.50	2.42
上海市	1.95	1.82	1.81
广州市区	2.08	1.67	1.39
北京两郊县城镇	1.12	1.01	1.05
广州两郊市	1.18	1.02	0.91
山东两中等城市	0.58	0.62	0.66
广西两中小城市	0.79	0.78	0.74
安徽三县城镇	0.52	0.65	0.71
吉林三县城镇	0.47	0.53	0.60
陕西三县城镇	0.63	0.65	0.75

注：北京两郊县指密云、延庆，广州两郊市指增城与从化，山东两中等城市指德州与菏泽，广西两中小城市指北海与贺州，安徽三县指怀远、定远和岳西，吉林三县指梨树、东丰和辉南，陕西三县指岐山、合阳、富平。

资料来源：中国、相关各省市统计年鉴。

第二节　工资上涨对城市体系产生的空间分异作用

在大城市与小城镇存在较大差异的条件下，工资的持续上涨会使它们在要素配置结构、产业结构调整趋势和地产投资等方面形成空间分异。[1]

---

[1] 陈春生、吴璠、陈文强：《空间分异视角的中小城镇就业承载作用分析》，《西安财经学院学报》2014年第6期，第73—78页。

一 工资上涨对要素配置结构的影响

在转型阶段，工资的持续上涨会使大城市与小城镇在产业与经济结构的调整上产生不同的趋势与特征。根据要素配置的基本原理，工资的上涨要求在劳动与资本的配置上提高资本密度，这在地租存在差距的条件下会产生不同结果。在大城市，由于地租比小城镇高得多，在提高资本密度的同时必须兼顾土地的节约使用，或者说要同时用资本替代劳动和土地的方法来消化劳动力价格的上升。这就使大城市在提高"资本—劳动"比的同时也要提高土地的资本密度，并进而促成资本的空间集中。无论是单位土地资本密度的提高，还是资本的空间集中，都是推高级差地租的重要因素，使大城市有更高的地租水平。也就是说，工资的上涨最终会造成大城市地租水平的不断提高。与此不同，由于地租低廉，小城镇不会产生上述内生于工资上涨推高土地资本密度的作用机理，工资上涨与地租之间不会形成明显的"推进"关系。如图4-2所示，在提高劳动的资本密度的同时大城市土地的资本密度也提高了，而小城镇土地与资本间的配置比率并没有发生变化。当然，工资上涨所引起的大城市土地资本密度的提高，不是简单地源于其地租较高，大城市原有的工资水平较高，且其劳动、资本、土地等要素的配置处于相对的效率饱和状态也是重要的影响因素。但无论如何，较高的地租已经包含了较多的信息，它至少能够说明大城市的集聚经济可拓展的空间已经相对有限。

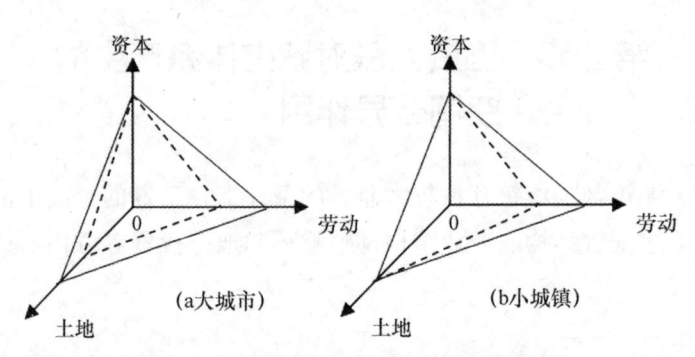

图4-2 大城市与小城镇要素配置的差异

表4-2　　　　　　　　　　住房租金的比较　　　　　　　　（元/m²）

地区	均价	中位价
北京西城区	99.6	87.5
西安市城区	24.8	22.7
宝鸡市城区	11.1	10.95
渭南市城区	10.9	10.8
岐山县城	5.94	5.95
富平县城	7.6	6.8
合阳县城	6.16	6.05

资料来源：根据搜房网、赶集网等网上交易数据进行统计整理，其中，西城区是2013年11月的交易数据，其他地区是2013年9—11月的交易数据。

这样，在大城市与小城镇的工资按同一速度上涨时，它们之间的租金差距会不断被拉大。也就是说，在工资持续上涨的条件下，不同级别的城市之间地产租金差距被拉大是这一阶段城市化的重要特征之一。表4-2的数据十分清楚地表明了这种趋势。由于我们这里讨论的大城市与小城镇必须处于同一空间体系里，并且研究的问题是集聚程度与租金的关系，这对统计数据要求较高，且难以获得。表4-2的数据是严格按照城市体系的序列级别和空间范围采集并计算得到的，其中的"县城"和"市区"是一个空间集聚概念，不是区划概念。

二　去工业化与服务业资本密度的差距

在大城市，工资的持续上涨会迫使其产业结构产生两种重要的调整趋势：一是"去工业化"；二是迫使服务业具有越来越高的资本密度和规模经济。"去工业化"是指制造业因难以承受较高的租金等成本压力而被迫迁往城市外围及其他租金较低地区，或者直接引致衰退而使就业份额下降的现象。造成"去工业化"的原因主要是制造业的产品定价服从"一价定理"，单个企业或城市通常难以通过产品定价来消化租金上涨的压力,企业只好选择外迁。20世纪70年代以后,西方经济学主要采用阿隆索(Alonso)的竞租理论来解释城市产业与居住的区位选择,其基本原理是商业、工业和居住等因租金的承受能力不同而形成的特定区位分布。[1] 根据这一理论,在工资持续上涨的条件下,租金是不断上涨的,"去工业化"就表现为一个持续过程,即"工资上涨—租金提高—去工业化"表现为一个动态过程。据此推论,少数特大城市的租金水平如果持续升高,其制造业的份额就会持续下降到一个很低的水平。例如,二次产业就业占比,东京 2008 年是 13.33%,纽约 2010 年是 12.5%,伦敦二次产业产值比 2008 年下降到 1.83%[2],香港 2012 年的制造业就业比重是 3.7%。

表4-3　　中国一线城市固定资产投资与就业结构调整分析

城市	时间	固定资产投资(亿元)		新增就业(万人)	
		第二产业	第三产业	第二产业	第三产业
北京	2004—2007	1658.0	10977.9	2.3	238.9
	2008—2011	2087.7	17847.5	-8.9	137.7
上海	2004—2007*	4702.7	10274.8	25.6	90.4
	2008—2011	5574.6	14858.7	22.5	73.9
广州	2004—2007	1589.1	4831.7	47.5	73.5
	2008—2011	2175.9	9252.8	35.2	98.8

注:*上海市统计局公布的 2007 年后的就业数据,调整了统计口径;为了具有可比性,表中 2007 年的就业数据,仍采用原数据。

资料来源:北京、上海、广州统计年鉴(历年)。

表4-3 的数据显示,中国一线城市的"去工业化"从 2004 年已经开始了。2004—2011 年,三个一线城市无论是固定资产投资还

---

[1] W. Alonso (1971), *The Economics of Urban Size*, Papers and Proceedings of the Regional Science Association, 26: 67-83.

[2] 张婷麟、孙斌栋:《全球城市的制造业企业部门布局及其启示——纽约、伦敦、东京和上海》,《城市发展研究》2014 年第 4 期,第 17—22 页。

第四章　工资上涨、集聚结构与中小城镇的就业承载作用　155

是就业都在向第三产业转移，资本密度出现了一致性的提高。"去工业化"的现象在中国许多二线城市也有直接表现，如哈尔滨、呼和浩特、济南、南京、太原、杭州等；虽然个别二线城市的整体指标中工业仍然发展得很快，但其原因是市区的去工业化与外围地带的工业化在同步展开。表4-4中成都和合肥的数据就说明了这种现象。

为了弄清楚"去工业化"在各城市层次中的延伸情况，这里又选择了具有较详细县域统计数据的浙江省的数据。表4-5显示，从2007年到2012年，浙江三线以上城市市区和县域工业就业人数都出现了较大的下降，只有四线城市（表4-5中的其他地级市）市区有一定的增长；但县域工业就业仍然占比最大。这说明在近年来的劳动力与地产价格上涨中，浙江省工业受到了较大冲击；而从趋势上看，三线以下城镇将是承载工业就业的主体。

表4-4　　　城市市区与郊区产业结构差异的分析　　　（亿元）

区域	年份	工业GDP	第三产业GDP	比值
成都市区	2012	467.84	2443.7	5.22
	2007	406.26	964.32	2.37
	2004	236.71	525.21	2.22
成都郊区（县）	2012	2035.5	1333.5	0.66
	2007	651.53	559.17	0.86
	2004	484.05	459.22	0.95
合肥市区	2011	331.45	977.6	2.95
	2007	396.46	516.95	1.30
	2004	188.54	204.46	1.08
合肥郊区（县）	2011*	1097.07	340.85	0.31
	2007	127.15	86.77	0.68
	2004	40.87	34.04	0.83

注：*2011年的郊区包括了经开区、高新区和新站区。
资料来源：成都、合肥统计年鉴。

表4-5　　　　浙江省各级城市间工业就业转移与分布　　　　　（万人）

地域	2004 就业	%	2007 就业	%	2012 就业	%
1. 浙江省	620.08	100	790.86	100	717.79	100
2. 二、三线城市市区	233.38	37.6	291.60	36.9	256.82	35.8
其中：杭州	79	12.7	96.03	12.1	93.85	13.1
宁波	67	10.8	90.52	11.4	75.58	10.5
温州	42.39	6.8	46.66	5.9	34.93	4.9
嘉兴	15.61	2.5	19.25	2.4	19.00	2.6
绍兴	12.23	2.0	15.03	1.9	12.02	1.7
台州	17.15	2.8	24.11	3.0	21.44	3.0
3. 其他地级城市市区	30.09	4.9	35.63	4.5	40.12	5.6
4. 县（市）域	356.61	57.5	463.63	58.6	420.85	58.6

注：三线以上城市指2007年市区工业就业人数在15万以上的地级市。
资料来源：浙江统计年鉴（2005、2008、2013）。

表4-6　　浙江各级城市第三产业资本密度差异评价（2012）

地区	密度系数	评价值	地区	资本系数	评价值
浙江全省	40.78	1.00	金华市区	49.01	1.20
杭州市区	77.68	1.90	衢州市区	73.01	1.79
宁波市区	119.82	2.94	舟山市区	104.18	2.55
温州市区	92.54	2.27	台州市区	65.77	1.61
嘉兴市区	105.73	2.59	丽水市区	79.59	1.95
湖州市区	94.68	2.32	城市平均	87.81	2.15
绍兴市区	99.35	2.44	县（市）域	23.05	0.57

资料来源：《浙江统计年鉴》（2013）。

与制造业不同,服务业具有区位垄断定价的特性,可以通过提高价格来消化租金上涨压力,这就意味着服务业可以"不迁移"。但由于存在着价格的需求弹性,服务业也需要借助于提高资本密度来消化工资和租金上涨的压力。因此,在工资持续上涨的条件下,大城市的服务业一般也会有越来越高的资本密度。也就是说,工资的持续上涨能够使大城市与小城镇的服务业在资本密度上产生越来越大的差距。浙江省的统计数据可以证实这种现象:2012年全省县域第三产业的资本密度只有全省平均值的57%,而大多数二、三线城市市区的资本密度都较高,如宁波是平均水平的2.94倍,温州是2.27倍。

表4-7　　　　工业资本密度在各级城市间的分布情况　　　（亿元/万人）

	2004	2007	2012
上海	18.50	22.26	29.33
广州	10.42	15.05	20.8
1. 浙江省	8.53	11.34	21.21
2. 浙江二、三线城市市区	9.88	12.99	23.10
其中：杭州	11.44	14.65	24.84
宁波	11.15	14.05	27.20
温州	5.06	6.60	9.86
嘉兴	8.70	16.02	25.50
绍兴	13.55	19.08	30.75
台州	8.08	8.60	16.13
3. 其他地级城市市区	6.78	17.05	26.26
4. 县（市）域	7.79	9.86	19.57

注：三线城市指2007年市区工业就业人数在15万以上的地级市。
资料来源：《浙江统计年鉴》（2005、2008、2013）。

需要指出的是,各级城市间的工业资本密度的差距是较小的。如浙江省 2012 年全省县域是每万人 19.57 亿元，而最高的绍兴市区也仅是每万人 30.75 亿元，上海、广州、杭州分别是 29.3 亿元、20.8 亿元、24.8 亿元（参见表 4-7）。这从另一个方面佐证了去工业化的机制与原因。这一结论是重要的，它告诉我们在推进城市化的过程中，一定要注意形成合理的城市体系结构，处理好"工业与城市发展"间的关系，以免造成制造业的衰退。

三 小城镇与大城市的经济特征

小城镇与大城市的经济差别不仅表现在劳动力价格、地产租金和服务业的资本密度方面，还表现在地产投资和生活成本方面。由于地产租金和价格实质上是要素价格的两种形式，在大城市，工资上涨所推动的地产租金上升，客观上打开了地产价格的升值空间，为地产投资创造了利润来源——尽管是虚拟的。而地产投资的兴起及其所推动的地产价格上涨又会反过来推动地产租金上涨，成为租金上涨的另一种力量来源，它又加大了租金对产业结构的调整作用（参见图 4-3）。在这个过程中，有两种"作用力"十分重要：一是地产升值的作用；二是地产投资所推动的租金上涨对产业的反作用。前者几乎可以说是具有某种神秘性。至少在 2003 年前，在中国的大城市进行房地产投资是一件十分谨慎的事情；而 2007 年以后，几乎整个投资理念完全被颠覆了，不仅一个又一个地王层出不尽，似乎整个城市的大拆迁也变得无所畏惧了，而这一切只不过源于地产升值这一原因。至于租金上涨对产业产生的反作用，近年来北京、上海等大城市租金过快上涨对商铺造成的冲击为此提供了证据。[①] 与大城市不同，小城镇基本上没有这种源于产业方面原因所推动的地产价格上涨，其地产价格的上涨主要由供求关系来解释。当然，一些具有发展旅游业、商贸等区位优势的小城镇，也有可能出现资本密度推高地产价格的情况，但这在我们的分析中只能按例外对待。在小城镇的分析中，是以地价较低、土地供给较为充分为假设前提的。上述原理可以解释城市周边

---

① 耿莉萍：《租金快速上涨引发零售业关店潮》，《国际商报》2013 年 1 月 2 日第 A04 版。

出现"鬼城"的原因。

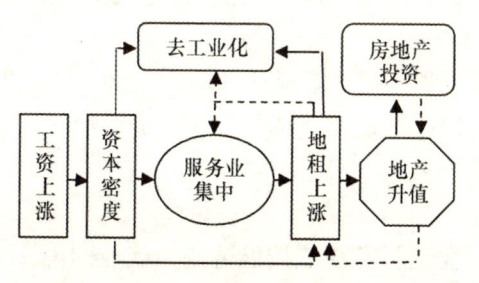

图4-3 工资上涨对大城市的作用机理

大城市与小城镇的另一个区别是生活成本的差别。大城市生活成本高，主要指食品、居住、通勤或出行、服务消费等成本高。其中，服务价格的不断上涨，地产租金是主要的推手之一，这不仅是由于租金是服务价格的主要构成部分，还由于经济学中的"土地"泛指一切自然资源，租金的上涨也就包括了水、油、气等资源性服务价格的上涨。城市中的"食品"也包含着较多的服务业价值，即使鲜活农产品也是如此。而大城市的交通运输费用和通勤费用的不断上升，也在客观上加大了生活成本上升的压力。与此不同，小城镇生活成本低，并不是简单地源于地租、劳动力价格低等，它所具有的集聚经济优势也是一个重要方面。由于集聚成本低，小城镇形成了一种趋势性优势，即可以通过提高集聚程度来消化劳动力价格的上涨压力，这与大城市因集聚程度过高而产生的扩散效应形成了鲜明的反差。另外，格兰诺维特提出的集聚的社会网络模型，是以区域为基础、通过促成企业间的信任与合作关系来形成集聚经济的模式[1]，它揭示了中小城镇形成集聚经济的另一条路径。如果再考虑到电商与网络交易的充分发展，小城镇完全有可能把较低的生活成本、地租与集聚经济结合起来，为就业增长提供良好的基础。

---

[1] M. Granovetter, "Economic Action and Social Structure," *American Journal of Sociolgy*, 1985, 91: 481-510.

第三节　大城市的就业趋势与特征

一般认为城市规模越大，就业吸纳能力就越强，但工资的持续上涨会产生一系列副作用，使其就业进入一个特殊的转折区，就业需求也会形成一些新特点。

一　"去工业化"造成低技能劳动力就业困境

"去工业化"会造成低技能劳动力的就业困境。威尔逊（Wilson）认为"去工业化"是造成城市贫民窟的主要原因，并把寻求低技能工作的机会作为改善城市贫民窟的主要途径。这主要是由于"去工业化"虽然能够促使就业结构向服务业转型，但许多制造业工人有可能因难以适应服务业的需要而被迫陷入失业状态。"去工业化"一般在特大城市表现得尤为突出，会使制造业的就业份额下降到很低的水平。中国的许多大城市原来都是工业城市，且"去工业化"又刚刚开始，这就意味着中国的大城市将会面临一场严峻的"就业转型"挑战。

其实，"去工业化"并不是说所有大城市的制造业份额都会降到很低的水平，一些大城市仍然会保持较高的制造业份额。之所以如此，主要是因为这些大城市在制造业的某一领域占有绝对优势，尤其是在人才和科技方面的优势是其他地区不可比拟的。但即使这样的优势产业，产业升级也是不可避免的，一般会进行得更激烈，它同样不利于低技能劳动力就业状态的改善。也就是说，当劳动力价格、地产租金的持续上涨和资本密度的不断提高促成大城市出现"去工业化"趋势以后，无论工业企业是外迁还是进行产业升级，都会造成低技能劳动力的就业困难。这也是中国大城市近年来面临的难题之一。

二　服务业的就业需求特点与劳动力供求质量缺口

服务业资本密度的提高，加剧了劳动力转移的结构性矛盾。企业应对劳动力成本上升的方法，在大城市主要是资本替代、提高资本密度，或者是发展能够承受高工资的知识、信息型产业，不过这会提高对劳动力素质的要求。服务业应对劳动力成本上升的方法略有不同。

它可以将工资及其他成本的上升转嫁到售价中,这是由于服务产品不可移动,通常具有一定的地域垄断性。但售价的提高会引起需求的收缩,这又会加剧竞争。这种竞争会促使服务业朝着追求规模经营和提高资本密度的方向发展。一般地说,无论是工业还是服务业,资本密度的提高总是与企业经营规模的扩大相联系的,其结果都会降低单位产业规模的就业吸纳量,并不同程度地提高对劳动力素质的要求。表4-5显示出,浙江省工业就业人数在2007—2012年出现了较大比例的下降,在很大程度上反映的就是这种趋势。大城市服务业的资本密度一般比工业高得多,它会迫使服务业竞相追求规模经营,对小企业产生很强的挤出效应。这不仅使单位产业规模的就业需求量下降了,尤其会不断提高对劳动力的素质要求。在这里,需要以大城市为假设前提,对劳动力转移过程中的供求状况做一个趋势性分析。在劳动力需求方面,工资与租金的持续上涨、资本密度的提高和规模经营的扩大,会不断提高对劳动力的素质要求。国家统计局公布的农民工监测报告可以为此提供一个证据:在外出农民工中文化程度在中专及以上的,由2009年的占10.4%上升到2012年的13.7%,绝对数增加了726.6万人。此外,一个简单的验证方法是直接观察如今的大城市中大型服务企业的员工构成,几乎是清一色的年轻人,这也在一定程度上为此提供了证据。在劳动供给方面,农村劳动力转移遵循着"择优转移"的原则[1],随着城市化水平的提高,农村"可转移劳动力"越来越弱势化了。这样,随着劳动力转移程度的不断提高,在劳动力供求上就会出现一个"质量缺口",城市化对大城市依赖的程度越大,这个"质量缺口"也越大。这就意味着劳动力转移的结构性矛盾会越来越突出。[2] 同时对于被过高的服务业门槛排斥在外的低技能劳动力来说,非正规经营可能是无可奈何的谋生选择,这就给非正规经营业的管理造成了越来越大的压力。

上述分析的政策含义是:一个国家城市规模结构的选择,应与整

---

[1] 陈春生:《城乡经济一体化与农村金融发展》,中国社会科学出版社2010年版,第176—179页。

[2] 李宝芳:《我国农民工就业的结构性矛盾探源》,《理论导刊》2013年第1期,第95—97页。

体的人口素质状态相适应；如果脱离人口状况而片面强调发展大城市，过度城市化的形成就具有一定的必然性。图4-4中的S与N曲线分别是农村劳动力供给和城市劳动力需求的质量曲线，它可以用专业技术人员构成、一定文化程度以上人员占比或青年及男性劳动力占比等度量。如表4-8反映的就是劳动力流动视角的文化程度差异。图4-4中的质量缺口意味着一部分农村劳动力实际上被挤出了正常的城市化进程，是人口素质改善的速度与产业结构调整的速度不相协调的表现。

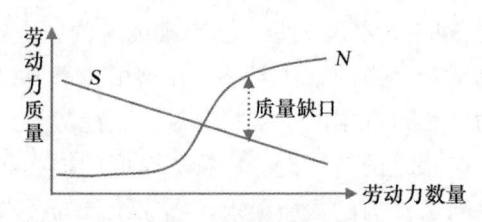

图4-4 劳动力供求结构矛盾的演化趋势

表4-8　　大城市外来常住人口与农村人口文化程度的比较　　　　（%）

区域	未上学	小学	初中	高中	大专	本科及以上
全国城市	1.55	14.5	43.58	22.47	9.99	7.9
北京	1.00	10.29	43.42	19.26	11.59	14.43
天津	1.38	15.42	55.10	15.51	6.74	5.85
区域	未上学	小学	初中	高中	大专	本科及以上
上海	2.16	15.76	50.57	16.81	7.03	7.67
重庆	2.10	20.19	33.99	18.80	12.15	12.76
全国乡村	7.25	38.06	44.91	7.73	1.54	0.52

资料来源：2010年中国人口普查资料。

三　生活成本上升与高房价的影响

如果说"去工业化"和服务业资本密度的提高是从需求方面降低了大城市的就业吸纳力，那么，过高的生活成本和房价则是从降低实际收入和消费效用方面削弱了大城市的就业吸引力。生活成本过高对就业造成的负面影响是较明显的。例如，在一些大城市，由于居住成本过高，一些职业者被迫到城市周边的"睡城"去寻求住所，结果带来的是过长的通勤时间消耗。再如，生活成本过高也制约了职业者对非就业人口——孩子、老人等——的抚养能力，使许多人难以过上正常的家庭生活。这在典型的二元经济阶段对劳动力流动的影响一般较小；但进入转型阶段以后，随着收入和生活水平的提高，当人们注重追求生活质量时，就会成为阻碍劳动力流动的重要因素。

过高的房价对人口城市化的阻碍作用是显而易见的，对就业的影响似乎较为间接。但这也只是收入水平较低时的一种现象。收入水平的持续上升会使工资差距在引导劳动力流动中的作用下降，使收入转化为"生活"的消费条件具有了特别重要的意义，也就是收入和把收入用于消费以获得效用最大化的条件都成了引导劳动力流动的主要因素。这就意味着随着收入水平的提高，人们是否迁往大城市，不仅要考虑工资的高低，还要考虑生活条件和质量，房价过高对劳动力合理配置所造成的破坏作用会逐步暴露出来。另外，如果出现了房地产泡沫，房地产投机还会对实业造成冲击，削弱其就业吸纳力。如果企业家经营了 10 年，其收益还不如买一两套房高，那么就会形成收益比较效应，促使更多的人放弃实业，转向投机行业，对就业的冲击就自然很大了。

四 经济转型对就业的冲击

经济发展方式的转型也会对就业造成冲击。一方面，在工资开始上涨之前，一个经济体因具有廉价劳动力优势，产业比较容易获得较快的发展，尤其是劳动密集型产业，产业间的联动效应又会带动城市服务业、商业、地方性经济的发展和城市经济的上升。但进入转型阶段之后，工资开始上涨，经济增长方式进入艰难的转型阶段，原有的以廉价劳动力为基础的产业普遍陷入经营困境，大量该类企业纷纷外迁。与此同时，新兴产业、高新技术产业的发展又举步维艰，这必然会大大降低产业的就业吸纳能力。在这种情况下，发展中国家政府通常会把引进外资作为解决问题的对策之一，但此时引进的外资大多是资本密集、知识信息型的，对于就业压力的缓解只是杯水车薪。[①] 另一方面，这一阶段农业工资又具有很强的上升趋势，如果此时政府认识不到发展农业的重要性，让农民试图以农产品涨价的方式来获得平等的收入，那么，在封闭并有足够补贴的条件下，在短期内也许是可行的。否则，如果农业是开放的，这种靠涨价维持的农业几乎没有竞争力，国外农业迟早会取而代之，造成大量农户破产，迫使他们涌向城市。因此在进入转型阶段后，劳动力价格的上涨会从挤压城市产业的就业空间和借助于国际农业对本国农业的冲击两条路径，加剧城市的就业难题。

不过，如果观察中国大城市的就业增长现状，情况似乎比较乐观。如表4-3所示，不仅总就业在增加，服务业也出现了较快的增长。这主要应归功于投资拉动的增长模式，房地产市场的繁荣也为此做出了贡献。但潜在的威胁已十分明显：一是投资对就业拉动的边际递减效应越来越严重。二是房地产市场已呈现出显著的饱和态势，过剩的供给有可能对未来的就业造成较大的冲击。三是在资本密度不断提高和规模经营使正规经营的门槛越来越高的条件下，它无疑在客观上为非正规经营的繁衍提供了基础。

因此，在工资持续上涨的条件下，大城市所特有的产业结构与经济调整有可能造成的就业问题已经历史地摆在经济的可持续发展面前，如何解决好城镇体系的就业吸纳力问题已经上升为中国宏观层面亟须解决的问题之一。从以上分析可以看出，如何在空间上优化产业的分布结构和城镇体系的结构已成为解决就业问题最重要的路径之一。

第四节 中小城镇的就业承载作用

工资上涨促成的大城市与小城镇的"空间分异"与大城市就业吸纳力的转型，客观上为中小城镇增强就业承载力提供了可能。而它自身所具有的劳动力价格、地产租金与生活成本低等优势，再加上它所特有的趋势性优势和空间优势——如发展空间、区位特性和良好的自

[①] 本国培育的产业部门吸纳劳动力的能力比外资大得多，因此，民族工业占比大有利于转型的顺利推进。

然环境等，不仅使它能够把这种可能变为现实，而且使其在就业结构优化方面有着巨大的作用空间。增强中小城镇的就业承载作用，是进入转型阶段后空间经济结构演化所促成的一种必然结果：一方面大城市的去工业化和服务业的升级提高了对劳动力素质的诉求，要求中小城镇能够补上相应的就业空档；另一方面，城市化的推进会从农业中进一步释放出劳动力，也需要中小城镇能够吸纳这些劳动力。可以说，增强中小城镇的就业承载力是这两方面力量相互作用的结果。同时，这一阶段城市化的特点也决定了增强中小城镇的就业承载力具有一定的可能性和特别重要的意义。具有规律性的是，在转型初期，城乡差距、大城市的集聚经济优势和市场机制这些因素的共同作用，会使大城市优先发展并进入一个快速发展期；但当城市化到了一定程度，由于集聚成本过高和集聚不经济越来越严重，又会产生逆城市化的趋势，这时中小城镇发展的机遇就到来了。

一 承载产业转移

中小城镇承载产业转移的作用首先是指承载大城市因"去工业化"而出现的产业转移。城镇体系就业增长具有可持续性是转型能够顺利推进的重要条件之一。但当大城市出现"去工业化"以后，城镇体系的就业增长会面临困扰。尤其中国是一个人口大国，城镇就业问题会异常突出地表现出来。这样，在大城市进入"去工业化"以后，已有的制造业份额是否能够继续保持在国内而不是让其转移到外国去，对经济的可持续发展就十分重要了。有一种十分流行的观点认为，劳动力成本上升会导致制造业大规模地向国外转移。[1] 其实，这并不是必然的。因为劳动力成本、地产价格的上升在不同区位是不同的。即使大城市和沿海地区的劳动力成本和地产价格达到较高水平，小城镇和内地一些地区的劳动力成本和地产价格仍然相对较低，因此国内产业转移也是解决问题的方法。比如一些跨国公司如富士康、三星等就把向内地迁移作为应对劳动力成本上升的方法。由中小城镇承

---

[1] 魏浩、李翀：《中国制造业劳动力成本上升的基本态势与应对策略》，《国际贸易》2014年第3期，第10—15页。

接大城市因"去工业化"而形成的产业转移，在理论上是可行的。新经济地理学的一项研究成果指出，只要有便利的运输条件，小城镇也足以启动内部规模经济、承载大企业；原因是周边的中等城市就足以满足"地方化经济"的要求。[1] 斯科特的生产周期选择理论也指出，当企业发展成熟后会变得越来越不依赖城市，在远离中心城市的小城镇建立分支企业可以降低成本，增加盈利。[2] 根据这两种理论，小城镇不仅能够承接传统的或一般的制造业转移，也能承接高新技术产业的转移，甚至能承载科技创新园区。但要在小城镇建设科技创新园区需要具备的区位条件是：离高级别的大城市的距离既不能太远，又不能太近，也就是使其能够把土地、生活成本低的优势与享受大城市的城市化经济结合起来。小城镇也能够吸引大企业设址在欧美发达国家是一种普遍现象。以德国为例，纽伦堡的以下三个小城镇就是如此：埃尔朗根，2011年的人口是10万左右，是西门子公司多个分支机构的所在地；赫尔佐根赫若拉赫，2011年人口是2.3万人，是三家全球企业阿迪达斯（全球体育用品供应商）、彪马、舍弗勒（世界汽车工业零配件的著名供应商）总部所在地；依普霍芬，2012年的人口是4300多人，是全球活跃的建材家族企业可耐福的总部。小城镇能够吸引大公司的原因主要是其宜居程度往往高于大城市，包括高品质的教育与健康服务、优美的环境、通往自然和休闲设施的便利程度。[3]

由中小城镇承接大城市因"去工业化"而形成的产业转移，还可以起到优化产业空间布局结构的作用。根据阿隆索的竞租理论，企业在城市中的区位取决于它的租金支付能力，因此产业在城市中的分布是服务业位于中心城区，其次是商业，制造业一般位于城市的边缘地

---

[1] World Bank, *World Development Report* 2009. Washington DC: World Bank 2009.

[2] A. J. Scott (1982), "Locational Patterns and Dynamics of Industrial Activity in the Modern Metropolis," *Urban Studies* 19: 111–142.

[3] 克劳斯·昆兹曼、尼尔斯·莱伯：《德国中小城镇在国土开发中扮演的重要角色》，《国际城市规划》2013年第5期，第29—35页。

带。① 在这样的假设前提下，随着城市规模的持续扩大与地租的不断上升，城市的产业空间结构会进行再次调整，制造业还会向更远的边缘地带迁移。应该说，这种摊大饼式的城市化模式也有其内生机制，制造业向城市边缘迁移只是其表现形式之一，但其最终必然会造成越来越严重的集聚不经济。因此，理性的选择是不能任城市肆意蔓延，应该为城市划定边界。由中小城镇直接承接大城市的产业转移，实际上是与城市划定边界相配套的措施。这样，中小城镇承接大城市的产业转移就不限于"去城市化"的原因，也可能是因为城市规模过大或者调整城市功能的需要而将一部分产业转移出来。无论何种原因，中小城镇在这样的产业空间结构优化中都是重要的，它一般都有可能发展成为新的专业化产业集群。

小城镇承载产业转移的另一种形式，是通过小城镇及其结构来优化中等城市的工业生态环境。大城市的"去工业化"揭示了这样一个事实：制造业有着较严格的空间环境要求。斯顿夫（Stumpf）研究了芝加哥地区制造业的重新布局现象，指出促使企业外迁的动机是公共政策、基础设施问题、劳动力以及交通可达性。② 也就是说，即使撇开公共政策不谈，如果集聚成本过高，使基础设施建设和维持费用、生活成本过高，或者是交通拥挤严重地削弱了交通的可达性，都会抑制工业的发展，甚至破坏工业的生存环境。近年来中国大城市甚至是一些中等城市的房地产过热对工业所造成的冲击就是例证。因此，对于工业城市来说，如何运用小城镇的结构来分流人口、物流与仓储、文体与教育等城市功能，或者是构建一种网络状的集聚结构，以便能够为工业尤其是高新技术产业发展提供良好的空间环境，是一个亟待研究的问题。

此外，大城市的卫星城也是中小城镇承载产业转移的一种形式。这种形式的产业转移并不局限于制造业，更多的时候是服务业。比

---

① 菲利普·麦卡恩：《城市与区域经济学》，李寿德、蒋录全译，世纪出版集团 2010 年版，第 88—94 页。

② M. D. Stumpf（1996），The Intra-Metropolitan Relocation of Manufacturing Firm in the Chicago Region, 1987 - 1992. Master's thesis. Department of Geography, Northern Illi-nois University.

如，高等院校、科研机构，或者文艺中心、交通枢纽、大型市场等，通常这一类产业转移与大城市的功能调整或重塑有关。但是根据反磁力吸引理论，卫星城必须能够在就业、居住与服务等方面形成配套，才能发挥疏散大城市人口和功能的作用，否则就仍然是大城市的蔓延。

二 推动服务业规模的最大化

一国服务业发展有一个最优的空间结构选择问题。也就是说，在经济水平与人口素质一定的条件下，什么样的人口集聚结构能够使服务业的就业量和服务覆盖面最大化？由于服务业的就业规模和服务覆盖面主要取决于人口集聚的总规模，而人口集聚规模又取决于集聚结构，这就决定了在经济水平与人口素质一定的条件下，可以通过大力提升中小城镇的人口承载作用来最大限度地推动服务业的发展。我们可以假设有这样两种集聚结构：以大城市为主和以中小城镇为主。由于大城市的集聚成本和服务业的经营成本都远远高于中小城镇，对劳动力的素质要求也较高，相比较而言，以中小城镇为主的集聚结构所形成的集聚总规模毫无疑问要大于前者，其服务业的总规模和业务覆盖面也必然大于前者。同时，农村人口也有一个集聚程度的问题，即所谓村落人口居住的相对集中还是分散。以中小城镇为人口承载主体还包括运用"小城镇—村落"的结构（参见图8-4农户城镇化供给的三元结构）来提升农村人口的集聚程度。实际上，拉美一些国家的实践已经证明，前一种集聚结构会造成这样的状态：人口过度集聚于少数特大城市，超过了人口素质水平，形成了过度城市化，服务业的发展主要基于服务于少数人，且不同程度地走向畸形；而农村的集聚程度又很低，以致连获得基本的服务供给都很困难。因此，通过发展中小城镇来提升集聚的总规模与总水平，并借助中小城镇具有发展劳动密集型和以小企业为主的服务业优势，以推动大众消费和公共服务业的发展，最大限度地扩大受惠人群，是推动一国服务业结构优化的一条重要路径。

马歇尔曾经分析了英国工业化过程对非农就业结构的影响，指出农户原来自给自足的各种劳动被专业化的劳动所替代，是促成非农就业发展的一个重要基础。① 同时，克里斯塔勒（Walter Christaller）的中心地理论又强调，中心地高层次服务职能的形成是以腹地的需求为基础的。把二者结合起来，一方面，中小城镇的发展可以为各种劳动的专业化提供条件；另一方面，通过发展中小城镇的服务中心职能，不仅能够最大限度地开发"腹地"，而且能为大、中城市的高层次服务业的发展提供支撑。因此，通过发展中小城镇，最大限度地提升农村消费的商品化和社会化程度，实际上也是夯实一个国家服务业发展基础的重要环节。对于中国具有特别重要意义的是，以人口城市化为契机，通过发展中小城镇，解决好2.3亿农村"老人与儿童"的基本和公共服务供给问题，可以为服务业发展奠定一个良好的基础。此外，通过运用卫星城、小城镇群等结构形态帮助大城市或城市群来解决人口、资源与环境压力过大的问题，也是中小城镇在空间上发挥优化服务业结构作用的一个重要方面。

三 支持小企业集群发展

小企业不仅具有较高的产值就业比，而且在劳动力需求上也具有较大的包容性，这就决定了它在二元经济转型中能够发挥特别重要的作用。但是，小企业及其集群的发展有一个空间条件问题。"硅谷"发源于洛杉矶地区的小城镇，而不是产生于纽约或芝加哥的中心商务区，本身就揭示了小企业集群的空间奥秘。小企业发展需要较低的外部成本，最主要的是较低的劳动力成本、地产租金和较低的集聚成本等，而小城镇则能够满足这一要求，同时，小企业集群又能够帮助小企业形成外部经济。如果孤立地看，这种相互适应性似乎只是纸上谈兵。但是，在大城市劳动力价格、土地租金等要素价格和集聚成本不断攀升、小企业难以存活的条件下，交通运输与通信条件的改善使远距离的交易成本大幅度下降，从而使那些虽然远离大中城市，但又能受到其城市化经济辐射的小城镇具有了特殊的区位优势。如果能够使小企业与小城镇间的相互适应性与区位优势相结合，就很容易使小城镇与小企业集群之间形成一种内在的孪生关系。小城镇能够为小企业

---

① 马歇尔：《经济学原理》，陈良璧译，商务印书馆2010年版，第218、287—289页。

集群发展提供良好的产业发展条件和空间条件，而小企业集群的发展又能反过来提升小城镇的城镇化水平。

大城市不是不能发展小企业集群，但为了保证它能够长期获得较低的集聚成本，就必须为其划定区域，需要付出高昂的土地与机会成本，大城市一般不愿意这样做。即使有过的小企业集群，也会在产业升级的口号下被大企业和规模经济吃掉。一般来说，大城市中的小企业的生命周期是很短的。与此不同，"小城镇＋小企业集群"的模式由于能够避免大城市的过度集聚不经济所造成的冲击，使小企业集群的发展具有可持续性。另外，小城镇与小企业集群的结合也为充分利用社会网络模型以提升集聚水平提供了良好的基础。因此，小城镇与小企业集群的耦合发展是优化就业结构的一个重要方面。

四 延长农业产业链

在农村地区，现代化推动的农业前、后项产业的大发展，包括农业衍生产业，既是推动中小城镇发展的一条重要路径，又是增强中小城镇就业承载力的重要产业来源之一。现代化农业是高度商品化、高度产业化的农业，这二者都能够极大地推动农业前、后项产业的发展，增加就业机会。首先，农业高度商品化的发展要求农产品市场与农业要素市场达到高度发达的状态，这会带动市场建设、农产品物流与仓储、农产品交易与销售、农业要素供给等相关产业的发展。其次，农业商品化与产业化的发展，还会引致农业服务的发展，促使其进行更细的专业化分工，形成一个多元化、多层次的新型农业社会化服务体系。第三，农业商品化与产业化的发展，更为重要的是能够推动农业产业链的延伸，形成农、工、贸一体化和一定程度的农业产业集聚。第四，农业衍生产业与乡村旅游业的发展，前者包括观光农业、休闲农业、节假日农业等。虽然很难说这些衍生产业直接形成于农业的商品化和产业化，但它们为这些衍生产业的形成提供了基础是毫无疑问的，尤其是农业要素的完全商品化和农业收益的最大化可以说是推动这些衍生产业形成与发展的重要源泉之一。

农业产业链的延伸、建立多元化与多层次的新型农业社会化服务体系、农业衍生产业的发展，这些与农业有关的非农产业都能够增强中小城镇的就业承载力，对此所能创造的就业机会和对就业结构的优化作用应该有一个正确的估价。第一，中国原来是一个农业大国，发展与农业相关的非农产业有着天然的劳动力甚至是文化优势，它也是能够最大限度地解决劳动力供求结构矛盾的主要路径。第二，与农业有关的非农产业一般是劳动力密集型产业，其就业吸纳潜力是巨大的，如食品制造业、饮食服务业、休闲旅游业等。第三，建立多元化、多层次的新型农业社会化服务体系，可以为发展绿色农业、有机农业以增强农业的国际竞争力奠定基础。

第五章　属地资源配置、污染治理与中小城镇的作用

上一章分析了劳动力价格上涨对城市格局的影响，这一章将讨论属地资源配置与污染对城市发展的影响。当城市化进入一定阶段时，不仅劳动力价格上涨会对城市经济造成压力，资源价格上涨与污染治理也会对城市经济产生压力，形成叠加效应，尤其是资源价格泡沫和污染的"先忽略、后治理"会使城市经济陷入"过山车"式的发展模式。它能够解释为什么城市集聚经济会形成收益虚估状态，并进而造成严重的集聚不经济问题。实际上，这样的"发展进程"恰巧是二元经济转型与快速城市化重合所造成的结果。前者决定了工资的上涨，后者必然会刺激资源价格上涨，很可能也会造成污染的蔓延，这些作用交织在一起，最终使城市结构调整不可避免。

第一节　劳动生产率差距与二元资源配置体系

一　劳动生产率与资源的定价

资源的粗放型使用、浪费严重，致使经济发展与资源稀缺的矛盾日益突出是粗放型城市化的重要特征之一。但是，一种简单的看法——把资源粗放型使用的原因归结为资源价格太低——就有些肤浅了。如果沿着这条思路去治理资源浪费问题，其结果只能是事与愿违。因为在二元经济结构下，城市化过程中资源被粗放型使用并不是一个简单的资源价格太高或太低的问题，而是一个结构性问题。

在城市化过程中，资源被粗放型配置的主要原因是城乡劳动生产率差距过大所造成的二元分割的资源配置体系。在假设农业与工业劳

动生产率存在较大差距的条件下，两个部门在资源利用效率上会产生相应的差距，从而使资源形成双重定价。经济学在资源价格决定方面的一个基本原理是，资源的价格是其实际收入（租金）的资本化。[①] 于是，农业劳动生产率较低，单位资源所带来的收入较少，其价格也就较低；而工业劳动生产率较高，由其决定的资源价格也较高。这样，把资源由农业部门转移到工业部门就存在着一个差价收入。如图 5-1 所示，MP_1 和 MP_2 分别是某一种资源的农业和工业边际产品曲线，P_0 是按农业劳动生产率定价的资源价格，P_1 是工业部门使用与农业相同数量 Z_1 的该种资源的边际价格，$P_1 - P_0$ 是两个部门间该种资源的级差租金差价。在这种定价下，由点 P_0、P_1、H_1、H_2 所围成的面积就是资源转移的差价收入。这部分差价收入如果被工业部门所占有，就会形成超额收益；但更可能的情况是它被中间商、投机者和政府的职能部门所瓜分。无论这个差价收入被谁占有，差价越大，就越能够刺激各种投机收入的猎取者千方百计地侵占农业资源，都会形成以这样或那样的形式表现出的资源浪费，因此，农业劳动生产率低下或者说农业与工业的劳动生产率差距过大才是资源被粗放型使用的最根本原因。

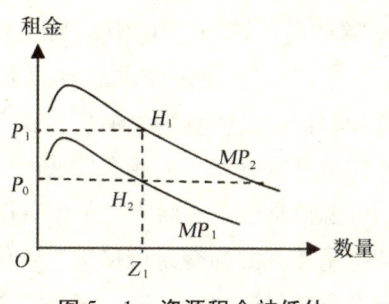

图 5-1 资源租金被低估

农业劳动生产率不仅能够决定农业资源的定价，还在很大程度上能够影响用于非农的资源，如天然气、稀土、非农用水等的定价。其原因一是机会成本效应，天然气、稀土、非农用水的初始价格只要高

---

① 张任忠：《关于环境的价值与资源价格决定问题的理论探索》，《海派经济学》2008 年第 22 期，第 162—170 页。

于农业用地、用水的价格,将相关资源转移到非农部门就是效益选择的必然结果;二是劳动力成本效应,在通常情况下非农用资源开发所雇用的劳动力是从农业中转移而来的,因此,农业劳动生产率又直接决定着资源开发的劳动力成本。

二 二元分割的资源定价体系

为了便于说明问题,我们将由农业劳动生产率定价的资源价格称为资源的初始价格,将资源转入工业或其他非农部门的价格称为交易价格。在农业与工业部门的劳动生产率存在较大差距的条件下,二元分割的资源定价体系可以说是一种难以避免的结果。因为在这种条件下,任何一元定价都会带来矛盾与冲突。比如,一种情况是采取低定价。对于中国来说,资源的低定价不仅在计划价格时期是一种惯例,即使在今天的市场与政府分轨定价的制度下也到处可见其踪影。美国的资源税率是12.5%,澳大利亚是10%,而中国仅为1%,无偿使用自然资源的陋习已根深蒂固。[①] 这种定价低估了工业部门的资源使用租金,使其能够获得一个超额收益,从而造成了工业部门粗放型使用资源的内在动力。不仅如此,如果在城市化的最初阶段,资源的交易价格定价偏低,还能够使城市部门在集聚经济形成中获得一个超额收益,引导城市规模趋于扩大,使集聚成本与收益形成虚假均衡。但资源价格终将上涨,这种超额收益也会随之消失,到头来会使城市面临过度的集聚成本压力。这就意味着对于那些在较低的资源价格下已达到较大规模的城市来说,资源价格的上涨将有可能使其陷入集聚不经济的状态。再如,另一种情况是按资源的交易价格进行定价,即所谓的市场定价。这又会造成农业在资源使用上的困难,于是需要对农业制定一个保护价格,如电、汽油、柴油等。这就使二元定价制度化——因用途不同而价格不同。同时,资源的交易价格不仅取决于工业部门的劳动生产率或资源的使用效率,还受资源供求关系的影响。在经济学分析中一般假设资源具有稀缺性,因此,随着城市化程度的提高,需求的增长,

---

[①] 伍世安:《深化能源资源价格改革:从市场、政府分轨到"市场+政府"合轨》,《财贸经济》2011年第5期,第123—128页。

资源交易价格上涨是一种必然趋势。但如果资源的市场价格高于由工业劳动生产率所决定的资源价格,并且二者间的差距不断扩大,就会形成资源的价格泡沫。资源价格的不断上涨和资源价格泡沫的形成又意味着二元的资源定价体系面临着越来越严重的矛盾与冲突。

二元的资源定价体系对城市化过程中的资源配置所造成的负面作用,主要是资源价格低估和高估破坏了市场机制的资源优化配置作用。资源性产品的价格一般由三部分组成:资源租金+生产费用+利润。如果资源定价偏低使租金被低估,就会使城市部门在资源性产品的生产中获得一个超额利润,造成资源的粗放型使用。反之,如果资源租金被高估,既会形成资源价格泡沫,又会拉大资源价格的差距收入,引起资源投机以致造成资源开发过度和资源性产品供给过剩。土地价格泡沫可以说为资源价格泡沫提供了典型案例。2016年,在国家提出"去产能、去库存、去杠杆"战略任务的大背景下,一、二线城市中的"地王"却层出不穷,仅前5个月交易价超过15亿元的全国就有105宗,成交总价为3288.2亿元。楼面价每平方米高达五六万元已是屡见不鲜。这种现象使人们深感震惊:土地价格为什么会如此之高? 有一种观点认为是土地供给不足、土地荒的结果。[①] 但这只是一种"面多了加水、水多了加面"式的答案,它并没有回答在如此高的价格下土地的使用收益如果不能补偿土地成本,其原因是什么这一问题。实际上,在资源价格泡沫的形成中,资源的稀缺性、资源价格差距收入的扩大和投机力量的不断被强化,这三者之间存在着相互推动的恶性循环关系。其中,二元的资源定价体系是前提,资源的稀缺性不断被强化又主要源于畸形的集聚结构。

总之,在二元资源定价体系下,无论是资源价格的低估还是高估,都会对集聚过程产生成本约束效应。前者是指如果资源租金被低估,集聚经济收益就会被夸大,而在资源价格开始上涨以后又会使城市陷入巨大的成本上升压力中。后者则是指一旦出现资源价格泡沫,也就意味着资源价格的上涨是以推高集聚成本和侵蚀集聚经济收益为代价的。资源价格泡沫所造成的成本约束效应,是转型时期城市化所面临的主要难题之一。

---

① 程凯:《地王疯狂到底为哪般 专家:不是钱荒是地荒》,《华夏时报》2016年6月9日。

三 资源价格的上涨与要素配置结构的调整

随着城市化的不断深化，资源需求量的增长，资源价格上涨是一种必然趋势，它必然会对要素配置结构产生较大的影响。首先会影响资源 Z 与劳动力 L 的配置状态。设 W、P 分别为劳动力 L 与资源 Z 的价格，根据边际技术替代率等于要素价格之比（$MRTS_{LZ} = MP_L/MP_Z = W/P$）这一生产要素的最优配置原则，如果劳动力价格不变，资源价格上涨将会迫使产业通过提高劳动力的使用比重来替代资源的使用，以控制成本上升。如果劳动力价格同步上升，资源价格上升所带来的成本上升将不可避免。这也正是转型阶段的重要特点，即资源价格与劳动力价格的同步上升给产业部门带来了巨大的成本上升压力，制约了城市经济的发展。在这种条件下，能够缓解资源价格上涨压力的最直接也是最主要的方法是通过增加资本与科技投入以改进劳动力与资源配置的技术状态。或者是通过增加设备类资本投资以节约资源的使用，或者是增加科技投入以提高劳动效率。

资本与科技投入是节约资源使用的最有前景的方法，但其条件是投入所产生的资源节约收入一定要能够使资本与科技投入获得合理的收益。有一种观点认为，现实中普遍存在着资源使用浪费严重而一些很好的节约技术又难以投入应用的现象，是由于资源价格太低的缘故。但这只是问题的一个方面，这些资源节约技术的投入成本太高应该是更重要的原因。因此，资本和科技投入要成为实现资源节约使用的一种普遍的方法，创建一个发达、高效率的科技创新体系是首要的前提，以便能够使资源节约方面的资本与科技投入成本下降到"价廉物美"的水平。实际上，增加资本与科技投入的方法也就是优化资本与资源、劳动力配置结构的方法，是在资源的特性不变的条件下，通过增加资本投入或提高劳动力的技术含量来达到节约资源使用的效果。从这个角度看，这个创新体系的形成又是劳动生产率不断提高的结果：随着劳动生产率的不断提高，国民收入中利润和租金的份额会逐步下降。

能够缓解资源价格上涨压力的另一种方法是通过调整集聚结构来均衡资源的供求状态。资源可以分为属地资源和可贸易资源。前者是指不可移动的资源，其典型形态还包括其产品也具有不可移动性，如土地、水、一些能源、生态资源等。农业资源可以看成是准属地资源，因为其产品的运费价格比太高。该种资源在一定地域范围内的供给量是一定的，因此，城市规模越大，其价格也就越高。后者是可以通过运输和贸易改变其供给状态的资源，如燃料油、金属矿等，单个城市的规模一般不会影响这类资源的价格。这里的资源仅指前者，其供求关系具有显著的空间属性，并且这些资源的价格直接影响着城市的集聚成本。对于这种资源，可以通过协调集聚结构与资源分布之间的关系来平衡供求状态。资源的空间分布是分散的，可利用的规模也有大有小，各种资源的地域自然配置也各不相同。与此相对照，如果在一定区域范围内城市规模过大，就会加剧资源供给的短缺状态；而且，如果城市体系过度偏向于大城市，还会提高资源利用的最小规模，限制可利用资源的类型，降低资源的总利用效率。尤其是像水资源这样的资源，如果不顾空间分布状态，片面强调发展大城市，会严重破坏其再生能力，形成大河没水、小河干的状态；长此以往，又会破坏区域内的蓄水、疏流功能，遇到降雨量增加时，又会形成洪涝灾害。不仅会使水的成本高得惊人，加剧了水资源危机，防洪、抗涝支出也会不断增加。因此，尽管城市化要求提高人口的集聚水平，但也有一个集聚结构是偏向于以大城市为主还是以中小城镇为主的选择问题，如何处理好人口集聚结构与水资源分布之间的关系，应该是最终能够使中国在水资源的使用、涵养、再生上达到自然平衡的重要路径之一。生态能源的利用也是如此，它需要一个能够与生态能源的分布相适应的人口聚落结构。人类社会在漫长的发展中，长期以来一直都把便利的交通作为集聚地的主要选择条件；但随着交通越来越发达，而资源供求矛盾却越来越尖锐，那么，把解决资源供给平衡作为选择集聚结构的一个重要条件将是一种大趋势。因此，合理布局人类的空间集聚结构也是解决资源供求缺口和价格上涨压力问题，有效地实现资源供求均衡的重要路径之一。

尽管上述优化要素配置结构和集聚结构的方法能够对抑制资源价格的过度上涨起到一定的作用，但努力消除二元的资源定价体系、建立完善的资源市场调节功能无疑是最重要的基础性环节。农业劳动生产率低下和资源需求的不断增长所造成的资源的二元定价体系，本身就包含了资源的初始价格与交易价格间的差距会被不断拉大的倾向，是不断滋生和诱导反市场力量的源泉。在由此形成的二元定价下，提高城市用资源的价格本来是为了促进资源的节约使用，但同时却强化了投机、寻租的动力。投机、寻租行为的盛行不仅会造成资源的野蛮式开发和对农业资源的过度占用，而且由此产生的分配不公和对市场机制的冲击作用都有可能达到难以估量的程度。而在需要向农业供给资源的场合，通过各种补贴、优惠政策等方式实现的低价供给，从表面上看似乎解决了农用资源的供给问题，但实际上是一种输血式的供给，客观上严重削弱了农业的发展基础。

四 转型时期的城市资源供求特性

在转型阶段到来后，城市发展进入快速城市化时期，同时工资的上涨和二元资源定价体系的作用，会使属地资源的稀缺性以较剧烈的形式表现出来。不仅土地价格的暴涨常常令人瞠目结舌，水资源危机的魔影更会使人望而生畏。如果推而广之，一些农产品由于在短期内难以增加供给，具有"半"属地资源的性质，这类农产品价格的暴涨，如"蒜你狠""姜你军"和"豆你玩"等，也是快速城市化中资源稀缺性的一种表现形式。因此，在进入转型阶段后，资源的供求状态与价格波动会出现一些显著的特点，会对城市经济产生较大的甚至是扭曲性的影响。

（一）大城市的资源瓶颈效应

当转型开始的时候，如果大城市已经具有了相当的规模，这就意味着以往的"城市化"是在较低的资源价格下进行的，其集聚经济中包含了较大的资源价格低估成分。这样，从理论上讲，资源价格的上涨将会使大城市在较大的规模上承受集聚成本上升的压力，使集聚净收益趋于收缩，以致造成集聚不经济，即使大城市陷于资源瓶颈效应状态。也就是说，属地资源相对于城市规模和城市经济的方方面面已经严重短缺了，以类似于瓶颈的方式抑制了城市经济的发展。但短期内的表现较为复杂，这是因为资源有存量资源和流量资源之分，价格上涨的作用存在差异。存量资源是指对资源的使用并不会改变资源的数量，只是表现为资源占用时间的延长，如土地、海洋、湖泊和自然的生活环境等资源。流量资源又可以称为消耗性资源，资源的使用会使资源数量减少，如水、天然气、矿产资源等。就流量资源而言，其中的属地资源价格上涨将推高集聚成本，对城市经济产生较大的压力是显而易见的。而存量资源——主要是土地，则与此不同，尽管其价格上涨也表示集聚成本的上升，但对不同经济主体的影响是不同的。对土地所有者来说，将会给它们带来额外的收益，尤其是大城市，其影响面是很大的；而对于土地的租用者或将要进入这座城市的人口和企业来说，成本压力的加大是必须用真金白银支付的。因此，从短期看，土地价格上涨自然是"有人欢乐、有人忧"。这就是为什么土地价格的上涨明明白白地提高了城市的集聚成本，会给城市发展带来较大的障碍，但却很难受到一致性谴责的原因。但无论如何，从长期来看，土地价格的上涨毫无疑问推高了城市的集聚成本，会逐步侵蚀掉集聚经济收益，使城市陷入严重的资源瓶颈约束状态。由于资源价格体系改革的滞后，中国的许多大城市在很长一段时间内一直享受着低资源价格的"优惠"，不仅包括产业用地的"优惠"，还有水、气、电等，尤其是污染的低赔付，这给这些大城市的发展埋下了巨大的隐患。下面以北京市的水资源供求状况为例来说明这一问题的含义。

在"文化大革命"之后，北京的水资源状况可以分为三个阶段：1980年前、1981—1998年和1999年后。进入新世纪以来，北京的水资源状况严重恶化，2001—2014年人均年水资源量的均值为139.1立方米，而2014年仅为94.9立方米，还不到世界公认的缺水下线人均1000立方米的1/10。尤其是供求缺口持续过大（参见图5-2），如2013年在总供水中，再生水、南水北调和应急供水占了45.3%。

在水资源状况不断恶化的条件下，调高水价也就成了缓解供求矛盾的无奈选择。北京市于2009年12月和2014年5月1日至2016年5月1日进行了两次水价调整（如表5-1和表5-2所示）。居民用水从每立方米3.7元调高到阶梯水价的5—9元，大体上提高了1倍；非居民用水中的特殊行业提高的幅度最大，如洗车与纯净水行业，由每立方米41.5元调高到160元，提高了近4倍。比较各种水价，其差价主要源于资源费的差别。居民用水的资源费是每立方米1.57元，一般行业是2.3元，特殊行业是153元。这也说明居民用水和一般行业用水的水价仍然存在着严重的资源价值低估问题，或者说包含着较大的政策"优惠"。2013年，中国水务投资有限公司董事长王文珂在"第十一届水业战略论坛"上提出了"水价要提至30元到40元一吨才行，我支持水价上涨"的观点①，引起了社会的强烈反响。是的，对于普通市民来说这样的水价是有些高了，但就北京市的水资源供求状况来说，这样的水价又不能算高。这一实例说明，对于在较低的资源价格上已经形成规模的城市来说，资源领域全面、深入的市场化会使其陷入严重的资源瓶颈效应，使其经济在不断上升的集聚成本下运行，甚至完全陷入集聚不经济状态。要知道，一般的集聚经济分析是在假设城市规模的集聚成本系数不变的条件下进行的，而资源价格的上涨却能够不断地推高集聚成本系数。也就是说，在资源价格不断上涨的条件下，城市的集聚经济状态实际上是动态的。

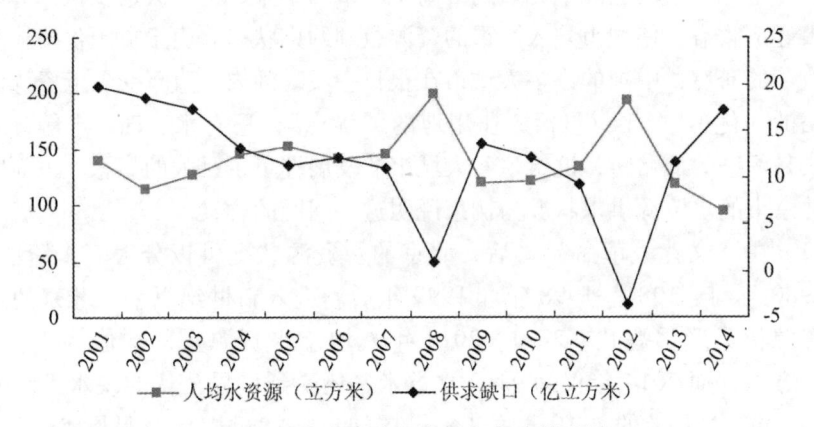

图5-2 北京市水资源人均与年度供求情况

资料来源：《北京统计年鉴》（2015）。

（二）资源价格泡沫的易爆发期

在转型阶段城市化进入"资源价格泡沫"的易爆发期。一方面，由于这一阶段的快速城市化会使城市与非农产业的资源需求进入快速增长阶段，会不断地推高资源的交易价格，在这种条件下，如果农业劳动生产率提高相对滞后，就必然会不断拉大资源价格差价，形成并

---

① 陈仁泽：《中国水务董事长再谈"水价应涨10倍"：涨价促节约》，《人民日报》2013年4月17日。

加剧资源价格泡沫。另一方面,这一阶段不仅特有的工资上涨会对资源价格泡沫化起到推动作用,投机力量的介入也会对资源价格泡沫起到推波助澜的作用。转型阶段的资源价格泡沫与传统上的资源价格泡沫的一个重要区别是:其投机力量不仅是以"囤积居奇"等方式直接作用于价格的,"城市规模的扩大"也成了它的"作用中介",并且城市规模扩大是否源于"投机"并不重要,也可以源于其他原因——如城市体系结构的扭曲等。由此形成了一种三角形的作用机制,如图5-3所示,不仅"资源价格"与"投机力量"之间存在着相互作用,城市规模的扩大也推动着资源价格的上涨。在这种三角形机制中,投机力量能够作用于城市规模的一个重要原因是二元资源配置体系的缺陷:资源涨价的收入难以回流到资源保护、再生产和环境修复上,通常会以企业资金、政府收入和投机收入及游资的形式又流回到城市,用于创造新的虚假资源需求。这种投机收入通常被用于扩大城市的房地产投资、市政与基础设施建设以及形形色色的娱乐或文化项目等,不断地推动着城市的扩张,刺激着资源需求的快速增长。最终会使资源价格泡沫"越吹越大",以致达到令人难以置信的程度!2016年一些大城市的房价上涨可以说达到了非常疯狂的程度,对此值得思考的是,为什么会有如此规模庞大的投机性资金?这不是用宽松的货币政策能够简单解释的。

表 5-1　　　　　北京市居民用水价格变动情况　　　　（元/立方米）

年份	阶梯	户年用水量（立方米）	水价	水费	水资源费	污水处理费
2009			3.7	1.7	1.10	0.90
2010			4.0	1.7	1.26	1.04
2014年5月1日起	第一阶梯	0—180	5.0	2.07 (1.03)	1.57 (2.61)	1.36
	第二阶梯	181—260	7.0	4.07 (3.03)		
	第三阶梯	261以上	9.0	6.07 (5.03)		

注:括号中的数据为自备井供水的价格。
资料来源:北京市发展与改革委员会网站(www.bjpc.gov.cn)。

表 5-2　　　　　　北京市非居民用水价格变动情况　　　　　（元/立方米）

年份	水价与构成	行政事业	工商业	宾馆、饭店、餐饮业	洗车、纯净水业	洗浴业
2009	水价	5.40	5.60	6.10	41.50	61.50
2010	水价	5.80	6.21	60.68	80.68	
2015	水价	8.15			160	
2016年5月1日起	水价	9.50（城6区）				
	水费	4.2（2.2）			4	
	水资源费	2.3（4.3）			153	
	污水处理费	3			3	

注：括号中的数据为自备井供水的价格。

资料来源：北京市发展与改革委员会网站（www.bjpc.gov.cn）。

当然，资源价格泡沫与城市规模也有较强的相关性，在很大程度上它可以被看成是这一阶段大城市的一种特性。如果假设在一个地域系统中，大城市与小城镇的属地资源供求都达到了边界水平，那么，由于大城市具有较高的集聚经济水平，人口和产业会进一步向大城市集聚，因此，大城市更容易产生资源价格泡沫。但这样的推论是很难令人信服的。因为按照空间经济学的理论，人口的自由流动能够使各级城市的规模同时达到均衡状态，即当大城市的规模过大时，就会产生集聚不经济，这会促使人们反过来流向较小的城市，从而使城市体系达到均衡状态。不过，如果引入资源价格泡沫与投机因素，这种均衡就有可能被扭曲。比如，假设有某种传统的或人为的因素使大城市集聚了过多的职能，城市规模的过大和资源价格泡沫的膨胀就是不可避免的。需要指出的是，空间经济学的结论，即"当城市规模过大时，集聚不经济就会产生扩散效应"是以极其抽象的假设为条件的，比如城乡经济处于均衡状态。如果不是这样，实际上城乡收入差距较大，尤其是预期收入差距大，或者是城市为大企业的进入提供优惠的土地供给、存在污染的软约束环境等，城市规模的过大就是必然的。也就是说，在转型阶段大城市规模过大存在着必然性。

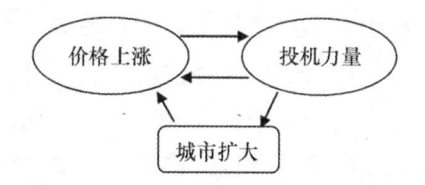

图 5-3　资源价格泡沫的三角形机制

不过，这并不是说小城市就不会发生资源价格泡沫。小城市的规模虽小，资源供给的边界规模也较低。一旦有某种因素刺激了小城市的发展——如某种产业因素，小城市也会出现一定的资源价格泡沫。比如云南丽江是因为旅游业而使地产价格居高不下的，安徽六安毛坦厂镇则是因高考经济而使房租不断攀升的。另外，不是从个别城市，而是从整个城市体系角度来观察资源价格泡沫现象，这也是一个非常重要的视角。如果城市发展过度偏向于大城市，在小城镇发展滞后且普遍存在着资源利用不充分的情况下，大城市的资源供给已普遍陷入高度紧张的状态，就是这种资源价格泡沫的一种形式。

（三）资源价格泡沫的形成机理与破解途径

在转型阶段到来后，资源供给短缺与价格上涨对集聚过程和城市化的影响可以概括如下。

快速城市化所引起的资源需求增长使资源价格上涨成为一种趋势。资源价格上涨如果不能通过劳动替代或资本与科技投入的方法来消化，那么，就会推动集聚成本上升，使净集聚经济的收益水平趋于下降。这在农业与工业劳动生产率仍然存在较大差距的条件下，城市化一定会面临这样的发展难题：一方面，不仅资源价格、劳动力价格同步上涨了，集聚成本上升也逐步侵蚀了集聚净收益，城市经济所面临的压力越来越大，逐步陷入资源环境困境；另一方面，二元资源定价体系所造成的投机、寻租行为盛行又会以创造虚假需求的形式进一步推动城市扩张，使城市陷入"资源价格泡沫"状态。在这一过程中，资源价格上涨、投机力量与城市规模扩大三者之间的相互作用是一种重要的机制形式。于是，如果城市体系结构不合理，使少数特大城市集聚了过多的城市功能，其资源价格泡沫就会越演越烈，其结果已不是一般意义上的产能过剩，而是城市化泡沫。泡沫迟早会破裂。

因为在这种资源价格泡沫陷阱中，企业应对资源价格上涨的方法主要是通过价格上涨来转嫁压力，但这种方法的反复运用又必然会导致需求萎缩和经济的下行，使企业的生存环境不断恶化；而对于城市居民来说，除了要承担直接的资源涨价费用外，还要承担各种间接的涨价费用。实际上，资源价格上涨所造成的集聚收益水平的下降，在很大程度上是以城市居民生活成本不断上升的方式表现出来的。一方面是价格泡沫越演越烈，另一方面是城市的经济基础不断被削弱，泡沫的破裂自然是不可避免的。

因此，在城市化过程中要成功地解决因资源供给短缺而产生的资源价格上涨问题，避免"资源价格泡沫"陷阱，首先，要坚持大、中、小城镇协调与均衡发展的路径，避免大城市过快、过度发展。这一条最为重要，因为在转型阶段无论是在收入分配上还是空间迁移上，市场机制都很不健全，很容易形成全国的富人都向少数几个特大城市迁移的潮流，使少数特大城市的泡沫越吹越大，而较低级别的城市发展又受到压制，以致形成两极分化。其次，城市规模结构的选择应与资源的自然分布相结合，尽可能使二者相适应。对人口和地理大国而言，把中小城镇作为人口承载的主体一般来说能够提高资源的总利用率，并且从长远看，也有利于构建基于生态平衡的资源供求体系。最后，不懈地提高农业劳动生产率，最大限度地缩小与工业劳动生产率的差距，尽快消除二元资源定价体系。农业与工业劳动生产率差距过大是十分有害的，不只因为它是城乡收入差距过大的基础，还因为它是二元资源定价体系的形成基础。如果忽视了这一原理，只是在定价上做文章，结果只能是"按下葫芦起了瓢"，顾此失彼。此外，不断加大资源节约方面资本、科技投入的同时，逐步建立一个能够使先进的资源节约技术得到充分应用的高效率的体系，也是实现资源供求均衡的一个重要方面。

第二节　污染与集聚经济

污染是一个与集聚过程或城市化密切联系的概念。随着集聚程度的提高，污染排放也会相应地不断加大，由此造成的损失和污染治理所产生的费用必然会冲减集聚经济的净收益,这也是促使集聚结构调整的原因之一。同时,污染也可以被看成是一种负资源状态,理由是污染会造成资源供给的减少或者修复资源与环境需要支出费用。因此本节将要讨论的污染问题,既是上一节的补充,又是深入分析集聚过程与城市化的一个重要方面。

一 污染的制度基础与治污的外部性

中国对待污染问题的政策导向最初是要避免重复发达国家的"先污染,后治理"的路径,但实际上中国并没有摆脱这种宿命。这就促使人们从不同的角度探讨其原因,如企业家太自私、粗放型小企业的数量太多或是相关的法律体系不健全等。[①] 但问题远非如此简单,制度层面的原因也许能够为此提供更深刻的解释。纵观世界经贸大国城市化的历程,几乎毫无例外的都是"先污染,后治理",这本身就说明在工业化与城市化的一定阶段,污染问题"被忽视与容忍"是有深层的经济与制度根源的。实际上,二元经济为其提供了一个制度基础。

在二元经济下,农业与工业劳动生产率及比较收益差距过大造就了一种污染促进机制,主要表现在三个方面。首先,由农业的低收入促成的农业粗放经营是农业污染不断加重的主要原因。一方面是耕地肥力、地下水、草场等农业资源的过度使用,对生态环境的破坏作用虽然缓慢但却是显而易见的;另一方面是大量地使用农药和化肥,造成农业污染不断加重。这两个方面又是相互强化的,以致形成恶性循环。究其原因,主要是农民的农业收入陷入了增长困境。在现有的农业制度——主要指家庭承包责任制下,农民要提高农业收入是很困难的,不仅农业产出的增加会受到土地数量、资金等因素的限制,而且农业要素价格的不断上涨使农民甚至连维持收入都有些困难,于是,除了过度使用有限的农业资源、不计后果地使用农药与化肥外,几乎别无选择。近年来,一谈到农民增收,有一种解决的办法是习惯于将

[①] 王政霞:《浅论我国"先污染后治理"现象》,《法制与社会》2008 年第 11 期,第 262—263 页。

问题转移到非农收入上，但这是两回事。农业劳动者的行为规则主要取决于农业收入，与非农收入并没有多大的关系；如果有，除了资金积累外，主要也是负面的——使农民更加轻视农业。中国农产品安全问题近年来陷入了令人困惑的境地，经深入分析发现，特定的农业经营模式是其最重要的根源。其次，农业的低收入和人均土地等农业资源的匮乏又迫使农民把发展非农产业，尤其是农村工业化作为增加收入的主要途径，从而又造成了农村的工业污染。费孝通的一项重要研究成果是论证了由于人多地少，中国农民要完全依靠土地或农业是无法维持生存的，他们必须兼业才能维持生存；于是，他提出了发展非农产业的农村发展道路。[1] 费孝通的这一结论是对一定历史阶段特定农业生产力与要素配置条件下农村产业发展道路的推演，在这里，我们只想借助他的成果得出如下推论：基于人多地少的原因，中国一些农村地区被迫走上了非农产业发展或农村工业化的道路，但同时由于环保意识落后和相关技术水平低下，不可避免地造成了农村的工业污染。许多地区水与土壤污染严重，就是农村工业化的直接后果。最后，农业劳动生产率低下与产业比较收益差距过大，又造成了污染的低赔偿和必要赔偿制度安排的缺失，为城市和工业污染提供了软约束条件。城市污染除空气、噪声等对城市居民的危害较大外，其他大多数污染的最终受害者是农业、农村，这就决定了污染的低赔偿和必要赔偿制度的缺失在一定程度上表现为一种城乡关系。城市化过程中工业污染对农业产品和资源造成经济损失，并由此形成索赔关系，是污染索赔案例的一种典型类型。在这种类型的案例中，污染赔偿通常是很低的，主要是由于农业的低收入所造成的资源的低价格使按此计算的直接经济损失较低。同时，产业比较收益差距过大又造成了对工业成果的制度性高估，并促成了这样一种评价理念：工业污染对农业、资源环境和居民生活造成经济损失与它所创造的价值或在经济增长中的地位相比，是很小的，并在无形中导致了必要的赔偿制度建设的缺失。城乡接合部通常是污染的重灾区，那里污水横流，垃圾堆积如山，污染严重的小企业分布密集，其原因就在于城乡接合部通常是

---

[1] 费孝通：《江村经济——中国农民的生活》，商务印书馆2005年版，第200页。

"最好的"污染低赔偿区位。

上述三个方面原因的分析是静态的。从动态角度看，在假设工业化与城市化程度不断提高，且农业与城市产业的收入差距居高不下的条件下，农业的粗放经营和农业污染会越来越严重，农村工业化和由此产生的工业污染也会不断被强化——因为农民难以找到替代发展路径；同时，污染损失的低估值、低赔偿和必要赔偿制度的缺失所造成的软约束环境也为城市与工业污染的恶化提供了条件，甚至肆意污染的行为在某些方面被潜规则化了，如一些工厂将含有严重污染物质的废水直接排入地下水，城市污染也越来越严重。也就是说，在农业与工业劳动生产率存在较大差距的条件下，工业化和城市化的发展，必然会引起城市和农业、农村资源与环境污染的不断恶化。这就是过去30多年污染在中国的三条主要演化路径。

除了二元经济、农业与工业劳动生产率差距过大外，污染软约束制度环境的形成还与污染治理的外部性有关。在现有制度安排下，污染排放主体把污染治理支出看成是一种额外的负担，而污染治理成果的获益方是全社会；这样，由于成本与收益的分离，污染排放主体会千方百计地降低这方面的费用支出，哪怕后患无穷，也不会采取最优的污染治理方案。此外，城市偏向理念也对污染软约束制度环境的形成起到了催化作用。

二 污染排放能力的规模递增倾向

污染排放能力的规模递增倾向是指在既定的技术条件下，集聚规模越大，污染排放能力就越强，污染排放能力会随集聚规模的增大而呈边际递增的倾向。改善技术条件能够降低污染的排放能力，如淘汰落后产能，提升燃油品质，重点行业的脱硫脱硝除尘改造等，但它们并不能改变污染排放能力的规模递增倾向，只是使这一规律在新的技术条件下得以实现，即所能改变的只是规模递增系数。最典型的例证是温室效应、能源耗费与城市规模的正相关关系，还有废气、废水排放和固体废弃物的生成等。

临界点是一个与污染排放能力的规模递增倾向有着密切联系的概念，所谓临界点是指在这一点以后污染排放能力开始大于自然界的自我净化能力，环境开始恶化。而污染排放能力的规模递增倾向主要是指集聚程度的提高和城市规模的扩大使污染排放能力超过临界点后形成的一种倾向。其成因主要是：第一，集聚程度越高，工业化与非农产业发展的程度就越高，在技术条件不变的情况下，人均的工业及第三产业的污染排放能力也越大。第二，集聚程度越高，人均收入水平与物质产品的消耗水平，尤其是工业品和能源的消耗水平就越高，而其中的能源耗费也存在着不变技术条件下的规模递增倾向。第三，污染物排放在自然环境条件下（即假设没有外力的作用）的污染效果还取决于自然界的自我调节和净化能力，当超过临界点后，污染的效能就会扩大，尤其是会产生再污染现象。最简单的例子是垃圾处理。目前一些大城市处理垃圾的主要方式是在城市外围选址集中堆放——不是科学的填埋，由于规模过大，不仅污染了周边环境，还出现了污染地下水的现象。2015年12月20日发生的深圳特大渣土滑坡事件，就是建筑垃圾堆放规模过大而衍生的次生灾害，造成了73人死亡，17人受伤，直接经济损失达8.81亿元。[①] 污水污染河流与土壤、酸雨等有害雨水污染农田等都属于再污染的现象。由于不同自然条件区域的城市，其生态环境的脆弱性不同，临界点也不同，如果不顾自然条件片面地强调发展大城市，就会造成更严重的污染，尤其是空气污染。卢东斌等人在分析影响城市空气质量的因素时，认为城市所在区域的自然地理条件也是重要影响因素，并选用了平均温度、平均风速和沙尘暴影响三个因子，构建了地理脆弱性指标。[②] 此外，人口集聚的程度越高，以领地、领空占有形式对周边生态环境的负面影响和破坏也越大，尤其是对生物多样性和生态平衡的负面影响，从长期看也将逐步削弱环境的生态承载力。

图 5-4 描述的是污染排放能力的规模递增倾向，其中，W 和 H 分别是污染排放曲线和自然界净化能力的最大值，Q 是临界点。如果城市规模达到 Q^1，曲线 W 和直线 H 间的垂直距离就是污染排放能力

[①] 国务院调查组：《广东深圳光明新区渣土受纳场"12·20"特别重大滑坡事故调查报告公布》，《广州日报》2016年7月16日第A1版。

[②] 卢东斌、孟文强：《城市化、工业化、地理脆弱性与环境质量的实证研究》，《财经问题研究》2009年第2期，第22—28页。

超过临界点的过大排放能力。这里的集聚规模不仅指城市的总体规模，也包含着集聚密度。因为虽然集聚规模越大，污染排放能力就越强，但对于同等规模的城市来说，密度低的城市污染排放能力就会弱一些。至于如何把集聚密度与规模这两个量标统一起来，是需要进一步研究的问题，但对于这里的研究来说，只要明白污染排放能力存在着规模递增倾向就够了。

城市化与环境的关系问题近年来已开始受到较为广泛的关注。Cole 和 Neumayer 使用 STIRPAT（可拓展的随机环境影响评估模型）研究了城市化与 CO_2 排放的关系，发现城市化增加了 CO_2 的排放。[①] York 也使用 STIRPAT 分析了城市化与人均能源消耗的关系，结论是城市化增加了人均能源消耗。[②] 王会和王奇运用投入产出法对中国城镇化与污染排放关系的分析，也部分佐证了集聚过程"污染排放的规模递增倾向"。他们分析了城镇居民人均消费完全排污系数——为生产相应数量的消费品而造成的生产排污系数，指出在 1997—2007 年的 20 年间，中国城镇居民的二氧化硫、烟尘、粉尘、固体废弃物、化学需氧量六种污染物的排污系数远远大于农村居民。[③] 因此，提高城市化率，就必然会提高人均的污染排放能力。

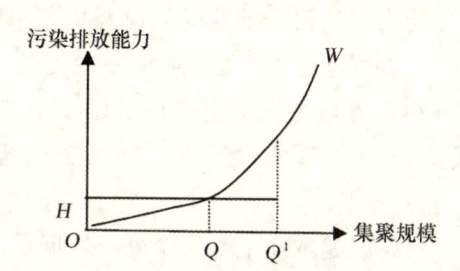

图 5-4 污染排放能力的规模递增倾向

[①] M. A. Cole, E. Neumayer, "Examining the Impact of Demographic Factors on Air Pollution," *Population and Environment*, 2004, 26 (1): 5–21.

[②] R. York, "Demographic Trends and Energy Consumption in European Union Nations, 1960–2025," *Social Science Research*, 2007, 36 (3): 855–872.

[③] 王会、王奇：《中国城镇化与环境污染排放：基于投入产出的分析》，《中国人口科学》2011 年第 5 期，第 57—66 页。

污染排放能力存在着规模递增倾向，并不是说实际的污染状况必然会越来越严重。实际污染状况还取决于治污情况。治污可以从降低污染排放能力和加强治污力度两方面着手。前者主要是指控制污染规模和改善污染形成过程的技术状况，如提高洁净生产的程度或在消费方面推广洁净能源等。后者是污染后处理，如加强污水、垃圾的处理力度，在大城市建立通风通道等。在污染的治理上，与一般的产品生产一样，存在着规模经济，其原因主要是治污部门知识的外溢（Knowledge Spillovers）带来了规模收益[1]，以及治污的集中使先进的清洁生产技术、治污设备方面的固定成本下降了。[2] 但是，如果据此做出推论，即城市的规模越大，污染的治理会越好，小城镇由于缺乏污染治理的规模效益，必然会造成"污水横流、垃圾成山、生活环境严重不良"[3]，就有些"断链条"了。污染治理在技术上存在着规模经济与是否治理是两回事。再说，规模经济也是有数量界限的。如今超大城市的垃圾处理问题已经成了世界性的难题，这本身就说明城市规模过大时，在垃圾处理上存在着规模不经济。此外，在某些污染的治理上，规模效益是很难见效的，如大气污染，人口的过度集聚只会导致治理的难度增加。这主要是由于大气污染达到一定程度，就会破坏自然的自我净化能力，使污染的状况加速恶化。相比较之下，在生活污染治理方面，"临界点"治理无疑是一种更具有优势的治理方式，即把污染控制在临界点之内，更多地借助于自然力量进行治理。这意味着中小城镇作为人口承载的主体在污染治理上也是具有优势的。

更重要的是，污染问题本质上是一个外部性问题。污染者对公众或他人造成了侵害，但若要他们进行治理，就会造成治污支出与收益不匹配的矛盾。因此，问题的关键并不在于污染治理成本是否能够通

---

[1] Xepapadeas, Anastasios, "Economic Development and Environmental Pollution: Traps and Growth," *Structure Change and Economic Dynamics*, 1997, 8, 327-250.

[2] D. I. Stern, "The Rise and Fall of the Environmental Kuznets Curve," *World Development*, 2004, 32 (8), 1419-1439.

[3] 王小鲁：《中国城市化路径与城市规模的经济学分析》，《经济研究》2010年第10期，第20—32页。

过规模效益而下降,而是治污支出本身对他们来说是"额外的""无收益的"。于是,如何使外部收益"内部化",使治污"有收益",或者说如何构建一个治污的利益机制,就成为推动治污的关键。对污染行为征税、收费,或者是引入排污权交易一类的机制,这些治污措施或规制实际上就是为治污提供一个机会成本,以激励治污活动的展开。对于治污者来说,如果治污成本低于排污费,他就会治污;反之,他就会缴纳排污费,或者购入排污权。

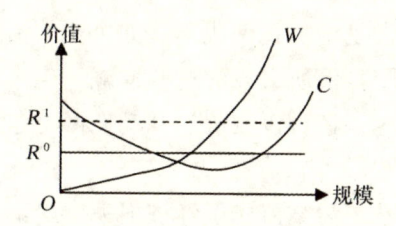

图 5-5　治污的规模成本与排污费定价

图 5-5 描述了治污的规模成本与排污权或排污费定价的关系。图 5-5 中的曲线 W 和 C 分别是污染排放曲线和治污的成本曲线,R^1 和 R^0 是排污费价格。如果排污定价较高,如 R^1,在理论上其治污效果好,但需要考虑企业的承受能力。如果排污费和治污成本都超过了企业的承受能力,那么企业除了关停或非法经营外,就别无选择。某些落后地区有一些排污很严重且生产力水平又很低的企业,迫使地方当局陷入"要么接受污染,要么 GDP 受损"的艰难选择里,形成了治污顽疾。反之,如果排污定价太低,不能对排污行为形成有效的约束,其治污的效果自然很差。在治污实践中,排污定价偏低相当普遍[1],这是有原因的。污染所造成的经济损失是排污定价的直接依据,而农业资源价格的低廉又是造成污染低估价的主要原因。因此,农业劳动生产率低下是造成排污定价低的根源。这也说明,在治污分析上不能仅仅局限于污染行为本身,还需要引入一定的经济制度框架。据

---

[1] 王勇、王庆九、吴勇等:《污染治理成本测算方法及排污费征收标准调整方案研究——以南京市排污费征收标准调整为例》,《环境科学》2015 年第 3 期,第 72—75 页。

此可以得出这样的结论：提高农业劳动生产率是污染治理的重要基础。

三 将污染引入集聚模型的分析

为了能够深入地分析污染对城市发展的影响，可以将污染作为一个损耗性因素引入集聚分析模型。因为污染造成的损失总是局限在一定的空间范围内，可以看成是集聚程度提高的一种负面结果。其影响路径或者是削减集聚收益，如污染会威胁产品的声誉与减少收入，降低消费效用等；或者是增加集聚成本，如企业的治污费用与公共治污支出等。污染对集聚经济所造成的这些冲减，也可以看成是集聚不经济的一种表现。同时，还可以从静态和动态两个角度分析污染对集聚的影响。

从静态的角度看，污染造成了经济损失，给集聚经济增加了一个扣除项目，从而使集聚经济收益下降。空间经济学是从"投入—产出"角度分析集聚经济的，讲求的是投入—产出效益的最大化，但其不足是既忽视了污染所产生的负价值，又忽视了对消费效用的最终影响。一般来说，污染造成的经济损失主要有三个方面。其一是对资源与环境造成的负存量，如污水、被污染的土壤和空气等都可以看成是资源的负存量。学术界有一种观点认为，应把污染对资源与环境所造成的价值损失看成是负价值，这是有相当影响力的。[①] 其二是对产出的影响，被污染或疑似有污染的产品会造成销售收入方面的损失，是一种有形影响。比如，中国奶产业至今仍然举步维艰，奶产品质量受到怀疑应该说是重要的原因之一。其三是对消费效用的影响。人们的消费总是在一定的环境中进行的，如果呼吸着雾霾空气，听着不绝于耳的噪音，吃着含有害物质的食品，那么，任何高档消费的效用都会锐减。中国人近年来普遍对污染极为厌恶，这应该是重要的原因之一。

但从动态角度看，情况就不同了，它很容易使城市走上一条先膨

[①] 刘娜、陈春生：《基于绿色 GDP 的环保投资对经济发展的贡献研究》，《大连理工大学学报》（社会科学版）2015 年第 1 期，第 26—31 页。

胀、后调整的曲折发展路径。特定制度环境所造成的污染危害被忽视的"劣行"，会致使对经济活动评价的严重失真，不仅使 GDP 被扭曲，也会使集聚经济收益含有越来越大的虚假性，从而诱导城市规模过大，陷入集聚不经济状态。在这种趋势下，污染会越来越严重，以致酿成了环境与生态灾难，如雾霾、洪灾、渣土或地陷灾害、较大面积的食物中毒等，严重影响人们的身心健康和生活。或迟或早，也可能会缘于数次大规模的污染灾害事件，社会与经济发展的不可持续成为共识，大规模的治理被拉开序幕，污染损失也因此开始全面显性化。也就是说，污染对城市经济的负面影响存在着一个潜在的积累期，治理的全面展开将使这些损失较快地显示出来，由此引起的治理费用的快速上升对城市经济的影响是很大的。它不仅会使企业成本大幅度上升，而且居民承担的治理成本也会大幅度上升，为了治理污染，甚至到了必须调整城市结构的地步。

"先污染，后治理"使集聚过程形成了"先虚假集聚经济，后集聚不经济调整"的演化路径，有其必然性。实际的污染状况的不断恶化也必然会达到这样一个转折点，全面的治理被迫展开，集聚的污染成本将进入一个快速上升期。由此产生的污染治理成本主要有三个方面。一是直接的污染治理费用的支出，如一些污染严重企业的外迁、有害气体和液体排放的强制性控制，污水、废气排放的控制与治理和固体废弃物的无害处理等。二是因过度集聚而生成的各种灾害的紧急治理，如大规模雾霾天气的紧急应对、城市抗洪、大型环境灾害和火灾的救治等。三是对过去的污染所造成的负价值的修复，是人类对环境欠下的隐性负债的偿还，如河流、地下水污染、土壤的污染与沙化、淡水资源衰减和因温室效应而不断升高的气温等。污染治理成本在城市化的一定阶段会出现快速上升趋势，从而使集聚不经济问题浮出水面，是城市化过程中一种特定的运行模式。

"先污染，后治理"模式也是使城市的集聚不经济发展到极限的重要原因之一，其具体的表现形式是使集聚不经济的拥挤效应演化为挤踏效应。拥挤效应是集聚不经济的一种表现，指因人口、经济集聚程度过高而造成的交通阻塞、地产租金和价格过高、噪音与大气污染严重等现象。挤踏效应是拥挤效应的一种极端形态，是由集聚过程中多种不利因素共同作用、共振引发的，它已不仅是交通阻塞、地产价格和租金过高、噪音与大气污染严重，而且买房、买车限购，水、汽、油、电等资源价格不断上涨，劳动力与服务价格交替上升，污染治理费用不断攀升，各种环境与生态灾害又接连不断等。其形成机理首先是廉价劳动力和资源为集聚程度的过高提供了初始条件；其次是污染与环境的软约束促成了虚假的集聚经济；最后是资源价格泡沫和不动产投机把集聚不经济推到了极端的状态。这样，随着劳动力、资源和房地产价格与租金的不断上涨，污染治理的大规模展开和费用支出的不断增加，集聚不经济的各种弊端同时爆发，就形成了挤踏效应。挤踏效应的成因是多重的、综合的，但空间结构优化是主要的治理路径。

四　污染治理的基本点

污染治理一般很容易采用行政的方法，尤其是在爆发大规模的环境与灾害危机之后。但如果是在劳动力、资源与房地产价格不断上涨的环境下，企业成本大幅度上升，居民生活成本压力越来越大，再推行全面的环境治理，就会把城市经济压垮。因此，根据集聚过程中污染形成的内在机理制定系统的污染治理规划，而不是"零敲碎打"，就是必要的。污染治理的基本要点主要包括以下几个方面。

第一，在污染问题的分析上要采用科学的分析框架。这个框架就是基于可循环的、多期的分析视角，使经济活动的眼前利益与未来利益、当代人与后代人的利益能够形成均衡状态，以实现经济、社会与生态的可持续发展。"先污染，后治理"的事实说明人们分析经济活动的方法存在偏差。为什么人们曾经会对污染放任自流、置若罔闻？最主要的原因是污染的危害是"未来的"，通常需要一个较长的作用过程才能充分地显现出来。这就造成了这样的结果：人们对经济活动进行评价时，能够全面地评价眼前的正面利益，而对污染的危害和有可能造成的损失则难以全面评价，甚至由于这些危害和损失在当时表现得不明显而被忽视。也就是说，由于经济活动所产生的正收益和污染所造成的损失在时间的分布上存在着严重的不对称性，如果采用当期的分析框架，仅就眼前的收益与危害进行分析，就很容易造成对污染危害估价过低的结果。这应该是污染在一段时间内被忽视的重要原因之一。上述推论隐含了这样的前提：如果人们能够全面地估价污染所造成的危害和损失，污染被忽视的现象就可以得到控制。这个命题应该是合理的，即使以"经济人"为假设前提也应该是有效的。当然也许有人会提出这样的问题：由于"经济人"是自私的，而污染在未来造成的损失具有公共性，因此，即使"经济人"能够准确估计污染的未来损失，他也不会采取行动。如果发生了这种情况，只能说明社会还没有建立起能够解决外部性的污染治理机制，而不能证明这个命题是虚假的，是没有效的。

这样，问题的关键就转化为如何才能全面地估计污染所造成的危害和损失。这里似乎有多种选项，但最重要的是需要一个循环的多期分析框架。也就是说，对于任何一种经济活动都不能仅局限于当前的成本与收益分析，而是要拉长时间，从循环的角度分析经济活动在多期的收益与成本状况，把总的收益与成本的比较作为决策的依据。其要点是把产品或项目报废后的处理过程也纳入分析框架里，全面评价净收益状况。举一个例子来说，中国的大城市建设几乎是清一色的钢筋水泥建筑，形成了一座座庞大的钢筋水泥森林，那么，70年后当这些建筑报废时，由此产生的建筑垃圾该如何处理？如果采用简单填埋的方法，500年或1000年后会导致什么结果？有一种观点是可采用建筑垃圾"资源化"的方法，但由此产生的高成本是否经济或会被广泛采用吗？或者是选用一种符合生态要求的新建筑材料以最大限度地减轻建筑垃圾的处理难度，并限制钢筋水泥建筑的使用范围，如中小城镇不宜过度采用钢筋水泥建筑。根据发达国家城市化建设的经验，后一条道路是值得探讨的方向。

第二，把农业、农村资源与环境污染的治理放在优先的地位，努力推进农业现代化、实现农业劳动生产率与工业的大体均衡。这是污染治理的重要基础。其作用主要是通过均衡农业与工业的比较收益来解决农业资源评价过低、赔偿过低和赔偿制度缺失的问题，为建立完善的农业、农村治污体系奠定基础。把农业、农村治污放在优先地位，不仅是治理机制的要求，还因为农村资源与环境污染在污染中占有很重要的地位，它的破坏作用直接指向生态环境和人类的可持续生存环境。中国有些地区农业、农村污染已达到了很严重的地步。孙月飞研究了中国癌症村的地理分布问题,他在2009年统计的癌症村数量已达247个,涵盖内陆的27个省份。[1] 刚志荣将造成癌症村的污染源归为三类,即水体污染、化工污染和农业污染。[2] 这只是从一个方面反映了农村污染的严重性。在农业、农村污染治理上可以把农产品和饮用水安全作为核心。因为无论是空气与水污染还是固体废弃物污染,最终都会侵害农产品或饮用水,要真正做到农产品和饮用水安全,这些污染都必须得到系统的治理。同时,在农业、农村资源与环境的污染治理方面,产业引导也是一个重要方面,如引导农村人口发展绿色、特色产业和让工业进园区,而不是普遍推行农村工业化。

第三,采用和引进各种经济的方法建立治污的利益机制,以解决污染治理的外部性问题。比如排污权交易、碳交易制度等,目的是协调污染治理费支出与收益之间的关系。

第四,从一个更大的角度看,污染治理的基本着眼点是人与自然环境的和谐相处,基础是遵循自然规律,并以此为依据调整产业与人口的集聚结构,以便能够尽可能地、最大限度地借助于自然力来实现环境与生态的治理,使集聚经济、资源的综合利用、人与自然的和谐三个方面达到综合最优。

在污染治理上,大、中、小城市布局的选择或城市体系结构的调整要以实现人与自然的和谐相处为着眼点,是污染治理的最重要思路。因为任何一个区位的自然条件所能承受的城市规模都有一个极限,超过了这个极限就会对生态与环境系统造成破坏,其日积月累的效果是巨大的。虽然先进技术的应用能够在一定程度上改变自然条件所能承受的规模,但它也只是改变了这个极限的位置,而不是消除极限。而且在某些方面,人类仍然面临着难以克服的困难,如随着城市人口规模的增大,能源耗费和温室效应会相应上升,人口规模扩大与淡水资源减少等。也就是说,如果在城市体系结构的选择上过度偏向

---

[1] 孙月飞:《中国癌症村的地理分布研究》,学位论文,华中师范大学,2009年。
[2] 刚志荣:《"中国癌症村"的分布及其地理成因探究》,《中学地理教学参考》2013年第11期,第71—72页。

于大城市，就会使污染治理走上一条不归之路。

第五，污染治理又是一种文化。也就是说，防治污染以达到环境与生态保护目的，是社会进入高度城市化阶段人们必须遵循的行为规范。它不仅要求企业不能只是提供产品，还要从循环经济的角度解决废旧产品的回收与处理问题，使从生产到消费、再到产品回收的全过程能够完全排除污染。也要求人们不只是享受消费、关注消费效用的最大化，而且要解决消费活动有可能造成的污染问题。无论是城市还是乡村，无论是老人还是儿童，都必须秉持环保理念，因为只有这样，那个被称为家乡或祖国的地域才能成为后代人繁衍生息的家园。

第三节 基于属地资源配置、污染治理的中小城镇作用

当城市化进入一定阶段后，劳动力与资源价格的不断上涨和污染治理的全面展开必然会对城市化发展产生巨大的"制动"作用，使城市经济陷入各种矛盾犬牙交错的胶着状态。城市结构的调整毫无疑问成了解决这些矛盾的一条重要出路。但是，与劳动力价格上升引起的城市结构调整所直接表现出来的严密的因果关系不同，资源短缺与价格上涨在起初的一定阶段仍然会推动城市结构朝着原来的方向发展，从而使资源的供求矛盾更加激化，大有展示"置之死地而后生的经济学原理"的意图。这里用了"经济学原理"一词，是因为它恰好是市场机制在特殊条件下的表现：属地资源的供给是一定的，价格上涨只能造成"天下攘攘皆为利往"的结果。只有到了社会认识到必须全面治理污染的时候，资源供求平衡和污染治理才会作为推动城市结构调整的两个重要因素登上历史舞台。其调整的方向是，使资源供求尽可能地接近自然平衡和使污染能够得到有效的治理。在这里，我们仅就中小城镇在这一调整中的作用进行分析，其中的"资源"一词仅指属地资源。

一 中小城镇在资源空间配置上的作用

（一）大城市的资源价格之"祸"

在城市规模过大的假设下，资源价格上涨会通过推高城市集聚成

本而使集聚的净收益下降,甚至会造成集聚不经济。这种冲击的直接后果是抑制城市经济的活力和增长空间。由资源价格上涨所推高的城市集聚成本上升,既包括产业成本又包括家庭生活成本。产业成本的上升,或者挤压其盈利空间,或者迫使产品价格提高,都会对产业发展产生抑制作用。而生活成本的上升,无论是抑制消费需求的增加,还是提高劳动力的再生产成本,都会对产业发展产生负面作用。这样,资源价格不断上涨就会通过一个"成本、价格和消费需求的交替作用"过程,使大城市经济陷入越来越严重的抑制状态。资源价格上涨推高的城市集聚成本上升还会对城市化产生阻碍作用。最明显的表现是房价上涨与生活成本的上升不仅阻碍了外来人口市民化的进程,也大大弱化了大城市的就业吸纳力。在许多大城市包括水、电费等在内的居住成本已占外来务工人员工资的30%以上,这已不是新闻,这也是推动劳动力成本过快上升的重要原因之一。进一步看,大城市的资源价格上涨还有可能导致严重的资源价格泡沫——主要是房地产价格泡沫,最终造成大面积的城市区域陷入低效运行状态和形成严重的产能过剩。

(二) 大城市与小城镇资源供求特性的差异

上述现象的产生,主要源于城市体系结构的失衡——城市体系过度偏向于大城市,使大城市的规模普遍过大。而大城市与小城镇的资源供求特性又是不同的。这首先表现在大城市只消耗资源,不能再生产自然资源上;而小城镇则可以通过利用其区位所特有的自然条件再生产某些资源,能够最大限度地做到某些资源供给与需求的自然平衡。可再生能源利用可以为此提供证据。大城市由于资源需求量大、土地昂贵和治污等原因,大大限制了能源使用的类型,而小城镇则具有开发多种可再生能源的优势。典型案例是德国通过小城镇与村落相结合的空间结构在风能、太阳能、沼气、地热、生物能源的利用上取得了骄人的成绩,预计到2020年,可再生能源占德国总能耗的比例将接近30%。[①]

其次,大城市的资源需求量大,很容易造成一些资源的过度开

---

① 赵力勃、许龙发:《德国小城镇基础设施考察报告》,《建设科技》2009年第16期,第74—77页。

发、使用，破坏资源的再生能力，人为地造成资源供给短缺。大城市的这一特性以水资源最具有代表性。中国古代可谓是江河纵横交错、湖泊星罗棋布的丰水之乡，以致亚当·斯密认为中国很早就有灿烂的古代文明很可能与江河纵横所形成的发达的古水运有关，并赞扬中国古代水运范围的广阔，即使把埃及的尼罗河和印度的恒河加在一起也望尘莫及。[1] 而如今，如果采用一些形容词如江河断流、水污染严重、水资源危机的隐患越来越大等来描述，一点也不为过。2014 年，中国有超过 400 个城市缺水，其中 108 个城市严重缺水。[2] 这可以说是不合理的城市化对区域内水资源的涵养能力具有破坏作用的宏观证据。就单个城市而言，由于大城市的水资源需求量大而且集中，很容易造成城市周边水源的断流或干枯，使地下水位逐年下降；为了解决供水问题而修建的引水和蓄水工程，虽然在短期内能够保证城市供水，但又会不同程度地对生态环境及水资源的再生能力产生破坏作用。这种以水资源涵养能力的破坏为代价的人造供水系统所形成的"水循环"模式，不仅从长期看必然会加剧水资源供给短缺的趋势，而且会造成城市与周边地区渗水、蓄水与疏流能力的大幅度下降，尤其是城市硬化地面面积过大，再加上植被的不足，大大降低了地面渗水和吸水能力；一遇短期降雨量较大便"小洪"奔流；若遇上降雨量大幅度上升，又会洪涝成灾。在 2016 年夏季强降雨引起的洪涝灾害中，许多城市都出现了严重的洪涝灾害，武汉、新乡市、邢台市、安徽东至县、宣城市宣州区等大、中、小城市的洪灾都达到了历史罕见的水平，可以说是对人口集聚结构不合理所造成的水循环系统"紊乱"的一种警示。最值得一提的是在河北邢台市爆发的"7.19"洪灾中，位于经济开发区的大贤村几乎在瞬间就被洪水淹没，原因主要是村庄附近的七里河因长年无水、河道堵塞而失去了排洪功能。[3] 当人们纠结于洪灾突发的原因究竟是天灾还是"人祸"时，是否想到人口集聚结构不合理所造成的水循环系统"紊乱"才是最根本的原因。

---

[1] 亚当·斯密：《国民财富的性质和原因的研究》，商务印书馆 2004 年版，第 19 页。
[2] 《中国最严重经济危机：水危机》，《华尔街日报》2013 年第 8 期，第 1 页。
[3] 韩林军、韩天博：《邢台回应大贤村洪灾疑问》，《京华时报》2016 年 7 月 20 日第 8 版。

最后，大城市的资源需求量大，使许多分散分布的小规模资源无法利用，降低了资源的总利用率。大城市的这一特点在土地资源的利用上表现得最为明显。大城市虽然具有土地利用密度高的优点，但一般要求占用大面积的良好土地，而一国土地资源有着多种形态，通常存在着大量的小面积的可利用土地。中国可供建立大城市的土地面积十分有限，而山区面积占全国总面积的2/3，小面积的可利用土地分布相当分散，而且所占比重很大。水资源、农业资源等资源的分布也是如此。如果不顾中国资源分布的这一现状，片面强调城市化以发展大城市为主，不仅会大大降低资源的总利用率，而且必然会人为地加剧资源供给的短缺状态。就现状而言，在土地和水资源的利用上都存在着因片面强调发展大城市而产生的问题。

（三）中小城镇的资源空间优化配置作用

从以上所述三个方面的大城市与小城镇的资源供求特点可以看出，无论是在资源利用种类的多样化、资源的再生与环境保护方面，还是在以较和谐的方式提高资源总利用效率方面，小城镇都具有不可替代的优势。这就决定了在城市体系的构建中如果采取以中小城镇为人口承载主体的结构，就能够在不断改善生态与环境保护的条件下最大限度地实现资源供求平衡。也就是说，在城市化过程中，中小城镇能够发挥改善资源利用方式、提高资源利用效率、最大限度地实现基于生态与环境保护的资源供求平衡的作用。中小城镇的这些作用实际上也就是资源空间优化配置的作用，具体有以下几个方面。

第一，采用以中小城镇为人口承载主体的结构，可以最大限度地利用分散状态的资源，提高自然资源的总利用率。以土地和水资源的利用为例，中国许多省份如甘肃、云南、贵州、江西、山西、安徽等，土地资源的分布以山区地形为主，平坦地貌占比很小，水资源的分布也相当分散。对于这些省份来说，如何既能够充分利用好分散分布的土地和水资源，又能够实现城镇化，是需要认真研究的议题。一般而言，主要是选择好"村落—城镇—小城市—大中城市"的结构，既能实现分散的土地、水资源的有效利用，又能使该地区的居民享受到现代化的城镇功能供给——基于城市体系的供给。

第二，发展中小城镇可以提高城市化条件下的多样化资源利用水平。这是相对于大城市由于空间拥挤限制了资源利用的种类和方式而言的，小城镇可以将多种多样资源的利用与城镇化结合起来。首先是提高生态与可再生能源的利用水平。这类能源的开发与利用，既需要一定的自然条件，又需要占用一定的场地，如沼气、地热、风能、水力、太阳能和生物能源等。小城镇可以为此提供较好的条件，也可以采用"小城镇—村落"的结构。其次是天然旅游、运动、休闲和科学研究资源的开发，如天然的景观资源、天然的滑雪场、骑马场、游泳、划船水域和天然博物馆等，这些资源的成功开发也离不开小城镇为其提供的城市化服务。

第三，中小城镇可以开拓和发展以生态保护为基础的可持续的资源利用模式，即生态化的资源利用模式。这种资源利用模式有两个突出的特点，即强调可持续性和有利于促进生态保护。它所包括的内容相当广泛，是人类正在探索的一个方面，如生态能源、生态农业、生态居住等。但这里仅以水资源利用为例进行分析，以展示其丰富的内容。中国的水资源主要有两方面的问题：一是缺水，人均水资源拥有量仅为世界平均水平的1/4，而且水污染又加剧了水资源短缺的趋势；二是一遇强降雨便洪涝成灾，近年来又形成了"城市洪灾"模式。水资源治理的基本路径是逐步调整人口集聚结构，使之与水资源的分布相适应——可以概括为"人随水走"，并借此一方面恢复和扩大水资源的涵养能力——水资源的天然再生和储藏能力，另一方面基于水文规律，建立具有良好"下渗""疏流"和蓄水能力的水流系统。也就是说，不仅要恢复、重建水的"自然"再生能力，不要像今天的大城市那样肆意地建水库、搞引水工程，并将污水直接排出城市，造成生态和水循环系统的严重破坏；而且要修建完善的具有良好"下渗""疏流"和蓄水能力的水流系统，不要像现在这样大城市周边出现河床与湖泊甚至是泄洪区大量被占、大面积的硬化地面等造成的"渗水、吸水"功能严重退化。"人随水走"就是要实现"用生态方式来再生水，并在水的使用上遵循水文规律"的目标。"人随水走"聚落思想是中华民族几千年来人口迁徙实践的智慧结晶，同时也是中国古典哲学思想"天人合一"的具体体现之一。但是进入快速城市化阶段以后，尤其是当城市化建设可以违背水文规律这一"幻想"彻底破灭以后，如何解决好"人随水走"与城市化之间的矛盾就成了一个难题。幸运的是，以中小城镇为人口承载主体的城市结构可以为解决这一矛盾提供一种理想的模式，不仅能够使"人随水走"的理念与城市化最大限度地结合起来，而且可以为现代化的水资源治理手段提供广阔的应用空间，使中国的水资源治理达到新的高度。

以中小城镇为人口承载主体的城市体系结构，至少能够从以上三个方面最大限度地缓解自然资源的供给压力，促成供求平衡，为构建高效的城市体系——其资源成本是很低的——提供支撑。此外，中小城镇在资源配置上的另一个作用是继承和开发传统的人文资源。城市是有文化内涵的，尤其是要继承传统人文资源，其作用主要是抚育民族凝聚力，为人们在情感上追求幸福提供巢穴。在过去20年里中国的城市化建设获得了较快发展，如果说有什么不足的话，传统文化因素的继承与开发似乎被遗忘了应该是最重要的一条，许多大城市的一些城区甚至变成了钢筋水泥建筑的堆积场。这或许是因为大规模城区建设是发生在收入水平较低的阶段和对GDP的过度追求等因素综合影响的结果，但中国现代化的城市史较短也是一个不容忽视的因素。与此不同，中国有着悠久的农业文明史和极为丰富的多民族文化，这就决定了中国的传统人文资源在很大程度上主要体现在农业与乡村文化方面，而且分布得十分分散。目前许多这样的传统人文资源正陷入濒临灭绝的境地，原因主要是原有的乡村继承模式已难以为继了。要继承与开发这些传统人文资源，既需要一定的需求条件，又要匹配一定的城市化服务，而以城市体系为后盾的小城镇则能够较好地实现这两个条件。由此可以得出这样的推论：带有鲜明传统文化特色的小城镇必将成为中国中小城镇发展中最亮丽和具有感染力的一支劲旅。需要说明的是，人文资源是通过作用于集聚收益来影响集聚经济的，这与自然资源主要是通过作用于集聚成本来影响集聚经济是不同的。一座城市如果缺乏人文资源的展示与表现，不会影响集聚成本；但如果有深厚底蕴文化的渲染，则集聚收益将会扩大许多，如云南的丽江古城、甘肃的敦煌市、江南六大古镇和以色列的小城市海法等。

二 中小城镇在污染治理中的作用

毫无疑问，污染治理会与城市经济增长在一段时间内形成负相关关系，并且是促使大城市进行结构调整的重要原因之一；更为重要的是，污染治理一旦全面启动，更深的含义是人们和社会不再仅仅依据产出的多少来评价经济活动，而是把可持续性和绿色、健康的环境也纳入评价框架里。这样，原有的仅仅基于产出的所谓集聚经济分析模型就相形见绌了，在城市体系结构的选择上就需要考虑绿色与宜居等环境方面的内容。

（一）污染治理压力下的城市结构调整

污染的全面治理必然会引起集聚成本的较快上升，作为一种选择，对城市结构进行调整虽然有些无可奈何，但却是一条有效的捷径。这意味着污染严重的企业需要迁出城市，在城市周边形成专门的工业园区。在第四章里我们曾经指出，大城市、超大城市会产生"去工业化"的倾向，如果再结合资源优化配置和污染治理的要求，这一倾向会得到强化，尤其是耗能高、排污量大的产业会优先迁出城市。一般而言，大城市的工业会向三、四线城市或更低一级的城市转移，并按专业化分工原则形成专业化的工业城市。这些工业城市具有显著的地方化经济优势，能够使产业集聚的效益最大化；同时，同类产业的地理集中也有利于污染的规模化治理。工业向中小城市布局的趋势，不仅源于地方化经济和污染治理方面的原因，还因为这些城市能够为工业发展提供较低的集聚成本。对于这样的工业城市，同类污染源应尽量集中和划定区域。另外，农村工业化的发展也会促成一些工业小城镇，其特点是专业化集聚和小企业集群。这样的工业小城镇也是中小城镇发展中的重要一支。但从污染治理上看，排污严重的工业行业是不适合发展小企业的，如化工、化肥、制药、炼油、小水泥、造纸和采矿等，因此，小城镇在产业发展上应有所选择，也应做到工业进园区。总之，园区化模式是工业污染的主要治理模式。

上文提到的"去工业化"倾向，只是一种趋势，并不排斥个别大城市仍然把某类工业作为重要产业之一，但这种工业必须具有低污染和能够承受较高集聚成本的特点，如高科技产业、工业的高端产业部门等。"去工业化"倾向，也不是说大城市不再需要工业，一些直接服务于城市的工业，如建筑业、食品加工业、服装业等仍然是大城市产业的重要组成部分。

引起大城市进行结构调整的另一个原因是人口规模太大，集聚密度太高，原因既可能是污染治理、拥挤效应，也可能是集聚成本过高而引起的自发调整。调整的方式主要是人口向城市周边迁移，形成卫星城、副中心城市区或都市区。但如果是因资源价格太高而引起的生活成本和服务成本过高方面的原因，人口转移的空间结构就需要认真研究，以免造成二次转移。如果遇到严重的经济萧条，也会出现大城市人口向外转移的现象，但在这种情况下人口一般是转移到较远的小城镇。如在1929—1933年的经济危机中，美国芝加哥等城市的人口下降了50%。此外，增加城市内部的生态用地、恢复城市的基本生态功能也是大城市结构调整的一个方面。如武汉市的湖泊担负着汛期的蓄水功能，北京市开辟通风通道有利于缓解空气污染。尤其是各城市都应留够雨水渗入地带，以防止发生严重的地质灾害。

（二）大城市与小城镇污染治理特性的比较

由于工业污染主要采取园区化的治理方式，我们下文将讨论的城市污染仅指非工业污染，即生活污染和服务业污染。同时为了使"大城市与小城镇污染治理特性"具有可比性，以免造成一概而论，将讨论的内容界定在空气污染、水污染、温室效应的治理和垃圾处理四个方面。

从经济学的抽象定义出发，大城市在污染治理上应该具有规模经济。如果这一推论有什么价值的话，应该主要体现在污水和垃圾治理方面，即随着治污规模的扩大，治污成本会出现相应的下降。但这种治污的规模经济总是相对于特定的治污设备和方式而言的；在治污设备和方式一定的条件下，实际的成本曲线是先下降后上升，是呈锅底形的，不能简单地说治污规模越大越好。比如，根据德国的治污实践，年垃圾处理量在10.5万吨或污水处理量在1000万吨规模的项目就能取得相当好的效益[①]，而上海市2014年扣除工业废水后的废水排

---

① 赵力勃、许龙发：《德国小城镇基础设施考察报告》，《建设科技》2009年第16期，第74—77页。

放总量是 17.73 亿吨，生活垃圾产出总量是 743 万吨，建筑垃圾是 14393 万吨。这些数据说明，当城市规模过大时，治污的规模经济已不再具有实际意义。垃圾与污水治理技术的发展方向是资源化治理，同时由于技术进步，治污规模已不再是小城镇的治污难题，这样，如果是以中小城镇为人口承载主体，反而有利于完善治污环节，提高治污效益。以垃圾处理为例，传统上发达国家较流行的垃圾处理方法主要是填埋、焚烧和堆肥三种，但 21 世纪以来一些国家禁止了填埋法，主要是发展以无害处理和资源利用为特点的综合法。其基本工艺流程是先采用机械、生物和高温的方法对垃圾进行处理，然后该回收的回收，该堆肥的堆肥，可燃烧的加工成燃料送到发电厂，留下的一小部分仍需做无害填埋。这种综合资源法可以设计成日处理垃圾 50—100 吨的小项目，服务于 5 万—10 万人的小城镇。由于有机肥料是垃圾处理的主要产品，再加上垃圾处理仍有一小部分需要做无害填埋——即使是单一的焚烧处理，也仍然有 5%—10% 残渣需要做无害填埋，因此，即使撇开小城镇有可能采取一些生态的垃圾处理方法不谈，在垃圾处理上小城镇也在提供厂址、肥料运输和选择理想"残渣"填埋地等方面比大城市具有优势。在污水处理上也是如此。在现代化的污水处理系统中，污泥可以转化为有机肥料，沼气可转化为可利用的燃料，经处理的"净水"最理想的用途是灌溉农田——可以形成理想的生态水循环。于是，仅"运费"一项不仅能使"小城镇格局"比大城市提高效益许多，而且很可能是大城市的水处理系统难以克服的"短板"。如果再考虑到一些有条件的中小城镇可以采用生态的污水处理法，如湿地处理法，那么，大城市在污水处理上的劣势就更明显了。

如果说在污水与垃圾治理方面对治污规模经济问题还有必要讨论一下，那么，在空气污染和温室效应方面所谓的治污规模经济就是一个伪命题。因为空气污染和温室效应的主要治理方法是控制规模和减排。就空气污染而言，理想的治理对策是控制城市规模，把有害气体的最大排放总量控制在临界点以内。但对于大城市来说，由于一般都超过了临界点规模，其治理方法主要是采取一些限制性的政策与措施以达到减排的目的，使有害气体的排放总规模被控制在环保要求的范围内。比如，目前一些大城市就规定不容许某些产品在城市生产或禁止某类产业在城市设厂，限制能源的类型和使用方式，禁止某类活动或某些车辆行驶和对一些重要的排放设定阈值等。这种限制性方法对城市经济具有较大的副作用，甚至在一段时间里会使经济增长与污染治理形成负相关关系。而对于小城镇来说，临界点治理正是其优点，即由中小城镇组成的城镇群是借助于分散的集聚结构，通过把每一个集聚点的规模控制在自然条件容许的范围内来实现空气治理的。再看温室效应的治理，小城镇相对于大城市的优势就更加明显了。即使撇开大城市有可能造成有害气体规模过大而产生的规模危害效应不谈，小城镇由于有可能更多地利用生态能源和形成一种人口被森林、绿色植被包围的分布结构，从而有可能使二氧化碳、甲烷等有害气体的"净排放"降到一个较低的水平。可以毫不夸张地说，人类采取较为分散的集聚结构很可能是最终成功治理温室效应的重要路径之一，因为只有在这种人口分布结构下，二氧化碳等有害气体的减排与吸收才能够达到最大化。这或许说明人类在集聚结构选择上的"太任性"应该结束了。

总之，以中小城镇为人口承载主体的城市结构与以大城市为主体的结构相比，不仅仅是在污染的治理上具有优势，更重要的是，它应该是人类能够完全征服污染，实现人与自然和谐相处的人口集聚结构形态。

（三）中小城镇在农业农村污染治理中的作用

农业、农村污染的治理可以说是污染治理的重中之重，因为它不仅是食品污染的源头，而且是生态环境治理中的关键。但由于农业、农村涉及的地域太广阔，要治理好农业、农村污染就需要一个"支点"，这个"支点"就是中小城镇。首先，中小城镇是实现农业现代化的一个基本支点。要搞好农业污染治理，最重要的是提高农业劳动生产率，并以此提高农民的农业收入水平。大量使用农药和化肥常常是农业收入低的恶果。但通过发展非农产业或务工来提高农民收入，并不能改变农民的农业行为范式。同时上文我们已经指出，提高农业劳动生产率可以提高农业资源的定价基础和农业资源污染的赔偿价格，这都有利于推动农业污染的治理。因此，不断提高农业劳动生产率并以此为基础使农民的农业收入提高到一个较高的水平，是搞好农业污染治理的一个最重要的先决条件。而现代化农业的一个特点是需要较高的城镇化支撑条件，即不论是在农业地域专业化基础上形成的全国农产品市场和农业要素市场的全国一体化，还是农业产业集聚等，都需要较高的城镇化支撑条件。也就是说其逻辑结构是：中小城镇—农业现代化—农业、农村污染治理。

其次，农村地区的中小城镇发展还可以为农村非农产业转移和特色产业发展提供集聚地。由于特殊的制度和历史原因，"村村点火，家家冒烟"式的农村工业化和所谓的"庭院经济"等形式一度成了农村非农产业发展的一支主力军，也是造成农村工业污染严重的主要原因之一。于是，治理农村工业污染的重要路径之一就是让这些农村中的非农产业向小城镇转移或进入相关的产业园区，以便进行集中治污。同时还可以借助中小城镇这个平台，利用本地的资源、文化优势发展特色产业，增加非农就业机会。

再次，发展中小城镇还是提高农村人口城市化水平的重要路径之一。其环保含义：一是让农村人口向中小城镇转移，减轻一定区域内资源环境的人口压力，可以起到环境保护、修复生态的作用；二是提高农村人口的城市化生活水平还可以创造环保的"内在动力"。这是因为根据需求形成原理，人们的污染治理要求或对美好环境的祈求是收入和生活水平提高到一定阶段的产物。也就是说，向连基本需求都未能得到很好满足的人讲环保是没有意义的。当然，也许有人会说，通过大城市也可以提升农村人口的城市化水平。但令人奇怪的是，由于劳动力与资源价格的上涨和治污成本的上升，再加上房地产泡沫，在城市化还远未完成之时，大城市以市民化的方式吸纳农村人口的能力却大幅度地下降了。在这种条件下，如果不启用中小城镇，而是让"城市"与"乡村"仍然沿着相互分离的路径向前发展，那么，农业、农村污染的治理不仅难有改观，甚至有可能进一步恶化（由于增长和就业方面的原因）。这一矛盾本身不仅说明城市体系结构存在着严重的问题，而且揭示了发展中小城镇的一个十分现实而又特殊的意义。

最后，中小城镇还可以通过提供先进的污水、垃圾处理与运送设备等专用设施和良好的供电、交通、信息等基础设施来提升农村治污的技术与生产力水平。甚至可以设想，以中小城镇为基地建立起现代化的农村环境与生态保护体系，但在制度安排上，污染治理不应再实行城乡分灶，城乡一体化已被证明是行之有效的制度体系。

三 中小城镇作用在资源配置与污染治理中的逻辑路径

图 5-6 是根据上文内容绘制而成的，它描述的是中小城镇在属地资源配置与污染治理中的逻辑功能，希望能够借以突出立体的和一体化的视角。图 5-6 中出现了三个中小城镇的图标，并用矩形虚线框围起来，表示它是一个系统；同样，横向的矩形虚线框表示的是属地资源配置系统。

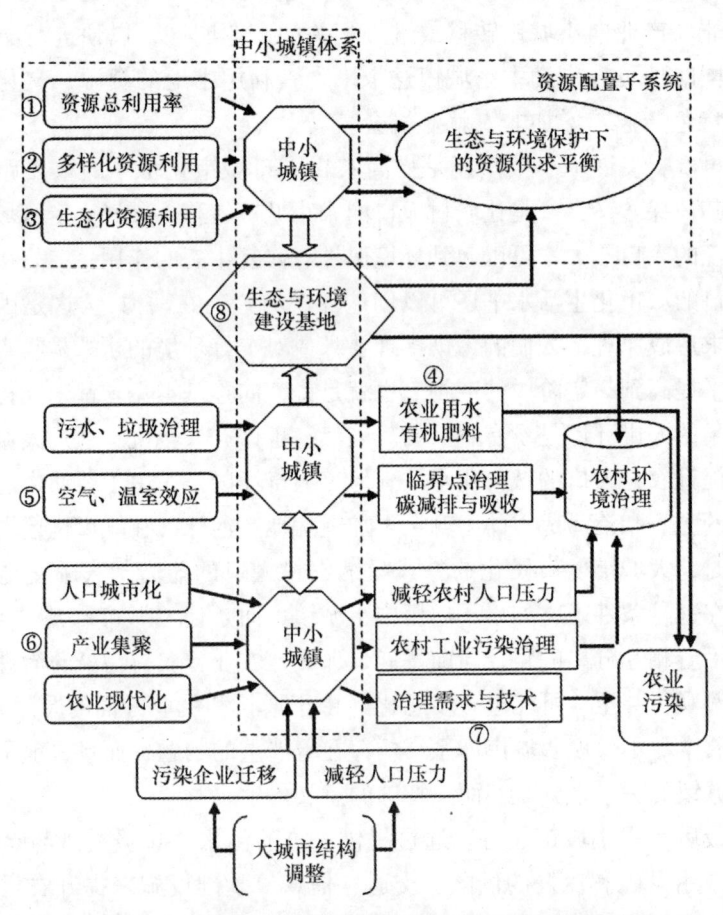

图 5-6 中小城镇在资源配置与污染治理中的功能

图 5-6 中的数字标号解释如下：

①是指提高全国属地资源的总利用率，主要是土地、水、农业等资源。

②是指提高多样化资源的利用水平，主要指能源、农林牧渔资源和可用来开发服务产品的自然资源等的多样化开发与利用。

③是指提高生态化利用资源的水平，其含义是指人类在利用属地资源的同时要做到资源的再生与培育，以便使之能够维护生态平衡。

④是指污水经净化后的再生水和污泥、垃圾处理后所形成的有机肥料，污水处理中所形成的沼气也可为小城镇提供能源。

⑤是指空气污染与温室效应的治理。小城镇的优点是临界点治理，而在温室效应的治理上还可以增大碳吸收能力。

⑥是指农村中的非农产业向小城镇的转移和集中，以便在形成集聚经济的同时也为污染治理提供便利。

⑦是指通过农业现代化提高农民的农业收入水平，创造农民治理污染的需求和动力，同时农业现代化还可以为农业污染的治理提供技术支持。

⑧是指在小城镇建立的生态与环境建设基地，可以为农村、农业污染的治理和生态环境建设提供知识、技术和设施等方面的支持。

第六章 地产租金与中小城镇的空间结构优化作用

土地是最重要的属地资源之一，不仅经济学历来把地租分析看成是资源价格分析的典型形式，空间经济学也把地租看成是能够影响空间结构的重要因素之一。土地资源的再配置又是城市化的主要内容之一，这就决定了地产价格泡沫是城市化过程中最重要的经济现象。前两章先后分析了劳动力、资源价格上涨和污染治理对城市集聚经济的影响，这一章将在此基础上通过分析地产租金的定价与运行规律来解析地产价格泡沫的形成与负面作用，进而分析中小城镇在空间结构优化方面的作用。无论从哪个角度看，劳动力与资源价格上涨、污染治理成本和地产价格泡沫都是城市化和二元经济转型中必然面临的主要问题，同时也是能够影响经济空间结构演化的四个重要因素。需要强调的是，本章的分析只是由这四个要素构成的分析框架的一个组成部分，在解读城市化和二元经济转型等问题时需要有一个立体化的视野。

第一节 研究背景与思路

在房价不断上涨的同时，大城市的地产租金也呈现出持续上升的趋势，从2006年1月到2016年6月，北京、上海、广州和深圳四个一线城市的房屋租赁价格指数（见图6-1），分别上涨了136%、103.4%、87.7%和116.3%。从理论上说，大城市地产租金的持续上涨不仅会推高生活成本、企业经营成本，严重削弱城市经济的活力，而且会迫使大城市过早地出现"去工业化"，造成产业结构演进

第六章　地产租金与中小城镇的空间结构优化作用　211

的无效率和抑制人口城市化进程。① 同时，租金收入的膨胀还意味着产业资本漏斗效应的扩大。究其原因，除了房价上涨的拉动作用和城乡产业效率差距过大外，城市体系结构的失衡也是重要的原因之一。地产租金与城市结构有着密切的逻辑关系：人类各种经济活动、行为造成的土地利用状态的改变必然会在租金上得到反映，这使得租金的分布结构能够反映集聚的运行状态。因此，从租金定价与分布结构的角度来研究城乡、城市体系的结构与均衡问题是一个十分重要的视角。

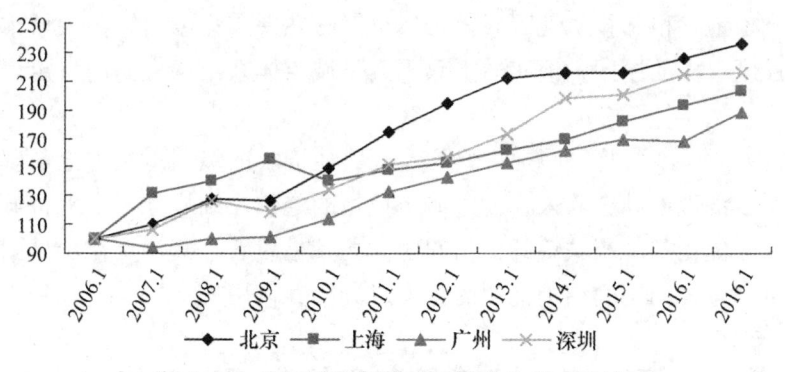

图6-1　房屋租赁指数（2006年1月=100）

资料来源：搜房网地产价格指数。

在城市化发展路径上，国内理论界一直有"大城市论"与"小城镇论"的争论，只是21世纪以后才初步形成了"大中小城市和小城镇协调发展"的共识。② 但理论基础的不足仍使其显得十分空洞，尤其是在应用地租理论来解释空间结构问题方面几乎没有进展。近几十年来，西方经济学在空间与区域科学领域取得了巨大进展，出现了像克鲁格曼等人的新地理经济学和波特的集聚效应理论一类的优秀成果，但在地租理论上的裹足不前却令人困惑不解。虽然阿隆索等人的

---

① 中国经济增长前沿课题组：《中国长期增长路径、效率与潜在增长水平》，《经济研究》2012年第11期，第4—17页。
② 舒联众：《论我国人口城市化路径的确定》，《经济问题》2012年第11期，第49—53页。

竞标地租理论能够较好地解释城市用地的分类配置与分区，新地理经济学的地租曲线也可以用来描述集聚的离心力与地租的关系，但它们对解析城市规模结构优化、城乡收入差距过大的空间作用等大尺度的空间结构问题并没有多大帮助。同时，近年来讨论房价上涨原因的文章真可谓汗牛充栋，诸如货币发行过多、土地出让制度、刚性需求、投机性因素等[1]，但从城市体系结构的角度分析问题的文献却较为少见。地产租金与价格是同一资产的两种价格形态，如果说城市体系结构失衡是造成大城市地产租金持续上涨的主要原因，那么它一定也是造成少数大城市房价持续上涨的主要原因，而其他因素，诸如刚性需求、土地寻租和投机性因素等虽然也能够在一定程度上解释大城市房价过度上涨的原因，但实质上只不过是城市体系结构失衡的特定表现形式。

为此，本章将试图把古典与新古典经济学的级差地租理论与现代集聚经济理论结合起来，通过城市地租的定价与结构分析来解析城镇体系的优化和中小城镇的作用问题。尤其是后者，其特点在于试图从城市化过程的空间结构优化的角度来分析其作用。

第二节 城市租金定价与规模结构

城市化可以简单地看成是人口在空间上的重组过程。于是，城与乡、大城市与小城镇、都市区的中心城区与卫星城等人口分布形态是否合理就成为城市化需要研究的问题之一。但这就需要一种能够对人口的空间分布进行均衡分析的工具，地租就是这样的一种工具。早期的经济学家研究地租是基于分配视角，而我们研究地产租金是基于空间均衡角度，或者说我们看重的是地产租金在评价人口分布结构中的标尺作用。[2]

---

[1] 张义凤：《我国房价高涨的寻租因素分析及防范》，《现代经济探讨》2009年第9期，第84—88页。

[2] 陈春生：《租金定价与中小城镇在结构优化中的作用》，《现代经济探讨》2014年第7期，第24—28页。

一 城市地租的划分与来源

（一）城市用地级差地租的划分

根据马克思关于级差地租与绝对地租划分的理论，我们可以把城市用地的地租分为绝对地租与级差地租①，后者是相对于农业平均地租水平而言的级差地租。马歇尔曾把城乡用地的地基价值分为按农业用地计算的价值和"位置价值"两部分，说明农业地租是评价城市用地的地基租金的一个重要基础。② 从理论上看，城市用地的级差地租又可细分为两个部分：一部分是与农业用地相比，工业、服务业和城市住宅用地因投资水平差异而产生的效益所形成的级差地租，属于级差地租Ⅱ，简称为投资性级差地租；另一部分是因集聚程度差异而形成的级差地租，简称为区位级差地租。城市用地的投资性级差地租，就产业用地而言，是因产业间投资水平差异所形成的级差地租；就住宅用地而言，是因基础设施投资和公共产品供给差异而产生的级差地租。例如，在大城市里，最好的"学区"通常是住宅租金最高的地区，而公共品供给缺乏的地域或大城市的一些边缘地带通常会演化为"贫民区"，这为基础设施和公共品供给差异决定住宅的级差租金提供了佐证。在第四章里，我们得出"工资的上涨引起土地资本密度的提高和资本的空间集中，进而又推动地租上升"的推论，投资性级差地租也可以为其提供解释。城市用地的区位级差地租，经济学在其来源的解释上存在着多种版本，如将其来源解释为交通的便利性、近市场性、人口增长和集聚经济等，这主要源于这些理论形成的阶段性。实际上，城市区位租金的来源可以系统地归结为集聚经济，这种一致性的解释有利于把级差地租引入空间集聚分析。

（二）区位级差租金源于集聚经济的理论依据

英国古典政治经济学创始人威廉·配第最先提出级差地租的概念，是基于土地区位差别所造成的运费节约。他看到维持伦敦或某军

---

① 马克思：《资本论》第三卷，《马克思恩格斯全集》第25卷，人民出版社1974年版，第721—842页。
② 马歇尔：《经济学原理》（下），陈良璧译，商务印书馆2010年版，第123—124页。

队所需的谷物,有的是从远离40英里的产地运来的,有的是从距离1英里的产地运来的,后者因少付39英里的运输费用,便可使谷物生产者获得高于其自然价格的收入,于是他从土地位置的差别上提出了级差地租的概念。① 约翰·冯·杜能开拓性地将地租引入空间均衡分析,认为地租是特定区位所产生的运费节约,并且其数值大小不仅取决于距离,而且与城市对农产品的需求总额成正比。② 杜能给出的地租模型是:

$$R = (P - C - Kt)Q \tag{6-1}$$

式(6-1)中,R是地租收入,Q是农产品的生产与销售量,P、C、K、t分别是农产品价格、农产品生产费用、距离市场的距离和单位农产品的运费率。其中,农产品价格、距离市场的距离和单位农产品的运费率都是影响区位级差地租的因素。

马歇尔将地租理论又向前推进了一步,认为决定地租的因素除了自然力和人类对土地所做的改良外,还有"稠密和富裕的人口增长,以及公路、铁道等交通之便利"③。他把地租分析"从仅仅是农民生产物的数量转移到它的交换价值,而交换价值是以农民邻近的工业人口所提供的与农产物交换的东西来表示的"④。这样一来,一块土地的地租就不仅与它是否适合种植更能赚钱的农产品有关,而且与通向市场和资源基地的交通情况、安全状况等有关,土地的价值也就会随需求的变化而改变。马歇尔还把人口集聚所引起的"自组织方面的力量"引入租金分析,农民的集聚使他们能够得到相互帮助,得到良好的道路和其他交通工具,促使市场的形成,并在这个市场上购买各种消费品和生产资料,"使他们能够获得知识与医疗、教育、娱乐;他们的胸襟日益开阔了,他们的效率在许多方面都提高了。如果附近的市镇扩充为一个大的工业中心,他们的利益就更大了"⑤。因此,马歇尔的租金分析已

---

① 威廉·配第:《赋税论》,《配第经济著作选》,商务印书馆1981年版,第47页。
② 约翰·冯·杜能:《孤立国同农业和国民经济的关系》,吴衡康译,商务印书馆2010年版,第49—52页。
③ 马歇尔:《经济学原理》(上),陈良璧译,商务印书馆2010年版,第175页。
④ 同上书,第183页。
⑤ 同上书,第184页。

不再局限于生产领域，而是包括交换、消费领域，租金的形成也不再仅仅源于生产效率的提高和交易费用的节约，也源于集聚经济——使人们能够相互帮助，能得到医疗与教育，产生新的需求等。

在上述经典分析中，威廉·配第和杜能都把区位级差地租的形成归因于运费的节约，不同的是杜能在分析中引入了城市，他的区位级差地租的形成是以人口的集聚为前提，并且随着集聚规模的变化而变化的。马歇尔则是以人口在农村的集聚为假设，较为详细地分析了集聚对地租的影响：人口的集聚使人们有可能得到良好的道路和其他交通工具，有可能得到知识与医疗、教育、娱乐，促成了市场的形成，提高了交易效率，它还使人们在许多方面都得到了便利。实际上，不仅威廉·配第的地租分析是以城市为前提的，因为所谓的运费的节约总是相对于既定的运输目的地而言的；而且马歇尔的分析也隐含了非农产业集聚（城市）这一条件，因为农产品的交换价值是用非农产品来表示的，且他直言，附近若有"一个大的工业中心"，利益就更大了。由此可见，马歇尔已经把区位级差地租的形成归因于集聚所带来的多方面的效率提高。由此我们可以得出如下推论：第一，非农级差地租的分析应当以人口、产业或交易的集聚为前提，比如一个港口有较高的级差地租，总是相对于一个集聚点而言的；第二，区位级差地租来源于集聚经济。

（三）区位级差地租的来源分析

"区位级差地租来源于集聚经济"的命题，可以从人口、产业和交易的集聚三个方面来解读。

首先是产业集聚。产业的集聚经济主要来源于专业化集聚所形成的地方化经济和多种产业综合集聚所形成的城市化经济，后者包括就业多样化经济、交易费用的节约等。从本源上说，产业集聚效应或者来源于规模经济所产生的技术成本的下降和劳动力等资源的有效配置[1]，或者来源于更细的专业化分工，因知识外溢而提高的劳动效率以及交易效率的提高。总之，它们均源于"投入—产出"效率的提

---

[1] 杨国亮：《论范围经济、集聚经济与规模经济的相容性》，《当代财经》2005年第11期，第10—14页。

高，因此，产业集聚所引起的区位级差地租的上升均来源于因产业集聚而产生的产出效率的提高。

其次是人口的集聚。人口集聚会促使消费市场的形成和市场规模的扩大，使人们的社交活动和相应的社会生活更加便利和形成消费方面的集聚经济。其产生集聚经济的作用主要表现在三个方面：第一，人口集聚能使特定地域的人们获得更高的消费交易效率；第二，便利的社交活动和社会生活也使人们能够得到更多的益处；第三，即使在同等的基础设施和公共产品供给条件下，人口集聚程度高，也会使人们受益于更高的供给效率。因此，人口集聚所形成的集聚经济来源于三个方面，即集聚所形成的交易成本的节约或效率的提高、消费效应和供给效率的提高。它们是城市住宅用地区位级差地租的三个来源。

最后是交易的集聚。城市中某一地域的住宅区位级差地租的高低，不仅取决于它本身的人口集聚程度的高低，还取决于它是否为其他地区提供较高级别的商品、服务与公共品的供给职能。克里斯塔勒的中心地理论对于这种"交易集聚"现象已有论述，因而城市体系具有层次性。产业用地的区位级差地租也存在着同样的规则，即距离提供高级商务与贸易功能的集聚地的远近影响其租金水平。交易的集聚是基本的集聚形式，于是，集聚经济演化的逻辑顺序应该是：先是交易的集聚形成集市或市场，接着是手工业和商业的集聚形成城镇，进而是政治的或宗教的集聚进一步推动了人口的集聚从而形成城市——这说明推动人口集聚的不仅是产业方面的原因，还有财富和权力占有方面的原因；然后是现代产业与交易的发展成了城市化的主要动力，并且从此以后，人们居住在城镇不再仅仅源于产业、财富与权力占有方面的原因，也是因为人口集聚本身成了一种集约化的形式。

根据以上分析，区位级差租金的来源可以从总体上归结为集聚经济收益。对于产业用地来说，它主要来源于因产业集聚而产生的产出效率的提高和相关的交易效率的提高。交易效率提高即包括因产业集聚而形成的原材料采购与产品销售方面的规模经济和产业区内部交易效率的提高，也包括因区位更接近市场或商贸服务中心而带来的效益。对于住宅用地而言，区位级差地租既来源于因人口和交易集聚而产生的交易效率、供给效益和消费效应的提高，又来源于产业与人口的综合集聚而产生的通勤便利以及对家庭配置劳动力效率的影响（见图6-2）。

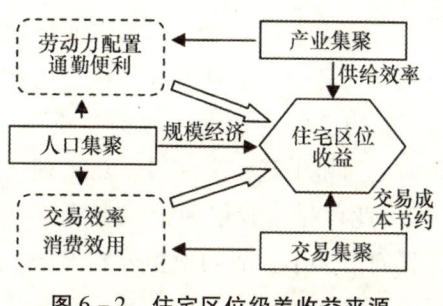

图6-2 住宅区位级差收益来源

尽管从理论上看，应该将城市级差地租分为投资性级差地租和区位租金，并且这种划分在规划中也具有实际意义，但在宏观分析中要将投资与集聚所引起的级差地租区分开来是困难的。因为集聚如产业集聚本身就包含了投资的集中。再说，这种区分对于我们的分析也是不必要的，因为我们的目的是试图借助于租金与人的空间经济活动的关系来考察人口的合理布局问题。实际上，城市级差地租本质上是一种区位现象。即使就投资引起的级差地租而言，它也只是局限于特定地域，就像风景优美的海边房产有较高的地租仅局限于特定的地域一样。因此，本书将使用"城市级差租金来源于集聚经济"这一命题，其中的集聚经济包括了因投资集中所产生的效益。

二 城市地租的定价基础

城市用地的级差地租是以农业地租为定价基础的，这是经济学的一个基本论点。但作为定价基础的农业地租并不是指城市周边的农业地租，而是一个更大区域或全国的平均农业地租。根据约翰·冯·杜能地租模型，距离城市越近，城市规模越大，农业用地的地租就越高，公式（6-1）中的 K 与 Q 对地租 R 的影响清楚地描述了农业地租的这种分布规律。因此，大城市边缘的农业用地就比小城市同样位置的地带具有更高的地租，说明大城市的土地利用具有更高的地租起点。但是，杜能的地租理论是以一座城市的农产品完全由周边的农业提供这样的"独立国"为假设条件的,而如今,农产品市场已经全国一体化,甚至全球化了,因此,当我们使用"城市用地的级差地租"这一概念时,更为一般的含义是相对于一个较大区域内的平均农业地租而言的。这主要取决于农产品价格和农业地租的作用机理。虽然根据阿隆索等人的竞租理论,也可以求得城市用地与农业用地的局部均衡点,但它是以城市产业与农业的收益差距不能过大为条件的;否则城市与农业用地之间将出现租金缺口,竞租理论只好用工资收入来定价城市地租。[1] 由此可见,竞租理论并不能解决城市级差地租的定价问题。下面,我们借助于杜能的地租公式 $R=(P-C-Kt)Q$ 来说明城市级差地租的定价基础。

假设有一座城市,城市用地的地租及其分布保持不变,其农产品供给完全依靠周边的农村地域,农业地租的分布服从杜能的地租公式。从该公式中可以看出,由于农业地租的水平与分布受农产品价格的影响,如果交通运输条件得到改善,外部其他地区价廉物美的农产品,主要是粮食便会涌向这座城市,致使其平均价格水平下降,将会使该地区的农业地租下降,从而使城市用地的级差地租相对上升。这就相当于该座城市由于交通条件改善而获得了大量廉价土地,使平均农业地租下降一样。在这一过程中,城市土地所有者从两个方面得到好处:一是城市土地的级差收益上升了——它不仅来源于因平均农业收益下降所形成的城市级差地租的相对增加,而且来源于粮食价格下降引起的劳动力成本下降所推动的集聚经济水平的提高,因为"任何要素的供给量的增加一般地将降低它的价格,以利于其他的要素"[2]。二是租金的实际收入上升,即粮食价格的下降以及由此引起的其他商品价格的下降使土地的实际收入相对地上升了。粮食价格的下降也会使这座城市周边的农业用地受益,因为在这种条件下,周边的农业是不会生产粮食的,而是生产其他适合的农产品;同时,粮食价格的下降所推动的城市经济发展也会使周边的农业用地受益。因此,总的来

---

[1] 菲利普·麦卡恩:《城市与区域经济学》,李寿德、蒋录全译,格致出版社、上海人民出版社2010年版,第120—122页。

[2] 马歇尔:《经济学原理》(下),陈良璧译,商务印书馆2010年版,第332页。

说，外部低价粮食的供给使该座城市城乡土地升值了。马歇尔分析过此类现象，19世纪中叶，由于谷物自由贸易的实行和美国耕种面积的扩大，迅速提高了英国"城乡土地的实际价值"[1]。上述案例说明，城市产业用地的级差地租是受农产品总供给与价格调节的，因此，在农产品市场全国一体化甚至全球一体化的条件下，城市用地的级差地租就必然取决于农业的平均地租。

城市用地的级差地租是以农业地租为定价基础的，这一命题可以推导出一个极有价值的结论：在城市集聚经济和投资水平不变的条件下，通过提高农业劳动生产率，可以降低城市的级差租金，也就是可以提高城市产业和居民的福利水平。李嘉图在研究农业地租时已指出不同地域或土地间级差地租的这种辩证关系：如果土地改良"所影响的主要是那些原本是最富饶的土地，它可以增加剩余总量，但是，如果它所影响的主要是较贫瘠的一类土地，则剩余总量必因此而大减"[2]。实际上，级差地租就是一些地域或区位比其他地域或区位能够带来超额收益，土地所有者能够凭借所有权获取这种超额收益的形式；如果收益差距缩小了，级差地租也就缩小了。上述推论可以做进一步的延伸：通过小城镇提高"农村"居民的集聚经济与公共产品供给水平以提高其住宅的租金水平，可以缩小城乡住宅租金的差距，起到促使人口合理流动和提高城市居民福利水平的作用。

三　住宅地租的定价与相对级差收益

城市住宅级差地租也是以平均农业地租为基准的，但乡村住宅级差地租的定价具有特殊性。与城市住宅相比，村落中的住宅本身并不能提供完整的生活功能，它必须借助于中小城镇提供的一些功能，如上学、就医、耐用消费品供给等，才能形成完整的生活功能。同时，村落居民对农业收入依赖的不同和农业现代化程度的差异，也会使租金定价与分布产生很大的差异。如果假设村落居民完全以农业收入为生，人们只能根据农业收入的多少和偏好来决定土地要素（住宅）

---

[1] 马歇尔：《经济学原理》（下），陈良璧译，商务印书馆2010年版，第333页。
[2] 同上书，第293页。

和非土地要素的消费,那么,在这种条件下,农业用地和住宅用地就会自动达到一种均衡状态。根据杜能的农业地租理论和阿隆索的竞租曲线,能够得到村落住宅和周边农业用地的地租分布曲线。从图6-3中可以看出,村落中住宅相对于农业地租而言有一定的级差地租,原因是人们在村落中能够获得一些集聚收益和公共设施的供给,如饮用水、农产品加工与服务等。在村落居民的收入完全来源于农业的假设下,农村住宅用地和农业用地会自发地达到最优的配置状态,这可以说是对二千年来中国农户配置土地资源策略的一种概括。它能够解释传统上为什么农户不会选用"好地"作为宅基地,住宅总是建在崖边、陡坡以及其他不易耕种的土地上,也能够说明为什么耕地肥沃,住房租金一定较高,古代城市又总是形成于土地富饶地区的中心地。但是,如果假设农村居民可以通过进城务工、经商取得收入,并且这种现象非常普遍,那么,在村落住宅用地和农业用地边界不变的条件下,两种地租曲线间就会出现"缺口",就会产生侵占耕地的动力。

在讨论乡村住宅地租的定价基础时,会面临两种极端的情况:一种是假设乡村居民所需的农产品全部来自周边农业,其住宅级差地租定价的基础就是周边农业的平均地租;另一种是假设农业已经完全商品化了,该村落的农业只生产一种或几种专业化的农产品,其他农产品完全依靠市场供给,此时其定价基础就是一个较大区域或全国的农业平均地租。实际的情况通常是居于二者之间,在二元经济转型时期更是如此。由此可见,在转型时期,城市与乡村住宅级差地租的定价基础是有差异的,它源于城市居民与农村居民在农产品供给上的市场化差异。

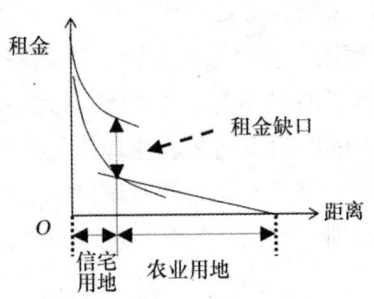

图6-3 乡村住宅与农业用地的配置

因此，农村居民对农业收入的依赖和城乡收入差距过大，必然会使城乡住宅的级差收益①存在较大差距。如果说在农业收入较低的阶段，城乡间的工资差距对劳动力转移具有重要的促进作用，那么，当收入和生活提高到一定水平后，城乡之间以及城市之间的住宅净级差收益差距对人口迁移就具有重要的调节作用。与新经济地理学的"中心与外围"模型把工资差距作为引导工人流动的指数不同②，这就需要一个更宽泛的分析框架：人们从事产业活动获得收入，然后又将收入分配于土地要素和非土地要素上来维持生活，以追求效用的最大化，这个过程对于特定的地区来说是既定的；但不同地区、城乡之间则有可能存在较大的差距，人们可以通过选择地区来选择收入、居住条件与环境以及非土地要素的消费偏好，以实现劳动投入最终在消费效用上的最大化。在这种条件下，住宅间的级差收益差距与人口自由迁移之间会形成循环累积的因果关系，其作用也会被不断强化。这就意味着，如果城市住宅与农业居民住宅的级差收益过大，在一定发展阶段就会成为推动农业居民向城市迁移的原因；而人口迁移又会反过来使城乡住宅的级差收益进一步扩大，二者间会形成一种相互推动、强化的关系。这就是农村中形成"空巢村"和少数特大城市形成人口压力过大、地产租金过度上涨的重要原因之一。这也说明城乡住宅间的相对级差收益与地租具有特别重要的经济含义。

四 实证分析

在城市级差地租以农业地租为定价基础的假设下，由于农产价格变动会影响城乡地租的实际比价，因此，只有在城市地租与农产品价格保持密切关联性的条件下，城市级差地租取决于城乡土地使用效率差距的原理才能成立。或者说，城市地租与农产品价格保持密切关联性是城市级差地租取决于城乡土地使用效率差距原理的表现。历史

---

① 住宅级差中的收益除了居住用途外，还包括因人口与交易集聚而产生的交易效率、供给效益和消费效用的提高，以及源于产业与人口的综合集聚而产生的通勤便利以及家庭配置劳动力资源效率的提高等。

② M. Fujita, P. Krugman, A. J. Venables (1999), "The Spatial Economy: Cities Regions, and International Trade," *Massachusetts Institute of Technology*, 72 - 90, 180 - 213.

上，经典经济学家已分析了这种关联性，指出如果农业连续歉收引起了农产品价格的持续上涨，就会引起非农地租上涨①。原因是城乡地租具有保持收益差额稳定的趋势，同时农业地租在农业收入分配中又具有保持收入稳定的倾向。这样，当农产品价格持续上涨时，农业地租是稳定的，甚至是上升的，而城市地租的实际价值却下降了，在恩格尔系数较大的历史条件下尤其如此；于是，城市地产所有者为了维持原有的实际收入就必然会提高地租，土地使用的相对效率也支持着这种趋势。中国自2001年以来的房租与农产品价格数据也支持了这一结论。从图6-4中可以看出，进入新世纪以来，农产品价格以波段性上升的方式拉动住房租金的逐步上涨。

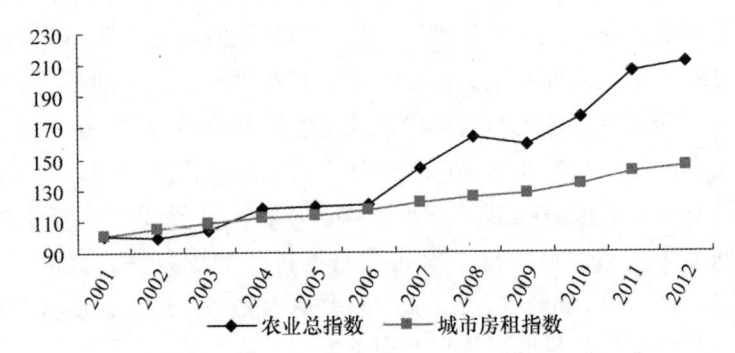

图6-4 城市房租与农产品价格关联性的分析（2001=100）

资料来源：国家统计局数据库。

一个验证。进入新世纪以来，中国城市房租出现了持续上涨，凭直觉，人们很容易将房租上涨主要归因于通胀因素的影响②，但这是一个错觉。为了验证这种情况，表6-1引入了城市实际房租指数，用以反映房租的实际价值变动情况。它首先从消费者价格指数CPI中删除食品与住房部分，得到"准核心CPI"，然后再从房租指数中扣除准核心CPI的影响；其含义是住房租金在扣除通胀影响后的实际上

---

① 马歇尔：《经济学原理》（下），陈良璧译，商务印书馆2010年版，第333页。
② 陈溪、靳大力：《中国M2/GDP偏高深层原因的实证分析》，《西安财经学院学报》2013年第5期，第39—44页。

涨程度。表 6-1 表明，实际房租指数上涨了 41.6%，与房租指数仅相差了 3.2 个百分点，12 年间准核心 CPI 对房租指数的影响并不大。

城市地租受农产品价格中长期波动的影响，这一结论是重要的：通常我们知道，农业与城市非农产业失衡会通过农产品价格影响劳动力成本和实际工资，甚至会推动通胀，而这一结论进一步指出了城乡经济失衡还会通过推高城市地租来抑制经济增长的可持续性。

不过，需要说明的是，在农业社会和二元经济社会里，农产品价格波动一般是周期性的升、降，只有在农产品价格出现中长期上涨时才会影响非农地租。但进入转型阶段后，如果农业劳动生产率得不到及时提高，就会出现农产品价格持续上涨的现象[①]，并推动非农地租持续上涨。这是近年来中国城市地产租金持续上涨的深层原因之一。也就是说，农业与城市经济的严重失衡是造成今天中国大城市房价和租金不断上涨的"罪魁祸首"之一，对此应该有清醒的认识。

表 6-1　中国城市房租与农产品价格波动的相关性分析（2001 年 = 100）

	农产品生产者价格指数	城市房租指数	城市实际房租指数
2001	100	100	100
2002	99.7	104.7	105.9
2003	104.1	108.7	110.7
2004	117.7	112.1	114.4
2005	119.4	113.8	116.2
2006	120.8	116.7	118.8
2007	143.2	121.1	122.7
2008	163.3	125.4	126.1
2009	159.4	127.4	128.5
2010	176.8	133.8	134.2
2011	206.0	141.0	139.5
2012	211.5	144.8	141.6

注：实际房租指数是指扣除不包含食品和住房的准核心 CPI 影响后的房租指数。
资料来源：《中国统计年鉴》（2003—2013）。

[①] 陈春生：《新一轮通胀的特征、成因与二元经济下的通货管理转型》，《统计信息论坛》2013 年第 4 期，第 80—86 页。

五 城市规模结构对地租的影响

在城市级差地租是以农业平均地租为定价基础的前提条件下,城市规模就是影响城市级差地租的一个重要因素,城市规模越大,级差地租就越高。这一命题可以借助于杜能的地租模型给出简单的证明,因为城市规模越大,农产品需求量也越大。另一种证明方法是以城市规模与集聚经济间的函数关系为前提的,只要能够证明城市集聚经济与农业的相对收益是影响城市地租的重要因素,也就得出了"城市规模越大级差地租越高"这一结论。可以用城市劳动生产率——一般用工业或第二产业的劳动生产率——相对于全国平均农业劳动生产率的比值来替代"城市集聚经济与农业的相对收益"。图6-5分析了北京第二产业相对于全国农业的实际相对劳动生产率和住房租金指数的变动情况,基本验证了城市产业与农业劳动生产率差距是决定城市级差地租的基本因素这一原理。这样,就可以得出这样的结论:城市的地租水平随城市规模而不同,城市地租在大、中、小城市间呈阶梯状分布。

从图6-5可以看出,1996—2001年,以1996年不变价格计算的北京第二产业相对于全国农业的相对劳动生产率(农业/第二产业),由14.96%快速下降到9.94%,这促使北京的居住价格指数上涨了57.45;2001—2008年,北京居住指数的缓慢上升,也可以用劳动生产率差距的缓慢扩大来解释。但2010年后,北京居住指数出现了短期背离的走势,说明有其他因素的影响(如房价上涨)。

因此,城市因规模不同而使级差地租水平呈相应的差异分布,并且在同一个空间系统中,如果大城市的规模持续扩大或集聚程度持续提高,当达到一定程度时,其级差地租占级差收益的比值也会趋于不断提高。这是由于城市的规模集聚收益呈边际递减,而集聚的外部成本呈边际递增,同时,地租又具有规模递增的趋势(地租与集聚的外部成本之和构成总集聚成本)。集聚收益的边际递减与外部成本的边际递增会使集聚的净收益在达到一个最大值后趋于缩小,甚至转为负值,而地租则随着集聚程度的提高而趋于上升,这就会使租金占比上升到过高的水平,除非集聚不经济或经济衰退使集聚收益较大幅度地收缩，迫使租金落入下跌通道。

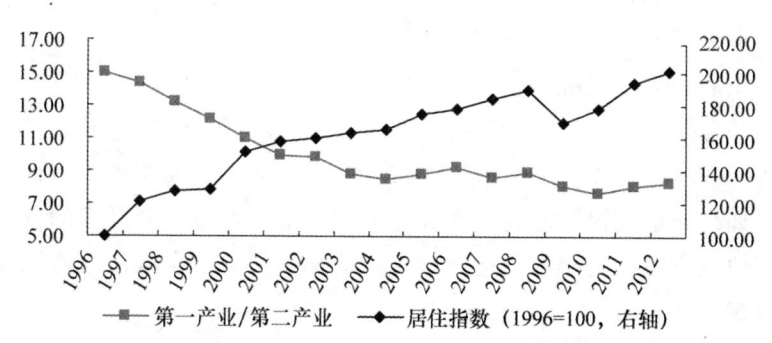

图6-5 北京第三产业相对劳动生产率变动对房租的影响分析

资料来源：《北京统计年鉴》（历年）。

如果城市规模过大，就会造成租金水平过高，这就产生了城市规模合理分布的问题。在最优城市规模问题上，理论界主要有两种意见。一种意见认为，城市的实际规模可能会系统地大于最优规模，达到临界规模，即在该规模上集聚的总收益等于总成本。原因是如果城市规模的增长无限制，任何规模在临界规模以下的城市，其边缘的居民迁往该城市的净收益都是正的，他们会在忽视自身迁移行为对城市成本变化影响的条件下迁往这座城市。另一种观点则引入了人口在城市间的迁移机制，认为当一个城市的规模超过最优规模时，其不断降低的收益状况会鼓励这个城市的居民迁往规模还未达到最优的城市，从而使城市体系能够达到一种最优的规模分布。① 但它同时也承认，如果出现了市场失灵，其调节过程将伴随着巨大的固定资产投资浪费。对于中国来说，一些因素如资源的非市场定价、户籍制度等都会严重损坏城市规模的调节机制。资源的非市场定价，如水、电、汽等的定价偏低，会造成城市集聚成本被严重低估，使城市规模沿着一条虚假的成本曲线不断扩大，形成系统性城市规模过大的问题。而户籍制度，不仅使大城市能够免于向一部分常住人口提供公共产品，使城

---

① 菲利普·麦卡恩：《城市与区域经济学》，李寿德、蒋录全译，格致出版社、上海人民出版社2010年版，第109—110页。

市公共支出的人口承载力被虚拟化；而且还会使大城市的户籍人口获得一种特殊的级差收益，阻碍人口的合理流动。这就使少数特大城市失去了人口的自我抑制与调节功能，必然会走向规模过大的"陷阱"和严重的集聚不经济。

需要指出的是，在城市规模超过临界规模而使净收益开始缩减的过程中，城市规模过大所造成的租金上升发挥了重要作用。这也意味着，如果城市规模能形成最优分布，租金水平也会达到最佳的分布状态，使城市体系的净收益达到最大。这是大、中、小城市应协调发展的最重要的理论依据之一。

第三节 租金与城市体系结构

一 租金份额

上述城市级差地租占级差收益的比值问题也就是租金份额问题，是一个分配问题，所要回答的问题是什么因素决定着这种分割的比重。早期的经济学在等量资本和劳动能够获得等量报酬的假设条件下，把级差地租解释为不同土地所产生的级差收益的转化形态，并把地租看成是独立的分配形式。这种简单的分析方法对于农业地租来说，并且在其他生产要素差别不大的条件下，也许是可行的，但是若用来分析城市地租，尤其是住宅地租，就难以适应了。这首先是由于城市级差地租与级差收益的不一致性：租金总可以简单地解释为一定的货币支付额，而级差收益则包括更广的范围，它既可以指价值的增加或某种费用的节约，又可以指某种"效用"，如高就业机会、上学便利或良好的文化氛围等。其次是城市级差收益来源的多样性，而且大多数级差收益实际上来源于外部性，很难分清楚其中的哪一部分是来源于土地、资本或劳动，把它解释为各种要素共同作用的结果更符合实际。美国经济学家约翰·贝次·克拉克（John Bates Clark）最先提出，不应当把地租看成是有别于工资、利息和利润的由特殊规律决定的一种级差收入，他借助于边际分析说明了地租实际上是与工资、利息和利润具有相同性质的要素收入形式，认为"应当把租金看作一种生产要素，对另一个生产要素的生产量所增加的部分"①。后来经济学家们又进一步说明劳动、资本和土地等生产要素在分配中所占份额取决于各种要素的边际生产力、供求状况与相互间的边际均衡关系。也就是说，级差租金只是级差收益的一部分，级差收益的其余部分被分配给劳动、资本或其他要素；并且，级差租金在级差收益中所占份额是动态的，它取决于各种要素的边际生产力、供求状况与相互间的边际均衡关系等因素。一个简单的案例是：大城市一般具有较高的工资，这是集聚的级差收益的一部分被分配给劳动的最好证据[②]；同时，大城市之所以能够提供较高的工资是因为资本收益也较高，而能够提供高就业机会的区位，其租金也必然较高；于是，集聚经济收益实际上是在资本、劳动和租金（住房）之间进行分配的。此外，为了能够较好地解释住宅级差收益的分配问题，需要引入加里·S. 贝克尔的家庭生产和消费理论，它把家庭生活看成是"家庭通过综合运用市场的商品与劳务、家庭成员的时间、教育及其他'环境'变量生产出非市场商品"的过程。[③] 这样，住宅级差收益的形成除了与家庭作为"劳动"这种要素的唯一供给单位而与通勤、家庭劳动力资源配置等有关外，还与家庭成员时间的有效利用与节约、更好的教育以及更有效的"环境"变量等相联系，因此，其级差收益就应该在住房和这些要素间进行分配。

在现实中，总会出现一些特殊的经济结构使要素的边际均衡处于一种扭曲状态。例如，在二元经济下，劳动力的无限供给把工资压在很低的水平上，使资本能够获得一个超额利润。同样，如果城市体系结构不合理，大城市的规模过大，也会使租金的份额处于过高状态，从而使要素的边际均衡处于扭曲状态。下面，我们将着重分析在快速城市化过程中，城市体系结构失衡所造成的级差地租份额偏高的运行

---

① 克拉克：《财富的分配》，陈福生、陈振骅译，商务印书馆1983年版，第171—177页。

② E. Glaeser, J. Kolko and A. Saiz, "Consumer City," *Journal of Economic Geography*. 2001, (1): 27 - 50.

③ 加里·S. 贝克尔：《人类行为的经济分析》，王业宇、陈琪译，格致出版社2008年版，第107—177页。

机理问题。[①]

二　基本影响因素

直观地看，地产租赁市场的供求关系和地产价格是能够影响城市级差地租占级差收益比重的两个重要因素。住宅租赁市场的供求状态，主要受就业性与非就业性迁居人口数量的影响。一般地说，一座城市迁入人口数量的增加会同时影响地租与集聚经济收益，就业性迁居表现得尤为明显，然而，短期内，在住宅租赁供给一定的条件下，迁居人口的增加势必会使级差地租上升得更快。相比较而言，人口流动要促成集聚经济收益的形成，所需要的条件和机制过程更加复杂，而地租对流动人口的反映则要灵敏得多，这样，当人口较集中地流向某些城市时，就会造成其级差地租占比的短期上升。

如果假设劳动力流动服从的是净收入最大化原则，那么只要劳动者在扣除了包括房租在内的各种迁移成本后仍能获得更高的收入，劳动力流动就会发生。这说明能够提供较高收入的城市必然会有更高的房租。在这里，我们面临着两个问题。第一，在二元经济下，当工资处于稳定的低工资阶段，房租的水平是受工资制约的；在这一阶段，尽管城市的规模不断扩大，但房租会处于一个相对稳定的状态。第二，在进入转型阶段后，工资处于上升期，如果工资的上涨受到较大的压力而房租又因某种因素而不断上涨，就会阻止劳动力流入大城市。

地产的价格对级差地租所占比重的影响，反映的是产权市场价格与服务价格之间的关系。从理论上讲，地产价格是地租收入的资本化，在利率不变的条件下，地租的上升必然会推高地产价格；反过来看，地租收入又是地产投资收益的实现形式，较高的地产价格必然要求较高的地租收益，从而拉动地租水平的上升。因此，地产价格与地租之间存在着密切的互动关系，如果某种因素推动地产价格过度上涨，也会导致地租偏高。

[①] 陈春生：《地产租金、结构优化与中小城镇的作用》，《城市问题》2014年第9期，第22—27页。

地产的价格对地租份额的影响，实际上反映的是城市体系结构的变化对地租波动的动态影响。下面，我们先分析集聚结构对人口迁移的影响，然后再分析地产的价格对地租份额的影响。

三 级差收益的空间均衡条件

人口迁移是造成城市住宅租金变动的主要原因。唐纳德·博格提出的"推力—拉力"人口迁移理论是较早从迁移动机方面分析迁移行为的理论，认为迁移行为是种种消极因素促成的"推力"和多种有利因素形成的"拉力"共同作用的结果。[①] 前者如自然资源枯竭、劳动力过剩所造成的失业与隐性失业和收入低等，后者如较多就业机会、工资高、较好的受教育机会和公共产品供给等。迁移行为被解释为基于比较利益选择而发生的行为。人口迁移理论中的微观模型则是以分析迁移动机和迁移决策为重点，一般都假设人们迁移是为了改善自己的生活状况，主要有"成本—收益"和"投资—利润"两种分析方法。[②] "成本—收益"说中的收益可以用生命周期收入的增加来度量，成本则指迁移过程所发生的各种费用。"投资—利润"说是把迁移过程中的各种支出看成是投资，把迁移后所获得的净收益看成是利润。如果迁移的收益大于成本，或者投资能够获得合理收益，迁移行为就会发生。美国学者斯达科提出一种把"成本—收益"和"投资—利润"结合起来的分析模型。[③] 他的迁移成本或代价除了迁移过程中的各种支出外，还包括机会成本损失，在新居住地的不便和心理上的不适等；迁移后的利润包括收入的增加、更高的生活水平、更多的就业与教育机会等。其模型是：

$$PV = \frac{L_j - L_i}{Rd_i} - G_{ij} \qquad (6-2)$$

式（6-2）中，PV 表示迁移的净收益，$L_j - L_i$ 表示迁入地 j 与迁

---

① 转引自赫瑟编《人口研究》，芝加哥大学出版社 1959 年版，第 489—494 页。
② 左学金：《人口迁移与经济发展：理论模型与政策含义》，《上海社会科学院学术季刊》1995 年第 4 期，第 101—109 页。
③ 〔美〕斯达科：《发展中国家的农村—城市迁移研究》，美国《世界发展》杂志 1982 年第 10 卷第 1 期，第 63—70 页。

出地 i 的实际收入之差，Rd_i 表示从 i 地迁出的实际收入的折扣率，G_{ij} 表示从 i 地到 j 地的迁移费用。如果 PV 值大于零，迁移行为就会发生，PV 值越大，迁移量就越大。

斯达科的模型实际上是用来分析二元经济下农村人口向城市转移的劳动力转移模型。该模型忽略了住房租金因素，这在城乡居住费用差别不大，且租金的整体水平较低的条件下也许是可行的。但当进入二元经济转型时期，地产租金开始快速上升，对人口迁移的影响就不能忽视了。例如，"凯利—威廉逊模型"是一个描述人口迁移与城市化的一般均衡模型，该模型就把城市地租的上涨推动房租和城市生活费用上涨，以及相应的城市实际收入下降看成是制约城市增长的内在机制之一。[①] 又如，雨果（Hugo）在分析澳大利亚人口迁移时，也把住房及生活成本的差异作为主要影响因素之一。[②]

住房租金对于迁移者来说，无论是租房还是买房，都是居住成本的最主要内容，他们追求的都是迁移净收益的最大化。因此，在比较迁出地与迁入地的收益时，应将住房租金考虑进去。这样，引入住房租金，并把市场化人口的永久性迁移解释为：人们基于迁出地与迁入地的包括产业效率、收入和消费效用在内的净级差收益与迁移成本的比较而做出的永久性居住地的选择。相应的人口迁移模型为：

$$\frac{(E^A - R^A) - (E^B - R^B)}{C/N} > 1 \qquad (6-3)$$

如果设 $E^A - R^A = e^A$；$E^B - R^B = e^B$，式（6-3）可以改写为：

$$\frac{e^A - e^B}{C/N} > 1 \qquad (6-4)$$

永久性迁移主要有两种形式：一种是迁移者先在迁入地租赁房产，过一段时间后再购买；另一种是空间上的迁移行为与购房同时发生。式（6-3）中的 E^A、R^A 和 E^B、R^B 分别为迁入地和迁出地的年级差收益和级差租金；C 为迁移成本，既包括实际支出的迁移费用，又

[①] 赫瑟编：《人口研究》，芝加哥大学出版社 1959 年版，第 489—494 页。

[②] G. Hugo, "Recent Trends in Internal Migration and Population Redistribution in Australia," Paper Presented at the Annual Meeting of the Population Association of America. Minneapolis, MN, 2003, April 1-3.

包括有形与无形的机会成本；N 为预期的受益年限。$\dfrac{e^A - e^B}{C/N}$ 是迁移系数，当该系数大于 1 时，人们就会选择迁移，该值越大，迁移倾向就越大。

由此我们就可以推导出不同级层的城市间、住宅的净级差收益的均衡条件：

$$e^A - e^B < \dfrac{C}{N} \quad (6-5)$$

式（6-5）的含义是，在不同地域间的住宅净级差收益之差小于年平均迁移成本时，市场化的迁移行为就会进入均衡状态。

四　集聚的空间结构对租金份额的影响

设有农村、大城市和中小城市三种地域空间，E^A、E^B 和 R^A、R^B 分别为大城市和中小城市的住宅级差收益和级差地租；如果集聚结构过度偏向于大城市，使 E^A/E^B 和 R^A/R^B 过大，最终就会使大城市的地产租金占比偏高，即 $R^A/E^A > R^B/E^B$。下面用反证法进行证明。

先假设 $R^A/E^A = R^B/E^B$，并假设 $E^A/E^B = R^A/R^B = X$

由 $e^A - e^B = E^A - R^A - (E^B - R^B)$，可以得到：

$$e^A - e^B = XE^B - XR^B - (E^B - R^B) = (X-1)(E^B - R^B) \quad (6-6)$$

式（6-6）表明，X 值的大小直接决定着两城市间净级差收益的大小，只要 X 值足够大，城市间的迁移行为就会发生；但迁移行为又会使 R^A 值变大，也就是使 $E^A - R^A = e^A$ 变小，最终使迁移行为无利可图，其结果必然会使 $R^A/E^A > R^B/E^B$ 成立。在这一过程中，R^A/E^A 值逐步变大，在迁移均衡中发挥着重要作用。下面，我们举例说明这一过程。

假设人口由中小城市迁往大城市，由农村迁往中小城市与直接迁往大城市分别有以下公式成立：

$$M^1 = \dfrac{e^A - e^B}{C/N} > 1 \quad (6-7)$$

$$M^2 = \dfrac{e^B}{C/N} > 1 \quad (6-8)$$

$$M^3 = \frac{e^A}{C/N} > 1 \qquad(6-9)$$

且有：$M^3 > M^2$

M^2 和 M^3 分别是人口由农村迁往中小城市与直接迁往大城市的迁移系数。$M^3 > M^2$ 的含义是，由于大城市比中小城市有着更高的级差收益，人们由农村直接迁往大城市，比由农村迁往中小城市更为有利。在上述条件下，人们就会纷纷由农村和中、小城市迁往大城市，但对购房型迁移者来说，收入水平是重要的约束条件。不过，对于一个快速增长的大型经济体来说，希望迁往少数大城市的富有人群会被不断地创造出来。而且，大城市的 E^A 值对不同收入阶层来说是不同的，某些区域对高收入有更高的 E^A 值，因为在这些区域有与富有人群社交的便利或制度租金等。这样，在一个收入差距过大的经济体中，迁往大城市的倾向就会更强烈。

迁往大城市人口的增加，会推高大城市的地租和价格，而且地产价格也会拉高地租，使租金 R^A 上升并最终使 $R^A/E^A > R^B/E^B$。但是，R^A 和 R^A/E^A 的值都不会无限上升。这首先是由于 R^A 的上升会受到地产租赁需求的约束，即受到 R^A/E^A 的制约；当 R^A/E^A 值持续上升时，租赁需求会逐步收缩，并最终趋于无利可图的状态。同时又由于大城市的级差收益 E^A 也是有极限的。E^A 值不仅随集聚程度的提高而呈边际递减，集聚成本的边际递增也会加剧这种趋势；而且如果集聚程度过高，还会产生集聚不经济，使 E^A 缩小。因此，R^A 和 R^A/E^A 值上升会受到抑制，实际上反映了经济过程的自我均衡倾向。

由此可见，如果大城市的规模过大使城市体系结构失衡，会使大城市的租金份额偏高，形成一种有利于地产而不利于资本和劳动的分配结构。这种分配结构对城市经济发展会产生抑制作用。同时它也可以解释为什么在转型阶段，当城市规模过大时会促使资本流向地产行业，因为在这种条件下资本在地产形态上能够获得垄断收入。另外，大城市租金份额的上升毫无疑问也是推动房地产价格上涨的重要原因之一。

五 引入投机性因素的分析

从理论上说，R^A/E^A 的值偏高，并且持续较长时间，是地产的效益生成能力处于衰竭阶段的表现，人口向大城市的迁移与地产价格、租金的上涨应趋于停止。因为在这种情况下，不仅过高的地租 R^A 对经济的副作用会不断扩大，而且集聚效益 E^A 也处于快速的边际递减状态，甚至因集聚不经济而开始收缩。但是，如果引入投机性因素，情况就不同了。地产投机者（买房只是为了出租或赚取差价）与以 e^A 值最大化为目的的自住型购房者不同，他们是基于"价格—租金比"、预期升值收益和市场利率，以投资收益最大化为目标进行决策的，如果存在着地产升值预期或炒作因素，"价格—租金比"就有可能被拉得很大。① 这时地产价格的上涨就成为拉高租金的重要因素，使 R^A/E^A 产生趋于 1 的运行趋势。第五章的分析已经指出，投机力量、资源价格上涨和城市规模扩大三者之间存在着一种三角形机制，它会促使资源价格泡沫越吹越大，而房地产泡沫可以说为其提供了最典型的形态。它可以进一步解释为什么房地产泡沫通常会发展到较为严重的地步。但是，"价格—租金比"过大不仅表明地产价格对租金的拉动作用处于较快的边际递减状态，亦表明过高的租金对经济的副作用正不断蔓延与深化。因此，无论投机性因素所引起的房地产价格上涨多么强烈，最终都难免陷入市场崩溃的结局。从表面上看，投机性因素所引起的房地产价格上涨是外生性的，但实际上，城市体系结构的失衡为此提供了内生基础，投机性因素的介入只不过是扩大了地产泡沫的膨胀系数。这就是城市体系结构畸形所造成的地产泡沫的实质。

需要指出的是，尽管"价格—租金比"过大是产权市场与租赁市场相背离的反映，但它并不一定是房地产价格存在泡沫的"证据"，关键要看 R^A/E^A 值是否偏高，或者说看 E^A 值是否已经饱和了。如果 E^A 值仍然处于成长期，那么，"价格—租金比"的过大就只不过是房地产市场短期失衡的表现。因此，在使用"价格—租金比"评价房价水平时，一定要与 R^A/E^A 值同时使用。但是，由于 E^A 值难以被精确估价，直接使用该指标是有困难的。替代的方法是通过分析租赁者的"成本"来间接地估计 R^A/E^A 值所处的状态。例如，近年来一线城市

---

① 任超群、吴璟、邓永恒：《预期对租金房价比变化的影响作用研究——基于住房使用成本模型的分析》，《浙江大学学报》（人文社会科学版）2013 年第 1 期，第 58—71 页。

的商铺租金出现了较快上升，给商家造成了巨大的压力①，北京出现了所谓的"群租"问题，居住成本过高已开始对劳动力流入产生负面影响，这些都是一线城市 R^A/E^A 过高的表现。

表 6-2 是利用中国房地产指数系统公布的房价指数与租赁价格指数计算的"房价—租金比"的变动趋势。从中可以看出，深圳、天津、上海、北京的"房价—租金比"从 2008 年到 2016 年呈现出持续扩大的趋势；广州自 2013 年以来基本稳定，重庆和杭州则是在 2010 年达到一个最高值后，趋于逐步下降；成都作为内陆一般的二线城市，从 2008 年以来"房价—租金比"处于下降态势。因此，判断前四个城市房价是否存在泡沫，关键要看其 R^A/E^A 值是否过高。图 6-6 分析了上海市房屋租金上升对就业结构的影响，2000—2012 年，上海市单位从业人员在社会从业人员中所占的比重由 52.8% 上升到 88.3%，主要是由于私营企业与个体经营者的从业人员从 349 万下降到 125.3 万造成的。这说明房屋租金与集聚成本的上升已开始削弱上海市的经济活力，应该是 R^A/E^A 偏高的有力证据。

表 6-2 主要城市二手房价格指数与租赁价格指数比值波动情况（比值）

年份	2009/2012	2010/2012	2011/2012	2012/2012	2013/2012	2014/2012	2015/2012	2016/2010
北京	1.08	1.33	1.22	1.26	1.52	1.43	1.50	1.82
上海	1.16	1.35	1.33	1.38	1.55	1.48	1.63	1.87
天津	1.09	1.40	1.43	1.38	1.53	1.43	1.55	1.98
重庆	1.26	1.47	1.41	1.43	1.36	1.28	1.28	1.23
深圳	1.01	1.13	1.21	1.20	1.32	1.34	1.80	2.05
广州	1.00	1.21	1.29	1.30	1.51	1.42	1.47	1.50
杭州	1.06	1.24	1.12	1.13	1.14	1.05	0.96	1.15
成都	0.73	0.81	0.74	0.72	0.70	0.66	0.66	0.65

注：2008 年 1 月为基期。

资料来源：中国地方地产指数系统（www.soufun.com）。

---

① 耿莉萍：《租金快速上涨引发零售业关店潮》，《国际商报》2013 年 1 月 2 日第 A04 版。

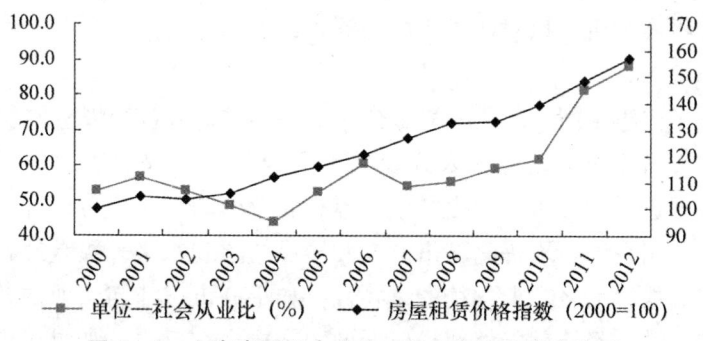

图 6-6 上海房屋租金上升对就业结构的影响分析

资料来源：《上海统计年鉴》（历年）。

根据以上分析可以得出两个结论：第一，如果城市体系的集聚结构不合理，大城市的集聚程度过高，使 e^A-e^B 过大，即大城市与中小城市间集聚收益的非租金部分的差额过大，就会吸引人们纷纷迁往大城市，推动大城市地产价格和租金过度上涨，因此，城市结构失衡是造成大城市地产价格和租金过度上涨的重要原因之一。那么，什么因素会推动 e^A-e^B 变大呢？除地产价格上涨预期外，金融业、高新技术产业等在一座城市的兴起和自贸区一类的制度创新等因素都会使一座城市的 e^A-e^B 值变大。除此以外，大城市所具有的制度资源优势在萧条时期也会使 e^A-e^B 相对变大。制度性资源收益的稳定性较好，而市场性资源收益的波动性较大。这样，在萧条时期大城市会因具有较多的制度资源而使 e^A-e^B 相对变大。这就是为什么在萧条时期大城市反而很容易滋生地产价格上涨的原因。第二，大城市地产价格的上涨又会使 R^A/E^A 的值偏高，但又不会无限提高，因此，不仅地产"价格租金比"与 R^A/E^A 值结合是判断地产价格泡沫的重要指标，而且 $R^A/E^A-R^B/E^B$ 的偏离程度也是判断城市结构是否出现动态失衡的重要指标。

第四节 基于地租理论的中小城镇空间结构优化作用

发展中小城镇无论是作为城市体系的自我演化趋势，还是作为一种人为的政策导向,都是治理城市体系结构失衡的主要途径。借助于前面的租金分析可以对此进行更为深入细致的分析。

一 构建空间一体化的租金分布体系,推动城乡经济协调发展

城市用地的级差地租来源于城市用地相对于农业用地的级差收益,根据这一原理可以得出结论:提高农业劳动生产率可以降低城市的级差地租,即可以提高城市产业和居民的福利水平。级差地租的相对性能够揭示城乡产业均衡的重要性:如果城市产业与农业的效率是均衡的,城市经济就能够获得较低的租金成本;反之,如果城市产业与农业的劳动生产率差距较大,城市就会有较高的租金成本,差距越大、租金成本也越高。而较高的租金成本不仅代表着城市经济发展的一种"阻力",也意味着有一部分资本将会流出产业循环,转入寄生用途。上述分析是重要的。因为它实际上用较简单的方法证明了:如果城市结构过度偏向大城市,造成城乡差距过大,那么,大城市很可能会陷入"人口压力过大,地产出现泡沫"的困境。

表6-3　农业与第二产业的相对劳动生产率(第一产业/第二产业)

国家	2000	2010	国家	2000	2010
美国	0.458	0.626	巴西	0.245	0.303
德国	0.549	0.566	墨西哥	0.223	0.285
英国	0.613	0.422	印度	0.240	0.250
澳大利亚	0.565	0.746	中国	0.148	0.169

资料来源:《国际统计年鉴》(2012、2011)。

因此,农业与城市产业劳动生产率的均衡是城乡经济协调发展和实现城乡一体化的重要基础,这已为成功转型国家的实践所证实。从表6-3可以看出,一般来说,当一国农业相对于第二产业的相对劳动生产率超过40%后,就可以认为城乡产业进入效率协调阶段。这样,问题就转化为中小城镇是否能够在提高农业劳动生产率中发挥重

要作用？毫无疑问，回答是肯定的。中小城镇能够为持续地提高农业劳动生产率提供城镇化条件，包括农业的专业化发展、农产品市场与农业要素市场的全国一体化和农业产业集聚等对城镇化条件的要求（参见第9章）。从另一个角度看，尽管大城市与小城镇及农村住宅的级差地租水平都是以农业地租为基准的，但如果二者间的级差地租差距过大，也会导致人口过度地流向大城市，给大城市造成过大压力。于是，发展中小城镇的另一个作用是提升小城镇和农村住宅的级差收益水平，从而缩小它们与大城市的差距，使城乡间、大中小城镇与农村间的住宅租金水平分布趋于平缓化，可以避免大城市发展陷入高租金陷阱。总之，要想使地产租金的空间分布达到一种较理想的状态，中小城镇可以在两个方面发挥作用：一是通过提升农业发展所需要的城镇化条件来推动农业劳动生产率的提高，降低整个城市体系的租金水平；二是通过提升小城镇和农村住宅的级差收益水平来拉低大城市住宅的租金水平。如果中小城镇的这两种作用发挥得足够好，无论是人口由农村迁往大城市还是在城市间迁移，"高租金阻碍"现象将不复存在；不仅如此，人口由大城市迁往农村也将成为可能。因为如果迁移的目的是追求高品质的生活环境，农村的新鲜空气、自然景观等资源将会提升农村住宅的级差收益水平。

可以说，构建一个城乡产业之间、大中小城镇与农村住宅之间租金分布没有断层、趋势平缓的空间一体化的租金分布体系，不仅是城市化能够顺利推进的必要条件，也是城乡经济能够可持续地协调发展的重要基础。

二 提高整体的集聚水平和城市化水平

一方面，发展中小城镇可以有效地提高一个国家或地区整体的集聚水平。一般地说，一个国家或地区在一定时期所能达到的集聚程度主要取决于经济发展水平和人口现状，但与城市体系结构也有很大关系，如果过度偏向大城市，就会在一定程度上抑制集聚与城市化水平。这主要是由于城市结构过度偏向大城市，不仅会造成大城市的租金和生活成本过高，抑制了大城市的人口承载能力，而且大城市偏向还会对中小城镇发展造成严重的树荫效应。对于发展中国家来说，城市结构过度偏向于大城市，还会过早地造成大城市的去工业化，很容易形成过度城市化问题。同时，一个国家的整体集聚水平不仅取决于有多少人口在城市，还取决于农村人口的集聚程度，提高农村地区的集聚水平也是提高整体集聚水平的一个重要方面。在实践上，一些国家曾经把规定农村人口的最低集聚建设标准作为提升农村集聚水平的手段。[①] 同样，运用好小城镇——村庄的结构，提升小城镇对农村的服务功能，也是提升农村地区集聚水平的重要路径之一。因此，如何发挥好中小城镇的结构优化作用是提升一个国家整体集聚水平的一条重要路径。

另一方面，在既定条件下，发展中小城镇可以最大限度地提升一个国家的城市化水平。与大城市相比，小城镇在推动人口城市化方面不仅具有生活成本低，人口城市化成本低的优势，就业人员的人口抚养比高也是其优势之一。表6-4的数据显示了各级城市、城镇社会从业人员和法人单位从业人员对常住人口的抚养能力状况。从中可以看出，大城市与小城镇在推进人口城市化方面"带动作用"的差距是巨大的：新增100万个就业机会，以北京为例，只能带动79万非就业人口进城；而小城镇则能带动237万人。就中国的国情而言，小城镇的人口带动作用是非常重要的，原因是人口城市化不仅有一个人口质量的衔接问题，而且中国农村中还有2.3亿的"老人与儿童"，这都是人口城市化中的难点。小城镇之所以具有较高的就业—人口抚养比，不仅是因为住房租金和生活成本相对较低，如果是农村人口在本地的中小城镇实现城市化，还具有机会成本低、亲情眷顾与传统文化继承等优势。[②] 这又意味着如何充分发挥好小城镇在推进人口城市化方面的作用，也是使城市化更加符合社会和谐与文化传承理念的重要一环。

[①] 李小建主编：《经济地理学》，高等教育出版社1999年版，第107页。
[②] 周建国：《从"半城市化"到城市化：农民工城市化路径选择探究》，《江西社会科学》2009年第11期，第181—186页。

表6-4　2012年各级城市城镇从业人员—常住人口抚养比差异分析

地区	常住人口（万人）	社会从业人员（万人）	单位从业人员（万人）	社会从业抚养比	单位从业抚养比
北 京	1783.7	996.1	670.4	1.79	2.66
广州（市区）*	1111.4	640.5	280.0	1.74	3.89
深圳（全市）	1054.7	771.2	280.2	1.37	3.76
成 都	970.3	489.8	256.1	1.98	3.79
西 安	611.6	287.7	165.6	2.13	3.69
郑 州	599.0	271.8	155.7	2.20	3.85
合 肥	503.0	230.0	115.6	2.19	4.35
河南五个中等城市	1372.0	467.8	277.5	2.93	4.94
河南10县（市）	321	95.3	52.6	3.37	6.10

*广州为2011年的数据。

注：河南五市为开封、洛阳、新乡、南阳和信阳市；河南10县为巩义市、兰考县、汝州市、滑县、长垣县、邓州市、永城市、固始县、鹿邑县和新蔡县。

资料来源：各省市统计年鉴（2013）。

三　修正迁移机制，优化人口空间分布

城市与乡村、大城市与小城镇间的住宅级差收益差距对人口迁移具有重要的调节作用，而人口迁移又会改变城乡间的人口集聚分布状态。在引入投机性因素的条件下，二者间会产生循环累积的因果关系，形成人口迁移的路径依赖。也就是说，如果大城市规模过大，使人口由中小城市迁往大城市的迁移系数 M^1 和由农村直接迁往大城市的迁移系数 M^3 都很大，就会促成人口向大城市的迁移；而这种人口迁移又会造成大城市人口规模扩大，以致产生房地产泡沫以及由此引起的虚假经济繁荣，从而使大城市的级差收益 E^A 虚拟化，并趋于膨胀，反过来进一步刺激人口迁移。这样，人口迁移与虚拟化的 E^A 值之间就会产生循环累积的因果关系，使人口向大城市的迁移形成严重的路径依赖。需要指出的是，中国特有的户籍制度客观上强化了这种向大城市迁移的路径依赖，因为大城市的户口能够赋予级差收益 E^A 制度层面的价值。

问题不仅是这种向大城市迁移的路径依赖会强化房地产泡沫,它也会使大城市的集聚不经济更加雪上加霜。在前两章的分析中我们已经指出,转型时期由于劳动力与资源价格上涨和污染治理的全面展开三个方面因素的作用,会造成集聚成本的上升或集聚收益的收缩,使大城市陷入集聚不经济状态,产生诸如地产租金过高、拥挤过度、污染严重等集聚不经济现象。其最主要的危害是对"人"的损害,正如威克菲尔德和其他美国经济学家曾指出的,"人稠的地区,每因增建一所房或多盖一层楼而致贫",原因是它会"过度耗费了作为一切财富的生产要素的人的精力"①。本来城市应该进入结构调整阶段,以修正因大城市规模过大、集聚程度过高而造成的结构畸形,但人口向大城市迁移的路径依赖和由此刺激的房地产泡沫不仅使这一调整难以展开,反而进一步推动大城市规模的扩张,就好像让一个重病缠身的人又服下了一副毒药。2016年,中国出现的一些大城市房价暴涨就属于这种类型的房价上涨,它是在劳动力与资源价格不断上涨、污染治理已初步展开的大背景下发生的。

因此,修正人口单一流向大城市的人口迁移机制就不仅是一个简单的理顺人口流动的问题,也是理顺人口市民化和修复城市化路径的大问题。中国的城市化本来就存在着先天不足,主要是二元结构和户籍制度等因素造成的大量农民工只能在大城市打工,却难以在大城市实现市民化,形成了所谓的半城市化现象。这一数量庞大的农民工及附属人口将何去何从是一个悬而未决的问题。而如今再加上房价的暴涨和生活成本的不断提高,农村人口在大城市实现市民化的路径可以说基本上被切断了。在这种条件下,发挥中小城镇,尤其是小城镇的作用已是不可多得的选项。中小城镇不仅是农村人口市民化的桥头堡,而且要承接大城市农民工回流的重任。因此,所谓的修正人口迁移机制主要是指构建能够促使这两方面的人口流向中小城镇以实现市民化的机制。具体地说,就是设法使人口迁往中小城镇的迁移系数 M^2 能够大于迁往大城市的迁移系数 M^3,即 $M^2 > M^3$。这是完全有可能的。原因一方面是迁往中小城镇的迁移成本 C 低;另一方面是中小城

---

① 马歇尔:《经济学原理》(下),陈良璧译,商务印书馆2010年版,第316页。

镇的级差收益E^B有较大的提升空间。最近有地方在推进农村人口向中小城镇转移中提出了提供购房补贴的办法，实际上是降低迁移成本C的方法，但更重要的方法是提高中小城镇的级差收益E^B，尤其是大幅度地缩小与大城市的差距。而要大幅度地缩小大城市与小城镇级差收益的差距，除了提高小城镇自身的基础设施建设水平和公共产品与服务供给的水平外，更重要的是在城乡一体化的框架内加强大城市在公共产品与服务供给方面对小城镇的辐射作用。比如，对大城市的重点学校规定其必须在中小城镇设置分校，且招生要达到一定的比例，医院也应该如此。从长远看，教育、医疗、环保等走城乡一体化的道路是大势所趋。因此，如何提高中小城镇的级差收益是修正人口迁移机制的重要方面，而在教育、医疗、环保、卫生等领域实现城乡一体化、完全消除城乡分割则是提升中小城镇E^B值的重要的制度安排内容之一。

修正人口迁移机制的目的是最终形成最优的人口分布结构。典型的人口分布模式主要有金字塔形、哑铃形和橄榄球形。古代社会的人口聚落分布基本上是金字塔形，虽然个别大城市租金水平很高，也存在着负面作用，但其份额相对较小，对社会的影响较为有限。最有害的集聚模式是哑铃形——一部分人口集聚在少数几个大城市或特大城市里，而落后的农村又有相当数量的人口，由此而形成的人口两极化分布与过大的城乡差距所造成的悬殊的租金差距相结合，使大城市能够通过以侵占更多的集聚经济收益的方式拉高了租金份额，不仅抑制了城市经济的发展活力，而且严重地阻碍了人口的城市化。在这种模式下，产业集聚能够提供更多的就业机会与高租金及其他集聚成本相结合，是大城市出现贫民窟的重要原因之一。橄榄球形是较为理想的模式，大部分人口分布在中等租金水平的中小城镇，有利于实现级差租金与集聚经济的双重最优分布。

四　优化城市体系结构

城市结构失衡造成少数特大城市房价与租金过高，会产生三个有害后果：一是造成大城市经济的高租金、高成本运行，严重削弱经济活力；二是提高了生活成本，削弱了大城市的人口承载力，甚至有可能产生过度城市化问题；三是过早地促成去工业化，出现产业结构演化无效率的现象。而造成这种状况的主要原因是城乡经济的二元分割和城乡差距过大，从而造成了大、中、小城镇的投资与集聚经济水平的差距过大，致使 E^A/E^B 和 R^A/R^B 过大。但物极必反，这种状况本身也为优化城市结构提供了路径，即通过提高 E^B 值以消除 E^A/E^B 过大的现象。但在这里 E^B 值指的是中等城市，或是中小城镇，应该选择哪一级城市呢？如果选择中等城市，虽然可以部分地减轻大城市的产业与人口压力，但城市体系所存在的断层问题仍然没有解决。这实际上是让大城市的问题扩大化了。如果选择中小城镇，并把推动农业、农村和"腹地"区域的经济发展作为重点，这样，中小城镇发展了，也会推动中等城市的发展；不仅使城市体系的结构理顺了，也能够使城市体系获得一个不断增强的基础。因为提高农村地区或"腹地"的城镇化水平，无论是在人口与要素流动上，还是在租金分布上，都有利于切断造成 E^A/E^B 过大的根源。同时可以达到推动大、中、小城市协调发展的目的，使劳动力和各种资源在各级城市间得到合理配置。当然，如果大城市直接采用小城镇的形式分流或缓解产业与人口压力，如卫星城，则要注意产业与居住的有机布局，否则就会事与愿违。例如，在大城市周边建设专门解决住房问题的新城，实际上是摊大饼模式城市化的延伸，反而会造成通勤费用、时间与交通负担的大幅度增加。

而要提高中小城镇的级差收益 E^B，就需要从提高中小城镇的基础设施建设与公共产品供给、服务业与商业发展的支撑条件和服务于产业的科技、金融与物流圈建设三个方面着手，以带动人口和产业集聚水平的提高。或者说，需要从产业和居住两个方面来考虑。就中小城镇的产业发展而言，第四章给出的四个产业选择方向是从城乡关系和产业空间格局的演变趋势推导而来的，可以提供参考。除此而外，对于中小城镇的产业发展来说，重要的是市场的开拓和可持续性的培育——这也是大专院校和科研机构走"教育、科研与产业融合发展"道路需要着力培育的一个方面。如果就住宅而言，级差收益 E^B 主要取决于两个因素：一是基础设施的投资水平和公共产品的供给状况；二是服务业和商业的发展程度。前者，比如在具有较好的上学、就医条件和文体设施及道路等基础设施的地域，级差收益和租金就会较高；后者，如在具有良好购物条件和服务业较发达的地域，级差收益和租金也较高。这二者之间又具有相互依赖与促进的性质。德国（西德）1965年颁布的《联邦空间整治法》（BROG），提出要使全国各地区居民都能够享受到包括社会资本、就业条件和环境条件在内的"同等的生活条件"的目标，其中的"社会资本"项就对"小城镇"在商业与金融、休闲与体育、医疗与保健、教育与文化四个方面的投资规定了最低标准与要求，为德国城市体系与城乡空间均衡发展奠定了坚实的基础。[①] 因此，要切实提高中小城镇的级差收益 E^B，既要着眼于产业发展，尤其是生产性服务业要形成有效率的体系，又要着眼于居民生活城镇化水平的提升，同时明确的定量指标和要求也是不可缺少的。

新颁布的《国家新型城镇化规划》从一个较宽的视角挖掘了中小城镇在优化城镇体系的空间结构方面的作用。[②] 主要表现在以下几个方面：一是特大城市周边的卫星城，以承载中心城区部分功能的疏散；二是城市群中的中小城镇，通过增强其人口和产业转移的承载力，以缓解大城市所面临的资源环境压力过大、要素价格与集聚成本上升过快等不利因素；三是在大尺度上，把发展中小城市作为优化城镇规模结构的主攻方向，重点是有条件的县城和路陆边境口岸城镇；四是发展具有文化旅游、商贸物流、资源加工、交通枢纽等优势的专业特色镇，以构建大中小城市和小城镇特色鲜明、优势互补的产业发展基础；五是在远离中心城市的地区发展综合镇（或网络状的专业化分工的小城镇群），以服务于农村、带动周边经济发展。其理论基础是通过发展中小城镇来优化城镇的空间布局和规模结构，促使集聚收益、租金与集聚成本在空间上的合理分布，以追求整个城镇体系净集聚经济收益的最大化。

[①] 李小建主编：《经济地理学》，高等教育出版社1999年版，第106页。
[②] 中共中央、国务院：《国家新型城镇化规划》，《人民日报》2014年3月17日第11版。

第七章 集聚不经济、结构优化与中小城镇的作用

实际上，判断二元经济向一元经济和城乡一体化的转型是否顺利推进的一个简单而又有效的线索，是看工资和国民收入初次分配中劳动份额的上升是否顺利，并使后者最终是否能够与资本报酬达到新的均衡状态。也正是资源价格、地产租金的上涨和污染治理对工资和劳动份额上升都会产生较大的压制作用，才使得中小城镇在化解资源价格与地产租金上涨压力和促进污染治理方面的作用在推进城乡一体化中具有特殊的地位。同样，如果城市存在着严重的集聚不经济问题，也会对工资和劳动份额的上升产生较大的阻碍作用，而且这种作用具有综合性，如拥挤、地租的上涨、污染治理等会从不同的侧面挤压工资和劳动份额的上升空间。这就决定了正确运用中小城镇的空间结构优化作用以最大限度地消除集聚不经济状态，是推动经济转型和实现城乡一体化的重要路径之一。

第一节 集聚经济理论的局限性

集聚不经济是决定城市化质量和可持续性的重要因素之一。按照教科书的定义，集聚不经济是指城市规模过大使集聚的总成本大于总收益时的一种状态，即描述的是整个城市经济的一种状态。但实际上，集聚过程所产生的拥挤效应、污染、地产租金与价格的过度上涨、新鲜空气与室外活动空间的缺失等，都是集聚不经济的表现，集聚不经济的存在显然具有多层次性。中国的大城市也呈现出越来越复杂的集聚不经济现象。这不仅直接源于摊大饼式的城市化模式的不断

蔓延，理论上对集聚经济认识存在着误区也在很大程度上为其提供了支撑。空间问题长期以来被主流经济学所忽视，但以克鲁格曼为代表的新地理经济学宣称使其结束了这种状态。该学派通过引入 D－S 模型、冰山成本、模拟动态演化（Ad hoc dynamics）等，借助于数值方法，对空间中的"中心—外围"结构的形成、城市层级体系的演化、国际视野的产业集聚和产业内贸易的产生等问题，给出了简洁而又令人信服的分析。[1] 但是，由于该种分析的假设条件太抽象、选用的分析要素也太少，这就大大限制了其应用范围和解释力；当然，主要还是由于现实的集聚过程比想象的复杂得多。这就决定了在集聚经济与不经济这一理论问题上仍然存在着一些盲点或局限性。由于受研究主题的约束，在这里我们仅就集聚经济理论的局限性谈一些看法。

一 对消费效用分析的不完整性

集聚经济理论对集聚经济的分析主要侧重于产业和交易效率方面，对消费效用的分析则显然不足。人口与商业、服务业的集聚能够提高人们的消费经济，相关研究主要集中于这种集聚使人们在购物和服务方面所得到的经济性，以及多样化的供给能够更好地满足多样化的消费偏好上。例如，一种观点认为，人口集聚所引致的商业和服务业的集聚能够使消费者大大降低购买过程中的搜寻成本，从而形成消费经济。[2] 另一种观点是基于消费"偏好外部性"，认为人口的集中能够产生消费"偏好外部性"[3]。还有一种观点是基于消费多样化偏好而产生的消费经济，即消费者多样化偏好的满足能够提高消费效用。[4] 总之，集聚经济理论有关集聚对消费溢出影响的分析，基本上是基于消费的某个环节，如购物、需求和效用等来分析其经济性的，

---

[1] 藤田昌久、保罗·克鲁格曼、安东尼·J. 维纳布尔斯：《空间经济：城市、区域与国际贸易》，梁琦主译，中国人民大学出版社 2005 年版，第 5—14 页。

[2] Ma. Fujita, and J. F. Thisse, 2002, *Economics of Agglomeration: Cities, Industrial Location, and Regional Growth*, Cambridge: Cambridge University Press, p. 220.

[3] J. Waldfogel, "Preference Externalities: An Empirical Study of Who Benefits Whom in Differentiated Product Markets," *Rand Journal of Economics*, 2003, (3), pp. 557 – 68.

[4] P. Krugman, "Increasing Returns and Economic Geography," *Journal of Political Economy*, 1991, Vol. 99, pp. 483 – 499.

但人口集聚密度过高会造成拥挤效应、污染等负面效应，甚至使人们失去基本的室外活动场所、难以获得新鲜的空气和充足的阳光等，使消费效用大幅度下降。不仅如此，其正效应也不是一成不变的。比如，人口与商业的集聚能够降低消费者购买过程中的搜寻成本，但是，如果集聚的程度过高，就会加剧购物过程中的信息不对称，形成摩擦成本。如果商品种类太多，人们出现的"挑花眼"的现象，就属于这种情况。再如，所谓消费的"偏好外部性"在收入水平较低时是很有效的，但当收入不断提高以后，人们的消费偏好会呈现出个性化的趋势，其作用自然也会大打折扣。因此，人口的集聚具有两面性，一方面它能够使人们在消费上获得一些经济性；另一方面，如果集聚程度过高，它又会产生拥挤效应、污染效应，提高了人们的生活成本和对人们的生活造成负效用。因此，科学的方法应该是从正、反两个方面分析人口的集聚效应，尤其是集聚程度过高对人的生活所造成的负面作用是集聚不经济的重要表现之一。生产的最终目的并不是生产本身，而是如何让人们能够生活得更好，这就决定了有关消费效用最大化的研究占有着重要的地位。

二 劳动力池的负效应

传统的集聚经济理论在论及劳动力池效应时分析的主要是正效应，很少涉及劳动力池的负效应。但彼得·戴蒙德（Peter Diamond）等三人关于劳动力市场方面的搜寻与匹配的研究成果，实际上就是对传统的劳动力池理论的一种挑战或替代，它明确指出：劳动力市场规模的扩大会产生信息不对称问题，形成搜寻和摩擦成本，使劳动力匹配产生困难，因此就需要对劳动力市场进行引导和管理。

劳动力池效应是产业集聚经济的三大来源之一。马歇尔最初提出这一概念是相对于单个孤立的厂商而言的，指厂商和劳动力的集中使双方更容易完成交易，并且如果厂商的集聚能够形成职业的多样化，还有利于家庭提高劳动力资源配置效率。[①] 但是，劳动力池效应不是

[①] 马歇尔：《经济学原理》（下），陈良璧译，商务印书馆2010年版，第284—285页。

一成不变的。随着集聚规模的增大,当达到一定程度后,信息不对称的问题会变得越来越严重,会增加劳动力匹配的搜寻成本、摩擦成本和合同维持成本,并形成"空缺岗位与找不到工作的劳动者并存"的现象。彼得·戴蒙德等人的研究还表明,当劳动力市场的规模足够大时,信息不对称会造成公司和劳动者过高或过低评价对方的问题,给劳动力匹配带来困难;他们还提出了工作搜寻中的外部性问题——有搜寻技能的求职者会对其他人产生挤出效应;更重要的是,摩擦性失业或多或少地与劳动力的市场规模相联系。[1] 上述有关劳动力池负效应的观点,已被大量的实证研究所证实。例如,中国存在着大学生就业难的问题,有文献认为,期望值过高是重要原因之一。[2] 产业集聚所形成的职业多样化,固然为求职者找到理想的工作提供了可能;但同时也有可能使求职者产生期望值过高的问题,从而阻碍就业职位的有效匹配。

当然,集聚给劳动力资源配置所带来的益处也是多方面的。比如,奥弗曼(Overman)和维纳布尔斯(Venables)在研究发展中国家的城市化时指出,专家和企业的大量集聚能够使他们从技能与要求的配合中获利,也能够使他们分担风险。[3] 又如,罗坦伯格(Rotemberg)和塞隆纳(Saloner)认为,众多企业的存在能够使工人免受人力资本投资专有性的束缚。[4] 但劳动力池效应是双向的。马歇尔对劳动力池效应的分析相当理性,他在指出集聚给劳动力配置所带来的益处后,指出了专业化集聚存在着出现行业性失业的风险,以及集聚会导致地租上升,迫使工业迁往城市边缘地带。[5] 因为产业和人口的集聚必然会推高地租,并进而推高生活成本,这是劳动力池负效应在空

---

[1] P. A. Diamond, "Aggregate Demand Management in Search Equilibrium," *Journal of Political Economy*, 1982, 90: 881–894.

[2] 石莹:《搜寻匹配理论与中国劳动力市场》,《经济学动态》2010年第12期,第108—113页。

[3] H. G. Overman and Anthony J, Venables. "Cities in the Developing World," CEP Discussion Paper, No 695, 2005, (7): 16–19.

[4] Julio Rotemberg, and Garth Saloner, "Competition and Human Capital Accumulation: A Theory of Interregional Specialization and Trade," *Regional Science and Urban Economics*, 2000 (4): 373–404.

[5] 马歇尔:《经济学原理》(下),陈良璧译,商务印书馆2010年版,第284—286页。

间上的表现。需要指出的是，搜寻与匹配理论有关因信息不对称而产生的劳动力池负效应的描述仅局限于交易环节，是以既定的劳动力供求为假设前提的。实际上，集聚还会影响劳动力的供求格局。产业和人口的集聚具有推动规模经济的倾向，而规模经济又具有提高资本密度和提高劳动力素质要求的倾向，这意味着可能会对劳动力供求结构产生负面影响。如果我们把视野再扩大一些，分析一下发展中国家的大城市所普遍存在的非正规就业和贫民窟问题，劳动力池的负效应就更是一目了然的。其逻辑是：人口过度集聚于大城市虽然会推动规模经济，但一般情况下这对大企业有利，而不利于小微企业，并且规模经济也会提高对劳动力素质的要求和使正规就业规模相对下降；同时，人口过度集聚也会推高地产租金、房价和生活成本，使低收入群体的生活状况不断恶化。这两方面的作用最后就会形成贫民窟问题。可以说，大城市的贫民窟问题是一个国家劳动力资源配置集聚不经济的最重要表现。

因此，产业和人口集聚所产生的劳动力池效应包括正效应和负效应两个方面，只有把负效应与正效应同时引入集聚经济的分析框架，集聚经济理论才会更完善。

三 动态分析的相对不足

动态分析的相对不足是集聚经济理论的另一个缺陷。第一代的集聚经济模型是把马歇尔的外部规模经济作为"黑匣子"引入分析模型，其中的外部规模经济既可以是地方化经济或城市化经济，也可以是二者的综合。[1] 该类模型的缺陷主要是缺乏微观基础，对集聚经济背后的机制原理缺乏分析。为此，一些学者尝试打开"黑匣子"，把外部性经济的集聚机制引入模型，开创了第二代集聚经济分析模型。这些模型有的是基于知识外溢，如企业间交流的外部性、知识的扩散或知识生产，有的是基于消费者多样性偏好、中间投入品或基于劳动力供需匹配，主要是基于某一种集聚机制进行推导分析，但将多种不

---

[1] R. E. Baldwin, "Core-periphery Model with Forward-looking Expectation," *Regional Science and Urban Economics*, 2001, (31): 21–49.

同集聚机制整合到一个分析框架的研究却相当不足。这就使该类集聚模型虽然对分析局部的集聚现象或集聚过程的某一个片段具有一定的解释力，但对集聚过程的整体把握仍然力不从心。例如，最有影响力的当属新经济地理学基于消费者多样性偏好的模型，其原理是：中心地集聚的厂商和生产的产品种类越多，在正的运输成本和消费者多样性偏好的假设条件下，其工业品价格指数越低和工人的实际收入越高；这样，在工人的流入、对差异产品需求的增长、厂商的迁入之间就会形成自我强化的集聚过程。① 该模型有关"厂商集聚会形成较低的工业品价格指数"的假设条件，实际上仅适用于工业化和城市化的较低阶段——如20世纪80年代的中国；而当工业化程度较高时，工业品定价将服从一价定理，甚至是空间价格歧视定价，产区的价格优势将不复存在。这就大大地限制了该模型的适用范围。同时，该模型在假设条件中将生产企业的集聚与商业集聚混为一谈也约束了它的应用范围。上述空间集聚模型本质上是静态模型，即研究的主要是既定条件下均衡的实现过程，尚没有能够从时间变化序列的角度研究集聚过程。有关动态的集聚经济模型的研究，到目前为止主要是在模型中引入经济增长这一变量，仍然处于探索中。如 M. Fujita 和 J. - F. Thisse 的模型，就是通过加入 R&D 部门，将 CP 模型改造成了一个动态的分析框架。②

　　动态分析的不足极大地限制了集聚经济理论的解释力。例如，如果在集聚过程中引入地产升值因素，就会得出集聚过程将导致系统的城市规模过大的结论。

第二节　引入地产因素的集聚经济收益与成本曲线

　　所谓引入地产因素是指引入地产价格升值和租金因素，后者确切

---

① P. Krugman, "Increasing Returns and Economic Geography," *Journal of Political Economy*, 1991, (99): 483–499.

② Masahisa Fujita, Jacques-Francois Thisse, "Globalization and the Evolution of the Supply Chain: Who Gains and Who Loses," *International Economic Review*, 2006, (47): 811–836.

地说是把地产租金作为集聚成本中的一个独立因素。这样，就有可能更深入地分析集聚过程中那些能够影响地产价格和租金的因素是如何作用于集聚经济的。

一　引入地租的集聚经济分析框架

上一章已经从理论上说明，城市用地的级差地租只是集聚经济的一部分，集聚经济收益是在地产、劳动和资本之间进行分配的。地产租金在集聚经济中所占份额是一个十分重要的问题。因为过高的地产租金不仅会挤压产业的盈利空间，削弱其竞争力，而且对城市居民的生活和人口市民化都会产生副作用。像中国今天许多大城市的居住费用一般占外来打工人员工资的30%以上，就是一个值得深入思考的问题。[①] 但一般的空间分析模型把地租作为集聚成本与其他集聚成本混在一起了，没有反映它是集聚经济一部分的含义，同时也忽略了它是一种"收入形式"。即使在古典经济学中，地租过高也被看成会对经济发展产生巨大的副作用，因为"地主"会将这部分收入用于修坟、盖庙、建别墅或享受奢侈生活，而不是用于资本积累。即使在今天，地租收入的寄生性也是不容置疑的。因此，为了能够深入分析地租上升的原因与作用机理，就需要将其从集聚成本中"独立出来"。设城市规模与地产级差租金的函数关系式为：$R_Q = R_Q(Q, Z)$，Z是影响地租的其他因素，如投资水平的差异、地产价格上涨对租金的拉动作用等；不包括地租的外部集聚成本函数为：$X_Q = X_Q(Q)$；集聚的总成本 $X_Y = X_Q + R_Q$。其中，集聚的外部成本 X_Q 是指因集聚程度提高在一般成本之外所形成的成本，如因集聚程度提高而增加的基础设施建设成本、农产品与原材料运费、劳动力成本、能源与资源耗费、污染治理费用、公共灾害和安全处理成本等。同时设反映城市规模与集聚经济收益的函数关系式为：$Y_Q = Y_Q(Q)$，集聚经济收益 Y_Q 是指从生产到消费的整个过程中因集聚而形成的效率提高所产生的收益，不仅包括产业的集聚经济收益，也包括交易与消费的集聚经济收益。

---

① 敖梅：《希望解决农民工进城房租太贵的问题》，云南网时政报道，2016年8月16日。

以上公式中的 R_Q、X_Q、X_Y、Y_Q 分别表示地产租金、集聚的外部成本、集聚总成本和集聚经济收益，Q 是规模变量。在通常情况下，Y_Q 呈边际收益规模递减倾向，即 $dY/dQ > 0$，$d^2Y/dQ^2 < 0$；X_Q 呈边际成本规模递增倾向，即 $dX/dQ > 0$，$d^2X/dQ^2 > 0$。王小鲁和夏小林采用中国 600 个城市的数据验证了这两条曲线的性质。[①]

二 租金的作用与准集聚经济区域

在图 7-1 中，曲线 Y_Q 与 X_Q 之间的垂直距离是集聚经济的总收益，与虚线 X_Y 间的垂直距离是扣除级差租金后的集聚经济净收益，二者的差额是级差租金。从表面上看，地产级差租金来源于集聚经济收益，其数额的大小只是一个简单的分配问题。其实不然，城市用地的级差租金既是一种成本，又是一种所有权收入。作为一种成本，它不仅直接影响着城市居民的居住成本，进而影响劳动力成本，同时还直接影响产业，尤其是服务业的经营成本。租金水平过高，不仅会阻碍劳动力向城市流动或造成严重的空间分异，而且会从劳动力成本和租金成本两个方面侵蚀产业的盈利空间，甚至会造成需求的逐步萎缩。因此，租金水平过高对城市经济发展有着严重的制动作用。城市用地的级差租金作为一种所有权性质的收入，它与劳动收入、一般资本收益的最主要区别是其非生产性。在产业资本循环中地产租金实际上是一个资本的漏斗，流入地产租金的部分过多会对产业资本产生分流作用。在总集聚经济收益中租金占的份额越大，就意味着集聚经济收益中流出再生产过程的份额越大。反过来说，集聚经济收益中的非租金份额所占的比重反映了集聚的真实效率，该比值越高，说明城市经济越有活力和发展潜力，越具有可持续性。

需要指出的是，将租金独立出来的另一个原因是即使在城市规模变化不大的条件下，其他因素也可能使租金水平发生较大的变化，如地产价格暴涨会拉动租金快速上涨。一个典型的案例是，从 2015 年 3 月到 2016 年 3 月，在短短的一年时间中深圳市的住房租赁价格上涨

---

① 王小鲁、夏小林：《优化城市规模 推动经济增长》，《经济研究》1999 年第 9 期，第 22—29 页。

了53.3%。因此，将租金独立出来以便于分析其他因素通过租金对集聚经济所产生的影响。

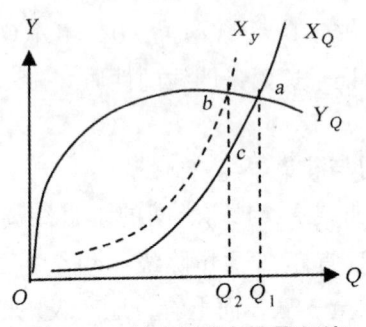

图 7-1 地产租金与集聚经济

图 7-1 还显示了准集聚经济区的概念。集聚收益曲线 Y_Q 与总集聚成本曲线 X_Y 的交点 b 所对应的城市规模 Q_2 是有效边界规模，因为在这一规模以下城市中的地产所有者、产业经营者和劳动者或城市居民都能从集聚经济收益中得到各自应得的份额，各得其所。如果超过这一规模将会产生分配难题。而集聚收益曲线 Y_Q 与外部成本曲线 X_Q 的交点 a 所对应的集聚规模 Q_1 是最大边界规模，城市超过这一规模后将陷入显性的集聚不经济状态。在 Q_2 与 Q_1 之间是无地租区域，若产业经营者或城市居民足额支付了地租便无集聚收益。因此，集聚规模在 Q_2 与 Q_1 之间存在均衡缺口，是租金实现与集聚经济收益相互争夺的区域，可以将 a、b、c 围成的三角形简称为准集聚经济区域。其经济学含义是：当城市规模达到这一区间，人口、产业的集聚规模与地产利用规模是相矛盾的。在现实中，该区域是按非规范原则在业主与客户之间进行租金分割的，它意味着一座城市的规模一旦达到该区间，总有一部分地产处于"难以有效利用"的状态，只有采用压低租金的方法才能获得利用。如果城市规模超过 Q_1，就进入显性的集聚不经济状态，即集聚的外部成本已经大于集聚经济收益。

三 引入地产价格升值因素

城市经济学一般认为，城市规模不会过大，因为当城市规模过大而产生集聚不经济时，城市边缘的人口和企业就会迁离这座城市，使城市规模回到合理水平。但如果引入地产升值因素，这个结论至少在城市化的特定时期是难以成立的。土地资源由农村转入城市和随着集聚程度的不断提高会形成价格升值，并且投机性力量介入还会推高升值的幅度和延长持续时间，形成泡沫性价格升值。尽管土地包括土地上的建筑物及相关权益即地产升值，是一种一次性的收入，具有时效性，但作为一个持续的过程，它在一定时间内的平均值可以被看成是一种附加在集聚经济收益之上的额外收益，从而形成一种包括地产价格升值收入在内的总集聚经济收益。将地产价格升值收入引入集聚经济收益，也就是把地产价格升值"内部化"，不再把它看成是一种外部因素，这样一来，不仅能够影响集聚经济收益的因素会影响地产价格，而且能够影响地产价格的因素也必然会影响集聚经济。

设 E 为一定时期地产平均升值收入，集聚总收益 $Y_E = Y_Q + E$。如图 7-2 所示，集聚总收益曲线 Y_E 与集聚的外部成本曲线 X_Q 相交于 a 点，最大集边界规模扩大为 Q_3，准集聚经济区域扩大为 a、b、c。一旦地产升值停止，集聚收益曲线就会回到 Y_Q 的位置，城市将陷入集聚不经济状态。如果地产价格下跌，就会造成资产缩水，集聚收益曲线还会下降到 Y_Q 以下的位置，城市进入更严重的集聚不经济状态。

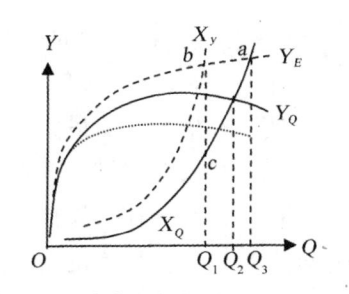

图 7-2 地产价格与租金上升的影响

四 地产价格泡沫的形成与负效应

如果仅从对集聚过程的影响看，持续的地产价格上涨的危害主要表现在两个方面：一是使集聚过程产生了集聚不经济区域；二是拉高了集聚的租金成本，抑制了城市经济发展。城市化过程中的地产价格升值能够附加在集聚经济收益之上在一定时间内提高其收益水平，推动集聚规模的扩大，形成一种虚拟的均衡集聚规模；但地产价格上涨最终会停止或下跌，这种升值收益也会消失或成为负值，集聚经济收益曲线会回到它原来的位置，甚至下降到更低的位置。这样，就会形成一个集聚不经济区域，其集聚成本高于集聚经济收益。集聚不经济区域是过热的地产升值预期所造成的过剩集聚规模，"烂尾楼"区或"鬼城"是其典型的表现形式。二元经济转型时期地产狂热与价格泡沫破灭的周期性运行和以集聚规模的扩大与收缩交替循环方式不断地制造浪费是粗放型城市化的重要特点之一。从理论上讲，集聚过程不应该达到集聚不经济的程度，因为就微观主体而言，谁愿意做赔钱的生意呢？但地产价格的上涨把这一切变为现实。

地产价格是一种资产价格，价格上涨将引起整个存量资产的价值重估，进而拉高集聚的租金成本。租金成本曲线向左上方移动，对整个集聚过程都有强烈的抑制作用。不仅如此，如果地产价格转入下跌趋势，集聚经济收益曲线还会因资本亏蚀而下移，形成一种临时性的准集聚经济区域。如图7-2的集聚收益曲线Y_Q下降到虚线的位置，它与集聚总成本曲线X_y的交点在Q_2的左侧。与此同时，租金曲线短期内不会下跌，或下跌得很慢，这主要是由于租金对地产价格的下跌具有一定的阻抗性，会在短期内保持相对稳定。这两方面的作用会使有效集聚规模缩小，使更多的企业和居民陷入一种短期的准集聚经济状态。

如果从动态角度看，地产价格上涨的最大危害是它有可能形成恶性循环。我们已经知道，无论是农业与城市产业的效率差距过大，还是城市体系过度偏向于大城市，都会使大城市有相对过高的级差收益值，吸引人口向大城市迁移。而向大城市的人口迁移又必然会推动大城市地产价格的上涨，使大城市的级差收益在一定程度上虚拟化，反过来又对人口迁移产生强化作用。这样，人口迁移、地产价格上涨、大城市的级差收益三者之间就会在一定程度上形成累积循环因果关系，但这种循环因果关系基本上源于实体经济方面的原因，由此形成的地产价格上涨应该是有限度的。这是因为当城市规模超过最优规模后，人口的继续迁入会使集聚的净收益趋于递减，而人口迁入和地产价格上涨又会拉高租金，这两方面的作用必然会使级差收益的非租金份额趋于收缩。也就是说，在这种条件下，地产价格上涨会受到集聚经济净收益的趋势性收缩和租金上涨所产生的副作用这两方面的约束。但是，如果引入投机性因素，就有可能创造一种虚拟化的累积循环因果机制，即在地产价格上涨、级差收益的膨胀和投机资金的流入三者之间形成一种虚拟的累积循环因果关系，因为投机力量所推动的地产价格上涨完全可以在虚拟的状态下创造出不断扩大的级差收益。这种累积循环因果机制与前两章提到的三角形机制是不同的，因为在那里投机力量发挥作用还需要以城市规模的扩大为媒介；而它完全虚拟化了，地产价格上涨已陷入失去了内在约束的状态，即可以不问城市的规模边界在哪里，也可以不问级差收益状态如何，从而使地产价格像脱缰的野马一样有可能完全失去控制。地产价格彻底泡沫化了。需要指出的是，并不是任何房价上涨都是价格泡沫化，城市一般房价的上涨很可能反映的是级差收益的增长；只有当级差收益因地产价格上涨而虚拟化了，并反过来进一步支撑房价的上涨时，才是所谓的地产价格泡沫化。到了这个阶段，要控制房价的上涨，行政措施就是不可避免的了。问题的难点在于，造成地产价格泡沫化的机制分别源于实体经济和虚拟经济的累积循环因果关系的双重叠加，从而使地产价格泡沫在形成、生长与蔓延中仍然带有一些实体经济的成分。这就使得探索化解地产价格泡沫的方法变得异常困难。难怪直到今天，人们在讨论一线城市的房价泡沫时仍然会把原因归结为"刚需"或土地供给的不足。

问题的复杂性并没有止于此，至少有两方面原因能够使已经形成的地产价格泡沫得到强化。一是大城市的级差收益还会因其他因素而有所增加，如深圳的高新产业发展、上海的自贸区建设等，或者是由于经济下行使大城市的制度收益被突显出来。这一类因素的作用实际上只是给地产价格上涨贴上了"护身符"。二是在转型阶段，劳动力价格和资源价格也处于较快上涨阶段，这两个因素既会对地产价格上涨产生成本推动作用，又会形成收入拉动作用。工资上涨对房价的收入拉动作用是显而易见的，比如所谓的"房价—收入比"就是证据。至于资源价格上涨所形成的收入拉动作用，主要是指由此形成的投机收入会流入房地产市场。只要回顾一下在过去的十年中所谓的煤老板、油老板等资源暴发户是如何在房地产市场上"大显身手"的，其间的关联性也就一目了然了。

至于地产价格泡沫的负效应，首先是上文已经指出的它能够促使城市的边界规模通过先扩张、后收缩的方式造成集聚不经济。其次，即使地产价格不下跌，只要处于滞涨状态也会对城市经济造成巨大的收缩压力。再次便是地产价格上涨拉高租金所产生的集聚成本上升效应。要知道，这时的地产租金上涨是与劳动力和资源价格的上涨同时发生的，如果再考虑到污染的治理成本，必然会使城市企业不堪重负，大大地挤压实体产业的盈利空间。或迟或早会迫使产业资本到房地产领域去追求垄断性的投机收入，反而又强化了地产价格泡沫。最后，地产价格泡沫崩溃以后，虚拟的经济成分需要一个"去化"过程，如去杠杠、去产能等，这常常是以长期的经济萧条为代价的。

第三节 集聚不经济的原因

集聚不经济是一个多层面的问题，在宏观与微观层面都有可能出现；前者如城市规模过大与集聚程度过高造成了整个城市的集聚不经济、空气污染严重等，后者如交通阻塞、职住分离所造成的通勤时间延长等。努力从各个不同的层面探索集聚不经济的原因是极为重要的，因为严格地说，如果不能成功地治理集聚不经济，就不可能有健康的城市化。下面我们着重从地产价格泡沫、人口集聚的外部性和产业间外部经济的异质性三个方面对此进行探讨。

一 地产升值因素引起的集聚不经济

从上文分析可以得出这样的结论，地产价格泡沫是有可能造成严重集聚不经济的重要原因之一。从实践角度看，其作用是不能低估的。如1929—1933年世界经济危机中的地产价格暴跌[①]和1989年日

[①] 对于1929—1933年世界经济危机中所反映出的生产过剩为什么如此巨大，经济学界对此一直迷惑不解。费雪给出的解释是信用膨胀。但以地产泡沫为主的城市化泡沫，应该也是重要原因之一。

本城市地产泡沫崩溃都给城市经济带来了毁灭性的灾难。中国自2003年以来一些大城市的地产价格呈现出较快的上涨之势，积累了巨大的价格升值收益，成为悬挂在城市经济之上的达摩克利斯之剑，是估价城市虚拟集聚经济收益需要考虑的因素。表7-1基于数据的可获性，仅对城市商品房口径的地产升值份额进行了估价，以便对这种虚拟收益可能造成的冲击有个局部性的分析。表7-1中的升值额是以交易额为基础计算的，并没有包括政府的土地收入和房地产商从投资到销售之间可能形成的升值收入；其统计口径也仅限于商品房，不包括其他地产的升值收入。表7-1中的数据表明，一些城市确实存在着地产价格泡沫的倾向，如上海和北京的商品房升值额占GDP的比重都在80%以上，深圳市商品房市值的虚拟化程度也较高，达41.03%；但另一些城市尚谈不上地产价格泡沫，如果出现了房地产销售困难，只不过是一般意义上的供给过剩罢了，如呼和浩特和沈阳。

表7-1　2014年主要城市商品房市值总额与升值额的分析

城　市	平均价（元/M²）	累计销售（万平方米）	市值总额（亿元）	升值额（亿元）	虚拟化程度（%）	升值/GDP（%）
北　京	18833.0	24352.8	45863.7	17086.0	37.25	80.10
上　海	16787.0	31485.3	52854.4	20353.8	38.51	86.36
广　州	15719.0	15201.4	23895.1	8315.6	34.80	49.77
重　庆	5519.0	40596.3	22405.1	6092.6	27.19	42.72
深　圳	24723.0	7058.7	17451.3	7160.1	41.03	44.75
南　京	11198.0	11009.3	12328.2	4100.3	33.26	46.48
杭　州	13896.0	11086.3	15405.5	3881.3	25.19	42.16
福　州	10719.0	8363.5	8964.8	2667.9	29.76	51.61
沈　阳	6217.0	17691.1	10998.5	2036.2	18.51	28.68
呼和浩特	5474.0	3856.5	2111.0	600.0	28.42	20.73
武　汉	7951.0	14416.0	11462.1	2933.7	25.59	29.13
成　都	7032.0	24916.1	17521.0	3574.4	20.40	35.54
西　安	6465.0	12615.6	8156.0	1634.4	20.04	29.76
昆　明	6384.0	10548.3	6734.0	2183.7	32.43	58.81

注：累计销售面积为2003—2014年的累计销售面积，虚拟化程度为升值额/市值。
资料来源：国家统计局数据库。

城市化过程中的地产升值收益可以分成两部分：一部分是以实际的效率提高为基础的，也就是以马歇尔的"公有价值"为基础的；另一部分是纯粹的货币性价格升值收入。马歇尔倾向于把前者看作投资的"利润"[1]。后者则是纯粹的泡沫性价格升值，它是有可能引起集聚不经济的罪魁祸首。其作用路径是通过"先扩大城市的边界规模，然后再收缩"的方式来造成集聚不经济。为了便于说明问题，图 7-3 中集聚成本是总集聚成本，并假设总集聚成本曲线由 X_Q 上升到 X_Q^1 的位置完全是由租金上涨引起的。地产的泡沫性价格升值首先使集聚收益曲线由 Y_Q 上升到 Y_Q^1 的位置，并使集聚的边界规模由 I_1 扩大到 I_2。地产价格的上涨迟早会拉动租金上涨，使总集聚成本由 X_Q 移到 X_Q^1 的位置，从而集聚的边界规模由 I_2 收缩到 I_3，使 I_3—I_2 区间成为集聚不经济区域。而地产价格进入滞涨状态，集聚收益曲线又会由 Y_Q^1 重新回到 Y_Q 的位置，并使集聚的边际规模进一步缩小为 I_4；若假设地产价格进入下跌状态，集聚收益曲线会进一步下降到 Y_Q^2 的位置，集聚的边际规模也缩小到 I_5 的规模。最终，I_5—I_2 区间就成为集聚不经济区域，并且最大化了。上述不同阶段的集聚不经济区域的经济含义有待进一步考察。比如，租金的上涨使城市的边界规模收缩了，这通常意味着一些企业和居民因难以承受高集聚成本压力而需要迁出，但这个过程是如何进行的，其结果又如何？

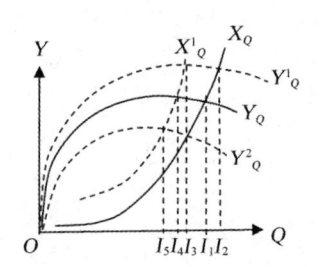

图 7-3　地产价格与租金上升对集聚经济的影响

---

[1] 马歇尔：《经济学原理》（下），陈良璧译，商务印书馆 2010 年版，第 125—127 页。

地产价格泡沫会给城市经济带来两种潜在的风险：一是地产价格的滞胀风险，即只要地产价格上涨停止，转入滞胀状态，就会给城市经济带来巨大的下行压力，使 I_4 至 I_2 间的集聚不经济区域显性化；二是地产价格泡沫破灭风险，它意味着地产价格的下跌与资产缩水将进入长期趋势，有可能造成经济的大萧条。第一种风险容易被忽视，但实际上它隐含了更大的不确定性。在价格的持续上涨中，企业或产业会把地产升值作为收入来源之一进行经济核算，也会形成预期，成为推动城市规模过大的重要微观原因之一；而一旦地产升值收益消失，不仅企业或产业层面的经营困难和产能过剩问题会显现出来，而且与其相关联的上、下游产业也会受到巨大冲击，对城市经济的影响是巨大的。

二 人口集聚对消费的影响分析：一个外部性分析框架

当一座城市达到一定规模后，城市原有居民会深切地感到城市规模的继续扩大并没有给他们带来多少益处，相反，交通拥挤、租金与服务品价格上升，污染不断加重，日常活动空间缺失等集聚不经济现象却以不断强化的态势侵蚀着他们的生活。但是，经济学中的主流集聚经济理论对此并没有给出足够的解释，这就需要一个新的视角来解释这些现象。[1]

（一）分区域的外部性框架

人口集聚对消费效应的影响分析，能够揭示集聚不经济的一个方面。但一般的集聚分析忽视了"分区域"视角，因此它不能说明人口集聚在什么条件下对消费者是不利的，而在什么条件下又是有利的。一般而言，消费者能够从人口集聚所引起的市场规模扩大中获得集聚经济主要有三个来源。一是消费市场规模扩大能够引致商业与服务业的集聚经济，主要包括因集聚而形成的规模经济、范围经济及交易成本的节约。消费者是以"较低的购价"获得这种集聚经济收益的。二是根据迪克希特和斯蒂格利茨的垄断竞争与产品多样化模型，

---

[1] 陈春生：《集聚不经济与中小城镇的结构优化作用》，《苏州大学学报》（哲学社会科学版）2015年第5期，第113—119页。

消费种类也内生于市场规模,消费者能够得到多样性偏好的满足。①三是多种市场的集聚能够使消费者降低购物或消费过程的交易成本。但是,在上述三种情况下,消费者获益来源与"所在区域"的市场规模和整个城市市场规模之间的关系存在着较大的差别:第一,商业与服务业的集聚经济主要来源于本地的市场规模,虽然与整个城市的市场规模也有较强的相关性,但其作用机制主要是规模经济,其覆盖的地域范围较为宽广,而且交通运输条件的改善和电子商务与贸易的发展会扩大其覆盖范围;第二,多样性供给的丰富程度与本地市场和整个城市的市场规模之间的相关性很强,处于同等重要的地位;第三,消费者交易成本的节约,主要与本地的市场规模相联系。在消费者承受的负效用方面,传统的分析方法只是将其简单地归结为城市规模所引起的集聚成本上升;但实际上,消费者"所在区域"的集聚规模和整个城市的规模所引起的集聚成本对消费者的含义是不同的。这就需要一个以区域划分为基础的外部性分析框架,以便能够说明:当一座城市某一区域的人口一定时,该城市人口持续增加会对该区域的消费效用产生何种影响?为了便于分析,假设该区域的人口达到最优规模,其本身人口集聚所产生的集聚成本和对消费效用的负面影响是很小的。

(二) 正负外部性分析

一个重要的事实是人们的日常消费活动通常局限于一定的区域内,区内的商业与服务业的集聚是消费者能够获得集聚经济的主要来源。按照线性城市分析模型的一般假设条件,一个平原上的城市中有一个人口集聚区——A区,然后A区两侧分别是B、C、D、E等人口密集区。那么,对于A区的居民来说,外部区域的人口集聚就会产生正、负外部性。正的外部性主要有两个方面:一是该城市整体的市场规模扩大使A区商业与服务业获得外部规模经济和范围经济,如仓储和商品配送费用的下降、知识与信息的溢出等;但获益大小也与A区商业与服务业企业自身的规模大小有关,尤其是一些传统的小型店铺

---

① A. Dixit, and J. Stiglitz, "Monopolistic Competition and Optimum Product Diversity," *American Economic Review*, 1977, (3): 297–308.

获益较小。二是随市场规模扩大而增加的差异性产品供给的丰富，这正是大城市能够促成更多种类、更高档次商业与服务业的原因。负外部性主要有三个方面：一是因人口集聚规模持续扩大而造成的费用与成本的增加，包括地产租金、运费、劳动力价格等上升对A区商业与服务业所产生的负面影响和对A区居民生活成本的直接影响。二是集聚规模持续扩大所造成的拥挤、污染等对A区居民消费效用所产生的直接负面影响，其中包括交通拥挤对可达性所造成的抑制和活动空间，新鲜空气、阳光的缺失等。三是对生态环境的长期负面影响。每一地理位置的自然环境对人口规模的承载都有一个限度，超过这个限度会对生态环境造成持续的破坏作用，危及人们的长远利益。如图7-4中的虚线所示，随着B区与C区、D区与E区依次在A区之外蔓延，A区的外部成本也相应地上升了。以上分析说明，当一座城市的规模扩大时，会对这座城市原有区域居民的消费效用产生持续的负面作用，这应该是城市必须有边界的一个重要依据。

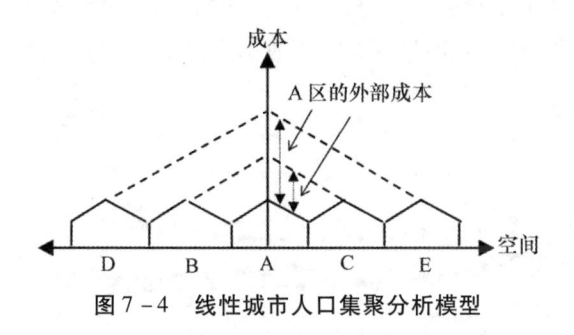

图7-4 线性城市人口集聚分析模型

另有一种外部性产生于不同级别的集聚地功能（市场）在空间上的重合。根据克里斯特勒的中心地理论，假设A区具有高等级的商业与服务供给功能，负责向包括A区在内的一个较大区域提供这种高等级功能的供给，这就会对A区居民产生外部性。仅从消费角度分析，A区居民从高等级的商业与服务供给中所获得的收益主要是交易费用的节约，不利影响则是要素价格上升中所造成的生活费用上升以及流动人口增加所产生的拥挤效应；在通常情况下，后者会大于前者，对A区居民产生负外部性。即大城市较高级别的商业与服务功能供给，对本区居民会产生较大的负外部性。

（三）实证分析

上述分析提出一个问题：外部人口集聚对 A 区商业与服务业集聚经济的影响是双向的，既提高了其规模经济与范围经济的程度，又推高了集聚的外部成本，二者综合作用的结果将会如何？由于不同行业对各种要素依赖程度存在差异，不同行业的产品受集聚经济或成本的影响也就存在差异，如农产品受运费的影响较大，而服饰类产品则在较大程度上依赖于市场规模。这样，集聚经济与成本对各种产品的综合影响必然会在价格上得到体现，从而决定消费者是享受了集聚收益还是承担了更大的集聚成本。这就需要具体分析消费品价格变动对消费者的影响。图 7-5 是以上海市为例，描述了集聚程度提高对居民消费的影响，其中各类消费价格变动是扣除通胀因素后的实际价格变动。从中可以看出，一方面，随着上海市人口密度的提高，家庭设备用品及维修价格和衣着类商品的价格都出现了较大幅度的下降，说明居民从集聚经济中得到了实惠。另一方面，居住和食品类价格都出现了较大幅度的上升，说明基本生活成本会随人口密度的提高而上升。

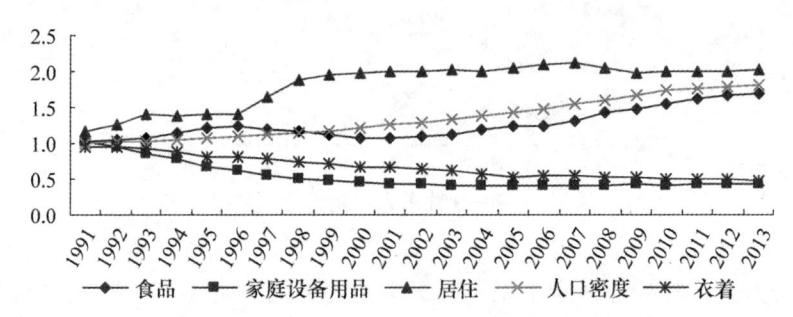

图 7-5 上海市人口密度与主要消费类产品实际价格变动情况（1990=1）

资料来源：《上海市统计年鉴》（2014）。

根据以上分析，可以得到如下有意义的推论：第一，A 区本身的人口密度和市场规模对 A 区居民消费效用的形成起着直接的决定性作用，尤其是消费过程的交易效率和源于商业、服务业的集聚经济。第二，外部人口集聚通过作用于商业与服务业而对 A 区居民产生影响，其正效应主要是通过扩大整个城市的市场规模而形成的，但这种效应的形成并不要求外部人口集聚与 A 区紧密相连，或者说有一定的空间间隔对效应的形成影响不大——尤其是在运输费用较低的条件下。负效应主要是当外部人口在 A 区之外蔓延、集聚时，会造成地产租金、运费、农产品价格等要素的上升，从而对 A 区商业与服务业的集聚经济效应产生负面影响，而人口居住区的适当空间分离可以有效地抑制这种负作用。第三，外部人口集聚对 A 区居民消费的直接影响，主要表现在生活基本成本的上升和拥挤、污染等对消费效用所造成的直接减损上；同样，通过人口分区集聚既可以有效地抑制基本生活成本的过快上升，又可以较好地解决过度拥挤问题；而污染的治理重在控制城市规模。总之，以上分析既能解释为什么"摊大饼"式的城市化模式会造成集聚不经济，又证明了人口的分区集聚或网络式的集聚结构是一种实现"不拥挤的集聚"的城市化模式的理想结构。

三 基于外部经济的异质性与城市化经济的分析

关于城市为什么会产生集聚不经济，亨德森（J. V. Henderson）把它看成是与大城市相联系的外部不经济，和产业集聚所形成的外部经济这两种力量合力作用的结果。并且从产业外部经济的异质性给出了进一步解释[1]：一是把不存在相互溢出效应的产业放在同一城市里是毫无意义的，它们反而会造成拥堵和抬高地租；二是行业间外部规模经济的差异可能很大，如纺织业与金融业，所以一个城市的最佳规模取决于它的功能。[2] 但亨德森的外部性分析方法本质上是"黑箱"范式，新地理经济学通过引入垄断竞争、规模报酬递增、运输成本等条件或要素，对产业集聚的外部经济、地方化经济与城市化经济给出了详细的解释：只要运输成本合理，小城镇也足以启动内部规模经济，原因是一定空间范围内的中等城市就足以满足其对投入品"地方

---

[1] J. V. Henderson, "The Size and Types of Cities," *American Economic Review* 1974, 64: 640-656.

[2] J. V. Henderson, "Community Development: The Effects of Growth and Uncertainty," *American Economic Review*, 1980, 70: 894-910.

化"经济的要求;"城市化"经济主要发生于大城市,因此,对于城市来说重要的是功能而不是规模。① 由此可见,集聚过程的核心问题之一是要处理好不同类型或层次的产业之间、地方化经济与城市化经济之间的关联与溢出关系;除此而外,人口与产业的不合理集聚也是造成集聚不经济的重要原因之一。

一些文献在描述城市的集聚经济与不经济时,用人口度量城市规模,把城市的集聚经济收益与成本看成是人口的函数②,这很容易造成认识误区。因为城市的集聚经济主要来源于产业集聚,而集聚成本则主要源于与人口规模密切联系的各种费用和外部不经济,比如城市的地租、运费和拥挤程度等集聚成本都可以看成是人口规模的函数。如果我们采用雅各布斯(Jacobs)的"城市化经济"定义,即指多种产业集聚所形成的外部性③,尤其是生产性服务业的集聚,那么,"城市化经济"就应该是产业某指标的函数,如产业工人数,而不能是一般意义上的"人口"。Ciccone 和 Hall 在分析美国各州集聚所引起的报酬递增时采用的集聚程度指标就是工人密度④;国内一些学者则是采用非农就业人口来评价"城市化经济"⑤。这样,如果把就业人数看成是城市化经济的自变量,把人口总数看成是集聚成本的自变量,那么,就业人数占总人口比重的变化就会改变城市的集聚经济状态。如图7-6,如果该比重下降,就会使集聚收益由 Y_{1Q} 下移到 Y_{2Q} 的位置,不仅会降低城市的边界规模,使其从 Q_1 减小到 Q_2,而且会产生集聚不经济和过度城市化的问题。它非常直观地说明了片面追求人口规模对城市可能造成的潜在危害。

---

① World Bank, *World Development Report* 2009: *Reshaping Economic Geography*, Washington DC, World Bank 2009, p. 21.

② 菲利普·麦卡恩:《城市与区域经济学》,李寿德、蒋录全译,格致出版社、上海人民出版社2010年版,第109、83—105页。

③ Jone Jacobs, *The Economy of Cities*, New York, Vintage, 1969, pp. 35, 233.

④ A. Ciccone, and R. E. Hall, "Productivity and the Density of Economic Activity," *The American Economic Review*, 1996, 86: 54-70.

⑤ 石灵云、刘修岩:《地方化经济、城市化经济与劳动生产率——基于中国制造业四位数行业的实证研究》,《南方经济》2008年第3期,第43—50页。

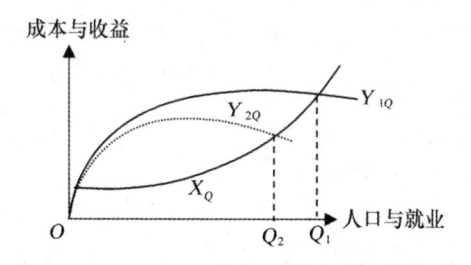

第七章　集聚不经济、结构优化与中小城镇的作用　　265

图 7-6　就业—人口比对集聚经济的影响

上述分析是从宏观上说明产业与人口的不合理集聚有可能产生的集聚不经济；从微观上看，不同行业就业与居住的过度交叉集聚，或者将人口作为外部因素嵌入就业与居住之间会造成集聚不经济，就是显而易见的。这主要是由于人口集聚所促成的外部经济与城市化经济之间在大多数情况下没有交集，而就业与居住的合理分布能够降低通勤费用，这就决定了如果就业与居住杂乱，集聚程度过高，就不仅是提高通勤费用的问题，实质上也是用低端的人口集聚经济去挤压高端的城市化经济功能。因此，就业与居住的无序集聚是人口过度集中于大城市所造成的集聚不经济的重要表现之一。根据王德起等人的调查，北京市职工的平均通勤时间每日单程在0.5—1.0小时的占51%，在1—1.5小时的占19%，1.5小时以上的占9%。[1] 中国东部发达地区大城市的职住失衡、过剩通勤（excess commuting）现象十分严重，并且正在向中西部的大城市蔓延。[2] 过剩通勤不仅给从业者造成金钱和时间上的损失，也是造成无益的能源损耗和交通拥挤的重要原因之一。[3] 而运费的上升，根据经典的城市租金理论[4]，又是推动地产租金和价格上涨的重要推手。于是，交通拥挤、地产租金与价格的不断

---

[1] 王德起、许菲菲：《基于问卷调查的北京市居民通勤状况分析》，《城市发展研究》2010年第12期，第98—105页。

[2] 周江评、陈晓键等：《中国中西部大城市的职住平衡与通勤效率——以西安为例》，《地理学报》2013年第10期，第1316—1330页。

[3] Robert Cervero, "Jobs-housing Balance Revisited: Trends and Impacts in the San Francisco Bay Area," *Journal of the American Planning Association*, 1996, (04): 492-511.

[4] 菲利普·麦卡恩：《城市与区域经济学》，李寿德、蒋录全译，格致出版社、上海人民出版社2010年版，第109、83—105页。

上涨，再加上因人口密度过高而造成的环境污染等，大城市的高端商务与生产性服务、知识溢出、中心地功能等高端城市化经济功能必然会受到巨大的冲击。由于污染和拥挤，近年来北京的国际形象受到了极大的损失就是一个直接的证据。

造成大城市就业与居住无序集聚的原因非常复杂。首先是产业与就业机会的过度集中引致人口过度流向大城市，从而使居住区不断向城市周边扩散。其次，中国大城市的发展大多是以老城区为基础，然后向周边扩散，由于老城区没有预留发展空间，从而使许多企业、单位和大学采取了老城区与新区多点布局的模式，大大增加了职住间的实际交通距离。最后，中国的城市化又嵌入了快速的机动化推进，既大大增加了空间密度压力，又为职住的远距离分离提供了条件。

因此，对于大城市来说，产业与人口的集聚必须注意结构优化，并服从城市的功能定位，否则，无序集聚就会削弱城市的主要功能，尤其是辐射功能，这个过程实际上是"公地悲剧"在空间层面上的重演。

第四节　基于空间结构优化的中小城镇作用

这里的空间结构优化是以实现集聚经济与"疏散"状态的优势相结合为目标的空间结构的优化。它包括两方面的内容：一方面是如何最大限度地克服集聚不经济以实现集聚经济收益的最大化；另一方面是在实现前者的前提下同时又能够最大限度地开发"疏散"状态的优势，并使二者结合起来。由于集聚不经济主要产生于人口与产业摊大饼式的、无序的地理集中，这就决定了中小城镇在优化空间结构以实现集聚经济收益最大化与尽可能低的集聚不经济损失的最优组合中能够发挥不可替代的作用。同时"小城镇—村落"结构又是开发"疏散"状态优势的最重要结构。中小城镇能够在这两个方面同时发挥空间结构优化作用，主要源于其相对的空间优势和资源开发上的多维价值取向。

一　一个系统性的空间结构优化框架

"集聚经济"是相对于"疏散"状态而言的，这种"疏散"状态是人类为了充分利用自然资源而形成的。地理经济学或空间经济学在分析集聚过程时，通常将人口的疏散、匀质分布假设为初始状态，所谓的"集聚经济"正是以这种"疏散"状态为评价基准的。但这种分析对"疏散"状态的优势做了淡化处理，只是从集聚的离心力的角度涉及"疏散"状态的优势，如低廉的地租、不可流动的生产要素等。这很容易造成片面性。实际上，"集聚"与"疏散"是人类空间活动最基本的两极，其中的集聚经济只不过是人类基于地理集中原因在社会活动中形成的密切协作所产生的一种效率形式，它不是万能的，而"疏散"也有其优势。"疏散"状态的优势包括自然资源的有效与充分利用、原生态的生活环境、人与自然能够最大限度地和谐相处、低廉的地租等。问题的关键是不能仅从"效率"形成的角度来分析二者的关系，还应从资源的最优利用、发展的可持续性、美好的生活、人与自然的和谐相处等角度分析问题。也就是说，如果采用多维价值取向，相对于空间系统的集聚中心而言，腹地的"疏散"状态在资源配置上的优势是多维的，它赋予中小城镇在资源的优化配置上以特殊的功能。

首先是自然资源充分而有效的利用。例如，在河流、森林、风能、地热等多种多样的自然资源的利用上，"散疏"状态有着不可替代的优势，只有合理地布局中小城镇体系才能使这些资源的利用达到最大、最优化。实际上，观察目前的城镇体系，一些中小城镇之所以能够形成，是因为要开发和利用自然资源。当然，如果站在城乡一体化的角度看问题，过去的资源需求面是较窄的，而随着经济与社会的发展以及城乡一体化的实现，人们的资源需求面会越来越宽，资源性城镇也会增多。再如，纪录片《舌尖上的中国》充分展示了多样化的地理气候环境与悠久的文化相结合所创造出的无比丰富的饮食产品，这正是源于对"散疏"状态的资源优势的智慧利用。其次是原生态的生活环境的获得，新鲜的空气、充足的阳光、宽敞而又多样的活动空间，再加上各种优美的景色等是提高生活质量的一种重要资源，并且其重要性会随着收入水平的提高而日益突显。这是由于人类需求的满足具有层次性，随着社会与经济发展水平的不断提高，人们对环境质量的追求会愈益迫切，"散疏"状态的生活环境资源优势也就越重要。最后是相对疏散的状态有利于人与自然最大限度地和谐相处、以增强可持续性。比如在森林城市建设中，所谓的森林与绿地，重要的是具有生态功能，不能仅局限于表面的"绿化"。而要实现这一点，除了在城市中合理运用森林与绿地、水域等地理形态外，在城市周边构建小城镇与森林等生态系统相结合的空间结构是不可缺少的。

因此，空间结构优化的选择并不是简单地追求集聚经济的最大化，而是如何把集聚经济与疏散状态的资源利用等优势结合起来，使生产更有效率，资源能够得到充分而有效的利用，生活质量更高，发展具有可持续性。在这种结合中，如果说大中城市主要担负的是集聚经济职能，那么，小城镇的主要职能就是如何通过"小城镇—村落"的聚落结构，一方面把集聚经济所创造的丰富的物质与非物质产品提供给"腹地"的社会成员，使其更好地发挥服务中心的功能；另一方面是借助于先进的交通运输、通信、信息等技术在更高层次上有效地开发散疏状态的各种优势，使各种资源都能得到充分、有效和合理的利用，使更多的人能够享受到原生态的生活环境，并努力形成人与自然和谐相处的状态。可以说，就人类在资源利用上必须保持可持续性和对生活环境质量的追求是提高生活水平的重要方面这两点来看，高水平城市化的人口分布应该是2/3左右的人口居住在中小城镇及乡村。

二 克服集聚不经济，优化集聚结构

从上文分析可以看出，无论是人口或产业的集聚，还是二者的交织集聚，采用分区分片、功能分工的网络状集聚格局，都有利于抑制集聚不经济的形成，最大限度地挖掘集聚经济的潜能。因此，中小城镇作用首先表现在对规模过大、已呈现出明显的集聚不经济的大城市进行结构优化，主要是在卫星城和都市区建设中通过合理运用网络状的小城市群来优化城市体系的结构。其次是对具有特殊功能定位的城市发挥结构优化作用。比如工业城市，由于工业企业对集聚成本有较苛刻的要求，城市集聚程度过高会推高集聚成本，这就需要借助小城镇结构来分流集聚成本上升的压力，为工业企业营造良好的集聚环境。再如，以发展小企业为主或以增加就业机会为主的城市，应尽量避免因某种原因造成的集聚成本的过度上升，以免城市的主要功能受损。现实中的案例是，即使是像县城这样的小城市也不能任房地产炒作的发展，否则会推高集聚成本，进而损坏就业吸纳功能。这是因为集聚成本的上涨还会推高劳动力成本和服务品的价格，在客观上形成一系列不利于小企业和劳动密集型产业发展的条件。总之，集聚结构的选择应服务于城市功能定位。

三 动态的结构优化

这是基于时间维度的结构优化。由于城市化过程的人口流动并不是单向地由农村流向城市，还存在着人口逆向流动的阶段——它不仅指逆向城市化，还包括城市化进入较高阶段后人口以网络状的集聚结构所呈现出的扩散趋势，这就要求城市体系结构能够适应人口的逆向流动和集聚结构转换的趋势，从而具有机动性和可持续性，以顺利促成人口在全国范围内的合理分布。一般来说，一个国家由殖民地、半殖民地的农业经济发展成为二元经济，由于帝国主义列强、国际资本等外部势力和力量的作用与影响，其产业和人口的集聚结构必然会形成一种过度集中于沿海地带的畸形结构；随着经济一元化以及朝城乡一体化方向的发展，人口和产业的集聚结构又必然会转向合理利用全部国土资源的结构。这是一种大尺度的结构优化，其特点是人口以网络状的集聚结构呈现出的扩散趋势，可以说，在这种结构优化中中小城镇发展将进入一个全盛时期。对于当前中国来说，基于前瞻性视角，如何充分利用好中小城镇的结构优化作用对于构建可持续的、能够促使人口实现最优布局的城镇化体系是十分重要的。李克强总理在2014年《政府工作报告》中提出了"3个1亿人"的问题，其中，不仅要实现"引导约1亿人在中西部地区就近城镇化"，就是"促进约1亿农业转移人口落户城镇"也需要借助于中小城镇结构的运用；尤其是前者，它揭示了中国人口分布突破"胡焕庸线"的主要路径。[①]

四 优化要素的空间配置，构建新型的城乡关系形态

发展中小城镇的另一个重要作用是优化要素的空间配置，构建城

---

① 李培林：《新型城镇化与突破"胡焕庸线"》，《人民日报》2015年1月8日第16版。

乡优势一体化的新型城乡关系形态。这种新型城乡关系形态是以埃比尼泽·霍华德（Ebenezer Howard）提出的"田园城市"理念为基础，是把城市的集聚经济优势与乡村的资源优势结合起来的小城镇规划模式。霍华德的"三磁体"理论强调的是"田园城市"应能够使"社会化机会与自然美景、高工资与低租金、资本流入与空气新鲜"等实现完美结合，这一理念后来被瑞典、美国、西欧一些国家所采纳。[①]如何有机地把城市的集聚经济优势与乡村的资源优势二者结合起来就是这种新型城乡关系的核心内容，它强调的是：在农村地域的小城镇建设中不应简单地强调人口的集聚，重点是注重系统的城市化供给功能的配置，并兼顾农民的生产、居住点的合理形成与文化传承。而2009年世界银行《世界发展报告》提出的"密度、距离和分割"的三维分析方法[②]，为构建这种新型城乡关系形态提供了一些路径。它是基于交易集聚原理与现代交通、通信、信息等技术的利用而形成的能够兼顾集聚经济与自然资源合理利用的分析框架。它指出，加强中小城镇与村落或农村居住地之间的联系（交通、信息和城市功能供给等）也是提高农村集聚水平的重要途径，同时，只要小城镇能够以大城市为依托，也能够承载产业的专业化集聚功能，并获得城市化经济的辐射。

下面分析为什么以中小城镇为人口主体的城市体系能够建成"田园城市"模式的新型城乡关系形态？

首先假设农业现代化已经实现，工业与农业的劳动生产率水平已进入大体均衡状态；同时假设城市规模结构是合理的，以中小城镇为人口承载主体。这就不仅决定了整个城市体系的级差地租不会太高，而且由于大城市与小城镇住宅的级差收益的差距被控制在合理的范围内，大、中、小城市与镇的居住租金水平分布也是平缓的。

上述假设条件是重要的。因为如果不是这样，而是工业与农业的劳动生产率差距很大，大城市盲目发展，其结果必然是大城市的地产租金及价格越来越高，房地产泡沫越演越烈。具有实证意义的是，农

[①] 理查德·P. 格林、詹姆斯·B. 皮克：《城市地理学》，商务印书馆2011年版，第567—569页。

[②] World Bank, *World Development Report* 2009, Washington DC, World Bank 2009: X-Xiii.

业与非农产业的效率失调和城市规模结构畸形正是造成中国今天大城市房地产泡沫不断升级的两个主要原因。

在上述假设条件下，小城镇的地租必然是低廉的，同时在基础设施和公共产品方面也能获得较好的供给。这一方面是因为在经济发展的这一阶段，即已经实现了农业现代化，社会已经有能力向小城镇提供较好的基础设施和公共产品；另一方面，小城镇是以网络状的小城镇体系的结构承接基础设施和公共产品供给的，如上学、就医、文体活动、污水与垃圾处理等都不存在规模不足的问题。不仅如此，由于这时的小城镇是以大中城市为后盾的，也能够获得良好的城市化经济的供给，其基础设施和公共产品供给也是高水平的。

由于在我们的假设条件下，中小城镇是人口承载的主体，这就意味着服务业的就业机会将向中小城镇转移。而且，已经完成转型的国家所提供的数据表明，此时服务业的就业比重将达到70%左右，甚至更高，也就是说中小城镇能够提供的服务业就业机会是十分可观的。再者，由于大城市与小城镇间的租金差距是平缓的，这又意味着大城市的投机机会——主要是房地产投机受到了抑制，资本没有理由不流向小城镇，或者说资本流向小城镇将会成为常态。在这种条件下，小城镇的工资水平也是较高的。因为工资水平从价值结构上来说，主要取决于工资品的社会劳动生产率，而如果农业现代化已经实现，且产业结构转型基本完成，它至少说明工资品的社会劳动生产率已经达到了较高的水平。

这样，我们就得到了具有"田园城市"特征的小城镇，其特征如下：低租金与高工资，良好的基础设施和公共产品供给与大城市的城市化经济的辐射，服务业充分发展所能提供的很多的就业机会和资本流入的常态化，再加上小城镇本身所具有的新鲜空气和自然美景等资源。也就是能够把集聚经济优势与"疏散"状态资源利用等优势，其中包括原生态的生活环境很好地结合起来的新型的城乡关系形态。它不仅从宏观上体现了田园城市的思想精髓，而且在微观和直观上，众多的田园城市也到处可见。

第八章 提高农业劳动生产率与中小城镇的作用

本章是沿着"中小城镇—农业发展—经济转型"的逻辑路径分析中小城镇作用问题的，即中小城镇是如何通过作用于农业而对经济的一元化和城乡一体化产生促进与推动作用的。这样，农业的作用问题就是分析的起点。尽管我们在前几章里已经指出了提高农业劳动生产率在促使城乡收入均衡、消除二元的资源定价体系和构建空间一体化的租金体系等方面的作用，但进一步弄清楚提高农业劳动生产率与工资、消费需求增长以及转型之间的推进关系显得更为重要。一般对其间的推进关系不会持截然否认的态度，但对其作用力度持怀疑态度也是常见的，甚至会认为它的作用可能如此之小，以致对经济增长的贡献是可有可无的。[①] 这也许是因为随着工业化和城市化程度的提高，农业占国民经济的比重是逐步下降的。其实，这是一种误解。费—拉拐点到来后，也只有在此之后，提高农业劳动生产率对推动工资上升的作用才会进入一个较有效的时期。弄清了这一点后，再分析中小城镇对农业在经济转型中的作用问题也就比较容易了。

第一节 对农业作用的再认识

近年来，中国农业出现了一些现象，需要对此予以高度关注。一是虽然粮食总产量连续12年增产，但2012年以来粮食进口有增长过

[①] 乔瓦尼·费德里科：《养活世界——农业经济史1800—2000》，何秀荣译，中国人民大学出版社2011年版，第219—223页。

快之嫌，2015年粮食进口为11439万吨，占粮食总量的比重达18.4%。二是农产品与食品价格持续上涨，成为推动通胀的主要因素，也加大了劳动力成本上升的压力。此外，还有农产品价格与国际市场倒挂、水资源短缺、耕地污染、食品安全、转基因争议等问题。如何正确认识和解决这些问题无疑越来越必要了。同时，对农业作用的认识也面临着挑战。例如，如何正确认识进口农业？是应该根据国际贸易的比较优势原则将本国不具有优势的农产品转向依靠国际市场，还是由于农业尤其是粮食产业在国民经济发展中发挥着特殊作用，仍应该以发展本国农业为本。再比如，由于房地产业和其他非农产业具有巨大的比较收益，不仅侵占耕地之风盛行，18亿亩耕地红线也不断受到质疑，应如何认识耕地保护与经济发展之间的关系？可以说，如何正确认识农业的作用已成为越来越重要的议题。

但是，即使在国际学术界，农业的功能与作用也是最富有争议的问题。长期以来，相关的研究主要是基于约翰斯顿—梅勒（Johnston - Meller）提出的三功能——农业的产品功能、市场功能和要素功能——框架展开的。[1] 其主要分析范式是通过测度能够反映各功能作用的经济参量来确定农业的贡献。但是"三功能框架"隐含了两个具有很强限制性的假设前提：一是农业要占GDP和劳动力的大部分；二是研究对象在贸易和要素流动方面是封闭的或半封闭的。随着这两个条件的弱化或消失，用"三功能框架"评价的农业功能必然会"被弱化"。这说明要客观、准确地评估农业的功能作用，一方面要采用动态的方法，否则，即使是对产业间流量的最佳静态测度也不能完全反映农业的动态功能；另一方面又要注意区分经济的发展阶段和开放程度的影响，努力探讨农业的促增长机制。

在农业促增长机制的探索方面，功沙姆[2]、卡塞利和科尔曼[3]等

---

[1] Bruce F. Johnston, and John W. Mellor, "The Role of Agriculture in Economic Development," *American Economic Review*, 1961, 51: 566 - 593.

[2] Piyabha Kongsamut, Rebelo Sergio, and Xie Danyang, "Beyond Balanced Growth," *Review of Economic Studies*, 2001, 68: 869 - 82.

[3] Francesco Caselli, and Wilbur John Coleman, "The U. S. Structural Transformation and Regional Convergence: A Reinterpretation," *Journal of Political Economy*, 2001, 109: 584 - 616.

人可谓独树一帜，他们均把农业劳动生产率提高所引起的人均消费中的食物份额下降和相应的劳动力转移作为分析农业作用的焦点，并提出了结构转型效应。但他们的研究主要是说明农业劳动生产率的提高对 GDP 增长或收入的提高所做出的贡献，其分析是短期性的。而我们知道，如果一个经济体农业劳动生产率水平较高，且非农就业所占的比重较大，其劳动就更具有效率，同时其恩格尔系数也就较低，从结构上看也就具有相对较高的消费水平。这与农业劳动生产率处于低水平时的状态相比，显然是一种水平差异。因此，如果能够证明在这一转变和发展中，农业劳动生产率的提高在消费需求创造方面发挥着重要作用，就能够将对农业功能的认识提高到一个新的高度。这里的"消费需求创造"与"三功能框架"中的市场功能是有区别的，它不仅指因农业收入增加而形成的消费需求，而且指农业劳动生产率增长通过作用于工资品的社会综合劳动生产率所形成的非农工资上升和作用于消费品的供给效率与水平所促成的消费需求的增长。其假设的前提条件是研究对象的经济发展已进入二元经济的转型阶段，农业劳动生产率的不断提高促成了产业结构的快速转型。

总之，下文的分析将试图说明：农业的作用不只是提供农产品，更重要的是它能够降低劳动力的再生产成本，提升经济体的"效率"（人口质量红利的水平和消费品的供给效率）。提高农业劳动生产率，使其与非农经济发展相适应，不仅能够在需求和供给两个方面为消费需求的可持续增长提供基础，也能使需求结构、分配结构和城乡经济结构不断得到优化。否则，农业劳动生产率提高滞后就会引起农产品价格的上涨和由此形成的农业工资上涨以及非农工资的虚涨，不仅使工资的上涨难以形成有效的消费需求，还会放大劳动力成本的上升压力，同时也会对消费结构的升级造成压制作用；这样，消费需求增长不仅难以成为拉动经济增长的主要动力，结构问题也会日益突出。其政策含义是，提高农业劳动生产率是推动消费需求可持续增长和优化结构的基础性措施。

第二节 农业劳动生产率在提高劳动报酬和消费需求增长中的作用

消费需求是收入的函数，而劳动收入又是以工资品的劳动生产率为基础的[①]，因此，我们先分析农业劳动生产率的提高与劳动力转移是如何作用于工资品的综合劳动生产率和它在什么条件下会引起劳动报酬的上升，然后再分析农业劳动生产率的提高对消费需求的作用问题。

一 农业劳动生产率在劳动报酬上升中的作用

（一）关于分析模型

第二章的式（2-1）给出的工资品的社会综合劳动生产率 V 的模型是：

$$V = \frac{V_1 L_1 + V_2 L_2}{L} = \frac{L_1}{L} V_1 + \frac{L_2}{L} V_2 = \frac{L_1}{L} V_1 + \left(1 - \frac{L_1}{L}\right) V_2$$

式（2-1）中，V_1 的提高必然使 L_1/L 下降，这会使 $1-L_1/L$ 增大，其含义是农业劳动生产率 V_1 的提高与劳动力转移的结合使劳动力再生产成本下降和非农产出增加对综合劳动生产率提高所做出的贡献。这样，提高农业劳动生产率在提高工资品综合劳动生产率中发挥着三方面的作用：（1）其自身劳动生产率的提高；（2）通过降低劳动力的食物再生产成本所发挥的作用；（3）通过劳动力转移增加非农产出所发挥的作用。

对农业劳动生产率的第二种作用需要说明如下：一般的劳动生产率概念是指单位劳动在单位时间内的产出效率，它未能反映劳动力再生产成本（劳动耗费）变化对劳动效率的影响。实际上，当一个经济体的农业劳动力因劳动生产率提高而使占总劳动力的比重下降时，劳动力的再生产成本也下降了，比如由占80%下降到10%，劳动力

[①] 虽然一般而言，"消费需求是收入的函数"中的"收入"包括资产等非劳动收入，但能够使消费需求稳定地可持续增长的主要是劳动收入。

再生产的农业成本仅是以前的1/8。如果要进行国际比较，就需要用总劳动投入与总产出来度量劳动生产率，这才是可比的。否则，如果直接比较部门劳动生产率，就无法知道在同样数量的产品中实际耗费的总劳动是多少。这种由于劳动力再生产成本下降而形成的劳动生产率提高，是农业劳动生产率作用于综合劳动生产率的重要路径。农业劳动生产率的第三种作用实际上是一种间接作用，只有从农业中释放出的劳动力顺利进入非农工资品部门就业，才能形成这种作用。

因此，式（2-1）说明，即使在V_2不变的条件下，仅仅由于农业劳动生产率V_1的提高和劳动力向非农工资品部门的转移，工资品部门的综合劳动生产率也会提高许多倍，它为工资的上升提供了效率基础。

（二）劳动报酬的上升及其实质

劳动生产率的提高并不一定会推高工资，它还取决于劳动与资本的边际均衡状态。例如，在刘易斯的二元经济模型下，由于劳动力无限供给，工资品劳动生产率的提高只是增加了就业机会，并不能增加边际产品和推高工资。因此，只有在费—拉拐点出现后，劳动力供给曲线变成向上倾斜的曲线，工资品综合劳动生产率的提高才有可能推动工资的上升。即使在这种条件下，工资的上升也不一定能够与劳动生产率的提高保持同步，原因是工资定价还取决于劳资双方的博弈。如果没有完善的工资议价机制和劳动保护制度，劳动生产率提高所增加的劳动者剩余可能只有一小部分用来增加工资，而一大部分会转化为资本收益和税收，被用来发展资本品、出口品和奢侈品。因此，只有在劳动与资本的均衡条件和工资议价制度均具备的条件下，农业劳动生产率的提高与劳动力转移的结合才能够推动劳动报酬水平的不断上升。

费—拉拐点出现后工资将会出现一个持续的上升过程，这是二元经济理论的一个重要结论。然而，工资上升的实质是什么？无论是劳动生产率的提高，还是劳动力供给曲线的改变以及工资议价制度，都只是解释了工资上升的效率基础、机制与条件，并没有说明工资上升的本质内容。实际上，在这一阶段，造成工资上升的最本质原因是工资性质与定价机制的转型，即工资由生存工资转为效率工资。根据马歇尔的定义，效率工资"有同培养、训练和保持有效率劳动的精力成本保持密切关系的趋势"①。这就必然会使工资品的范围由原来的生活必需品和习惯必需品扩大到维持效率的必需品上，除了原来的必需品外，学习与培训、较好的医疗条件、安全与高品质的食品、必要的休闲与娱乐等都会成为维持劳动效率所必需的；相应地，工资就会出现一个持续的上升过程。这就意味着，在一个经济体向高度工业化和城市化转型中存在着一个由消费需求拉动的经济增长阶段，而人们生活的现代化是这一增长的主要动力来源。

（三）劳动份额上升的原因分析

结构转型中的工资上升可以分为两种类型：一种是在新增收益分配上劳动报酬的增长速度慢于或等于资本报酬增长速度的条件下出现的工资增长；另一种是因劳动报酬在国民收入初次分配中的相对份额上升而形成的工资增长。后者即所谓的"劳动份额"问题，近年来引起了国内学术界的高度关注，并在劳动份额的高低及合理性、应对措施等问题上存在着不同意见。②

为了进一步明确这两种工资上升的划分，让我们采用刘易斯使用过的产品工资率法，给出劳动份额上升的确切含义。设 w、P 分别为工资和物价指数；Q、L 为产品产量和劳动力人数；wL/PQ 为产品工资率，其比值反映的就是劳动份额。劳动份额上升的条件是 w/P 的上升速度快于劳动生产率的提高速度 Q/L。③ 而在 $0 < w/P \leq Q/L$ 条件下出现的工资上升均属于第一种形态的工资上升。很显然，在这种工资上升中，农业的作用可以用上文的"分析模型"来解释。那么，什么因素能够使劳动份额上升呢，也就是能够使工资的上升速度快于劳动生产率的提高速度呢？

首先，刘易斯认为，在农业与现代部门的工资定价上存在着一种

---

① 马歇尔：《经济学原理》（下），陈良璧译，商务印书馆 2010 年版，第 201—205 页。

② 臧旭恒、王勇、宋建：《中国收入分配中劳动份额问题高层研讨会综述》，《经济学动态》2012 年第 9 期，第 152—157 页。

③ 威廉·阿瑟·刘易斯：《二元经济论》，施炜等译，北京经济学院出版社 1989 年版，第 39、115—119 页。

"工资推动机制",农业劳动生产率提高所引起的农业工资上升将会推动非农部门的工资上升,从而促使劳动份额上升。[①] 在式(2-1)的分析中我们已经指出,农业劳动生产率的提高能够使工资品部门的社会综合劳动生产率得到提高,并进而使工资上升,但此时非农工资品部门本身的劳动生产率可能没有改变或上升得很慢,这就会使非农工资品部门劳动份额上升。但是,由"工资推动机制"所推动的工资上升也有可能脱离工资品的综合劳动生产率水平。一种原因是农业工资的上涨是其他因素引起的,如结构失衡;另一种原因是从农业中释放出的劳动力过度地转入资本品、奢侈品等非工资品部门。这时的工资上涨一般是名义性的,很难对劳动份额产生影响。

其次是服务业份额的影响。一种解释是生产性服务业具有人力资本因素大、劳动份额高的特点,因此,发展生产性服务业能够提高劳动份额。但在这里要指出的是:包括传统服务业在内的服务业的相对规模变动对劳动份额有较大的影响。这是因为农业劳动生产率提高所推动的工资上升会延伸到整个服务业、资本品部门等,而对于许多传统服务业来说,工资虽然上升了,但其自身的劳动生产率可能没发生变化,这就必然会使这些部门的劳动份额得到较快的提升。服务业在国民经济中所占的份额越大,这种影响也就越大。比较发达国家与发展中国家一些服务行业的工资,如理发师、幼儿教师、护士、厨师、出租车司机等,高低相差悬殊,但其行业劳动生产率的差距其实并不大,原因就在于此。再考虑到服务业发展空间巨大,因此,服务业的相对规模是影响劳动份额上升的重要因素之一。

再次是制度性因素的影响。如最低工资制,尤其是在建立起工资议价制度的最初一段时间里,劳动者议价能力的增强可能会使工资的增长以资本报酬份额的下降为来源。

最后,人力资本因素。当一个经济体的产业结构转型完成后,即非农就业达到95%以上,推动劳动份额上升的因素就主要是人力资本因素的影响,或者是知识与科技人员比重的上升,或者是劳动力队

---

① 威廉·阿瑟·刘易斯:《二元经济论》,施炜等译,北京经济学院出版社1989年版,第119页。

伍平均人力资本水平的提高。

根据劳动份额的提高主要源于农业劳动生产率的提高，可以得出以下推论：在一定经济发展阶段，如果在一段时间内农业劳动生产率能够出现持续大幅度的提高，那么，劳动份额也应该有大幅度的提升。① 这也为验证上述结论是否正确提供了方法。老牌资本主义国家劳动份额上升的过程可以为我们的验证找到权威性证据。根据库兹涅茨提供的数据（见表2-3），美、英、法国的劳动份额均在20世纪50年代出现了一个较大幅度的上升。问题是，为什么是20世纪50年代？西奥多·W. 舒尔茨关于农业发展的研究为我们提供了线索：1950—1959年，西北欧的农业劳动生产率提高了50%，而农业就业人数减少了20%；美国在1940—1961年农业产量增加了56%，农业就业人数减少了大约40%，农业劳动生产率提高的幅度几乎是工业的三倍。② 由此可见，劳动份额的上升与农业劳动生产率在一段时间内的大幅度提高相伴而行，是经济结构转型的一个特点。

总之，农业劳动生产率的提高不仅可以通过推高工资品的综合劳动生产率，在劳动与资本均等地分配增长收益的口径上促使劳动报酬上升，也可通过提升相对份额使其上升，并且农业劳动生产率提高所推动的产业结构转型也赋予劳动报酬上升以实质性内容，从而为经济增长提供了可持续的消费需求增长源泉。

二 农业劳动生产率对消费结构的影响

消费需求的可持续增长总是与消费结构的不断升级相联系的。农业劳动生产率作用于消费结构的路径主要有两条：一条是通过作用于恩格尔系数来影响消费结构；另一条是通过作用于消费品的供给效率与水平来影响消费结构。

农业劳动生产率能够作用于恩格尔系数，从收入与消费结构的关

---

① 郝枫：《劳动份额"$\sqrt{}$型"演进规律》，《统计研究》2012年第6期，第33—40页。

② 西奥多·W. 舒尔茨：《改造传统农业》，梁小民译，商务印书馆2006年版，第16—20、114页。

系上看，可以分为收入和贸易条件两方面的原因。为了便于理解，可以先把消费结构看成是收入的函数，它是以产品的价格比稳定为前提的。也就是说，只有在各部门的劳动生产率按同一速度上升的条件下，消费结构与劳动收入间才呈现出较为严格的线性函数关系。否则，部门间劳动生产率水平的相对变化就会直接影响消费结构。这样，农业劳动生产率的变动通过作用于恩格尔系数进而作用于消费结构的路径就可以细分为两条：一条是与非农劳动生产率共同作用、通过收入水平的变动来影响恩格尔系数；另一条是农业劳动生产率的相对变动通过改变贸易条件来影响恩格尔系数。后者是农业劳动生产率变动能够独立地作用于恩格尔系数的主要路径，需要对此做详细的分析，并提出相应的分析模型。

由于恩格尔系数变动可以看成是实际收入和农业贸易条件二者作用的综合结果，而且农业贸易条件的变动又主要源于农业与非农劳动生产率的相对变化，因此，可以用这二者变动速度的代数和来描述恩格尔系数变动的原因。但在公式建立上需要对指标做一些选择。首先是实际收入水平，它是通过影响消费水平而作用于恩格尔系数的，但收入与消费二者的变动并非完全一致，消费的边际递减、居民储蓄倾向的变动以及其他因素的影响都会使二者产生差距。为了消除这些因素的影响，可以用实际的消费支出来替代实际收入。其次，农产品实际价格的变动能够反映农业劳动生产率与非农劳动生产率的相对变动差异，可用来替代贸易条件指标。再次，为了消除通胀或通缩因素的影响，需要采用"两项差"的表达式，即城市居民消费支出的增长幅度 – 农产品价格变动幅度 = 差额。公式中"差额"的大小能够反映推动恩格尔系数变动的动力的强弱及方向。如果其差为正值且数值较大，说明居民在维持原有食品消费水平的条件下仍有较大余地扩大非食品消费，因此推动恩格尔系数下降的动力较强；反之，如果该值很低甚至为负数，就会阻碍恩格尔系数的下降，甚至引起反弹。表 8 – 1 的数据为此提供了证据，其中的净消费增长率即为"差额"。1996—2003 年，恩格尔系数的持续下降与"差额"取值较大的相关性是一目了然的，原因有时主要是消费增长较快，有时又主要是农产品价格下跌，如 1998 年与 1999 年。自 2004 年以来，中国城镇居民的恩格尔系数一直徘徊于35%以上，难以下降，主要原因并不是消费增长缓慢，而是农产品价格的不断攀升。

表8-1　　消费与农产品价格变动对恩格尔系数的影响　　（％）

	恩格尔系数	消费净增长率	城镇消费增长率	农产品价格波动率
1996	48.8	6.6	10.8	4.2
1997	46.6	11.3	6.8	-4.5
1998	44.7	11.5	3.5	-8
1999	42.1	18.8	6.6	-12.2
2000	39.4	11.9	8.3	-3.6
2001	38.2	3.1	6.2	3.1
2002	37.7	13.9	13.6	-0.3
2003	37.1	3.6	8.0	4.4
2004	37.7	-2.8	10.3	13.1
2005	36.7	9.2	10.6	1.4
2006	35.8	8.3	9.5	1.2
2007	36.3	-3.5	15.0	18.5
2008	37.9	-1.6	12.5	14.1
2009	36.5	11.5	9.1	-2.4
2010	35.7	-1.1	9.8	10.9
2011	36.3	-4.0	12.5	16.5
2012	36.2	7.3	10.0	2.7
2013	35.0	4.9	8.1	3.2

资料来源：国家统计局数据库。

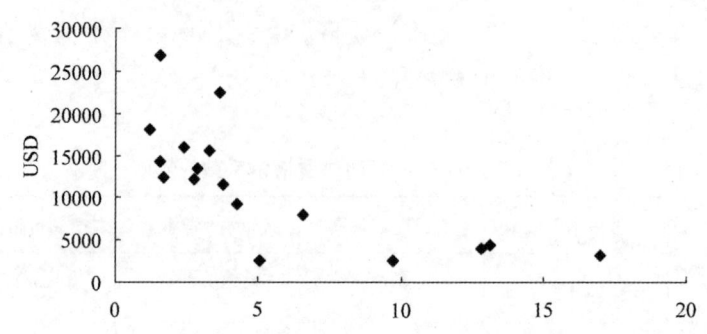

图 8-1 2010—2011 年主要中等收入以上国家的农业劳动份额与消费水平的散点图（单位：%；美元）

资料来源：《国际统计年鉴》(2013)。

农业劳动生产率还能影响消费结构的升级进程，主要是因为它能够直接影响消费品的供给效率和供给水平。一方面，提高农业劳动生产率所引起的劳动力再生产成本的下降可以提高劳动的产出效率，可以使每一个劳动者在扣除了必要的生存成本后有更多的份额转化为社会公共劳动，而公共服务业的高度发展正是现代消费结构的重要特征之一。另一方面，提高农业劳动生产率可以促使社会总劳动中能够用于满足非农消费的份额得到增加，社会成员就有可能根据各种消费必需性的顺序来改善消费结构，从而推动消费结构的升级。实际上，在式（2-1）中，V_2 系数的变大对工资、消费增长做出的贡献所反映的就是上述两种作用的集合，它们是人口质量红利的两种主要形式。一个国家农业劳动生产率水平越高，劳动力转移越充分，其人口质量红利水平也越高。图 8-1 是用农业劳动力份额替代农业劳动生产率计算的消费水平分布，从图 8-1 中可以看出，当农业劳动力份额下降到 7% 以下时，人均消费（按 2000 年价格计算）才有可能上升到一个较高的水平。其中，南非（图 8-1 中下方最左边的那一点）似乎是一个例外，尽管这个国家农业发展程度较高，但由于收入差距过大而使消费水平仍然偏低；不过，其消费结构却十分接近发达国家。南非之所以会出现这种特殊现象，只是因为一国的消费结构是由收入水平、农产品的贸易条件和消费品的供给效率与水平三大因素决定的，尽管其人均收入水平仍然很低，但较高的农业劳动生产率仍会通过改善消费品的供给效率与水平而有效地影响其消费结构。

总之，农业劳动生产率作用的另一个方面是通过不断促进消费结构的升级来推动消费需求的增长，主要是通过影响恩格尔系数，通过促使消费品供给效率的提高和总量增长来实现的。

三 农业劳动生产率与农产品价格上涨的原因及影响

无论是在提高农业劳动生产率，推动工资与消费需求增长中，还是在推动消费结构升级中，农产品价格都是一个十分关键的变量。因此，分析农产品价格变动的原因与影响就是从细节上进一步弄清楚农业劳动生产率作用的重要一环。农产品价格变动主要有两种类型：一种是通胀或通缩作用的结果；另一种是对农业与非农劳动生产率相对变化的反映。这里仅就后者来分析农业劳动生产率提高滞后所引起的农产品价格上涨，因为它是大多数转型国家所遇到的最主要难题之一。

这种形式的农产品价格上涨主要有两种情况。一是相对于快速的人口城市化和城镇居民不断增长的农产品需求来说，农业劳动生产率的提高相对滞后了。二是根据费景汉和拉尼斯的观点，当费—拉拐点出现后，农业工资将开始上涨[1]，此时如果农业劳动生产率的提高跟不上农业工资上升的要求，农产品价格上涨就成为实现工资上涨的形式。中国近年来的农产品价格上涨中，这两种因素都存在。其实，由于农业工资的上涨最终必将引起城镇工资的上涨，并使二者处于某种相对均衡的状态，如果以这种相对均衡为假设前提，第二种价格上涨也可以理解为由于农业劳动生产率提高相对滞后所形成的价格上涨。据此，我们就可以得到一种较为实用的分析方法：根据农业劳动生产率的滞后程度来分析农产品价格变动。其分析指标是城镇居民实际工资上涨速度与农业实际劳动生产率的提高速度之间的差值，该值若为正数，反映的是城镇工资上涨速度超过农业承载力的程度，农产品价

---

[1] 费景汉、古斯塔夫·拉尼斯：《增长和发展：演进观点》，洪银兴、郑江淮等译，商务印书馆2004年版，第138—143页。

格将上涨；若为负值，则说明需求不足，农产品价格将下跌。同时，这里的农产品价格上涨不包括通胀因素所引起的上涨部分，因此应将其从农产品价格涨幅中扣除。从图8-2中可以看出，2007年和2011年两次农产品价格上涨都可以得到很好的解释。只是2004年不包括通胀因素的农产品价格也上涨了9.2%，而当年其差值为负数；但这只不过是出现了时滞，前四年该差值均在8%之上，结构失衡的积累推动了2004年的农产品价格上涨。

上述分析验证了农业劳动生产率、工资增长和农产品价格之间的关系。农业劳动生产率提高相对滞后，就会引起农产品价格的上涨，而农产品价格上涨又会使工资涨幅中的一部分泡沫化，成为"虚涨"，转化为虚假需求，从而抑制了消费需求的增长。不仅如此，农产品价格的上涨与工资上涨之间还很容易形成恶性循环，放大劳动力成本上升的压力，阻碍转型过程的顺利进行。近年来，劳动力成本上升的压力在国内已全面显现，其原因除了劳动生产率提高和劳动力供求等因素外，农产品价格的不断攀升也是重要原因之一。表8-2反映的是以恩格尔系数作为价格弹性系数，测算农产品实际价格上涨使工资"虚涨"的程度。在2002—2012年的10年间，城镇单位职工工资在扣除通胀因素后，仍因结构因素所引起的农产品价格上涨而"虚涨"了76.8%，农民工工资"虚涨"了83.4%。

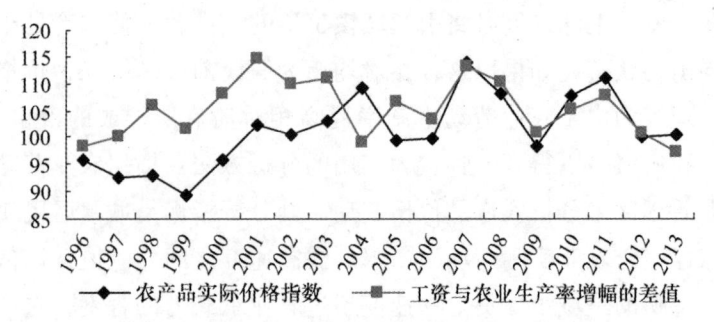

图8-2 农业劳动生产率的增长状态对农产品价格的影响（%）

资料来源：国家统计局数据库。

表 8-2　　农产品价格上涨对工资的影响（2002 = 100）

项目	2010	2012	2013
农产品价格指数	177.3	212.1	218.9
城镇单位工资增长	295.3	378.0	416.0
实际增长	232.0	301.2	339.4
农民工工资增长	254.5	344.9	392.9
实际增长	181.6	261.5	310.4

注：工资实际增长，城镇职工以城市恩格尔系数做权数，农民工以农村恩格尔系数做权数。

资料来源：农民工工资来源于《中国农村住户调查年鉴》（2007—2009）和国家统计局《全国农民工监测调查报告》（历年），其余数据来源于国家统计局数据库。

上述分析具有重要的政策含义，首先，它进一步证明了提高农业劳动生产率对推动消费需求增长的基础作用。因为工资的上升是推动消费需求增长的最关键因素，而工资的上升又受制于农业劳动生产率的提高，只有沿着"提高农业劳动生产率—工资上升—消费增长"的路径，消费需求才能顺利成为拉动经济增长的力量源泉。其次，农产品价格上涨会对农业劳动生产率中促非农供给效率与水平的提高作用产生阻碍。不仅会降低城市劳动者应该享受的农业红利水平，而且会阻碍劳动力的充分转移，进而会抑制消费结构的升级。

农业劳动生产率提高滞后所引起的农产品价格上涨对经济的影响还表现在宏观层面，甚至给货币政策操作带来了困难。近年来，中国食品价格上涨一直是推动 CPI 上涨的主要因素之一，而 PPI 又常常处于下跌状态。[1] 这种状况一方面使货币政策常常处于紧缩状态，以控制 CPI 的过快上升；另一方面又要兼顾经济增长，不时采取一些选择

---

[1] 陈春生：《新一轮通胀的特征、成因与二元经济下的通货管理转型》，《统计信息论坛》2013 年第 4 期，第 80—86 页。

性的刺激政策，而这又可能会促成工资的"虚涨"，进一步推动农产品价格和 CPI 的上涨。结果，在"两难"难以兼顾的政策运用中，货币量越来越大，潜在的风险也不断上升。

实际上，优化结构是解决这一困境的主要路径。这就需要努力提高农业劳动生产率，使其与工资的上升幅度大体保持均衡。不仅可以稳定农产品价格，有效地推动消费需求的增长，避免因工资"虚涨"而产生的劳动力成本上升压力，而且有利于减轻 CPI 的调控压力，从根本上优化宏观结构。

第三节　实证分析：农业在巴西经济增长中的作用

为了验证农业劳动生产率提高对消费需求增长的促进作用，下面以巴西联邦共和国为案例，进行实证分析。[①]

一　基本情况

2000 年，巴西人均 GDP 是 3763 美元，到 2010 年突破 1 万美元大关，2012 年达 11463 美元，同时也基本上完成了产业结构的转型。在十几年的时间中，巴西人均 GDP 顺利突破 1 万美元大关，主要源于消费需求的快速增长，而消费需求的快速增长又在很大程度上得益于农业的快速发展。以 2000 年为基期，到 2012 年巴西人均 GDP 增长了 204.6%，而消费支出增长了 274.5%，且 2012 年消费占总需求的 83.8%。同期，巴西第一产业 GDP 增长了 242.8%，尤其是农业劳动生产率从 2000 年到 2011 年增长了 189.6%。这不只是说人均 GDP 和消费需求增长中的一部分直接来源于农业增长，更重要的是农业劳动生产率的提高通过作用于劳动报酬总额推动了消费需求的增长。

---

① 陈春生：《农业在巴西经济增长中的作用分析》，《农业经济》2006 年第 2 期，第 47—49 页。

表 8-3　　　　　　　巴西人均 GDP 增长及原因分析

	2000	2005	2009	2010	2011	2012
人均 GDP（美元）	3763	4809	8471	11086	12692	11463
增长（2000 年 = 100）	100	127.80	225.11	294.61	337.28	304.62
汇率（1 美元 =）	1.83	2.43	1.99	1.76	1.67	1.95
CPI（2000 年 = 100）	100	150.62	179	189.81	202.15	213.88
消费支出增长（2000 年 = 100）	100	174.80	270.76	309.24	340.24	374.52
最终消费率（%）	83.5	80.2	82.3	80.8	81	83.8

资料来源：《国际统计年鉴》(2013)、《金砖国家联合统计手册》(2013)。

二　主要作用

在过去的十几年里，推动巴西人均 GDP 增长的最主要原因是消费的快速增长，而消费的快速增长又主要源于部门劳动生产率和非农就业的快速增长。在部门劳动生产率方面，巴西农业劳动生产率提高的贡献主要表现在两个方面：一是 2000—2011 年农业劳动生产率自身提高了 189.6%；二是使第二、三产业的综合劳动生产率提高了近 20%。表 8-4 分别显示了巴西第二、三产业按实际就业人数和按劳动力再生产成本下降程度调整的劳动力系数计算的劳动生产率，后者即为各产业的综合劳动生产率；二者的差幅就是农业劳动生产率的提高对第二、三产业综合劳动生产率提高所做出的贡献。同时，2000—2011 年，第二、三产业的直接劳动生产率分别提高了 135.67% 和 136.82%，均低于农业劳动生产率的提高幅度，这说明非农产业的工资增长有很大一部分来源于农业劳动生产率的提高和产业结构转型所推动的综合劳动生产率的提高。也就是说，非农就业的增长所形成的人口质量红利也是消费需求能够较快增长的来源之一。

在非农就业方面，2000—2011年，巴西增加了2483.9万人，其中，工业增加313.9万人，建筑业增加321.2万人。如果把按农产品净出口值计算的外贸农业就业增加人数532.06万人（见表8-4）也算上，非农就业共增加3015.96万人，比2000年增长了52.3%。农业发展推动非农就业增长，尤其是第三产业就业的增长，使巴西就业人口占总人口的比重由2000年的38.56%上升到2011年的48.16%，增长了近10%，这也是巴西消费需求能够快速增长的主要原因之一。从理论上说，提高农业劳动生产率能够对非农就业增加做出的贡献主要有两种形式：一是总量不变，劳动力从农业转移到非农产业中；二是就业总量增加，失业人口和新增人口直接进入非农产业成为劳动力。从巴西的实际情况看，农业劳动生产率主要发挥了后一种作用，因为巴西非农就业增加主要来源于城市中的"劳动力池"和新增人口。

巴西的就业结构也显示了农业劳动生产率促就业的作用。2011年，巴西三次产业的就业结构是15.3%、21.9%和62.8%，其就业增长有两大特点：一是可以视为非农就业的贸易农业就业人口增长较快，2011年，其规模占总就业的10.2%；二是第三产业成为就业增长的主力军，2011年占非农就业的74.2%。而在第三产业中，公共服务业发展较快又是一个亮点。2000—2012年，在巴西财政支出中，教育支出增长了509.3%，社会保障与就业支出增长了378.9%，医疗支出增长了291.5%，均高于人均GDP增长的204.6%。公共服务业的发展是以劳动力再生产成本的不断下降为前提的，不然，可用于公共服务业的剩余就不会增加。不过，巴西第三产业仍然是以传统服务业为主的。例如，2005年，在其第三产业就业中，批发、零售和机动车及家庭用品修理占30.6%，旅馆、饭店、运输、仓储、通信和房地产、租赁占23.9%，公共管理、国防、社保、教育、卫生占23.5%，私人雇佣占13.2%。

三 作用机理分析

在巴西这种产业结构转型中，农业发展对非农就业和消费增长的促进作用主要表现在三个方面。

表8-4　　　　巴西劳动生产率与就业结构的变化情况

	2000	2005	2009	2011
农业劳动生产率（亿雷亚尔/万人）	0.4720	0.6247	1.0309	1.3669
增长（2000年=100）	100	132.36	218.41	289.60
第二产业劳动生产率增长（2000年=100）	100	144.01	180.60	235.67
综合劳动生产率增长（2000年=100）	100	155.15	192.78	254.76
第三产业劳动生产率增长（2000年=100）	100	139.95	196.62	236.82
综合劳动生产率增长（2000年=100）	100	150.77	209.88	256.00
农业就业（万人）	1211.9	1684	1523	1412
其中：外贸农业（万人）	414.94	1229.62	954.62	947
内贸农业（万人）	796.96	454.38	568.39	465
非农就业（万人）	5351.1	6814	7619	7835
劳动力的农业成本	0.121	0.054	0.062	0.050

资料来源：《国际统计年鉴》（2013）、《金砖国家联合统计手册》（2013）。

首先是农业劳动生产率的不断提高降低了劳动力的食物成本，在一定程度上缓解了劳动力成本的上升压力，为非农产业发展提供了良好条件。基本食品价格非常低廉是发达国家价格体系的一个共同的特点，这应该是其产业结构能够充分多样化的一个重要原因。巴西的实践从正、反两个方面证明了这一规律性现象。20世纪80年代，由于粮食高度依赖进口，再加上债务危机引起的货币体系"崩盘"，巴西陷入了以食品价格飞涨为特点的恶性通胀里，形成了"失去的10年"。1995年后，巴西开始大力发展粮食生产，粮食产值从1996年的230亿雷亚尔上升到2006年的1080亿雷亚尔，增幅为370%。其中，玉米从2000年后由进口转为净出口，小麦的进口比重也从2001年的75%下降到2003年后的50%以下。[1] 这无疑为降低和稳定劳动力的食物成本做出了巨大贡献，为非农产业发展创造了有利条件。

---

[1] Melissa A. Lexander, "Focus on Brazil Soybean Sector Surges Head on Investments by Multinationals Domestic Companies," World Grain, 2004, (1): 22-27.

其次，农业发展推动了农业服务业发展和农业产业链的延伸，后者包括农产品加工、仓储、运输和贸易。巴西服务业的快速发展，在很大程度上也得益于此。尤其是其外贸农业的就业增长规模超过了工业或建筑业，这不能不说是一个奇迹。此外，农业发展的需求创造作用还表现在促进农业内部贸易发展上，即农业专业化发展会促进农民农产品消费的商品化，以及在农业主产区还会促成专业化的农业城市的形成，如巴西圣保罗州的里贝朗普雷图市等。[1]

最后是农业发展所产生的需求创造或引致作用。农业劳动生产率和农民收入水平的不断提高，缩小了城乡收入差距，其意义不仅在于农民农业收入增加所产生的需求，而且在于农业劳动生产率提高所产生的需求创造作用。首先是恩格尔系数下降推动的消费需求结构升级和消费需求的增长。其次是劳动力再生产成本下降所推动的劳动产出效率的提高，促使了公共消费业的发展。例如在巴西，农业人口与城市人口一样享有全民免费医疗、8年免费义务教育和社会保障福利待遇。最后是农业劳动生产率提高所促成的劳动力资源的优化配置作用，使社会总劳动中有更多的份额可以用来发展非农消费品的生产，从而提高了消费品的供给水平。实际上，后两种作用正是经济学中的萨伊定理"供给创造需求"所描述的情况，即通过供给结构的升级创造消费需求。[2] 巴西服务业发展形成的"低层次转型"这种特征，反映的正是农业劳动生产率的提高充分发挥了需求创造作用，而服务业发展的技术与资本要素供给都相对不足的状况。

四 启示与借鉴

巴西农业在经济发展中的作用可以为中国提供以下启示与借鉴：

首先，充分认识不断提升农业劳动生产率在推动消费需求较快增长、改善GDP形成的需求结构中的作用。中国的需求结构"投资占比过高而消费又太低"在世界范围内都是一种特例（见表8-5），这

---

[1] 陈春生：《租金定价与中小城镇在结构优化中的作用》，《现代经济探讨》2014年第7期，第24—28页。

[2] 萨伊：《政治经济学概论》，商务印书馆1963年版，第142页。

样的需求结构是不可持续的。尽管多年来政策层面一直强调要扩大消费需求，优化需求结构，但效果不明显，其主要原因是忽视了农业发展在推动需求结构转型中的作用。从上文分析可以看出，尽管在提高农业劳动生产率对消费需求增长的各种促进作用中有些作用是间接的，只是为消费需求的增长提供基础，要充分发挥其作用还需要其他要素和配套措施，但提高农业劳动生产率是推动消费需求可持续增长的首要环节是应当值得重视的。它也是推动需求结构最终完成转型的必要条件。

表 8-5　部分国家最终消费占 GDP 比重的情况（2011 年）　　（%）

国家	消费率	国家	消费率	国家	消费率
中国	49.1	泰国	68.6	阿根廷	71.6
中国香港	70.7*	埃及	83.5	巴西	81.0
印度	67.7	南非	80.1	法国	82.2
印尼	66.6	加拿大	79.7*	德国	76.9
以色列	82.1	墨西哥	74.1	委内瑞拉	69.6
日本	78.1*	意大利	81.8	英国	86.9
哈萨克斯坦	56.3	荷兰	72.8	澳大利亚	70.9
韩国	66.3*	俄罗斯	65.8	瑞典	74.2
菲律宾	85.1	新加坡**	49.7	美国	88.4*

* 为 2010 年的数据。** 2011 年新加坡进出口顺差占 GDP 的 26.7%。
资料来源：《国际统计年鉴》（2013）；中国数据来源于《国家统计年鉴》（2013）。

其次，协调好工资上升与提高农业劳动生产率之间的关系。虽然农业劳动生产率的上升不一定能够推高工资，但工资的上升却必须以农业劳动生产率的不断提高为基础，否则，就会引起农产品价格上涨，从而使工资在一定程度上形成"虚涨"，不仅难以形成有效的消费需求，而且还会加大劳动力成本的上涨压力。巴西的经验从正、反两个方面证明了这一规律。实际上，至少从 2008 年以后，中国无论是农民工工资还是城镇单位职工的工资增长速度都是较快的，之所以未能在需求结构的改善上出现相应的结果，是因为农产品价格的不断上涨将工资涨幅中的一部分"吞掉"了。如图8-3所示，2008年和2011年工资的上升幅度基本上被食品价格上涨抵消了。当然，工资的上升速度如果落后于农业劳动生产率和工资品劳动生产率的上升水平，也会压制消费需求的增长。因此，在产业结构快速转型过程中，工资的同步上升也是十分重要的，对此应该在政策层面上有足够的体现。理想状态是：农业劳动生产率的提高与产业结构的转型能够同步推进，工资品的社会综合劳动生产率将因结构效应的释放而出现一个较快的提升过程，工资又能与此同步上升。在这种情况下，工资上升的需求创造将会最大化，而劳动力成本上升压力又会最小化。

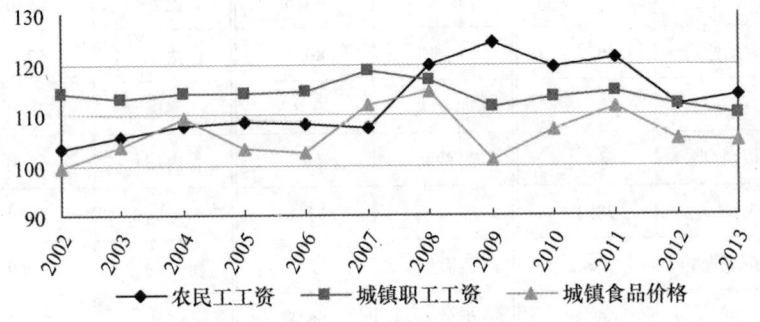

图8-3 食品价格指数与工资指数变动情况（比上年）

资料来源：2008年以前的农民工工资来源于《中国农村住户统计年鉴》，其余数据来源于国家统计局数据库。

最后是推动第三产业的发展，加速产业结构的转型。巴西的经验证明，农业的大发展能够有效地增加非农就业，尤其是第三产业就业。其原因主要是农业劳动生产率的提高不仅能够促成劳动力和人口的释放，为非农产业发展提供价廉物美的食品类工资品，而且它能够通过降低劳动力再生产成本，提高消费品的供给效率，为公共服务业的发展创造基础。另外，农业发展所带动的非农产业发展对非熟练劳动力具有较强的包容性也是原因之一。与其他国家相比，中国第三产业发展的滞后是非常令人迷惑不解的，如2012年中国人均GDP是6091美元，但第三产业就业占比仅为36.1%。这一问题引起了学术界的普遍关注，认为其原因除了体制、统计低估方面的原因外，主要是生产性服务业未能与制造业同步融入全球化，或其全要素生产率的增长率过低等。[①] 这些观点都具有一定的解释力。但应当看到，农业发展的相对滞后才是最重要的原因。例如，2012年，中国农业劳动力仍占33.6%，按常住人口统计的农村人口仍占47.4%，这必然会大大制约服务业的发展。除了农业总体上的发展滞后外，中国农户劳动力转移与配置的"城乡兼属"性也是重要原因之一。这种城乡"兼属"，一方面大大降低了外出务工人员的服务消费水平；另一方面又使在家务农的弱势劳动力和人口被排斥在服务业发展之外。主要原因还是农业发展水平低，无法使人口完全从农业中释放出来。巴西经验说明了一个简单道理：一个国家的服务业即使以传统服务业为主，也不会影响其达到相当大的份额，关键是农业要能够获得较充分的发展。也就是说，我们希望产业结构转型与升级同步实现，但对于中国这样的人口大国来说，这是十分困难的；因此，为了维持经济发展的可持续性，可选择产业结构转型优先策略。

当然，巴西在推进城市化中曾出现的过度城市化问题是需要引以为鉴的，充分发挥中小城镇的人口承载作用有利于这一问题的解决。

第四节　中小城镇在提高农业劳动生产率中的作用

一般在讨论如何提高农业劳动生产率时，大多着眼于微观层面，如种子的改良、生产工具的改进或者某种新要素的使用等，这里我们则从宏观角度，即农业劳动生产率提高的城镇化条件的角度来讨论问题。实际上，对于发展中国家来说，阻碍农业劳动生产率提高的宏观因素往往更为重要，比如中国在20世纪80年代初期进行的农业家庭

[①] 谭洪波、郑江淮：《中国经济高速增长与服务业滞后并存之谜——基于部门全要素生产率的研究》，《中国工业经济》2012年第9期，第5—17页。

承包责任制改革所获得的巨大成功，就从反面证明了宏观因素对农业发展的压制有多么严重！实际上，农业劳动生产率提高的城镇化条件也可以看成是类似于工业化的"小气候"一类的条件。

一　推动农业经济的全国一体化

农业经济的全国一体化是实现城乡经济一体化的主要路径之一，反映的主要是农业内部通过资源优化配置以提高效率的过程，即农业自身均衡的实现过程。它主要包括两方面的内容：其一是农业产业的全国一体化，指农业地域专业化在全国尺度层面充分发展的基础上，农业产业的要素配置和农产品市场实现了全国一体化；其二是农业经济的地域一体化，即在农业地域专业化得到充分发展的基础上一定地域范围内以专业化的农产品为核心的第一、二、三次产业的融合发展，主要包括由此引起的产业集聚和农产品的产、工、贸一体化两个方面。农业产业的全国一体化和农业经济的地域一体化是提高农业劳动生产率的两种重要路径，尤其是后者，它扭转了传统上农业利益被流通环节所剥夺的格局。而农业在这两方面的发展都离不开中小城镇提供的城镇化功能的支撑。

先看农业产业的全国一体化。农业地域专业化在全国范围内的充分发展不仅代表着农业已经高度商品化了，它也促使农民的消费高度商品化了；同时农业地域专业化的发展又会引致农产品市场与物流体系的全国一体化，既是一种必然结果，又使专业化所创造的效率能够得到完全的释放。而农业要素配置的全国一体化更是标志着农业效率达到了一个较高的水平。上述发展和效能的形成至少从以下几个方面需要城镇化功能的支撑。第一，农业与农民消费的高度商品化，尤其是后者，不仅非农消费商品化了，农产品消费也几乎完全商品化了。这就意味着满足农业商品化生产的要素市场和农民消费需求的消费市场必须具有较高的发展程度，而这两个市场的高度发展是以一定的城镇化条件为支撑的。

第二，专业化的农产品市场与物流体系的全国一体化也需要城镇化功能的支撑，尽管这种支撑主要表现为网络与节点状的。农产品市场的全国一体化使农产品流通形成了这样的一种格局：先是农产品由生产地运往集散地或批发市场，然后再由集散地运往全国或世界各地；不只是销往城市，一部分农产品还要销往农村；而且在城乡都需要一个发达的销售网络与之相配套。它不仅要求农产品有一个发达的物流体系，而且农产品市场与要素市场、期货与现货、批发与零售市场也要实现全国一体化，以便能够迅速地完成定价功能与实现市场均衡。在这里，要全面论述这种均衡的实现过程与条件显然是困难的，但至少有一点需要指出：农产品市场的发展是以要素市场的发育程度为基础的，而要素市场的全国一体化又是以要素能够在全国范围内自由流动为前提的。这样，要使农产品市场达到上述状态，在农产品的流通与交易、物流与仓储、市场软硬件建设与网点设置和要素的自由流动等方面，全国各地农村能够提供一定的城镇化功能服务就是一个必要条件。我们可以这样假设：有一些穷乡僻壤没有被纳入这个市场体系，因此其资源配置与生产是低效率的，也是贫穷的。要把这些穷乡僻壤纳入发达的市场体系仅仅靠"村村通"是不够的，良好的城镇化功能供给也是一个必要条件。因为只有这样，完整的市场体系与机制才有可能延伸到这些穷乡僻壤，农产品的流通、交易与定价才会顺畅而有效，资金、人才和技术等也才会被吸引到这些穷乡僻壤，而且过不了多长时间它们就会发展起来。这个道理应该是简单明了的。

第三，农业要素配置的全国一体化。这里的要素概念使用的是舒尔茨的"全面要素"概念，它不仅指传统的三要素，还包括物质资本的技术状态、劳动技能和科技与知识等。[①] 这就意味着农业要素配置的全国一体化至少包括：农业科技人员工资和科技产品的定价已经实现了全国性的市场定价，能够使农业知识和科研成果迅速扩散的组织机构和学习性的农民组织系统已经建立，金融资本能够为农业提供全方位的服务，并实现了全覆盖等。要实现上述各项要求，较高程度的城镇化条件是显而易见的。另外，农业要素的配置还有一个特殊情况：农业的一些要素是不可移动的，如耕地、水源等，而且农业生产

---

① 西奥多·W. 舒尔茨：《改造传统农业》，梁小民译，商务印书馆2006年版，第16—20、114页。

是在一个较大的空间范围内进行的,这就决定了必须把农业要素配置到田间地头。仅就农业生产区而言,要素配置要达到高效率,一个发达的物流和出行运输系统是必不可缺的。① 仅就这一点而言,较发达的城镇化功能供给也是必要条件。

从以上分析可以看出,无论是农业与农民消费的商品化,还是农产品市场与物流体系、农业要素配置的全国一体化,这些能够推动或促使农业劳动生产率提高的方方面面都是以一定的城镇化功能供给为条件的。也就是说,即使仅从这些方面看,农业劳动生产率要提高到理想的水平,服务于农业的城镇化供给与建设的重要性也是十分明显的。但令人遗憾的是,仅农产品进城难或受歧视的现象到处可见这一点,也足以证明国内城市规划与建设忽视这一问题的现象是相当普遍的。

再看农业经济的地域一体化。农业经济地域一体化所创造的主要效率形式是产业集聚和产业间的密切协作机制。这里的产业集聚主要指农业前、后项产业的地理集中。农业地域专业化能够使农业生产形成多方面的规模经济,比如,在固定资产投资、专业化设备的使用、技术引进、生产资源批量购买、产品运输等方面都会形成规模经济。农业的这种规模经济对农业服务业、农产品加工和商贸业及相关中介机构能够产生很强的吸引和引致作用,促使它们在农业专业化区内的某地形成产业集聚。集聚的原因主要有三个方面:一是它能够满足相关企业对批量或规模化经营的要求;二是当许多买方和卖方集中形成了大宗交易时有利于克服信息不对称,降低交易成本,提高市场效率;三是能够形成密切的产业协作机制。所谓的产业协作机制是指农产品生产、加工和销售过程中包括要素供给、生产性服务在内的产业间能够形成促使协作良好运行的机制,它主要源于众多企业在规模经济下所形成的互利机制。② 这样,农业地域专业化的充分发展所引致

---

① 一些经济学家很早就注意到农民通勤的难易对劳动效率的影响。但在专业化生产条件下,影响劳动效率的就不仅是农民通勤的难易,各种专业人员的通勤条件也应包括在其中。

② 陈春生:《资源空间配置与农村交通运输发展研究》,博士学位论文,长安大学,2009年。

的产业集聚在客观上就促成了一个能够保证农业高效率运行的产业支撑体系。需要指出的是，这种由农业专业化发展所引起的产业集聚与一般的工业集聚是不同的，其主要区别是农业专业化所促成的规模经济能够在集聚的产业间内生出产业协作机制，而一般的工业集聚则没有这种条件，因此也得不出这样的推论。另外，如果农业专业化发展所引起的产业集聚是围绕着同一种农产品进行的，只要规模足够大，就会发展成为农业专业化产业区，它是中小城镇的一种类型——农业专业城镇。

农业经济地域一体化的另一个方面是专业化农产品的产、工、贸一体化。产、工、贸一体化可以给农业发展带来两个益处：一是它可以增加农产品的增加值，并能够使农产品的增加值在产、工、贸之间合理分配；二是稳定的农产品销售和市场份额，也在一定程度上降低了农产品风险。但这里的"一体化"并不是指所谓的"农户＋公司或厂商"的模式，这种落后的模式在清朝年间就已经在某些行业出现了，如江南的丝织业。而是指在专业化的农户基本实现了规模经济的基础上农业生产已经实现了合作化，并且整个产、工、贸一体化体系是由农业合作组织主导的。这样就可以由条件推导出结论。首先是专业化的各类农业生产者已经形成了规模经济，并且这些专业化的生产者又组成了农业合作社；其次是这样的农业合作社又以这样或那样的方式组建了产、工、贸一体化的产业集团，同时这个产业集团又与各种各样的服务性组织与机构形成了密切的分工协作关系；再次是这个产业集团不仅在农产品生产与加工的研发上具有相当的实力，而且也建立起发达而有效率的销售体系，其销售网络已经延伸至各个城市和各地农村。结论是清楚的：要建成这样的产、工、贸一体化体系，较高的城镇化支撑自然也是其必要条件。

由此可见，对于农业经济的地域一体化来说，良好的城镇化功能已经不仅是农业能够得以发展的必要条件，而且它本身又是推动农村中小城镇发展的重要力量与形式之一。也可以说，农业经济的地域一体化是与农村一些中小城镇融合发展的。

这里需要特别指出的是，以美国为代表的通过大量使用农药和化肥而实现的农业地域专业化是一种不可持续的模式。地域专业化也可能是有机农业和生态农业的专业化。后者是世界农业发展的一个方向，也是中国需要努力探索的道路。

二 扭转弱势格局，提升农业劳动力的质量水平

由于二元经济下的劳动力转移遵循的是"择优转移"逻辑，即在农业与非农工资存在较大差距的情况下，农业中优秀的劳动力优先转移出来，留下来的弱势劳动力或辅助劳动力继续务农，这种转移模式的持续必然是农业劳动力越来越弱势化。这样，当转型阶段到来的时候，经过长期的劳动力转移，农业发展面临的必然是严重弱化的劳动力格局。这种情况在中国相当突出，人们常用"三八""六一""九九"这样的戏言来形象地描述农业人口和劳动力的弱势状况，将其简称为留守人口。表8-6和表8-7采用的是第六次人口普查的数据，把仍然留在农村的人口与进城但未能落户的人口在受教育程度、年龄结构差别方面进行比较，用简单的类比方法来说明农村人口弱势化的程度。比如，在受教育程度方面，小学文化程度以下的，农村占45.3%，而进城人口占16.06%，前者几乎是后者的近三倍；有大学学历的，农村仅有2.06%，进城人口是17.89%。再如，在年龄构成上，14岁以下的儿童和50岁以上的老人农村占46.73，进城人口占23.76，前者基本上是后者的两倍。上述数据说明要提高农业劳动生产率，农村人口质量已成为较大障碍：一是文化程度低的人口所占的比重太大；二是老人与儿童占的比重过大，人口负担过重；三是农村受过大学教育的人口都留在城市，农业如何发展？

表8-6　　中国城市外来常住人口与农村人口文化程度的比较　　（%）

	未上学	小学	初中	高中	大专	本科	研究生
农村人口	7.25	38.05	44.91	7.73	1.54	0.50	0.02
进城人口	1.56	14.5	43.58	22.47	9.99	7.39	0.51

资料来源：2010年中国人口普查资料。

表8-7　　　　中国城市外来常住人口与农村人口年龄构成

	农村人口（人）	构成（%）	进城人口（人）	构成（%）
合计	662805323	100	170464678	100
0—14岁	127012966	19.16	17122238	10.04
15—24岁	102653122	15.49	45493781	26.69
25—39岁	137461736	20.74	57600248	33.79
40—49岁	112932480	17.04	26867133	15.76
50—59岁	83441722	12.59	13040268	7.65
60岁以上	99303297	14.98	10341010	6.07

资料来源：中国2010年人口普查资料。

因此，在进入转型阶段后，如何提高农业劳动力的素质与改善农业人口的弱势状态就成为持续提高农业劳动生产率不能回避的问题。对于中国来说，这个问题已经到了需要解决"谁来种地，谁来养猪"的地步。一般来说，解决这一问题需要从三个方面着手。一是要解决人才回流农业的问题，即如何才能吸引优秀农业人才、农业科技人员流向农业和在乡村安家落户的问题。二是要建立提升农业劳动力素质的长效机制。包括建立短期培训与职业教育、高等教育相结合的农业人才培育体系，构建学习性的农业劳动力队伍。三是从长期看，要努力培育与构建能够使人口和劳动力在城乡间实现双向流动的机制体系。也就是说，要从根本上改变农业、农村在劳动力与人口流动上的洼地状态，使优秀人才流向农业成为一种常态。而要实现上述三方面的要求，最根本的举措就是提升农业居民生活、工作和学习方面的城镇化水平，使他们能够获得与大城市居民大体相当的公共产品供给，包括上学与医疗。因为只有这样，"人往高处走，水往低处流"所造成的城乡劳动力差距才会消失，农业发展在劳动力资源的获得上才能与其他产业处于同等的环境与条件。

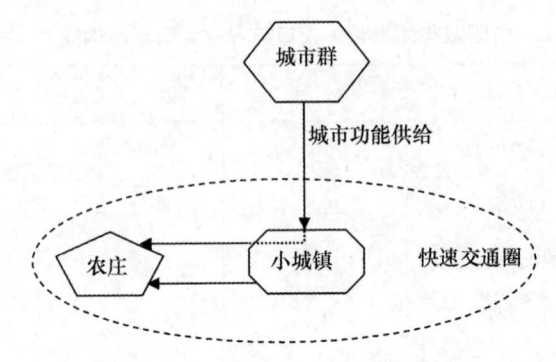

图 8-4　农户城镇化供给的三元结构

毫无疑问，合理运用中小城镇结构与网络是满足农业居民城镇化供给要求的最基本也是最重要的方式与方法。但这并不是说所有农业居民都必须居住在中小城镇，只要其居住地处于小城镇的快速交通圈内，并具有基本的基础设施条件和能够较快地获得不同级别城市的城镇化供给便能满足这一要求。重要的是大城市与小城镇间的功能扩散或辐射要迅速而有效。图8-4展示的是农户城镇化供给的三元结构，即城市、小城镇与农户三者在城镇化供给上的关系，其中的小城镇除了它自身能够提供一些简单供给外，更重要的是它还担负着城市体系供给转移或传递的任务。图8-4强调的是，农户的城镇化并不是简单的人口"扎堆"，而是要合理运用"村—镇"结构，在保证农户能够获得良好的城镇化供给的同时最大限度地优化空间资源配置。

三　发挥人口分流作用

农业劳动力的持续提高是以农业人口能够不断转移出去为前提的，也就是以城市化的人口分流作用为前提的。随着劳动生产率的提高，从农业中释放出来的劳动力被非农产业，主要是城市非农产业所吸纳这个过程在二元经济阶段有时进行得相当顺利，刘易斯的二元经济理论对此给出了较好的解释。但是，在进入转型阶段后这一过程产生了内在的矛盾性，使劳动力转移和人口城市化很容易陷入停滞状态。这一方面是由于农业劳动生产率的提高是以劳动力转移为条件的，劳动力转移通常比劳动生产率提高要先行一步，至少这二者也是同步的。另一方面在进入转型阶段后，由于工资的上涨与城市资本密度的提高、资源价格上涨与污染的治理、地租与房价上涨等多种原因，城市产业的就业和人口吸纳能力呈现收缩之势。这就很容易使进一步从农业中转移劳动力与人口的要求与城市的吸纳能力之间产生矛盾。并且这一矛盾还会因结构的原因而被强化。这是因为，一方面随着城市化水平的不断提高，城市化对劳动力和人口素质的要求越来越高；另一方面，随着"择优"模式的劳动力与人口转移的不断深入，农业人口越来越弱势化了。如果再考虑到发展中国家的工业化不可避免地处于国际产业链的较低层次，国际市场的萧条或衰退又很容易造成就业状态的恶化，这也会激化这一矛盾。这一矛盾的恶化有可能造成两种结果：或者是农业发展停滞使国内的结构性矛盾不断恶化；或者是转移出来的人口在大城市形成贫民窟。

当然，对于人口相对较小的经济体来说，就有可能借助于一次国际经济的大繁荣来解决上述劳动力转移与人口城市化的矛盾。韩国与中国台湾的成功转型就属于这种情况。但是对于人口大国来说，这样的幸运是不存在的，它必须依靠自身的力量来解决这一矛盾。一条可行的路径是：先通过发展中小城镇将人口转移出来，既为农业劳动生产率的提高提供了条件，又可以避免过多的人口在大城市形成贫民窟。但这并不是说将来要提高这些中小城镇的城市化层次，还要走大城市化的道路，中小城镇路径只是权宜之计。城市化层次的提升完全有可能在原有的中小城镇的格局上得以实现，因为最终的城市结构是"田园城市"。因此，中小城镇的人口分流作用是保证农业劳动生产率能够持续提高的重要条件之一，具有一般性。

实际上，在以往的劳动力转移中，小城镇已经发挥了很大的人口分流作用。根据第五、六次人口普查数据，2000—2010年，中国按城市人口统计的城市化率由23.6%上升到30.3%，包括"镇"人口的城镇化率由36.9%上升到50.3%，其中，城市与"镇"新增人口占总人口的比重均上升了6.7%。图8–5反映的是各省份在2000—2010年城镇新增人口的分布情况；不仅在大多数省份的劳动力转移中"镇"一级的人口增长都发挥了主力军作用，而且湖南、河北、江西、云南四省份"镇"增长占城镇新增人口的比率都在70%以上。

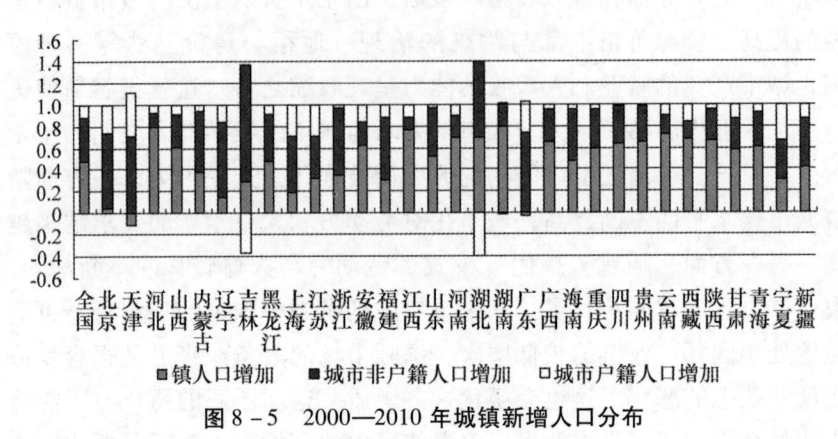

302 ◈ 中小城镇发展与城乡一体化

图 8-5　2000—2010 年城镇新增人口分布

资料来源：全国第五、六次人口普查数据。

四　提高农业劳动生产率的城镇化条件：原理图

图 8-6 是将上文的论述进行了概括，扼要地描述了城镇化对农业劳动生产率的提高所起的作用，而这些作用又是由中小城镇传递给农业的。它说明提高农业劳动生产率不仅仅是个微观问题，一定的城镇化条件支撑也是不可缺少的。这就要求在城镇化建设中应该把服务于农业发展、促进农业劳动生产率的提高作为最重要的目标之一。比如，由于农产品销售是影响农业专业化的重要因素，农业专业化程度越高，对销售的要求也越高，这就要求在各级城市建设中应该把培育和发展农产品交易与销售市场、物流与相关的服务体系等作为重要功能来开发。尤其大城市是农产品销售的主市场，要切实解决农产品进城难和交易成本过高、难以消化的问题。这是因为农产品的最终消费群体主要是家庭和个人，销售环节的零星交易程度极高，从而使交易成本相对较高，再加上大城市的高租金、运费、人工费和管理费等，过高的成本往往是农产品销售难以消化的。这就要求城市在农产品销售市场的建设与管理上能够给予支持和优惠，一定的财政支持也是必要的。再如，农民收入的提高必然会提高其消费的商品化水平，但如果农村的消费品市场不能同步发展，造成农民有钱花不出去的状态，必然会抑制商品化消费对农民的激励作用，阻碍农业的发展。总之，服务于农业发展，努

力提高农业效率应该作为城镇体系的重要功能之一来开发。

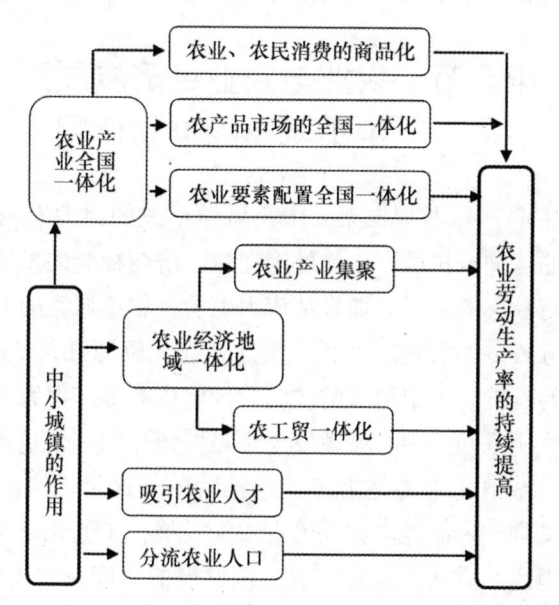

图 8-6 中小城镇推动农业劳动生产率提高的原理图

城镇化与农业发展的关系也常常表现出互动性：城镇化能够对农业劳动生产率的提高产生推动作用，而这种作用的内容反过来又会推动城镇化的发展。比如，像分流农业人口、农业产业集聚这些概念本身就具有双重性。再如，无论是农业的商品化还是农民消费商品化的发展，都需要一定的市场条件，即城镇化条件，否则商品化就会受到阻碍；而反过来，农业要素市场和农民消费市场的发展毫无疑问又是推动农村中小城镇发展的重要力量。因此，既要把推动和促进农业发展作为城镇化的重要建设内容之一，又要正确认识农业发展对城镇化的重要性。可以说，没有农业发展，城镇化也是不可持续的。

需要指出的是，本章主要讨论了中小城镇在推动农业劳动生产率提高中的作用，并没有讨论它在推动农业与农村经济发展方面的作用，这是由选题决定的。对于我们的研究题目来说，重要的是分析在"中小城镇—农业发展—城乡一体化"的关系中，中小城镇是如何推动城乡一体化的，而不是农业发展本身，因此，选择农业劳动生产率这一变量和研究标的就足够了。这并不是说其他问题就不重要了，比如乡村旅游业的发展，只是一项研究不可能覆盖所有问题。

第五节 农业与农业经济发展对中小城镇的推动作用

基于"中心—外围"框架，中小城镇形成的原因有两方面：一是大城市功能的延伸或扩散；二是外围地域经济与社会的发展，主要是农村地区经济与社会的发展。如果从成因上看，中小城镇的形成也有着不同的路径与方式，如农村工业化、交通枢纽、资源开采、旅游业发展、大城市功能的延伸、一定地域的政治与经济中心等。但无论从哪个角度看，农业发展所推动的中小城镇发展都是城镇化的一个重要方面。一般的观点认为，城镇化主要是由工业化推动的，这可以说反映了主要事实，但同时又带有片面性。如果没有农业发展，工业化是无法持续推动城镇化的。因此，应从农业与工业协调发展的角度来解读城镇化发展，可以说，工业化是城镇化之父，农业发展是城镇化之母。

农业发展对城镇化所产生的推动作用主要体现在两个方面：一是基础作用，即为城镇化的发展创造条件；二是创造出特定的城镇化演化路径。

一 基础作用

农业发展对城镇化所产生的基础推动作用，第一是农业劳动生产率的提高通过推动社会综合劳动生产率和工资增长所形成的促进消费需求增长及消费结构升级的作用，它是城市化能够持续推进的重要动力源泉之一。但这是就农业劳动生产率的提高对一个国家整体的城镇化水平的影响而言的。如果是就一个地区而言，农业劳动生产率的提高对城镇化的贡献还取决于第二、三次产业发展的协调状况和农业与城镇的空间分布格局。[①] 从理论上看，中小城镇以节点形式构成的网

---

① 李静：《三江平原垦区城镇化过程与空间组织研究》，博士学位论文，中国科学院研究生院，2012年。

络状格局镶嵌在农业区内，有利于农业劳动生产率的提高对城镇化的贡献实现最大化。

第二是农业劳动生产率的提高释放了劳动力，使这部分劳动力及家庭成员有可能向城市转移。但这只是对这两个变量之间实际的、基本关系的一种描述，并不是说二者之间总是有严格的因果关系。在一些落后贫穷的农村地区，常常是劳动力转移在先、劳动生产率提高在后，它反映的是地区间在发展中形成的联动关系。

第三是提高了农民收入，或者是来源于农业收入的提高，或者是非农经营、务工收入的增加。在假设农业处于发展状态的条件下，后两种收入的增加一般也是以农业劳动生产率的提高为前提的。即农业劳动生产率的提高使农户可以把更多的劳动配置于非农产业。农民收入的提高为劳动力与家庭成员向城镇迁移提供了财富基础。可以把劳动力转移分为两种类型：外出务工与迁移。外出务工本质上是在家庭财富有限的条件下，农户采取兼业模式配置劳动力资源的表现。在这种模式下，劳动力转移会受到照顾老人与儿童等需要的约束，采取就近转移是解决这一矛盾的一种策略；否则，如果做出到远处的大城市去务工的选择，就会承担极高的精神损失成本——这是目前农民工承受了难以承受的损失的重要表现之一。而农户的永久性住地由农村迁移至城镇，一定是以家庭收入和财富的增长为条件的。它既可以解释在城乡收入差距过大的条件下农村人口的城市化必然会受到阻碍，又可以解释城市房价过高也会阻碍人口市民化的进程。

第四是为城镇化提供丰富而又价廉物美的农产品供给。在城市化过程中，如果农业劳动生产率能够不断提高，从而使劳动力的食物成本持续下降，这非常有利于非农产业，尤其是服务业的发展。也可以说，推动产业结构转型是农业劳动生产率提高贡献于城镇化的重要表现之一。

第五是为城镇化提供资本积累。在初期阶段，不仅城镇化的资本积累主要来源于农业，工业化的原始积累也主要来源于农业。中国内陆农村地区的城镇化进行得相对较慢，而沿海地区发展得较快，一个重要原因是内陆农村地区的城镇化主要依靠农业积累，而在沿海地区农村工业化中的乡镇产业发展为城镇化提供了资本积累。无论如何，对于农业主产区来说，农业积累是城镇化最重要的资本积累来源之一。

二 主要路径

农业和农业经济发展也创造出具有相对独立性的城镇化演化路径，主要有农民消费商品化、农业产业集聚和乡村旅游发展三条路径。

（一）农民消费的商品化路径

农民收入的提高，无论是源于农业收入还是务工收入，都会使农民消费的商品化程度得到提升。最初是农民原来自给自足的非农 Z 产品方面的消费商品化了，Z 产品被工业部门的商品所取代。进而随着农业专业化的发展，农民的农产品消费也商品化了，并趋于完全的商品化。农民农产品消费的商品化是与农业内部贸易——农民之间的农产品交易——的形成与发展同步的，它既是农业专业化发展的必然结果，又是引致因素。在农产品消费商品化和农业内部贸易发展方面，农业会遇到一种两难的选择：专业化带来的规模经济与交易成本之间的取舍。一般来说，一些便于长途运输的农产品，如粮食、棉花、茶叶等，专业化供给所覆盖的地域面积通常较大；而一些不便于运输的农产品，如鲜活类农产品，就需要采取就地专业化的形式。这样，农民农副产品消费的商品化就会引致一个多层的专业化供给体系；农民收入越高，消费的商品化程度越高，这个专业化的供给体系也就越完善。另外，从农业转移到非农部门的劳动力及人口从一开始就加入了消费商品化的大潮中。这样，如果我们以一定时点的城乡社会为观察起点，农业发展、劳动力转移所引起的农民消费商品化规模的不断扩大，毫无疑问是推动城镇化发展的重要力量。

按照现代的城市化理论，农民消费的商品化也是一种城镇化趋势。例如，美国新版《世界城市》所提出的城市化定义也认为，城市化包括两个方面的变化："一是人口从乡村向城市运动，并在都市中从事非农业的工作。二是乡村生活方式向都市生活方式的转变，这包括价值观、态度和行为等方面。"[①] 同时，农民消费的商品化也是

---

① 刘志军：《论城市化定义的嬗变与分歧》，《中国农村经济》2004 年第 7 期，第 58—65 页。

城乡经济融合的一条重要路径，是农民或农村居民能够与城市居民共同分享社会生产力发展成果的重要形式。不仅如此，更为重要的是农民消费商品化范围不断扩大，数量不断增加，对城市相关产业还具有刺激和推动发展的作用。这已经为实践所证实。比如，2008年底和2010年中国政府先后推出了"家电下乡"和"建材下乡"的补贴政策，该政策被解释为旨在扩大内需，以刺激经济增长。

还可以借助于"中心—外围"框架来解释农民消费的商品化对城市经济发展的推动作用。一般的"中心—外围"模型的要点是：中心地是工业或城市，外围是农业；要素向中心地的集聚产生集聚经济，形成城市或推动城市经济发展[1]，而中心地又会对外围的农业经济产生辐射作用。但该类模型的一个不足是它没有解释中心地或城市经济可持续发展的需求来源，因此该类模型描述的增长是不可持续的。如果把由于农业专业化而引起的农民收入的提高和消费的商品化引入该分析框架，那么，外围地域就会对中心地的发展产生需求推动作用，进而较低级别的中心地又会对较高级别的中心地产生推动作用，最后传递至大城市或特大城市，这应该是农民消费商品化推动城市经济发展的重要表现之一。同时，农业劳动生产率的提高通过推动工资增长所产生的促进消费需求增长的作用，和农业专业化所引起的产业集聚对城镇化的推动作用也可以在该框架下得到进一步的解读（见图8-7）。

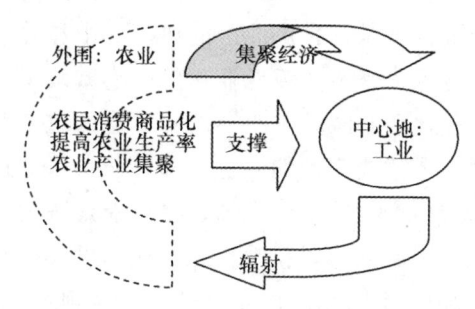

图8-7 外围—中心框架下农业发展推动城镇化的作用

---

[1] 藤田昌久、保罗·克鲁格曼、安东尼·J. 维纳布尔斯：《空间经济学——城市、区域与国际贸易》，梁琦主译，中国人民大学出版社2005年版，第72—92页。

（二）农业产业集聚路径

农业地域专业化发展推动的产业集聚也是农业发展推动城镇化的重要路径。农业地域专业化包括农产品生产在地域上的专业化分工和生产工艺、生产经营主体的专业化分工三个方面，农业地域专业化的发展过程也就是这三个方面的专业分工的相互依赖、相互促进、共同成长的过程。从发展上看，农业地域专业化发展大体上可以分为三个阶段：第一阶段是同一种农产品在地域上形成集中布局的阶段；第二阶段是以育种技术为代表的农业科技推广阶段[①]；第三阶段是农产品生产、加工和商贸及服务体系一体化阶段。第三阶段也是产业集聚发展较快的阶段；在这一阶段，各种中间品与服务、加工和流通环节的专业化分工得到进一步深化，成为推动产业集聚不断强化的重要力量。如果农业地域专业化和产业集聚发展得充分，就会发展成为农业专业化产业区了。专业化产业区是在地域专业化的基础上，同一种产品在生产、加工和流通环节上进一步进行专业化分工，并与前后项产业形成产业集聚而构成的产业区。农业专业化产业区是农业专业化发展的高级形态。农业专业化产业区的突出特点是专业化分工和产业集聚都发展得很到位，并且已经建立稳定、发达的专业化产品销售体系，品牌效应稳定。农业专业化产业区至少具有四个竞争优势：密切的产业协作机制、发达的专业市场与物流体系、良好的公共设施与服务、高效的科技创新与知识扩散系统。比如，荷兰的花卉产业区和以色列的葡萄酒产业区就是这种产业区的典型。很显然，一旦建成这样的农业专业化产业区，也就建成专业化的中小城镇了。

尽管农业专业化产业区是农业推进城镇化的重要路径，但对于大多数农产品来说，要建成完善的产业区却并非易事。这可能是因为规模经济要求太高或生产的季节性太强，也可能是因为科技支撑条件要求太高或市场竞争太激烈。以新疆棉花产业为例，新疆是中国的最大产棉区，2013—2014 年棉花总产量达 450 余万吨，占全国的 60% 以

[①] 农业区域专业化研究课题组：《国外农业区域专业化发展进程及其政策措施》，《中国农业资源与区划》2003 年第 6 期，第 1—7 页。

上，约占世界总量的18%①；同时在新疆阿克苏、石河子、库尔勒三市形成了具有一定规模的棉纺业产业集群，其中的阿克苏又是全国性的棉花交易集散地。但该产业区仍然面临着较大的发展压力。一是竞争压力大，既要面对美棉、澳棉等发达国家现代化高效棉的竞争，又要抵御南亚、中亚低成本棉可能产生的冲击。二是在产业链分布上主要集中于上游——棉花种植和初级加工，下游虽有涉及，但规模普遍较小。三是产业以劳动密集型为主，产品的技术层次偏低，产品质量也偏低。可以说，这个产业区尚处于发展阶段。

从上述案例分析可以看出，农业地域专业化所引致的农业产业集聚是推动城镇化发展的一条重要路径。农业地域专业化所引致的农业产业集聚主要有两个方面：其一是农业的要素供给与服务业的产业集聚；其二是以农产品深加工为核心、以农工贸一体化为内容而形成的产业集聚。前一种产业集聚的目标主要是不断提高农业效率，提高农产品的品质与质量以及丰富产品的花色品种，后一种则主要是提高农产品的增加值，提供更加丰富的产品和提升产品的竞争力。尽管农业地域专业化所引致的农业产业集聚是推动城镇化发展的一条重要路径，但对于许多农产品来说，要发展成为独立的农业专业化城镇也是困难的，通常的情况是，由此产生的城镇化成分是附加在其他原因引起的城镇之上的，成为这些城镇的一个组成部分。

（三）乡村旅游业路径

乡村旅游是农村城镇化的重要推手已是业界的共识，并为发达国家的实践经验所证实。比如，鉴于乡村旅游在推动城乡经济协调发展方面的重要作用，欧盟专门针对欧洲乡村旅游的发展制定了欧盟第五框架协议②，该协议提出了在资金、政策、教育培训等多方面支持乡村旅游发展的政策意见。再如，美国的乡村旅游发展可谓是在推动小城镇经济方面发挥了主力军作用，并形成了成功的经验与模式。③

---

① 锦科华：《新常态下新疆棉花产业可持续发展观察》，《新疆日报》2015年8月10日。

② G. Saxena, G. Clark, T. Oliver, "Conceptualizing Integrated Rural Tourism," *Tourism Geographies*, 2007, 9 (4): 347–370.

③ 凌丽君：《美国乡村旅游发展研究》，《世界农业》2015年第1期，第60—63页。

乡村旅游推动城镇化的作用主要表现在三个方面。一是扩大了农村非农就业，优化了农村产业结构，提高了农民收入。乡村旅游在这一方面的作用是非常巨大的。根据中国农业部公布的数据，"2015年全国休闲农业和乡村旅游接待游客超过22亿人次，营业收入超过4400亿元人民币，从业人员790万，其中农民从业人员630万，带动550万户农民受益，'十二五'时期游客接待数和营业收入年均增速均超10%"[1]。二是提升了相关农村的城镇建设水平。不仅使供水、供电、交通运输、通信等基础设施建设得到很大的提升，像垃圾与污水处理、网络、卫生与医疗、公共秩序管理等也得到了根本的改善。尤其是旅游带动的商业与服务业设施的大幅度提升，使农村居民受益匪浅。三是推动了农村居民生活的城镇化，使他们与城市居民的差别趋于消失。这一方面是由于在收入不断提高的条件下，与城市旅游者的频繁接触和交往改变了农村居民的消费、生活意识与理念，使他们逐步开始按照城市人的准则来安排生活。另一方面是由于乡村旅游所带来的商业与服务业，尤其是物流业的大发展，也为农村居民生活的城镇化提供了条件。这实际上是说，乡村旅游的发展对农村居民生活品质和方式的提升存在着一种"海浪效应"。比如，从理论上讲，在偏僻的农村地区即使通过建立小城镇的方式来改善其商品与服务的供给状况，供给种类的相对贫乏也是难以避免的，尤其是在鲜菜、鲜果、水产品以及某些副食品的供给方面，但乡村旅游的发展却能改变这种状况。由此我们不能不考虑到旅游实际上是一种人口动态的集聚状态，它以人员不断替换的方式使某一集聚地在一定时期内达到一定的集聚规模，从而对商业和服务业的发展产生刺激作用。

乡村旅游发展的驱动机制一直是国内外同行理论界高度关注的问题之一。如 Fleischer 认为："追求差异化的反向性是乡村旅游活动的根本驱动力，客源地的城市性与目的地的乡村性级差是乡村游的动力

---

[1] 丁栋：《2015中国休闲农业和乡村旅游游客超22亿人次》，中国新闻网，2016年5月2日。

源泉。"① 国内有的学院者从国家的旅游扶持政策、国际经验的示范作用、旅游业拓展产业空间的需要、农村经济需要寻找增长点、市场需求和乡村的资源禀赋优势等不同角度分析驱动机制；有的从城市居民、农民、旅游业、政府四个子系统的角度分析问题；还有的把供给与需求看成是推动乡村旅游业发展的基本动力。② 但从城乡一体化实现过程的城乡经济关系演变的角度看问题，则可以得到一些新的见解。

当城乡关系进入转型阶段以后，一方面，城市尤其是大城市由于集聚程度过高而产生了严重的集聚不经济，不仅污染严重、交通拥挤不堪，喧闹和嘈杂也几乎笼罩了整个城市，甚至连基本的室外活动空间、新鲜空气和灿烂的阳光的获得也成了难事；尤其是像"静谧、宁静、幽静、寂静"等一类词汇所描述的环境可以说是使人的身心能够获得修养和享受的高级供给品，而如今这些词汇正在从大城市居民的生活词典中被删除。另一方面，由于产业和经济高度向城市集聚，再加上城乡差距过大的压制，农村经济发展除了依靠农业外很少能够找到其他发展路径，农村居民有着寻找其他途径发展经济、提高收入的强烈渴望，而原有的资源优势为实现这种愿望提供了可能。正是这种双向需求的碰撞与结合才促成和推动了乡村旅游业的发展。实际上，从交易的完全性来看，所有交易都是由双向需求促成的，只有在双向需求的基础上形成的供给才是有效供给，这是经济学的一个奥秘。在促成乡村旅游的双向需求中，城市居民对田园风光式的生活环境的需求是主动的或主导的方面。由此可以得出这样的推论：在本质上，乡村旅游的发展实际上是对过度城市化和城乡差距过大的一种修正或调整。从这个角度看问题，城市尤其是大城市除了在结构优化中需要引入更多的"田园和绿色"因素外，一些高收入人群将会到风景较好且城镇化程度较高的农村城镇去不定期居住，或者是退休人员到那里去养老、颐养天年，这将是一种必然趋势。也就是说，会出现逆城市

---

① A. Fleischer, D. Felsenstein, "Support for Rural Tourism: Does It Make a Difference?" *Annals of Tourism Research*, 2000, 27（4）: 1007－1024.

② 卢小丽、成宇行、王立伟：《国内外乡村旅游研究热点——近20年文献回顾》，《资源科学》2014年第1期，第200—205页。

化的人口流动，但这种逆向的人口流动不是简单的人口回流，而是人们追求更美好、更高生活质量的结果。有文章介绍，日本近几年来出现了人口从大城市流向农村的现象，2015年搬离东京的人数超过37万，其中20—30岁的年轻人占比激增，主要是流向风景优美的偏僻地区，尤其是能够每天"看海"的岛屿。① 这实际上就是一种逆城市化。对于乡村来说，这应当是一种提示，发展乡村旅游的目标就不能仅仅是创建能够吸引城市居民来此一游的"游乐场"，更高的目标应该是如何创建能够使"田园风光"与城镇的集聚经济相结合的田园城镇，以便能够吸引城镇居民来此长期居住，并带来资本和技术，使小城镇形成长期的繁荣之势。因此，乡村旅游的规划者应有长远眼光，不能为了追求短期的旅游收益而造成自然环境和乡村性的破坏与退化。②

从乡村的角度看，乡村旅游业是依托农村的资源优势而发展起来的农村服务业。这里的资源既包括农业与自然资源，也包括历史与文化资源。其中，农业资源的开发有着巨大的空间，包括农业与旅游休闲、教育文化、健康养生的深度融合发展，或者是直接发展观光农业、体验农业、休闲农业等新业态。农业节庆活动本质上是农业功能的衍生而形成的一种农业产业形态，其主要目的是推销农产品，增加农产品的增加值。在表8-8中笔者将其归为节庆活动类，而不是农业类，这是因为从旅游的角度看其节庆旅游的特点十分明显。在文化遗产旅游资源的开发方面，国内发展较早的主要是古遗址和古建筑等，红色旅游可谓是近年来的一个新亮点，但与国外比较起来仍有不足，比如美国将废弃的钢铁厂、玻璃厂、煤矿、采伐场等都成功地开发成旅游景点。③ 由于资源的多样性乡村旅游业存在着众多的类别（见表8-8）。

---

① 库索：《日本逃离都市潮：面朝大海 移住乡村》，《新周刊》2016年第14期，第118—121页。
② 尤海涛、马波、陈磊：《乡村旅游的本质回归：乡村性的认知与保护》，《中国人口·资源与环境》2012年第9期，第158—162页。
③ 邓金阳、张耀启：《美国乡村旅游发展》，《林业经济问题》2007年第4期，第335—340页。

表 8–8　　　　　　　　乡村旅游的类型

休闲观光类	农家乐，休闲农庄，度假疗养区、温泉、天然浴池类，自然风景区，森林公园等
农业类	农业示范区、农业观光园、生态体验园、采摘园、农事趣味园等
乡村文化类	民族或乡土餐饮一条街、民俗园、乡村建筑景观、文化长廊等
科技工艺类	科技产业区，各种手工、艺术作坊，自然博物馆等
文化遗产类	有形文化遗产类：各种古遗址、古建筑，重大历史事件发生地，宗教文化地，自然风光名胜，名人住址等；非物质文化遗产类：古文化类，各种民间艺术、工艺等
田野活动类	划船、游泳、滑雪（冰）、钓鱼、打猎、漂流、山野骑马、登山等
节庆活动类	农业节庆活动，如葡萄节、樱桃节等；民族、民俗节庆活动等
特色村镇类	历史古村镇、新农村示范村等

乡村旅游在推动中小城镇发展方面，就直接作用而言，一是形成了一批具有旅游特色的中小城镇；二是为一些中小城镇增添了若干个"卫星点"。不过，由于旅游业的产业带动作用较大，其间接作用也是非常巨大的。基于乡村旅游开发成功的三个条件，即住宿与饮食、交通条件和旅游吸引因子[1]，乡村旅游推动中小城镇发展的间接也是源泉性的作用主要有三个方面。一是促进了旅游线路节点城镇的发展；二是旅游拉动了住宿与饮食等配套产业的发展；三是吸引高收入、高技能或养老人员到旅游区域的小城镇定期居住。第三个方面在发达国家已成为推动乡村小镇向高层次发展的主要力量源泉。因为这些人员将会带来收入、资本和技术，通常会推动小城镇产业和经济的发展。

本节的讨论有两点需要做出说明。一是乡村旅游对城镇化的贡献与农业劳动生产率的提高、农民消费商品化、农业产业集聚的贡献是有差别的。乡村旅游是城市方面的收入向农村转移而形成的消费支出，其主要作用是推动了农村城镇化的发展。而后者对城市能够产生

---

[1] W. C. Ganner, "Rural Tourism Development in the USA," *International Journal of Tourism Research*, 2004, (6): 151–164.

促需求增长的作用，包括消费需求和中间品需求，因此，它们也是能够推动城市经济可持续发展的源泉之一。二是在讨论农业经济对中小城镇发展的促进作用时，使用了对城镇化的推动作用来替代，这主要是为了便于说明问题。很显然，如果农业经济发展能够推动城镇化，首先会作用于中小城镇，其重点也是中小城镇，对大城市经济发展的推动作用也是通过中小城镇传递的。

第九章 中小城镇发展的技术线路图

在第二章我们给出了分析中小城镇作用的框架与路径，然后在第四至八章按照既定的技术路径分别从五个方面分析了中小城镇在二元经济转化为城乡一体化的过程中所发挥的作用。这一章将进行归纳与综合，即运用已经分析过的抽象要素与素材构建一个较为具体的思维产品，在此基础上形成中小城镇作用与发展的技术线路图。这个技术线路图包括两个组成部分：中小城镇作用形成的逻辑路径与四维框架；作用的主要内容与依据。

第一节 中小城镇作用形成的逻辑路径

中小城镇在二元经济向城乡一体化转型过程中的作用，是源于解决这一过程中出现的一些矛盾、冲突与障碍的需要而形成的功能性作用。二元经济有两个重要的特征：一是农业工资与工业或城市部门的工资间存在着较大的差距；二是劳动与资本在报酬分配上处于一种扭曲状态，工资被压制在生存工资的水平上，使资本能够获得一个超额利润。二元经济向城乡一体化转型的过程，也就是这两种分配上的扭曲状态被修正并最终达到均衡的过程。依据这两个均衡的演化规律，我们在第三章提出的分析中小城镇作用的"两个均衡和四条技术路径"，也可以用来分析中小城镇作用形成与发展的逻辑路径。中小城镇的任何一种作用都不是"从天上掉下来的"，它必须有可靠的逻辑支撑点，必须是"必要的"。我们可以把"两个均衡与四条技术路径"作为确认其逻辑支撑点的标尺，看它是否能够同时满足这两方面的要求与条件，即是否能够同时满足"既能够推动两个均衡实现进程的要求，又能在四条技术路径——收入增长、协调发展、资本循环与增长和效用均衡——上发挥作用"。将所有能够满足这两个条件的逻辑支撑点联系起来,并进行整理,便形成了中小城镇作用与发展的逻辑路径。

分析的起点是费—拉拐点的到来,工资开始上涨。从空间上看,在这一时点上即使假设工资按同一水平上涨,工资上涨也会使大城市与小城镇在要素配置结构和功能上发生空间分异。结果是资本在大城市的集聚与集中首先推高了地租及相关价格,又与劳动力价格上涨共同作用,迫使大城市进行产业结构调整与升级,从而使大城市的就业吸纳能力相对地下降和就业结构转向高层次化。相应地,小城镇的集聚程度和地租是较低的,并没有形成大城市那种因劳动力价格上涨而推动的资本密度提高和地租上涨的趋势,其劳动力成本和生活成本也是较低的,从而使中小城镇在产业发展上具有较大的拓展空间,这就形成了中小城镇的第一个方面的作用,即就业承载作用。现实的情况是,在这种条件下大城市的产业转移有两个方向,即向国内的中小城镇转移和向国外转移。如果后者占的比重太大,对转型会造成巨大的冲击。在这里还需要分析农业劳动生产率的影响:如果农业劳动生产率提高滞后就会引起农产品价格上涨,使工资形成虚涨,加大劳动力成本上升的压力。而从另一个方面看,农产品价格上涨又有利于资金流入农业,推动农业劳动生产率的提高。

其实,资本在大城市集聚与集中的过程也是资本深化的过程,而资本深化和集聚经济都是能够推动工资上升的主要价值来源。由于城市化过程的资本深化是与集聚经济的形成混在一起的,为了方便起见,可以仅对集聚经济进行分析,假设它已经包含了资本深化所形成的效率。又由于集聚经济形成的收益增长是在劳动、资本、土地及其他要素间分配的,这就需要分析什么因素能够影响或者挤压劳动报酬在集聚经济中的份额。首先是资源价格的过度上涨,其次是污染,最后是集聚不经济。

由于一座城市的属地资源供给是一定的,城市规模扩大,其价格必然上涨,这就会对工资上升产生压力。一个国家从整体上看,如果属地资源配置高度扭曲,必然会对大城市的经济发展造成巨大压力。再考虑到因受计划经济的影响,资源价格普遍偏低的事实,一旦某一时期资源价格出现强烈的上涨冲动，对经济就会造成很大的冲击。还有污染造成的损失，尤其是污染治理费用的较快上升也会对企业和居民造成很大的负担。于是便产生了如何运用中小城镇来优化属地资源配置和更好地进行污染治理的要求，即形成了中小城镇的第二种作用——属地资源的优化配置与污染的治理。

在属地资源中土地是一种非常重要而又十分特别的资源，其价格的过度上涨对经济的破坏作用是非常巨大的——许多国家都曾经出现了房地产泡沫崩溃所造成的经济灾难。因此就需要对土地资源的配置进行专门的分析。幸运的是，经济学在租金理论方面的积累使我们可以用地租进行空间均衡分析。其结论是，大城市的地租过高不仅与城市规模过大、城市体系结构扭曲有关，而且直接源于农业与城市现代部门的劳动生产率差距过大。要解决这些问题，就需要构建一个空间一体化的租金体系，它是高效率的供给体系的一个重要基础。而在构建一个空间一体化的租金体系方面，中小城镇可以说担负着主力军的重任，这就形成了中小城镇在空间结构优化方面的一种作用，即空间租金结构的优化。

一方面，对于大城市来说，如果存在着严重的集聚不经济——拥挤、污染、集聚成本奇高等，毫无疑问就会吞噬掉集聚经济的大部分，压制劳动报酬的上升。因此，在空间结构上就需要最大限度地克服集聚不经济。另一方面，城乡一体化本身就意味着产出效率并不是人类追求的唯一目标，发展的可持续性、使人们生活得更好、与自然的和谐相处等也是重要的目标。这样，空间结构优化的另一个主要内容就应该是如何把集聚经济与资源利用的多维价值取向结合起来，使人们能够在最大限度地获得集聚经济收益的同时，又能生活得更好，使发展具有可持续性，并且人与自然的关系也能够不断改善。这就形成了中小城镇在空间结构优化上的另一种作用。它与租金结构优化的组合就是中小城镇的第三种作用——空间结构优化作用。

坦率地说，农业劳动生产率持续提高在转型中的作用如此重要，是出乎意料的。它不仅在推动工资上升和消费需求增长方面能够发挥重要作用，如果这一作用发挥得好，劳动力成本上升对城市化带来的压力就会变得很小；而且在推动消费结构升级和提高供给效率方面也能够发挥重要作用。同时，由于城市用地的级差地租是以农业地租为定价基础的，它意味着提高农业劳动生产率可以降低城市的地租水平，给城市企业和居民带来很大的福利；否则，如果城市地租过高，农业劳动生产率过低就是重要祸根之一。还有，中国资源价格领域的乱象是以二元的资源定价与配置体系为基础的，而农业与非农产业劳动生产率差距过大又是这个体系的形成基础。也就是说，提高农业劳动生产率也是消除二元的资源定价与配置体系的重要条件之一。总之，可以说，如果没有农业劳动生产率的提高，转型是不可能成功的。因此，围绕着农业劳动生产率持续提高所需要的城镇化供给条件，就形成了中小城镇的第四种作用——提高农业劳动生产率的城镇化条件。

上述中小城镇在推进城乡一体化中四个方面的作用，并非按时间排序的，它们具有四个维度的作用（见图9-1）。这四个维度的作用均是源于转型需要，并且每一种作用都有其逻辑支撑点。将这些逻辑支撑点链接起来，便形成了中小城镇发展的逻辑路径。下文，我们将依次从这四个维度对中小城镇的作用进行提炼与概括。

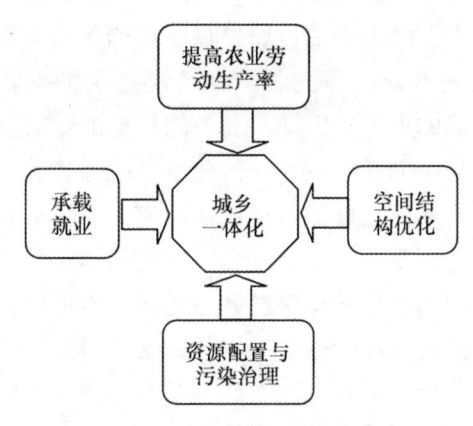

图9-1 中小城镇作用的四维模型

第二节 就业承载作用

一 理论解读：中小城镇就业承载作用的形成

在二元经济向一元经济转型的过程中，工资的持续上涨会引起

"大城市"与"中小城镇"的经济发生空间分异。工资上涨会引起资本密度的提高，即资本深化。在大城市，由于土地的稀缺性，资本密度的提高又必然会引起资本的空间集中与集聚；而资本的集中与集聚进而又会拉高地产租金。地产租金是一种基本的要素价格，它的上升不仅会推高企业的经营成本和居民的生活成本，也会反过来推高劳动力价格。实际上，资本的集聚过程也就是城市化的过程。相对于中小城镇，资本、劳动力等要素总是优先流向大城市，这是毫无疑问的，这会使大城市的集聚成本达到一个很高的水平。这样，大城市会形成这样一种经济环境：劳动力价格、地产租金等资源价格与集聚成本不断升高，从而不断推高了它的成本。大城市应对各种成本上升的主要方法是提高资本密度与产业的技术含量、追求规模经济、产业升级、产业结构调整等，从而不可避免地又会引起"去工业化"和服务业对规模经济与劳动力质量的诉求。这就会引致就业难题。如果工资持续上涨或者人口等要素不断流向大城市，这个过程就会一直持续下去，使问题越来越严重。与大城市不同，小城镇没有形成"工资上涨—提高资本密度—地租上涨"的作用机制，其劳动力成本也相对较低，这使它形成了生活成本低、土地等资源价格低和集聚成本也较低的优势，在产业发展上享有多元发展空间，尤其是在劳动密集型产业和"接地气"的产业发展上具有优势。扼要地说，大城市与小城镇的要素配置结构的演化趋势是不同的，从而使其产业发展的路径也完全不同。

二元经济向一元经济的转型时期，既是增长方式转型的时期，也是城市化的关键时期。城市化在这一时期面临着两个方面的严峻挑战：一是在劳动力转移方面，劳动力供求不仅面临着严重的结构矛盾，总量矛盾也越来越突出，就业难的影响面不断扩大；二是在人口城市化方面，随着城市化成本的上升，农村人口"难以融入城市"的问题也越来越严重。

但是这两方面的矛盾在不同层次的城市，尤其是大城市与小城市的表现是不同的。在大城市，由于具有较好的基础设施、规模经济和城市化经济等，其产业结构与增长方式转型的步伐要快一些；但大城市源于劳动力成本、土地等资源价格和集聚成本上升的压力也很大，再加上摊大饼式的集聚结构,且汽车这种交通工具以惊人的速度被引入城市,都会对经济发展造成困难。大城市的应对方法除了上述要素配置与产业方面的方法外,在空间结构调整方面主要是促进专业化集聚、单中心的集聚结构向多中心结构转型和向城市周边扩散,即逆城市化。这样一来,大城市不仅在产业结构转型方面发挥了主导作用,而且在增长方式的转型上也起到了先导作用,但在人口城市化和劳动力转移方面,可以说加剧了现有矛盾。小城镇与此不同,在二元经济的转型中,它所面临的工资上涨压力主要来自农业工资上升的推动,可以通过专业化集聚、提升集聚程度、小企业集群等方式来应对,而且具有生活成本低、土地等资源价格低的优势。这就决定了中小城镇在产业发展上有较多的选择,在农产品加工业、农业服务业、公共服务业、旅游业、劳动密集型的服务业和特色工业等方面都有发展优势,使它能够在解决劳动力转移过程中所出现的结构与总量矛盾方面最大限度地发挥作用。同时,它的人口城市化成本低[1],也有利于最大限度地推进人口城市化,有效地解决农村富余人口转移和农民工二次转移问题。通过小城镇来提升人口城市化水平,可以有效地提高人口集聚程度,为第三产业的大发展奠定基础。毫无疑问,中小城镇是城市化过程中优化劳动力资源配置和人口分布的关键区位环节。需要指出的是,中小城镇上述作用的发挥是以农业劳动生产率的提高为条件的,否则,中小城镇会因为无法承受因农产品价格上涨推动的劳动力成本上升而失去优势,甚至在产业结构上走上与大城市趋同的道路。

总之,从二元经济向一元经济的转型与城市化相结合的角度看,大城市与小城镇的功能和作用是不同的,形成了空间分异。大城市的主要功能和作用是最大限度地推进产业结构和增长方式的转型,并形成高等级的城市功能;而小城镇的主要作用是增加就业承载力以解决劳动力转移中的供求矛盾和推进人口城市化,并为产业的多元化发展和增强自我平衡能力奠定基础。

---

[1] 曾亿武、丘银:《我国农民工市民化成本研究综述》,《安徽农业科学》2012年第3期,第9503—9505页。

二 主要内容和原理

（一）承载产业转移的作用

城市尤其是大城市因集聚成本过高、规模过大或需要进行功能调整而出现了产业向外迁移的趋势，用中小城镇来承接产业转移可以增强就业承载力。其主要形式包括承接大城市因"去工业化"所产生的产业转移，运用卫星城优化大城市的产业布局和运用小城镇对工业城市进行结构优化。其运行原理是企业根据自身对成本的要求，基于空间集聚成本差异、城市化经济供给条件和区位功能等因素而进行的空间选择。

（二）推动服务业规模的最大化

推动服务业规模的最大化主要指通过发展中小城镇来提升人口集聚的总水平，以扩大服务业的规模和受惠人群。在当前的国情下，中国尤其要注重运用"小城镇—农庄"的结构（见图8-4农户城镇化供给的三元结构）以提升农村人口的集聚水平，进而推动相应的服务业发展。使所有人能够受惠的基本服务业的大发展，是推动一国服务业向最高层次发展的最重要基础。其基本原理是，一国人口集聚的总水平决定了服务业的总规模，提升人口集聚水平是推动服务业发展的重要路径。

（三）支持小企业集群的发展

支持小企业集群的发展在大城市因劳动力成本、地产租金等成本太高而对小企业发展形成巨大压力的条件下，小城镇所具有的地租、劳动力成本低等优势，再加上其空间优势和小企业集群形成的集聚效应，就有可能使产业集群与小城镇发展形成耦合关系，推动经济增长，甚至有可能形成增长极。这样的小企业集群一般具有较强的可持续性。其基本原理是产业集群是基于集聚成本与收益的选择而形成的。

（四）推动农业前后项产业及农业衍生产业的发展

推动农业前后项产业及农业衍生产业的发展主要指通过推动农业服务业、农业产业链的延伸和农业衍生产业的大发展来增强农村地区中小城镇的就业承载力。主要包括农产品与农业要素市场建设与配套产业的发展，多元化、多层次的新型农业社会化服务体系建设，农工贸一体化和农业产业集聚的发展，农业衍生产业包括乡村旅游业、与农业相关的文化体育业和科学研究的发展。其基本原理是农业商品化和产业化的高度发展能够推动农业产业链的延伸和农业服务业、农业衍生产业的大发展。

三　就业承载在城乡一体化中的作用

在进入转型阶段后，就业问题会成为决定与影响转型是否能够顺利推进的重要因素之一。这很容易引起误解，因为所谓刘易斯拐点到来后"剩余劳动力消失了"这一命题，常常会引出"劳动力短缺"等含义。实际上，刘易斯的"剩余劳动力"这一概念指的是一种劳动力存在形态，其特点是"以糊口为目的、不计工资高低"，只要农业边际劳动生产率超过生存工资的水平，且农业工资开始上涨，这样的"剩余劳动力"就消失了。其后的劳动力都是以"更好的生活、工资能够不断上升"为目的的劳动力，劳资博弈也进入一个较为激烈的阶段。也就是说，"即使有大量的工作，仅仅因为工资低而无人光顾"这种情况成了常态。就业问题的解决变得更困难了！又恰巧是在这种条件下，转型过程进入这样一个阶段：一方面，大城市因"去工业化"、污染治理、产业升级与结构调整、农民工二次转移等会产生大量的劳动力流出，如果这些被挤出的劳动力没有出路，就会在大城市形成失业问题或演化成贫民窟；另一方面，城市化仍然需要进一步推动，从农业中新释放出的劳动力也许要在城镇有一个落脚点。由于多种矛盾的共同作用，转型会进入"就业问题变得异常突出"的阶段。在这种条件下，如果中小城镇不能很好地发挥就业承载作用，转型过程就会中断，就会陷入严重的失业困境。西方经济学所谓的"高水平均衡陷阱"描述的就是这种情况。20 世纪 60 年代一些转型失败国家的"乡—城"劳动力流动正是由于陷入了这种困境，著名的托达罗模型也是针对这种情况提出的。[①] 因此，在转型和城市化的这个阶

---

① A. P. 瑟尔沃：《发展经济学》，郭熙保、催文俊译，中国人民大学出版社 2015 年版，第 179、182 页。

段，中小城镇的就业承载作用就是至关重要的。可以肯定地说，中小城镇一定能够在这一方面发挥作用，主要表现在承载大城市的产业和人口转移方面，但作用发挥得好坏则是另一回事。这主要取决于是否能够有效地推动服务业的发展、小企业集群的发展和农业前后项产业及衍生产业的发展三个方面。因为这三个方面具有较大的伸缩性，中小城镇就业承载的空间大小主要源于这三个方面的开拓与发展程度。需要强调的是，在增强中小城镇的就业承载作用方面，政策的引导作用是非常重要的。

第三节 属地资源优化配置与污染治理作用

一 理论解读：属地资源优化配置与污染治理需求的形成

二元经济向一元经济转型过程与快速城市化的叠加，使属地资源配置和污染治理成为能够左右转型进程的两个重要因素。属地资源是不可移动的资源，最典型的属地资源产品也具有不可移动性，如土地与房地产等。由于一定区域的属地资源供给是给定的，在城市化过程中其价格上涨是必然的，快速城市化也会加剧这种趋势。又由于大城市比中小城镇具有较大的集聚经济优势，产业和人口会优先甚至过度地向大城市转移和集中，其属地资源价格上涨也就表现得更为激烈。甚至会形成这样一种结构：在其他地域的属地资源仍然很宽松的条件下，大城市的资源供给已经严重超负荷了。属地资源的价格上涨又会推高城市的集聚成本，进而推高企业的经营成本和居民的生活成本，对城市经济发展产生抑制作用。但问题是属地资源价格的上涨并不是仅仅源于实际的供求关系，投机力量的介入也会起到推波助澜的作用。而且常常会引起资源价格泡沫，使资源价格涨到难以收拾的地步，使城市经济陷入举步维艰的困境。如果把大城市因具有聚集经济优势而使属地资源的稀缺性表现得更为强烈，与投机力量的介入这二者结合起来，那么大城市属地资源价格会涨到令人瞠目结舌的地步就不足为怪了。为什么投机力量在属地资源领域会产生如此大的作用？原因有很多，但最主要的是属地资源的稀缺性和二元的资源定价体系为此提供了基础，城市体系结构的扭曲为其创造了条件，逐利性又是资本的本能。尽管治理属地资源供求扭曲的方法有多种，如调整资源配置结构、扩大资源节约使用方面的资本与科技投入等，但最主要、最根本的方法是调整人口与产业的集聚结构使之与属地资源的分布相适应。因为只有这样，整个城镇体系的属地资源供求才有可能最大限度地接近环保条件下的均衡，使价格回归到合理水平，收益分配趋于公平，从而使城市体系的效率得到恢复和提高。这就决定了在属地资源配置的结构调整与优化中，中小城镇能够发挥重要作用。也就是说，当城市化进行到一定阶段时，城市体系结构的调整是必然的，而在这一结构调整中中小城镇将发挥重要作用。

导致城市体系结构调整的另一个重要原因是污染的治理。污染也是一个能够对城市经济发展造成巨大负面作用的重要因素，它实际上是给城市的集聚经济增加了一个扣减项目，即污染造成的经济损失和治污费用支出。更严重的是它还直接威胁到人的生命和生存，如美国多诺拉事件、英国伦敦烟雾事件、日本水俣病事件等都对人的生命造成了重大伤害，以致到了需要思考生产究竟是为了效率，还是为了使人们生活得更好的时候。换个角度，如果从演化的过程看，无论对"先污染，后治理"的路径应该如何评价，事实上它都使城市发展走上了一条"先膨胀，后调整"的曲折发展路径。在污染被忽视阶段，不仅经济活动严重失真，GDP扭曲，城市的集聚经济也含有越来越大的虚假成分，以致积累了严重的集聚不经济。一旦到了必须全面治理的阶段，污染造成的损失开始显性化，城市、企业和居民又要背上高昂的治污费用。尽管在污染的治理上也有诸多的问题要解决，如治污的外部性、科技投入问题等，但最重要、最基本的路径是调整产业与人口的集聚结构，使之能够最大限度地借助于"自然力"来实现环境与生态的治理。总之，无论是从属地资源优化配置的角度看，还是从污染治理的角度看，城市体系结构和人口分布结构朝以中小城镇为人口承载主体的方向调整都是必然趋势。

二 主要内容和依据

（一）推动属地资源综合供求平衡

相对于大城市而言，以中小城镇为人口承载主体的集聚结构，不仅能够最大限度地利用处于分散状态的土地、水、农业资源等属地资源，也能够大大提高包括阳光、新鲜空气和各种具有属地资源性质的能源等在内的利用水平。即以中小城镇为人口承载主体的结构可以最大限度地提高属地资源的综合利用率和利用水平，推动属地资源的综合供求平衡。属地资源在一定区域内的供给是有限度的，如果出现了短缺，就会以这样或那样的方式对城市化造成负面影响。如近年来大城市出现的房价连续上涨和污染严重就是属地资源短缺的表现。因此，使人口集聚结构与属地资源的分布结构相适应，以最大限度地实现属地资源的供求平衡，是顺利推进城市化和转型过程的重要条件之一。

（二）促进生态化的资源利用方式

以中小城镇为人口承载主体的集聚结构有利于开拓和发展生态化的资源利用模式，如生态化的水资源利用方式、生态能源、生态农业、生态居住等。它强调的是资源利用的可持续性和生态环境保护，是人类可持续生存所必须遵循的基本规律。

（三）继承与开发传统人文资源

中国有着悠久而灿烂的农业文明和丰富多彩的多民族文化资源，但这些传统人文资源分布十分分散，且许多正面临着衰亡。原因主要是原有的乡村继承模式难以为继了。采用"小城镇—村落"的结构可以很好地继承与开发这些传统人文资源，使中国的小城镇建设形成一道亮丽的人文色彩。这既可以增加城镇的集聚收益，又可以继承传统文明。

（四）有效治理城镇污染

污染的全面治理会促使大城市进行结构调整，这既为中小城镇发展提供了机遇，又证明中小城镇在污染治理上是有优势的。它在空气污染与温室效应治理上的最大优势是可以采取临界点和生态化的治理方法，既可以达到理想的治理效果，又能够避免大城市那种因污染治理而对经济发展造成的负效应。在垃圾与污水的处理上中小城镇也具有优势，主要表现在厂址与"残渣"填埋地的选择、"肥料"运送、"净水"使用等方面，其治理成本也是较低的。以中小城镇为人口承载主体的集聚结构，应该是人类能够完全征服污染、实现人与自然界和谐相处的人口集聚形态。

（五）推动农业、农村污染的治理

农业污染治理的首要前提是推动农业现代化，提高农民的收入水平，以改变农民的行为范式，修复农民的污染治理动力。中小城镇在这一方面的作用首先是能够推动农业现代化的实现。其次，它还可以促使农村工业进园区，通过提升人口城镇化水平来减轻农业区的人口压力，提升农民生活的城镇化水平以从需求上进一步修复农民的污染治理动力。再次，中小城镇还可以为提升农村治污的技术、设施和生产力水平提供城镇化支撑。第四，也是最重要的，中小城镇是构建城乡一体化的污染治理体系的重要支点。其理论依据是，农业污染的恶化是农业低收益和农民生活方式落后迫使农民的行为范式只能着眼于生存所造成的恶果，并且农业、农村污染的治理事关城乡居民的共同利益，而中小城镇又处于污染治理的十分关键的地理区位。

三 在城乡一体化中的作用

在转型过程中，劳动报酬之所以能够大幅度上升的一个重要来源是城市的集聚经济，它同时也能够使农业劳动者获益。但是，如果城市化过程中出现了资源价格过度上涨甚至是资源价格泡沫，并且污染严重，需要支付高昂的治污费用，那么不仅会使资本的利润失掉一大块，也会对工资上升产生严重的压制。这包括名义工资上涨受到压制和因消费价格上升和污染损失而造成的实际工资下降两个方面。其实，它的影响是显然的，仅仅是高房价就能够使大城市的就业吸纳力和人口城市化的承载力大幅度下降应该是不证自明的。因此，资源价格的过度上涨和污染严重无疑是阻碍或压制转型顺利进行的两大"罪魁"，这就决定了努力调整人口集聚结构和城市体系的结构，以便能够最大限度地消除因资源价格过度上涨和污染而造成的负面影响，就是推动转型的一个必要环节。而在这一调整过程中，无论是最大限度地提升属地资源的综合利用率以实现供求平衡，以及最大限度地采用生态化的资源利用方式，还是在城市污染与农业污染的治理上，中小城镇的作用都是不可替代的。这也是一个较为艰难的调整过程，因为它既要实现整个城镇体系集聚收益的最大化，又要使属地资源能够得到合理配置和污染得到基本治理。

第四节 空间结构的优化作用

一 理论解读：结构优化需要的形成与主要路径

这里的空间结构优化是指基于地租均衡和集聚经济与"疏散"状态的资源利用优势两个方面所形成的空间结构优化。也就是说，所谓空间结构优化仅局限于中小城镇在这两个方面所发挥的作用。首先是基于地租均衡的空间优化作用。人类的各种经济活动总是在一定的地域上发生的，都会对土地租金产生影响，而且地租是一种最重要的基础价格，它的提高不仅会影响企业的经营成本和居民的生活成本，也会间接地影响各种商品和服务的价格。所以，租金的空间结构不仅能够反映经济的运行情况，而且租金结构的失衡也会对经济发展产生巨大的阻碍作用。大城市地产租金过高是城镇体系租金分布结构失衡的重要表现之一。它不仅会推高城市的集聚成本，削弱城市经济的活力，而且会引致大城市过早地出现"去工业化"和抑制人口城市化。如果再说得深一点，由于地产租金是地产价格的基础，这二者的过度上涨还会形成行业收入的比较效应，吸引大量资本和其他要素流向地产行业，对实体经济造成巨大冲击。因此，如果大城市的地产租金陷入"高租金陷阱"，就必须对租金的空间结构进行调整与优化，否则经济发展的可持续性就会受到威胁。这是绕不过去的。造成大城市地产租金高企的原因主要有两个：一是农业与城市非农产业的效率失调；二是城镇体系的结构失调。我们也可以假设，有大量的游资进入房地产领域炒高了房价，进而又拉高了租金；它们能够得逞，也是因为这两个结构失衡为其提供了基础。否则，它就只能是鄂尔多斯式的房价与地租。各种限购政策只是使矛盾暂时得到压制，客观上使其得以积累，并不能从根本上解决问题。所以，优化城镇体系的租金结构以矫正这两个方面的失衡是基本的治理路径，而在其中，中小城镇又能够发挥重要作用。

其次是基于集聚经济与"疏散"状态的资源利用优势的空间结构优化。它包括两个组成部分：一是指集聚经济收益的最大化与尽可能低的集聚不经济与损失的最优组合；二是集聚经济与"疏散"状态的多维价值取向的资源利用优势所形成的组合。前者是说，所谓的集聚不经济并不仅指一座城市的总集聚成本大于总集聚收益这种状态，它的存在是多种多样、多层次的，包括因集聚程度过高而造成的各种成本的上升、拥挤、各种污染和新鲜空气、阳光、室外活动空间的缺失等。即使在一座城市总体上处于集聚净收益的情况下，无论是在整体上还是在局部的某一个区域，都有可能存在这样或那样的集聚不经济问题；因此，最优组合是由集聚经济收益的最大化与尽可能低的集聚不经济与损失组成的。如今人们提出的生态城市理念实际上就是要达到这一目标。后者是说，资源的利用有着多维的价值取向，效率只是其中之一，使人们能够生活得更好、发展具有可持续性、人与自然和谐相处都是重要的价值取向；而"疏散"状态或者说中小城镇在资源利用上具有实现多维价值取向的优势。因此，所谓的空间结构优化就应该是如何把集聚经济与"疏散"状态的多维价值取向的资源利用优势结合起来。实现上述第一个方面的结构优化的路径主要是对大城市进行有机疏散和建设生态城市。而实现第二个方面的结构优化主要是依托中小城镇结构的运用而对广大的"腹地"进行结构优化，以构建新型的城乡关系形态，使田园城市成为一种普遍的空间形态。

二 主要内容和依据

（一）构建空间一体化的租金分布体系，促进城乡经济协调发展

根据租金理论，城镇用地的地租是以农业地租，即农业劳动生产率为定价基础的，这就意味着提高农业劳动生产率可以降低整个城镇体系的地租水平，提升城镇产业和居民的福利水平。再根据人口迁移规律，提高小城镇和农村住宅的级差收益水平以缩小与大城市住宅的差距，使租金在空间上的分布趋于合理，可以避免大城市出现"高租金陷阱"。这就决定了中小城镇可以在两个方面发挥作用：一是通过提升农业发展所需要的城镇化条件来推动农业劳动生产率的提高，降低整个城市体系的租金水平；二是通过提升小城镇和农村住宅的级差收益水平来拉低大城市住宅的租金水平，使租金分布趋于合理。目标是构建一个城乡之间、大中小城镇与农村住宅之间的租金分布没有断

层、趋势平缓的空间一体化的租金分布体系。这也是城乡经济能够协调发展的重要基础。

（二）提高整体的集聚水平和城市化水平

在大城市普遍陷入规模过大这一困境的条件下，由于中小城镇具有租金和集聚成本相对较低的优势，再加上它是连接广大农村的枢纽，提升中小城镇的城镇化水平，强化服务中心的作用，可以起到提升总体集聚水平的作用。同时，由于中小城镇具有就业人员的"人口抚养比"高的特点，这又使中小城镇可以发挥提升人口城市化水平的作用。中国人口城市化面临的难点决定了这种选择具有较大的现实意义。

（三）修正迁移机制，优化人口空间分布

人口向大城市迁移的路径依赖不仅使大城市已经形成的集聚不经济问题不断恶化，而且使人口城市化的难度逐步增加。而修正人口迁移机制是改变这种状态的最重要途径。所谓修正人口迁移机制，就是采取措施使人口迁往中小城镇的迁移系数 M^2 能够大于迁往大城市的迁移系数 M^3，使 $M^2 > M^3$ 成立，从而形成人口往中小城镇迁移的趋势。这是有可能的，因为迁往中小城镇的迁移成本较低，同时中小城镇的级差收益也有较大的提升空间。尽管降低中小城镇的迁移成本也是提高其迁移系数的方法，但更重要的方法是提升中小城镇的级差收益。在教育、医疗、卫生、环保等公共产品供给领域采取城乡一体化的制度安排，以增强大城市对小城镇和农村的辐射作用，是提升中小城镇级差收益重要的制度安排内容之一。其依据是人口迁移规律。

（四）优化城市体系结构

这是指在大城市规模已经过大的条件下，通过提升中小城镇的级差收益 E^B 来推动中等城市级差收益 E^B 的上升，以达到修复城市体系租金分布的目的。提高中小城镇 E^B 值的方法主要有三个，即提高中小城镇的基础设施建设与公共产品供给水平、服务业与商业发展的支撑条件和完善产业服务体系，以带动人口和产业集聚水平的提高。其理论基础是城市化一般表现为要素与资源向中心地的集聚过程，提高中小城镇的级差收益可以推动中等城市级差收益水平的上升。

（五）基于集聚经济与疏散状态优势相结合的结构优化

基于"集聚"与"疏散"状态是人类空间活动的基本两极，空间结构的优化就不是简单地追求集聚经济的最大化,而是如何把集聚经济与"疏散"状态的优势结合起来,使生产更有效率、资源能够得到更有效利用、生活质量更高、发展具有可持续性。基于这一目标,如果说大中城市的主要职能是提升集聚经济,那么,中小城镇的主要职能就是如何通过"小城镇—村落"结构,一方面把集聚经济所形成的高等级功能辐射到"腹地"的各个角落,使其成为服务中心,另一方面是借助于先进的技术与手段有效地开发"疏散"状态的各种优势,使各种资源都能得到充分、有效、合理利用,使更多的人能够享受到原生态的生活环境,并努力形成人与自然和谐相处的状态。

(六) 克服集聚不经济,优化集聚结构

基于分区的集聚不经济分析证明:一座城市的集聚经济最大化并不是指总集聚收益减总集聚成本后的净集聚收益的最大化,因为它可能掩盖了城市内部的集聚不经济,而是指集聚收益的最大化与尽可能低的集聚不经济损失的最优组合。中小城镇在实现这种"最优组合"方面发挥着不可替代的作用。就当前的具体情况而言,其作用主要有两个方面:一是对规模已经过大、已明显呈现出集聚不经济的大城市进行结构优化,主要是在卫星城、都市区建设中合理利用小城镇结构;二是对具有特殊功能定位的中等城市进行结构优化,如工业城市、以发展小企业和承载就业为主的城市等。

(七) 动态结构优化

这是大尺度的人口结构优化。是指为了适应城市化在进入高级阶段后所出现的人口逆向流动与集聚结构转换的趋势,城镇体系应该具有机动性与可持续性,以便形成使全部国土资源都能够得到合理利用的人口分布结构。对于中国当前来说,主要是如何利用中小城镇结构解决好"2个1亿人"的问题(即"引导1亿人在中西部地区就近城镇化""促进约1亿农业转移人口落户城镇")。

(八) 构建新型城乡关系形态

它是指以中小城镇为人口承载主体的城镇体系最终能够建成体现"田园城市"思想的新型城乡关系形态,是能够把城市的集聚经济优势与乡村的资源优势,或者是"疏散"状态的资源利用等优势结合起来的城镇规划模式。它是以霍华德提出的"田园城市"理念为基础，以"密度、距离和分割"的三维分析法为工具而形成的一种新型城乡规划思想。这种城乡关系形态不仅从宏观上体现了"田园城市"的思想精髓，而且在微观和直观上，众多的"田园城市"也到处可见。

三 空间结构优化在城乡一体化中的作用

中小城镇的空间结构优化作用在推进城乡一体化上主要体现在三个方面。第一是在继续促进工资和劳动份额上升的同时，推动分配公平成了一个重点。比如，在集聚经济收益的分配上，如果地租所占的比重过高，必然会挤压劳动和资本的报酬；而构建空间一体化的租金分布体系的目的之一就是要把大城市过高的地产收入拉下来，以增加劳动报酬的份额。同时，构建空间一体化的租金分布体系，最重要的是努力提高农业劳动生产率，修正人口迁移机制和提高中小城镇与农村地区的级差收益水平，其实际意义也就是使工资的增长和福利水平的提高向低收入地域倾斜，或者说，改善这些地区的收入和福利状况成为重点。第二是把生产更有效率，人们生活得更好，生态环境建设与发展的可持续性作为优化的目标。其实，无论是大城市集聚不经济的克服，还是集聚经济与"疏散"状态的资源利用优势的最优组合，都是直接服务于这三个目标的。第三，构建新型城乡关系形态，使"田园城市"成为一种普遍形态，本身就是城乡一体化的主要内容之一。也就是说，在某种程度上已经开始了由一元经济向城乡一体化的转型。

第五节 推动农业劳动生产率提高与乡村旅游业发展的作用

一 理论解读：持续提高农业劳动生产率的城镇化条件

如何持续地提高农业劳动生产率是二元经济向城乡一体化转型中一个十分重要的问题。因为对城乡一体化来说，使农业劳动者的收入与城市职业者趋同是重要的内容之一，而农业收入的提高又只有以劳动生产率的提高为基础才是有效的。提高农业劳动生产率既有微观的方法，又有宏观的方法，但对于农业劳动生产率平均水平而言，宏观方面的方法占有更重要的地位。比如，农业的地域专业化分工、农业经营模式的改革等。直接服务于农业的城镇化也是推动农业劳动生产率持续提高的重要条件。一个直接的证据是，农民消费的高度商品化是农业现代化和农业劳动生产率达到一个较高水平的条件，而农民消费包括农产品消费的高度商品化又是以城镇化的一定发展水平为条件的。也就是说，农民消费的高度城镇化是农业现代化和农业劳动生产率达到高水平的一个条件。之所以如此，是因为农民愿意提高劳动生产率的动机是他们可以获得更多的他们梦想的商品——这是一种非常重要的激励机制，而如果农民消费高度商品化了，城镇化的同步发展就是必然的。另一个有力证据是人的因素，即作为最重要生产要素的劳动力在城乡间若不能实现双向流动，那么，农业要素的最优配置就是不可能的。因此，在二元经济向城乡一体化转型问题上，正确认识中小城镇对提高农业劳动生产率的功能性作用是非常重要的。

二 主要内容和依据

（一）推动农业经济的全国一体化

中小城镇至少能够在四个方面为农业经济的全国一体化提供支撑。其一是为农民消费的完全商品化提供支撑，因为农民消费的完全商品化既是农业完全商品化、市场化的结果，又是支撑条件，而农民消费的高度商品化必然是以农村城镇化的充分发展为条件的。其二是为农业要素市场的全国一体化提供支撑，像农业科技人员的工资和科技产品的全国性市场定价，能够使农业知识和科研成果迅速扩散的组织机构和学习性的农民组织系统的建设，金融资本能够为农业提供全方位的服务，并实现了全覆盖等，都需要较高的城镇化支撑条件。其三是为农产品市场的全国一体化提供支撑，因为要达到这种发展状态，在农产品的流通与交易、物流与仓储、市场软硬件建设与网点设置和要素的自由流动等方面，全国各地农村能够提供较好的城镇化功能服务就是一个必要条件。其四是为农业的产、工、贸一体化和农业产业集聚提供条件。农业经济的全国一体化是二元经济转变为一元经济的一个必要条件，因为所谓二元经济就是传统农业与现代化工业并存而形成的一种非均衡经济,而农业经济的全国一体化实质上就是要把传统的农业转变为高度商品化,并与城市经济融合为一体的现代经济部门。

(二) 推动农业劳动力质量水平的提升

这不只是要解决"谁来种地,谁来养猪"的问题,还要解决农业劳动力队伍的建设问题。很显然,无论是吸引农业专业人才、科技人员流向农业,还是建立各种农业科研和学习性的组织,或者是构建能够使人口在城乡间实现双向流动的机制体系,使农村居民的城镇化生活至少在一些基本要求上达到与城市居民同等的水平,是一个必要条件。其理论依据是,引导劳动力流动的不只是工资差距,还有住宅的级差收益差距。提高农村居民的城镇化生活水平,与提高农民收入同等重要。

(三) 发挥分流农业人口的作用

这是指在大城市因集聚成本过高、"去工业化"、产业升级、污染治理等原因形成较大人口压力和就业转型压力的条件下,通过中小城镇来承接从农业中释放出的劳动力与人口,为农业劳动生产率的提高提供条件,同时最大限度地解决劳动力转移中的结构性矛盾。这不只是基于城市化中可能出现的人口问题而做出的一种策略选择,也是基于逆城市化和人口空间布局的优化趋势的一种战略选择。

(四) 推动乡村旅游业的发展

乡村旅游业实际上是由城乡矛盾所激化的产物,是城市居民因过度集聚而造成的对田园风光与自然亲和力的渴望,是与农村居民迫切希望发展经济以提高收入的祈求相结合而促成的。乡村旅游业要发展,仅有丰富的资源是不行的,良好的城镇化服务也是一个非常重要的条件,这已为实践所证实。

三 在城乡一体化中的作用

正如式(2-1)所揭示的那样,在转型时期提高农业劳动生产率可以对提升工资品的社会综合劳动生产率做出巨大贡献,从而是推动工资能够出现较大幅度增长的重要因素。同时,提高农业劳动生产率对于城乡一体化的贡献也不仅仅局限于工资增长与劳动份额的上升,它还能直接降低劳动力再生产的食物成本，减轻城市化过程中的劳动力价格上涨压力，也可以通过提升供给效率、促进消费结构升级和产业结构转型等为促进城乡一体化做出贡献。这就决定了中小城镇服务于农业劳动生产率提高的功能是十分重要的，是推进城乡一体化的一条重要路径。无论是通过发展中小城镇来促进农业经济全国一体化的实现，还是通过提升农业居民生活的城镇化水平来达到扭转农业劳动力弱势格局的目的，或者是通过分流农业人口为农业劳动生产率的提高提供条件，都是中小城镇促使农业劳动生产率提高，进而推动城乡一体化的关键点。其实，中小城镇通过作用于农业、农村经济而对城乡一体化做出的贡献也不仅仅表现在劳动生产率方面，比如，提升农村居民生活的城镇化水平实际上也是城乡一体化的内容，而所谓人口分流作用也就是提升人口城市化水平。尤其是乡村旅游业，城镇化的服务是其能够顺利发展的重要条件之一，而它又是城乡严重对立而嬗变出的一种发展形式。甚至可以将其看成是城乡一体化的一种特定推动形式。

后　　记

　　本书是从空间演化角度研究经济与社会发展问题的，它将"城与乡"看成是不断演化的两种地域系统，并将其分为农业社会、二元经济、一元经济和城乡一体化四个发展阶段。2006年，我在做博士论文的时候，基于不同地区的产出效率差异与交易成本模型研究了空间结构的演化问题，它不仅能够说明产业与经济空间分布的大体演化路径，也能够证明传统农业的最重要特征是地域分割，空间阻隔与运输条件的约束迫使每个地域都以生存为目标构造了几乎相同的产业体系，差异总是表现为自然条件的结果。在这种状态下，城市与农村形成了典型的中心地系统。工业化的到来造成了产业间的效率差距，从而形成了二元经济，"城与乡"也被割裂开来。尽管现有理论对二元经济已有许多解读，诸如劳动力无限供给与剩余劳动力、产业在生产与组织上的不对称性等，但农业与工业的效率差异是二元经济的本质特征。它本身已表明二元经济只是一个过渡阶段，经济的一元化和城乡一体化是必然趋势。尤其是这一历史性的大转型也是空间上的大转型，是城乡分割的二元结构在空间上"一体化"为"田园城市"的过程。而在这一空间结构的重构中，中小城镇是最重要的结构性要素或因子。因为，如果人们希望能够生活在城镇化供给与原生态的环境相融合的社区中，尽可能地利用中小城镇来优化网格式的城乡结构就是唯一选择。

　　写完一部书对一个人来说是一件大事，就像登山爱好者攀登上了一座新的山峰。欣慰之余，我最为挂怀的是感恩。我的父亲是一位仅有中学文化程度的工人，几乎没有什么爱好，除了津津乐道地谈论他的技术与工艺上的故事。母亲总是事无巨细地操劳家务，做过一些

"纺线与锁扣眼"一类的家庭工作,为的只是让日子能够过下去。在漫漫岁月中他们的含辛茹苦,就像深秋里的银杏叶一般,无声无息地落下,却碧黄得透彻晶莹。这常常使我产生眷恋、无奈甚至愧疚之感,无以回报,只好在此谨向我的父亲陈中央先生、母亲车秀荣女士说声谢谢,愿他们的在天之灵能够与我共享收获的快乐。本书从初稿到完成耗时四年有余,我也有幸领略了"到乡翻似烂柯人"的意境。不能忘记,我的朋友与同事任维哲、刘树枫、王恩胡、吴璠、陈文强、卢燕等曾给予的许多帮助和支持,还有我的一些学生在调研、收集资料等方面给予的鼎力相助,在此表示衷心感谢。

由于空间结构优化是一个较新的研究内容,可供参考与借鉴的资料实在太少,加之个人能力与水平有限,书中一定有一些不尽如人意之处,欢迎读者批评指正。

2018 年 3 月